上海交通大学海洋工程国家重点实验室
2011高新船舶与深海开发装备协同创新中心
上海市船舶与海洋工程学会　　组编
国家深海技术试验大型科学仪器中心
上海市海洋工程科普基地

船舶与海洋开发装备科技丛书

印象国内外疏浚装备

编著　刘厚恕
编审　王　磊　杨立军

国防工业出版社

·北京·

内 容 简 介

本书在广泛收集有关资料的基础上,结合本人工程船领域科研设计的经验,以图文并茂,通俗易懂的语言和深入浅出的方式,向广大读者介绍了国内外疏浚装备的发展历程、不同装备的功能特点和关键技术以及发展趋势,并对高技术含量的耙吸挖泥船和绞吸挖泥船的技术形态做了重点介绍。本书还以生动的事实揭示了疏浚业同经济建设、社会发展以及人居工程等方面越来越密切的关系。

因此,这些作品对广大读者,特别是刚从事海洋工程装备、高技术船舶专业科技工作者和管理人员以及广大青少年,是一本结构紧凑,内容丰富,具有较强可读性和趣味性的科技读物. 同时它又可以作为从事海洋工程装备和高技术船舶专业科技工作者和管理人员继续教育的参考教材。

图书在版编目(CIP)数据

印象国内外疏浚装备/刘厚恕主编 . —北京:国
防工业出版社,2016.7
　ISBN 978 - 7 - 118 - 10894 - 1

　Ⅰ.①印…　Ⅱ.①刘…　Ⅲ.①疏浚工程—工程设备—
介绍—中国　②疏浚工程—工程设备—介绍—外国
Ⅳ.①U616

中国版本图书馆 CIP 数据核字(2016)第 160379 号

※

国防工业出版社出版发行

(北京市海淀区紫竹院南路 23 号　邮政编码 100048)
腾飞印务有限公司印刷
新华书店经售

*

开本 787×960　1/16　印张 26½　字数 472 千字
2016 年 7 月第 1 版第 1 次印刷　印数 1—3500 册　定价 68.00 元

(本书如有印装错误,我社负责调换)

国防书店:(010)88540777　　　发行邮购:(010)88540776
发行传真:(010)88540755　　　发行业务:(010)88540717

21 世纪是海洋开发的新世纪。在当今的世界和中国,人们关注着海洋有其特殊的意义。海洋的面积占地球总面积的 76%,它蕴藏着大量的石油、天然气、可燃冰以及锰结核等丰富的资源,是人类未来开发的宝藏,也是国际上资源争夺的焦点。正如习近平总书记在中共十八大上指出的那样,为了捍卫海洋权益,开发海洋,建设海洋强国,我们必须"关心海洋,认识海洋,经略海洋,推动我国海洋强国建设不断取得新成就。"

最近,党的十八届五中全会上通过并发布,《中共中央关于制定国民经济和社会发展第十三个五年规划的建议》中指出:坚持创新发展,着力提高发展质量和效益。其中强调构建产业新体系。加快建设制造强国,实施《中国制造二〇二五》。引导制造业朝着分工细化,协作紧密方向发展,促进信息技术向市场、设计、生产等环节渗透,推动生产方式向柔性、智能、精细转变。支持战略性新兴产业发展,发挥产业政策导向和促进竞争功能,更好发挥国家产业投资引导基金作用,培育一批战略性产业。

在国民经济和社会发展第十三个五年规划建议中,"海洋工程装备和高技术船舶"被列为我国将重点促进十大产业发展之一。由此可见,作为船舶与海洋工程装备的科技人员义不容辞地要担负这一重任。在"大众创业,万众创新"的战略推动下,积极投身这一伟大事业中。

结合当前国内外海洋资源开发利用的情况,船舶、海洋工程装备市场和发展趋势,国内河道疏浚、水利整治和岛屿建设的形势,我们秉承面向广大读者普及海洋工程装备和高技术船舶的知识的宗旨,以实际行动组织业界资深专家和学者编写有关海洋工程装备和高技术船舶的系列科技丛书,以此回馈社会,为提高大众科技素质尽微薄之力,也以此作为培养青少年向往海洋工程装备和高技术船舶事业有益的尝试。

除了已经出版的《美国核动力攻击型潜艇》、《认识海洋开发装备和工程船》以外,现在推出的《印象国内外疏浚装备》的作者,在广泛收集有关资料的基础上,结合本人工程船领域科研设计的经验,以图文并茂,通俗易懂的语言和深入浅出的方式,向广大读者介绍了国内外疏浚装备的发展历程、不同装备的功能特点和关键技术、以及发展趋势,并对高技术含量的耙吸挖泥船和绞吸挖泥船的技术形态做了重点介绍。

本书还以生动的事实揭示了疏浚业同经济建设、社会发展、以及人居工程等方面越来越密切的关系。

因此,这些作品对广大读者,特别是刚从事海洋工程装备和高技术船舶专业科技工作者和管理人员以及广大青少年,是一本结构紧凑,内容丰富,具有较强可读性和趣味性的科技读物. 同时它又可以作为从事海洋工程装备和高技术船舶专业科技工作者和管理人员继续教育的参考教材。

我们期待,通过这一系列科技丛书的出版,为培育海洋工程装备和高技术船舶创新人才提供一些帮助,为提升海洋工程装备和高技术船舶创新动力添一把力。

值此机会,我们向为了出版该系列丛书的作者们、提供各方面支持的单位和个人,表示衷心的感谢。

梁启康

2015 年 11 月 6 日

疏浚是通过不断地与水和土打交道、造福人类的产业。随着社会的进化和技术的发展,疏浚业的理念随之发生了重大变化:现今全球90%的贸易经由海上运输,因而大型集装箱码头及深水航道的开挖迫不及待(上海洋山港深水码头的建成投用就是最好的例证);为加快基础设施建设,机场和跑道的兴建日益增多;为满足日益紧缺的能源需要,海上油气田和风电场的开发此起彼伏;以及为生态修复进行的环保疏浚,为工业化建设和人居工程大规模的填海造陆、深海采矿、堤岸防护、筑岛固疆等,都离不开疏浚。要实现习近平主席"一带一路"的美好远景,疏浚业更是大有用武之地。现代疏浚业越来越走近我们的生活。

实施疏浚作业,必不可少的装备就是挖泥船。不同水域环境、不同规模的疏浚工程,需要配备不同种类的挖泥船,如同飞机、汽车,挖泥船同样也呈现出多种类型,美轮美奂。大型深海取砂、填海造陆工程更需要巨型以上的高性能挖泥船。推介给读者及青少年朋友的这本《印象国内外疏浚装备》,主要是结合本人以往的工作实践,同读者朋友做一次有关疏浚装备——今古挖泥船方面的交流。

本书共分5章:

第1章　话说疏浚;

第2章　各类挖泥船船型及其功能特点;

第3章　耙吸挖泥船;

第4章　绞吸挖泥船;

第5章　我国疏浚装备发展历程及前景。

挖泥船是海洋工程作业船系列的一个大类,也是国之重器。君不见关键时刻,南海诸岛因新锐国产挖泥船装备的高强度介入,两年不到,6艘永不沉没的航空母舰已赫然在列,其意义怎么评价都不过分。

首先,长期以来挖泥船被认为是高技术、高附加值的船舶,其核心部件和技术主要体现在疏浚系统的组成部分:如耙头、绞刀、泥泵等,欧美国家为此进行了大量卓有成效的研究、并拥有千余项技术专利;其次,在船型技术方面,进入21世纪以来,国外在耙吸船浅吃水肥大船型研究方面取得了重大突破;第三,在挖泥船浚/驾合一高度自动化、智能化发展方面成就卓著;第四,在自觉践行可持续发展绿色理念方面,欧美企业亦走在当今世界的前列。在本篇的主要章节中均有较多篇幅对国外这方面的成就做了介绍,冀望国内在未来船型研发中能有更多、更大的突破。

我国疏浚业和装备建设起步较之欧美国家足足要晚100余年,几经艰难曲折,如今我国赫然跻身疏浚大国和挖泥船建造大国行列,虽然差距尚存,而目标将比以往任何时候更加坚定。

本书作为科普读物,叙述上力求通俗易懂,文字流畅,没有在理论探讨或者公式推导方面耗费笔墨,对某些专业性较强、理解上有一定难度的文字叙述,也尽可能借助图、表,以助理解。想要更多地了解和探究挖泥船知识的专业爱好者和青少年朋友,可参阅本书后的参考文献,它将助你摄取更多、更加有益的滋养。

感谢上海交通大学海洋工程国家重点实验室、上海市船舶与海洋工程学会等单位在本书编写过程中所给予的支持、配合与帮助,感谢梁启康所给予的诸多指导。

由于能力、经验所限,加上时间过紧(从接受任务安排到完稿前后仅一年时间)等缘由,在内容编排以及文字修炼方面难免存在疏漏;同时因自身专业的局限,恳请专家、读者予以指正。

编著者
2016 年 3 月

目 录

第1章
话说疏浚

1.1 综　述

　　水——生命之源,人类生活无时无刻都离不开水;然而不期而遇的水患、屡屡肆虐的洪灾,却又让人类饱受忧患,生活中少有安宁。自从第一次工业革命在欧洲取得成功以来,尤其处于高度工业化的今天,日渐稀缺的水资源日益面临着环境的污染,正在失去往日的清澈和纯净;工业的高度开发占据着越来越多的土地,尤其沿海工业高度发达、人口密集地区,居住环境每况愈下;受污染的土壤亟待处置……所有这些,无不仰仗疏浚、无不期待疏浚。

　　疏浚,自古有之,我国就是最早采用人工疏浚方法开挖运河、疏通河道、沟通水系以发展航运、拦筑堤坝以排洪灌溉的文明古国,上可追溯到大禹治水。中国曾有一句古语,叫做"兵来将挡、水来土掩"短短几个字道出了"水"和"土"之间的依存关系和辩证关系。

　　若然,疏浚——古往今来就是同水和土打交道的一门产业。疏浚在人类社会发展进程中是一项十分重要的活动。

　　古代疏浚工程是靠人力和简易的手工工具进行的,后来逐步由机械所替代。现今这种用于疏浚的机械装备统称为挖泥船。挖泥船是近现代社会逐渐创造出来的一种先进生产工具,在现代疏浚工程中,高度现代化的挖泥船日益占有支配地位。

　　当今社会,挖泥船是使用相当广泛的一类工程船舶,不仅涉及防洪抢险、农田水利、航道整治、港口建设、水域环保、筑岛固疆等国民经济建设的众多领域,还涉及人类社会可持续发展的诸多方面。"一带一路"愿景的实现,更期待海上航路的构筑。不言而喻,挖泥船将扮演着越来越重要的角色。

1.2 我国古代水利建设的壮丽篇章

1.2.1 都江堰——2200 年前的宏大水利工程

直到公元 1770 年以前,世界上还不曾有过一台铁制机械疏浚工具,然而,早在 2200 年以前,我国古代劳动人民却仅凭自己勤劳的双手和智慧修建成功闻名于世的都江堰水利工程。据史书记载,这项被誉为"世界水利文化鼻祖"、并使用至今的大型水利工程,是由秦国蜀郡太守李冰父子率众于公元前 256 年左右修建的,是全世界迄今为止,年代最久、唯一留存、以无坝引水为特征的宏大水利工程(见图 1-1),距今已有 2270 余年。该工程属全国重点文物保护单位,2000 年更被联合国教科文组织列入"世界文化遗产"名录。如今位于四川省都江堰市城西的都江堰水利工程已成为世界著名的旅游胜地。

图 1-1 世遗项目之一——都江堰水利工程的壮丽风光
(始建于公元前 256 年)

1.2.2 京杭大运河——史上开凿最早的人工河

举世闻名的京杭大运河,是世界上开凿最早、线路最长、延续时间最久的一条人工河道(见图 1-2)。它起始于公元前 486 年,甚至比都江堰工程还要早 200 余年,直至公元 1293 年全线通航,持续开凿时间达 1779 年,可见工程之浩大。大运河北起北京,南达杭州,流经 6 个省市,沟通 5 大水系,全长 1794km。在漫长的岁月里,大运河作为南北交通大动脉一直发挥着巨大作用,除了沟通航运、促进物资文化交流,该运河还促进了沿岸城镇的快速发展。今天,大运河还将为南水北调做出新贡献。作为世界上唯一的"活态遗产",2014年,京杭大运河在联合国申遗中再度获得成功。

图1-2 世遗项目之一——我国最早开凿的京杭大运河
(始凿于公元前486年)

上述两大文化遗产,充分展示了我国古代劳动人民的勤劳和智慧,是我国对于世界疏浚业的巨大历史奉献!在长期江河治理实践中,我国劳动人民还积累了丰富的经验和创造发明:北宋时期(1703年),在王安石的主持下就成立了"疏浚黄河司"、展开对黄河的治理,并研制出浚川耙;明朝嘉庆年间(1535年),总河刘天河创制了平底舟长柄铁耙;清朝乾隆年间(1780年),河臣李奉翰等在疏河中使用了混江龙和铁扫帚等铁制工具。我国也是较早利用流体扰动原理、开创扰动清淤(冲吸)的国家。

1.3 荷兰——名副其实的疏浚王国

一个国土面积总共不到42000km²,人口总数也还不及上海市的国家,在世界疏浚业中却创造出许多的奇迹,这个国家就是荷兰。说到疏浚,尤其是近现代疏浚业,不能不言及荷兰。

1.3.1 "低洼之国"的传奇建树

荷兰是欧洲西部濒临北海的一个低地国家,国土面积的1/4低于海平面,其国家名称"尼德兰"(The Netherland)也直言告白"低洼之国"。为了生存和发展,荷兰人民早在13世纪就开始修筑堤坝、拦截海水,再利用风车抽干围堰内的水,竭力保护原本不大的国土免遭"灭顶之灾"。同时,荷兰还通过围海造地,不断扩大其国土面积,近代三角洲工程(见图1-3)和须德海工程这两个项目就持续了近100年之久,不仅充分展示了荷兰人民的精神风貌,同时也见证了早期荷兰挖泥船所创造的功绩。几百年来,荷兰修筑的拦海堤坝长达1800km(按该国人口平均10个人就得摊上1.1m)。而风车这个借助风能的抽水工具,正是荷兰人在挖泥船出现之前一项助力疏浚的重要发明。

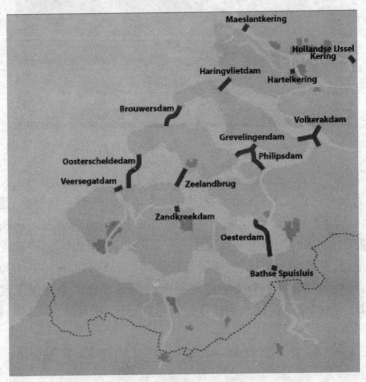

图1-3 1958年荷兰开始兴建的3级防洪堤坝

恶劣的生存环境锤炼了荷兰人民的民族性格。有关荷兰"小孩堤坝"的感人故事相信在不少青少年朋友中都耳熟能详:一个小男孩眼见堤坝出现裂缝,海水唰唰地渗了进来,他担心村子被海水淹没,于是用手指头紧紧塞住堤坝……小孩的义举终于使全村人得救。如今"小孩堤坝"的村庄仍保留了当年19部风车的景象(见图1-4),并于1997年列入联合国科教文组织世界遗产名录。

图 1-4　世遗项目之一——荷兰小孩堤坝风车的壮丽风光(1744 年)

1.3.2　曾经不可一世的造船王国

荷兰地处莱茵河、马斯河和斯凯尔特河三角洲,国土虽小,海岸线却长达 1000km 以上,是一个水域宽广的国家。17 世纪前后的 100 多年间,荷兰造船业和航海业进入鼎盛时期,据说时下世界总共 20000 艘船舶中荷兰就占有 15000 艘,仅荷兰的东印度公司拥有的分支机构高达 15000 个,悬挂着荷兰三色旗的商船游弋在世界的五大洋之中。荷兰海盗船也正是从那时开始猖獗起来的,海盗船作为航海工具之一,也受到广泛瞩目,在阿姆斯特丹入海口,至今还停放着一艘硕大的海盗船,供人们参观、游览,留下历史的印记(见图 1-5)。而世界首艘铁制链斗挖泥船恰好在这一期间于荷兰面世。

图 1-5　昔日令人生畏的荷兰海盗船如今已成为游人观赏之物

从造船王国走向疏浚王国,荷兰人民从此开启新的征程。

1.3.3 拥有世界一流的疏浚装备和技术

近100年来,荷兰疏浚装备制造业领域一路领先,这在该行业当中已是不争的事实。荷兰IHC公司更是久负盛名,20世纪80年代以前,世界挖泥船市场将近1/2份额由其一家独享。截止目前,IHC公司行业老大的位置虽然感受到压力和挑战,却仍然无人能撼。长期以来,IHC公司也是我国进口挖泥船的最大供应商。在荷兰,规模稍次的挖泥船供应商还有多家,如DAMEN公司、鹿特丹VUYK工程公司、以及荷—德合资的VOSTA LMG公司等。迄今世界规模最大、拥有疏浚装备最先进、营业额及其利润最高的四大疏浚公司中,荷兰就占有两家:范奥德(Van Oord)公司和波斯卡利斯(Boskalis)公司。荷兰国内规模稍次的疏浚公司不下10余家,近代以来,世界大型疏浚工程无不留下荷兰的身影。此外,荷兰还有多所高等院校、研究机构等与疏浚行业密切相关,如代尔夫特科技大学(Delft University of Technology),(见图1-6)、荷兰MTI实验室(见图1-7)、荷兰试验水池(MARIN)等,均与我国业界保持着广泛的联系。其中,代尔夫特科技大学就专门设置有挖泥船及各类疏浚设备的相关设计制造专业,该大学与我国水利部部属河海大学还建立了长期的交流机制;MTI的全称为MTI HOLLAND B. V.,是IHC Merwede集团的成员单位,成立于1942年。

图1-6 荷兰历史悠久的代尔夫特科技大学

由此可见,誉荷兰于"疏浚王国"乃实至名归,在本书后面陆续展开的篇章中还会有详实的介绍。

图1-7 荷兰MTI实验室内的泥泵试验台

1.4 疏浚理念及其演变

1.4.1 传统疏浚理念

从以上历史回溯中不难看出,疏浚业同人类生存、发展的依存关系十分紧密。传统概念上的疏浚业是一项服务性的产业,人们惯常看到的兴修水利、筑堤拦坝,不仅确保一方安宁,还有利于农田灌溉,促进农作物的生长;而航道开挖、港口以及其他运输基础设施的建设,则更能促进海洋运输的增长。现今,世界各国几近90%的货物是由海上运输的,而且传统服务范畴上水运成本较之公路和铁路运输优势十分明显。可见,疏浚是造福人类、福泽后世的产业。

诚然,疏浚过程中难免对环境构成一定的负面影响,如果事先能对于正面影响和负面影响进行客观评估,则不难发现,正面的影响将会是长期、造福子孙后代的,负面影响一般会是短期、过程中的,而且,只要充分做好预案,对疏浚物处置得当,这种负面影响还可以进一步减轻。相当一个时期,疏浚业的作用被低估甚至边缘化,主要是片面夸大了其对环境造成的影响,这显然是一种短视行为,要知道,如没有基础设施的发展,经济决不可能步入快速发展轨道,何况现今挖泥船在生态环境的制约方面已经越来越具备应对措施,越来越趋于绿色理念。

1.4.2 现代疏浚理念崛起

进入20世纪80年代后期以来,随着亚洲经济的日渐复苏,疏浚业开始冲破传统理念的束缚,显现出不寻常的活力和创意:一方面加大了对工厂和装备的投资力度,更加注重新技术的开发和应用,与此同时,对传统以外的一些新领域表示出浓厚的兴趣:诸如回填和防护性作业、对海滩和岸线的重新充填、为人居工程创建新陆地、为海上油气开采进行水下管线埋设、深海采砂及骨料疏浚、离岛工程等。随着新世纪的到来,疏浚业对这些领域的投入将表现得更为活跃。

如今经济全球化、市场一体化的格局必将带动国际贸易迅速发展,船舶大型化、港口现代化、航道深水化乃是这一发展必要条件;土地资源日益稀缺推动世界性围海造地一浪高过一浪,2000 年前后陆续出现的新加坡以及中东地区大规模填海工程正是这一浪潮的如实体现,而我国东部沿海地区现今人均居住环境也已处于日益困扰之中;面对世界航运和贸易业的持续发展、海上油气和风电场建设的不断加剧、大型交通以及人居、休闲等项基础设施建设需求的日益加大,未来传统维护性疏浚在整个疏浚业中的比重还会进一步缩小,这就是现代疏浚理念推动的结果,对这一发展趋势务必有清醒的认识。

1.5 世界疏浚业的发展沿革

自从 1770 年世界上第一艘铁制链斗式挖泥船在荷兰问世以来,历经 200 余年沧桑,挖泥船已同人类社会的生存和发展结下了不解之缘。如今在世界各地从事疏浚作业的各类大小挖泥船舶不乏 3000 艘,这一数字还在不断壮大之中。

1.5.1 疏浚业的发展沿革

第一次工业革命是 18 世纪 60 年代从英国发起的技术革命,也是技术发展史上的一次巨大革命,它开创了以机器代替手工工具的时代,近代疏浚业正是伴随着第一次工业革命的步伐发展壮大起来的:

(1) 18 世纪后期,英国人瓦特发明了蒸汽机,进而引发了欧洲的工业革命,也催生了以蒸汽机为动力的机械式挖泥船。世界首艘铁制挖泥船——链斗式挖泥船脱颖而出。至此,疏浚开始从人力步入机械的新时代。

(2) 19 世纪中后,一种应用水力原理的吸扬式挖泥船先后在欧美国家获得推广应用;20 世纪初期柴油机开始取代蒸汽机的地位,为高效挖泥船的推广应用提供了先进的动力条件,水力式和机械式挖泥船竞相发展,疏浚作业的机械化日渐普及。

(3) 第二次世界大战结束后,世界经济开始走向稳步发展,深水航道和港区的建设大大加快,有力促进了疏浚业的发展和壮大,20 世纪 70 年代,10000m³级的耙吸挖泥船(前"荷兰王子"号)和装船功率 12500kW 自航绞吸船"Aquarius"号等开始出没在大型疏浚工程的施工中,较好地满足了深水航道及港口建设的需要。

(4)20 世纪 90 年代后期以来,随着亚洲地区的经济复苏,大型交通基础设施及陆地吹填工程的实施,促使疏浚理念接连发生重大变化,一大批更加现代化、技术形态更先进的超大型耙吸挖泥船和绞吸挖泥船应运而生。这就是国际疏浚界津津称道的"黄金 10 年"。

(5)进入 21 世纪初年,世界疏浚业继续保持强劲发展势头,无论耙吸挖泥船或是绞吸挖泥船双双步入历史上最好的发展机遇。

(6)步入 21 世纪以来的中国疏浚业更是一马当先,千帆竞发!

如今疏浚业已是展现现代高新技术、服务领域日益纵深、日益广泛的服务性产业,疏浚业同人类生存和发展的依存关系更加密切。

1.5.2　现代疏浚船舶的基本特征

现代疏浚船舶(以使用最为普遍的耙吸船和绞吸船为例)除了普通船舶必备的基本要素外,还必须具备疏浚船舶所特有的性能要求:

(1)其船型必须满足浅吃水和尽可能大的装载要求;

(2)通常都装备有足够大的动力源,以充分满足船上各类疏浚机械对付不同泥质和多种工况的使用要求;

(3)耙吸船装船功率普遍采用复合型动力驱动及先进的功率管理系统,设备利用率高;

(4)具有高效和良好耐磨性能的疏浚机具,尤其是泥泵、耙头、绞刀等关键装备,并具有应对不同疏浚物特性和水域环境的能力;

(5)装船设备多、系统繁复,以满足不同土质类型以及挖、装、运、卸/抛等疏浚过程各环节的使用要求;

(6)自动化程度高:普遍采用动态定位/动态跟踪系统(DP/DT)、监控及数据采集系统(SCADA)以及一体化(Interglating)应用的船桥技术;

(7)配备有必要的起吊设备及备品备件,并力求其具有较强的互换性及可维修性;

(8)注重绿色环保,具备对造成环境污染的有效控制手段。

与此同时,新技术、新材料、新装备的装船应用层出不穷,发达国家仅泥泵、耙头、绞刀等机具所拥有的专利就有 1000 多项,充分显示其高技术含量、高附加值船舶的地位:一艘耙吸挖泥船的建造费用是同等吨位运输船的 3 倍之多。

疏浚业的发展离不开 3 个基本要素,这就是:疏浚市场,疏浚装备,以及疏浚企业(承包商),三者缺一不可。

1.6 疏浚工程的种类

按施工水域范围划分,现阶段疏浚工程主要有以下 3 种类型。

1.6.1 内河疏浚工程

主要实施江、河、湖泊、港池等航道清淤及水利施工,以及库区等水域污染底泥的清除。参与疏浚船舶多为中小型绞吸挖泥船、部分中、小型抓斗、链斗以及小型耙吸、吸盘、气力泵等挖泥船型,船舶尺度、尤其是吃水往往受到严格限制。

1.6.2 河口及沿海疏浚工程

该项疏浚工程涵盖河口与沿海港口航道、港池基建性及维护性疏浚,河口海湾污染底泥的清除,海底管线的开沟及敷设、陆地吹填、海滩及堤岸维护、基础建设等项疏浚。参与疏浚的船型多数为绞吸或耙吸挖泥船,部分抓斗挖泥船。

1.6.3 海洋疏浚工程

开敞港口及航道的基建和维护工程、海底油气管线的开沟及敷设、大型吹填工程的深海采砂作业、骨料疏浚、筑岛、深海采矿等诸多涉及海洋疏浚作业的工程。需要尺度较大的耙吸挖泥船,以及骨料疏浚船、抛石船以及落管船等。除了部分重型、超重型自航绞吸挖泥船以外,一般的非自航绞吸挖泥船不适合海洋环境下的疏浚工程。在未来深远海取砂及吹填工程中,大型、超大型耙吸挖泥船将担以重任。现代吸盘挖泥船虽然多为自航形式,但由于其作业时仍需作纵前抛锚并施以绞进作业,同时它的挖深和绞吸挖泥船一样受到桥架长度的限制,以及它不适宜硬质土的挖掘,因而也无法投入海洋施工。

如按照专业内容来划分,疏浚又大致可以分为如下类别:

(1) 常规维护性疏浚;

(2) 环保疏浚;

(3) 基础工程疏浚。

而基础工程疏浚按目前的情形又可以划分为:能源、交通、城镇人居、休闲旅游(见图 1-8、图 1-9)等若干疏浚类型,加之传统维护性疏浚,即构成驱动当今疏浚业可持续发展的所谓"五大因素"。这些蓬勃展开的疏浚活动"对全球经济的影响远远大于其对直接就业或工业营业额的影响。"所有这些都是在 20 世纪 90 年代前后于新的疏浚理念驱动下发展起来的。

图 1-8　21 世纪初年迪拜新建海上人居工程——中东威尼斯水城

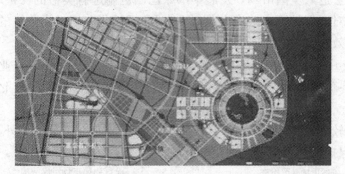

图 1-9　21 世纪初年开发的国内最大人工湖位于浦东南汇的滴水湖人居工程

疏浚离不开装备——功能各异的挖泥船舶及其专用装备。

现代疏浚更离不开技术先进、高效、低能耗、且具备绿色证书的新一代挖泥船舶。

1.7　国际疏浚市场及主要疏浚承包商

1.7.1　国际疏浚市场

国际疏浚市场的形成已逾百年,它与疏浚承包商以及疏浚船舶——挖泥船三者之间互为依存、相互促进。

1. 国际疏浚市场的类型

国际疏浚市场已形成多元性格局,根据市场开放程度的不同,分为开放市场、半开放市场和封闭市场 3 种类型:

（1）开放市场——是指没有或者极少有市场准入限制的市场：即外国公司进入该市场均享有国民待遇，完全市场化运作，少有准入限制。欧洲市场大部、澳洲、中东、东南亚以及美洲的部分市场属于开放市场。疏浚强国荷兰、比利时以及德国等都属于开放市场，遵照相关规定平等竞争。

（2）半开放市场——是介乎开放市场和封闭市场之间的一种市场形态。它对国外公司的介入设有很高的准入条件，因而外国公司很难进入其间。韩国和印度均属于半开放市场，但两者之间的准入条件分寸有别。

（3）封闭市场——是指不对外开放国内市场，所有工程项目均由本国公司承担，外国公司不允许进入。世界头号经济强国美国迄今实行的就是这种封闭疏浚市场的政策。美国"琼斯法案"规定：所有在美国疏浚市场施工的企业必须是在美国注册的公司，必须使用美国制造的疏浚装备，而且必须雇用美国籍的船员。上述条件致使外国公司根本无法进入美国市场。发展中国家巴西也制定有类似的保护政策。上述封闭政策短期内对于保护国内疏浚企业似乎有利，但长此实施封闭政策的结果，却扼杀了本土公司有效的竞争，使其丧失了创新的动力。

据2013年中国疏浚协会有关资料显示：时下世界开放市场的营业额约为70亿欧元，约占世界疏浚市场总额的近65%；其余封闭市场营业额将近39亿欧元，占市场总额的约35%。

我国入世较晚，2001年加入WTO，目前大部分国内市场暂未对外开放，按WTO规程，这种被保护的国内市场将被逐渐开放（见图1-10）。

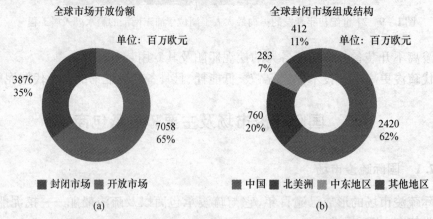

图1-10 全球疏浚市场开放份额（a）及封闭市场组成结构（b）

按地域来划分：

（1）中东市场——2000年以来表现最为活跃，在建工程项目此起彼伏，约占世界

12

疏浚市场总份额的 40%；

（2）欧洲市场——即欧洲传统市场和北美市场、由发达国家组成的市场，约占市场总份额的 27%；

（3）亚洲市场——1990 年代以来不断崛起的市场，目前约占市场总份额的 15%。

亚洲市场看似占据份额不太大，依作者理解，多半由于(如上所述)目前我国市场开放度不大，大部分国内市场未计入其中的缘故。其余，非洲、南美洲以及澳洲等地区大约各占 6% 左右。上述区域性份额并非一成不变，它和地区政治稳定及经济发展密切相关。

2. 国际疏浚市场的现状及发展特点

拥有 100 年历史的国际疏浚市场，虽然不断走向壮大，但总体来说呈波浪式发展。整个 20 世纪的疏浚市场可以划分为 3 个发展时期：以 2014 年巴拿马运河的重新开通为标志被视为第一个发展时期；而第二个发展时期主要也是以 20 世纪 70 年代苏伊士运河的扩建和中东地区深水港口建设为标志；第三个发展时期则由 20 世纪 90 年代开始、持续 10 多年间及至 21 世纪初年，这一期间亚洲以及中东地区大规模基础设施、填海工程不断涌现。从 21 世纪初年起，适逢国际疏浚业开始跨入新一轮黄金发展期。直到目前为止的 10 余年间，随着中东地棕榈岛、世界岛、上海岛等一系列人工岛建设项目的相继展开，填海造岛的规模空前高涨，期间世界各大疏浚装备争相投入这一世纪大会战，几乎造成全球范围内的挖泥船告急，工期紧、工程难度大，成本高，也考验了各色挖泥船的能耐，正因为如此，这些大型造岛工程的市场几乎全被欧洲疏浚公司所垄断。也正是这些具有世界影响力的大型基建项目，有力地推动了世界疏浚业和疏浚装备制造业的大踏步向前发展，促进了挖泥船的升级换代。最近 10 年间各大疏浚公司相继建造了一大批超巨型、高技术含量、且持有"绿色证书"的新一代耙吸挖泥船和绞吸挖泥船，挖泥船的整体技术水平也达到一个新的高度。将在本书的第 3 章和第 4 章对这方面内容作进一步介绍。

在跨入 21 世纪的这个新发展阶段里，一条联通大西洋和太平洋的新运河——尼加拉瓜运河工程正在全球瞩目之中开启帷幕，而这项 3 倍于巴拿马运河长度的工程被普遍认为是当今世界上最大的基础设施建设工程，整个工程投资 500 亿美元，计划用 5 年时间完成，由一家香港公司投资。这似乎告诉人们：世界疏浚市场的每一次大繁荣、大发展，都会留下一个重大的历史印记。

其实，就在 2007—2010 年间，位于亚、非、欧三大洲结合部的迪拜，已在不声不响中修建了一条长 75km 的"阿拉伯运河"，该项工程投资(110 亿美元)相当于 2012 至

2014 年巴拿马运河扩建工程投资(52.5 亿美元)的两倍(见图 1 – 11)。

(a)　　　　　　　　　　　　　(b)

图 1 – 11　迪拜人借助现代疏浚产业和雄厚资金开创的"新世界"水城

　　2000 年以来也是我国疏浚市场全面走向繁荣的鼎盛时期,世界大型疏浚公司在进军中东市场的同时,也不失时机地跻身中国市场:从天津新港、上海洋山深水港、连云港、直到湛江港航道扩建工程,在从北到南的许多大型疏浚工程中,都频频显露欧洲强大疏浚船队的身影,直到 2011 年前后,荷兰波斯卡利斯 $35500m^3$ 巨无霸型耙吸挖泥船还被承租前来连云港参加深水航道建设。

1.7.2　现阶段主要国际疏浚承包商

　　国际疏浚市场变幻莫测,投身其间的疏浚承包商面临多重风险,由于工程项目的日趋大型化、疏浚装备的日趋大型化、疏浚市场的全球化,竞争的激烈程度可想而知。20 世纪 70 年代,当时在欧洲共有实力强劲的疏浚公司 14 家,到了 20 世纪 90 年代,经过相互间的兼并与组合,已减至 10 家,仍全部聚集欧洲,及至 2003 年,再度重组后的世界级疏浚公司仅剩四家,也就是疏浚界所惯称的欧洲四大疏浚公司。

　　据世界疏浚协会联合会(WODA)和国际疏浚承包商联合会(IADC)的统计,在经过多次整合、重组后,世界各地具有一定规模的疏浚公司仅有 100 余家,前四名集中在荷兰和比利时两个国家。目前世界上超巨型耙吸挖泥船和超巨型绞吸挖泥船也几乎都聚集在这四家著名疏浚公司旗下。许多市场急需的大型、特型疏浚装备也是在这些公司牵头或参与下开发成功的。

　　具有国际品牌的欧洲四大疏浚承包商分别为:

（1）扬德努(Jan De Nul,JDN)集团公司;

（2）德米(DEME)集团公司;

（3）范奥德(Van Oord,VOD)公司;

（4）波斯卡利斯(Royal Boskalis Westminster N. V.,BOKA)公司。

以下依次简要介绍欧洲四家疏浚承包商。

1. 扬德努集团公司（比利时）（www. jandenul. com）

扬德努公司总部位于比利时首都布鲁塞尔（见图 1 - 12）。

图 1 - 12　四大疏浚公司之首——扬德努集团公司总部所在地

（1）公司概况——扬德努公司成立于 1938 年，1951 年开始涉足疏浚行业，并逐渐以其作为主业，现在已是全球疏浚界的龙头企业，业务范围遍及五大洲。公司主要业务基于：港口、航道及河流的基建和维护疏浚，港口及工业用地的吹填，外海摆动及海床疏浚，海底抛石以保护油气风电装备，以及环保疏浚等项目。近期在海滩养护、预扫海、深海挖沟、管线敷设及回填以及为海洋装备及管线的安全稳定实施海底抛石等方面表现出更多的关注。公司为家族企业。

按 2007 年欧洲四大疏浚公司业绩的综合分析，扬德努公司已超越其兄弟公司坐上国际疏浚业的第一把交椅，该年度公司的年利润接近达到其年营业额的 20%，近 30 年来公司的平均营业额超过 4 亿美元。公司现有员工近 6000 人，拥有当今世界技术最先进、设备最精良、规模最庞大的现代疏浚船队，而且至今仍未停步。继 2007 年到 2011 年期间成功进行了总量达 20 亿欧元、大小 26 艘疏浚船舶的巨额投资后，紧接着又一次大手笔建造了两艘泥舱容积均为 14000m³ 的大型耙吸挖泥船，分别于 2013 年和 2014 年在克罗地亚普拉的布罗德格拉底里斯特船厂建成交付。与此同时，扬德努公司在疏浚船队的投资、设计、建造以及使用管理全过程中特别注重可持续发展理念，从设计开始就努力践行"适宜技术"，近期交付的挖泥船全都获得"绿色证书"。

（2）船队装备——扬德努公司拥有迄今世界上最庞大、最精良的疏浚船队。

① 主力船型耙吸挖泥船 28 艘，其中 30000m³ 以上的超巨型耙吸船就有 4 艘（46000m³ 巨无霸姐妹耙吸船 2 艘、33000m³、30500m³ 耙吸船各一艘），在现今世界全部 7 艘新建 30000m³ 以上超巨型耙吸船中占了 1/2 以上。扬德努公司现有耙吸船总泥舱容积达 327470m³、总装船功率达 372730kW，双双居四大疏浚公司之首；

② 主力船型绞吸挖泥船 14 艘,其中 23000kW 以上超巨型绞吸船就有 5 艘,自航绞吸船就有 7 艘,绞吸船的总装船功率达 192776kW,在四大公司中的优势地位明显,如计及正在建造的 40975kW 超级巨无霸绞吸船,其装备优势更加突出;

③ 铲斗挖泥船 6 艘,其中 40m³ 铲斗船(目前最大型号)就有 3 艘,装船总功率 13723kW;

④ 落管抛石船 6 艘(另有两艘在建造中)。

此外,扬德努公司还配备有 20 艘开体泥驳、1 艘布缆船以及其他辅助船舶,总共拥有疏浚船舶约 75 艘(见表 1 – 1A/B)。

(3)船型简介。

① 18000m³ 耙吸挖泥船——"Gerardusmercator"号

总长	152.9m	泵功率/装舱	2 × 3000kW
型宽	29.0m	泵功率/排岸	14000kW
吃水	11.85m	推进功率	2 × 9.45kW
排水量	29780t	航速	15.2kn
舱容	18000m³	装船总功率	21990kW
挖深	55/112m	交付时间	1997 年

② 反铲挖泥船——40m³ 斗容的"POSTNIK YAKOVLEV"号。

目前,世界上斗容最大的铲斗船就是 40m³,扬德努公司在拥有的 6 艘铲斗船中就有 3 艘斗容达到 40m³,该艘船于 2013 年最新引进。

总长	66.9m	泵功率/装舱	
型宽	21.6m	泵功率/排岸	
吃水	3.35m	推进功率	2 × 500kW
斗容		15/25/40m³	
		装船总功率	3700kW
挖深	32m	交付时间	2013 年

2. 德米集团公司(比利时)(www.deme.be)

(1)公司概况——德米集团旗下主要通过国际疏浚公司(Dredging International,DI)运作

德米集团有着近 150 年的施工经验,承建项目遍布各大洲,主要业务为疏浚与吹

填,专长港口、人工岛、防波堤、陆域回填、近海管线、海滩养护以及环保技术等,平均年营业额超过 7.5 亿欧元左右,80% 来自国外工程项目。公司全称为疏浚、环境及海洋工程集团公司,现有员工 3000 人,总部设于安特卫普。

集团拥有 50 余艘高度专业化的疏浚船舶,其中 30000m³ 新一代超巨型耙吸挖泥船"刚果河"号和迄今最大功率(28200kW)的新一代超巨型自航绞吸挖泥船"DArtagnan"号以及 2012 年最新打造的超巨型自航绞吸船(功率 26100kW)"Ambiorix"号是公司的标牌产品,均为近年来最新打造的新型装备。此外,该集团尚有 1 艘采用双燃料动力、面向未来可持续发展、完全按"绿色证书"要求打造的 15000m³ 耙吸挖泥船正在中国船厂建造中。

(2)船队装备——德米集团拥有各型疏浚船舶逾 50 艘:

① 拥有耙吸挖泥船约 23 艘、总舱容 196063m³;

② 拥有绞吸挖泥船 18 艘、装机功率 143841kW;

③ 拥有铲斗挖泥船 6 艘,总装机功率 1163kW;

④ 拥有喷水疏浚船 3 艘。

(3)船型简介——巨型耙吸挖泥船"珠江"号:该型船原建于 1994 年,经 2006 年扩容改装后,始成 24000m³ 级巨型耙吸船

总长	182.2m	泵功率/装舱	2×6000kW
型宽	28.0m	泵功率/排岸	12160kW
吃水	10.77m	推进功率	2×88640kW
排水量	33838t	航速	16kn
舱容	24130m³	装船总功率	19061kW
挖深	119m	建造/改装	1994/2006 年

以上两大疏浚公司均位于比利时。

3. 范奥德公司(荷兰)(www.vanoord.com)

(1)公司概况——范奥德公司是一家有着国际影响力的疏浚与海洋工程承包公司,始于 1868 年,亦为家族式私有制企业。公司在 20 多个国家设有分支机构,专于疏浚、沿海工程和土工程项目,现有专业人员 4000 余人,并拥有近 100 艘庞大的挖泥船队。

(2)船队装备——范奥德公司拥有疏浚船队主要挖泥船舶逾 60 艘,同时尚有两艘 17000m³ 的巨型耙吸船在建造中(2017 年交付)。具体组成如下:

① 耙吸船 27 艘、总舱容 255083m³、总功率 329300kW,公司船队旗舰当属 2009 年建成投产、泥舱容积达 31200m³ 的超巨型单边耙吸挖泥船"Vox Maxima"号,以及

2008 年改造一新、泥舱容积增至 37500m³ 的"HAM318"号；

② 绞吸船 26 艘、总装机功率 160731kW,其中两艘装船功率 24700kW 的超巨型、自航姐妹绞吸船成为绞吸船队的新亮点；

③ 拥有喷水疏浚船 10 艘、总装船功率 13760kW,四大公司中唯范奥德公司拥有喷水疏浚船最多,另有两艘落管抛石船。

（3）船型简介。

① 14000kW 巨型绞吸挖泥船"Castor"号。

总长	104.6m	舱内泵功率	2×2794kW
型宽	18.0m	水下泵功率	
吃水	4.70m	绞刀功率	3680kW
吸管直径	850mm		
排管直径	850mm	装船总功率	13957kW
挖深	25.7m	交付时间	1983 年

② 26000t 落管抛石船"Stornes"号。

总长	175m	装载能力	26000t	定位系统	DP2
型宽	26.24m	推进功率	8000kW	定员	51 人
型深	14.5m	航速	14kn	作业水深	1800m
吃水	10.57m	首侧推	3×1500kW	交付时间	2011 年

据中国疏浚协会消息:2007 年范奥德公司曾同中国某船厂集团签约建造一艘 24000t 的落管抛石船,按前后时间及范奥德公司现有船舶情形推算,该"Stornes"号船拟应为中国建造,但迄今未见有其他文字印证(见图 1-13)。

图 1-13　范奥德公司最新建造的 26000t 落管抛石船"Stornes"号在卸料作业中(2011 年)

4. 波斯卡利斯公司(荷兰)(www.boskalis.com)

(1) 公司概况——欧洲四大疏浚公司之一、国际知名疏浚承包商波斯卡利斯公司成立于1910年,总部荷兰。公司拥有40多个分支机构,主要业务范围是疏浚和吹填,包括港口航道的建设和维护、吹填造地、海岸及河岸的防护以及海事基础设施建设等。公司业务根植于欧洲、亚洲及大洋洲、南北美洲、非洲以及中东地区市场,范围遍布世界各地。波斯卡利斯公司拥有各类工程船舶约300艘,专用疏浚船舶一度超过110艘,疏浚船队规模也一度为四大公司的领跑者,2007年前后由于扬德努公司的异军突起,以及自身规模的调整,无论在装船总功率还是泥船总舱容方面均有所下降。

(2) 船队装备——波斯卡利斯公司现有疏浚船舶50余艘,具体组成如下:

① 耙吸挖泥船23艘,总的泥舱容积176205m³,其中2009年改造一新、泥舱容积增至35500m³、挖深达70m的"荷兰女王"号已是公司船队当之无愧的老大,同类型规模的另一艘改装船"奋威"号2007年前后在天津水域作业时因碰撞事故沉没而报废。2010年最新建造的两艘12000m³双泥舱耙吸船也为船队增色不少。

② 绞吸挖泥船12艘,总装船功率91544kW,其中2011年改造一新、总功率24610kW的超巨型自航绞吸船"TaurusII"号成为该绞吸船队的领头羊,该船也是波斯卡利斯公司唯一一艘超巨型自航绞吸船。

③ 反铲挖泥船11艘,其配备数量居各船队之首。此外尚有抓斗挖泥船3艘,落管抛石船2艘。

(3) 船型简介——改造一新的超巨型自航绞吸挖泥船"TaurusII"号该船原名"Taurus"号,建于1983年,装船功率15618kW,改造后装船功率一举增加近58%,绞刀功率也大幅提高至4000kW,并使之具备11kn的调遣航速,疏浚性能得到明显改善(见图1-14)。

图1-14　2011年改造一新的自航绞吸船"TaurusII"号

5. 四大国际疏浚公司主要装备实力比较

四大公司各自拥有疏浚船队的规模(应该是装备数量和技术先进性的综合表现)是其自身实力及对外形象的重要表征之一,自 2003 年四大公司竞争格局形成以来,各大公司均不惜重金打造新装备,这也是生存和竞争的必要条件:尤其最近 10 多年来,世界疏浚工程规模越来越大、作业水域条件越来越险恶(日益从近海走向外海)、难度越来越高、而且相关国家对于生态环境的要求也越来越严苛,促使疏浚承包商不得不对原有的挖泥装备加大力度予以更新,更新不仅体现在船舶尺度、装船功率的明显增大,船型的日益先进,更注重装备技术的创新以及可持续发展理念的推广,某种程度上可以说就是市场通过承包商在推动着挖泥船的技术进步。

通过以下两个表格数据,从中不难看出各大疏浚公司之间装备实力上的变化:表 1-1A 是作者根据各公司网站近期展示的资料汇集而成,而表 1-1B 是作者在 2008 年初根据相关网站资料所做的统计,前后时间相隔将近 8 年。透过两个表格数据,大约可以看到:

(1) 近 8 年来四大公司拥有的挖泥船总数不但没有增加,反而有所下降,即从 2007 年的 258 艘下降到 2015 年的 217 艘(主要反映在中小型绞吸挖泥船数量的大幅减少),同时无论是耙吸船的泥舱总容积/总装船功率还是绞吸挖泥船的总装船功率都较 8 年以前有了明显增大,而耙吸船的泥舱容积/装船功率和绞吸船的装船功率都是衡量其生产能力的主要指标,无疑这反映出近年来年船队实际疏浚能力的显著提高,其发展更加注重单船产能和技术内涵的提升;

(2) 从数量看,绞吸船在减少,耙吸船在增加,这也表明海外大型疏浚工程越来越偏重于大型、超大型耙吸挖泥船,毕竟耙吸挖泥船船型终究比绞吸船更适合于外海作业;

(3) 从各个公司的装备发展变化看,扬德努公司在大幅提升营业额和利润的同时,在装备建设的发展上接二连三地采取了多项非凡举措,致使其从 8 年以前的第三把交椅一举登上今天国际疏浚业龙头老大的宝座。

表 1-1A 和表 1-1B 数据显示:仅 8 年间,扬德努公司主要装备耙吸船和绞吸船的总装船功率从 $3.19 \times 10^5 kW$ 猛增到 $7 \times 10^5 kW$,这意味着该船队疏浚产能提升了 1.2 倍,如果单就耙吸船的功率增长看,其增长甚至达到 1.32 倍。这一变化既表明了疏浚装备建设对于承包商来说地位之重要(当然不是唯一因素),也折射出国际疏浚市场竞争之激烈。

表1-1A 国际四大疏浚公司疏浚船队耙吸／绞吸挖泥船装备统计表(2015年)

序号	公司名称	国别	疏浚船舶总数/艘	耙吸挖泥船			绞吸挖泥船	
				数量/艘	总装机功率/kW	总舱容/m³	数量/艘	总装机功率/kW
1	扬德努(JDN)	比利时	54	28	372730	327470	14	192776
2	德米(DEME)	比利时	49	23		196063	18	143841
3	范奥德(Van Oord)	荷兰	63	27		255083	26	160731
4	波斯卡利斯(Boskalis)	荷兰	51	23		176205	12	91544
	总计		217	101		954821	70	588892

注:排表格序号2、3、4位的其他公司耙吸挖泥船功率数据有欠完整,故表内空白。

表1-1B 国际四大疏浚公司疏浚船队耙吸／绞吸挖泥船装备统计表(2007年)

序号	公司名称	国别	挖泥船总数/艘	耙吸挖泥船			绞吸挖泥船	
				数量/艘	总装机功率/kW	总舱容/m³	数量/艘	总装机功率/kW
1	范奥德(Van Oord)	荷兰	70	27	297991	210166	24	111331
2	波斯卡利斯(Boskalis)	荷兰	111	29	202404	155037	48	180239
3	扬德努(JDN)	比利时	31	13	180250	138650	10	99766
4	德米(DEME)	比利时	46	21	180937	164330	16	102697
	总计		258	90	861582	668183	98	494033

1.7.3 稍次规模的区域性疏浚承包商

规模稍次的疏浚公司为数不少,它们除了在国际疏浚市场竞争中能够赢得一定的份额外,也更多地活跃在区域性市场中。简要介绍如下:

① 日本五洋建设公司（Penta – Ocean Construction Co Ltd）——拥有主力船型1艘 20000m³ 超大型耙吸船"五洋女王"号及3艘装机功率为12500kW的绞吸船。

② 日本东亚建设工业公司（Toa Corporation）——拥有主力船型16500m³ 大型耙吸船"海舟"号及10000kW绞吸船各一艘。

③ 美国大湖疏浚及船坞公司（Great Lakes Dredge & Dock Co.，GLD&D）——拥有 5000m³"Liberty Island"号以下耙吸船8艘、20000kW以下绞吸船10余艘，是美国当今头号疏浚公司，在南美、中东地区表现活跃。

④ 美国曼松建筑公司（Manson Construction Co.）——拥有迄今美国最大、最现代化的9200m³ 大型耙吸船"Glenn Edwards"号等10余艘各类挖泥船，实力仅次于大湖疏浚及船坞公司。

⑤ 韩国现代工程与建筑公司（Hyundai Engineering & Co.，Ltd.）——拥有9000m³ 大型耙吸船"高丽"（"GORYO HO"）号、利用旧货船改装的27000m³ 大型耙吸船"高丽6"号（2001—2003年改装）以及12000kW大型绞吸挖泥船"HYUNDAI12"号等装备。

⑥ 马来西亚 Inai Kiara 公司——是东南亚地区较为活跃的一家疏浚公司，拥有 9000m³ 大耙船"Inai Selasih"号、8277kW绞吸船"Inai Dahlia"号等主力船型多艘。 2013年8月由荷兰鹿特丹Vuyk咨询公司提供技术设计、马六甲海峡船厂建造的一艘 32000m³ 超巨型耙吸挖泥船（亚洲"第一耙"），举行了隆重的下水典礼，总理亲临剪彩，但至今仍无该船交付的任何报道。

⑦ 法国疏港公司（GIE Dragages Ports）——拥有8500m³ 大型耙吸船"Samuel de Champlain"号及5000m³ 耙吸船"Daniel Laval"号等。

⑧ 印度国营疏浚公司（DCI）——拥有7400m³ 耙吸船"Dredge 15"号、"Dredge 16"号和"Dredge 17"号及1艘新建的14000kW绞吸船，该公司为印度最大疏浚公司，主力船型多由IHC提供。

⑨ 美国陆军工程兵部队（US Army Corps of Engineers，USACE）——拥有6100m³ 旗舰"惠勒"（"Wheele"）号、4600m³"Essayons"号（1983年更新）、带有边抛架系统的 2400m³"McFarland"号3艘耙吸挖泥船（见图1-15）及"赫尔利"号等6艘吸盘挖泥船，该集团是美国唯一一家由政府承担费用的疏浚公司，主要负责密西西比河航道的维护疏浚。

⑩ 埃及苏伊士运河管理局（SCA）——拥有10000m³ 大型耙吸船"MECCA"号、装机功率22795kW巨型绞吸船"Mashhour"号、装机功率12000kW的大型绞吸船，以及 6500m³ 耙吸船等中东地区实力强劲的挖泥船装备。

图 1 - 15 美国工程兵部队的旗舰——三艘耙吸挖泥船

⑪ 韩国韩进公司（Hanjin Construction Co. ,Ltd. ）——拥有装机功率 16200kW 大型斗轮船"Hanjin Young Jong"号等多型挖泥船。

⑫ 丹麦 Rohde Nielsen A/S(RN) 疏浚公司——拥有 2600m³ 以下耙吸船及铲斗船多艘，一支规模不大但知名度不低的公司。

⑬ 阿联酋 National Marine Dredging 公司——拥有 10 余艘颇具实力的绞吸挖泥船队，中东地区一支活跃的疏浚公司。

⑭ 沙特阿拉伯 Huta Marine Works 公司——拥有包括装船功率 23545kW 超巨型绞吸挖泥船"Al Bahar C/D Huta 12"号在内的多艘挖泥船，中东地区有影响力的疏浚公司。

⑮ 英国 CEMEX UK MARINE 疏浚公司 ——拥有 5000m³ 耙吸船以下的挖泥船若干艘。

⑯ 中国中交集团公司属下上海航道局、天津航道局、广州航道局三大疏浚公司以及长江航道局、中国水电等疏浚船队。

1.8 疏浚装备——挖泥船及其种类划分

1.8.1 概述

自从世界上首艘铁制机械式链斗挖泥船问世以来，发展至今已有 200 多年的历史（见图 1 - 16、图 1 - 17）。这一期间，随着科学技术的发展，人们在征服自然、推动社会进步的活动中，也大大促进了疏浚业和疏浚装备（Dredging Equipment，DE）的发展和进步,不仅挖泥船的性能日益提高,而且在品种、类型方面也发生了重大的变化,已从最初单一的非自航链斗挖泥船,逐渐发展成为功能各异、能够应对各种水域环境和土质特性的现代化高效挖泥船队。

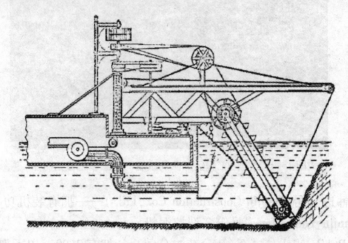

图 1-16　美国 ELLICOTT 公司 1893 年建造、带泥泵助送的链斗挖泥船

图 1-17　具有近现代色彩的自航链斗挖泥船 ——1926kW Kamal XXXVI(1987 年)

1.8.2　挖泥船种类的划分

1. 分类的必要性

现今各式各样的挖泥船品种中,细分起来不下 20 余种,但其中有些不同称谓的挖泥船,本质上或者使用功能上并无明显区别(如绞吸挖泥船与斗轮挖泥船、正铲与

反铲挖泥船等），为便于叙述和理解，有必要将它们按其生成原理或用途加以合理划分和归类。

2. 分类的依据

尽管挖泥船的品种多样，长期以来，无论国内或是国外，挖泥船传统上都按其作用原理加以划分：即水力式（亦称吸扬式）挖泥船和机械式挖泥船。水力式又根据不同的系统组成分分为耙吸式、绞吸式、喷水式以及吸盘式等（见图 1 – 18）；机械式亦依据不同的系统组成又可分为链斗式、铲斗式和抓斗式等。

图 1 – 18　IHC 公司斗轮挖泥船上的关键装备——带有刀齿的单斗轮装置

气力输送挖泥船的出现还是 20 世纪 60 ~ 70 年代的事，也是唯一的一类采用气力输送的挖泥船，且生产规模不是很大，由于其生成和作用原理类似于一个活塞泵，且作业过程又都是发生在水下，传统分类中通常将它划归水力式。本章则将气力输送挖泥船单独划为一类。

在第 2 章里将对各类挖泥船的基本功能和特点逐一介绍。

1.8.3　现有各类挖泥船的规模和数量

目前世界上到底有多少挖泥船，还确实是一个难以说清的事。

首先有必要关注一下我们自己国家,我国在20世纪90年代前后,国内一个笼统的说法是拥有近1000艘挖泥船,但通过多方面了解和核实,实际上直接用于挖泥的船舶仅650艘左右,其余多为配套船、辅助船之类,但也不能说,这些不能直接用来挖掘泥土的船不算疏浚装备,因为没有抛锚艇、没有牵引船、没有泥驳等辅助船的配合,多数绞吸船将一无所获。国外有关挖泥船的统计数字在这方面也不是整齐划一的。自20世纪90年代中后期以来(特别是进入21世纪以来),我国挖泥船得到持续、快速发展,仅20年间新建、改建大中小各类挖泥船不下400艘(在第5章里还会进一步述及),我国现有新、旧挖泥船应在1000艘左右。据中国疏浚协会披露,20世纪90年代末,我国拥有年疏浚(土方)能力约5亿立方米,而2012年前后产能已达到10亿立方米,足足翻了1倍。

据不完全统计:国内现有8000 m^3 舱容以上的大型耙吸船已在30艘以上(含4艘进口船);而装船功率在9000kW以上的大型绞吸船已超过60艘(含10艘左右进口船),仅这两类大型挖泥船的数量就已经接近100艘。最近几年挖泥船的增长速度虽有所放缓,但增长势头仍在。产能的大幅度增长除了船舶数量增加的因素外,船舶主尺度、装船功率的增大以及技术创新也是重要因素。

以下介绍两个涉及挖泥船统计的国外机构:

1. 荷兰 Bert Visser's directory of dredgers(www. dredgers. nl/)

该挖泥船目录网站登录有大量世界各国挖泥船名目及其简要图片和船型参数,对新建大、中型挖泥船的报道也比较及时,对部分船舶的改、扩建历史以及前后名称的变异也略有记载,但缺乏完整性,尤其发展中国家的挖泥船统计数据缺失较多,区域性的数据统计似未见有。即使欧美等发达国家的船型资料亦欠完整,迄今录入的挖泥船接近1700艘,对我国近年来新建的大中型挖泥船多有记载。

2. 美国刊物《WORLD DREDGING Mining & Construction》

该刊为月刊,也是国际疏浚协会所属西部疏浚协会的会刊,在每年3月出版的一期里会有相关各地区、国家的挖泥船数量统计报告,题为《世界挖泥船年度指南》(Worldwide Dredge Population)。该指南2008年度的统计显示:世界各地区拥有挖泥船总数为2127艘,其中非洲、中东地区151艘,亚洲、大洋洲地区536艘,欧洲744艘,北美558艘,中南美洲138艘。而在2014年的年度统计中,却展示出另一番景象:全球挖泥船总数1766艘,其中非洲、中东地区107艘,亚洲、东南亚及大洋洲454艘,(含中国93艘),欧洲513艘,北美洲594艘(含美国502艘),南美、中美及加勒比地区98艘。

前后时间相隔6年,挖泥船总数竟然一下子缩水了361艘,亚大地区竟也减少了

82 艘,且别说这几年正是亚洲(尤其中国)挖泥船增长迅猛的时期。这一变化真让人匪夷所思!

还有,统计中像意大利和俄罗斯这样的国家所拥有的挖泥船也分别只有 6 艘和 11 艘,这显然不能反映真实状况,俄罗斯仅吸盘挖泥船差不多就有 10 艘了。

综合各方面因素推断:当今世界各类挖泥船总数趋于 3000 艘,其中 8000m³ 以上大型耙吸船近 100 艘,9000kW 以上大型绞吸船逾 150 艘,我国均占其中 1/3 左右。

1.9　主要国际疏浚装备供应商

1.9.1　概述

现今世界上挖泥船的制造厂商大大小小不啻千家,但具有国际品牌、领先世界水平的挖泥船制造商就为数不多了,而在挖泥船关键装备及技术方面具有综合配套能力的供应商就更加屈指可数了,以下简要介绍国际知名挖泥船建造商/供应商及其实绩。

1.9.2　国外主要挖泥船建造商

1. IHC Merwede 公司(荷兰)

荷兰的疏浚制造业有着悠久的历史,其中最具影响力的 IHC Holland 公司成立于 1943 年,它的前身 Smit 家族从 1687 年以来就一直从事着造船事业。

21 世纪初年重新整合的 IHC Merwede 公司(以下简称 IHC 公司)致力于专业水工部门设计及建设活动的持续发展,是全球高效疏浚和采矿船舶设备市场最具活力的供应商。IHC 公司不仅拥有设计制造创新型船舶和先进设备的知识经验,并提供支持服务,还在众多疏浚装备的开发研究方面走在该领域的前列,通常年营业收入的 4% ~5% 用于研发,确保技术创新的内在优势。

IHC 公司现有雇员超过 3000 名,分布在不同的国家及地区,包括荷兰、中国、克罗地亚、法国、印度、中东地区、英国和美国。长期以来 IHC 公司在挖泥船制造及疏浚装备供应上一直居世界领先地位,在大型、超大型耙吸船和绞吸船的综合研发能力、设计建造技术及系统装备的专利技术方面处于世界领先水平,公司目前拥有两家专业造船厂(Kinderdijk 及 Sliedrecht)(见图 1-19),迄今世界各地建造的 50 余艘大型、超大型耙吸船中,由 IHC 公司独家提供的超过 1/3,IHC 公司迄今已交付大、中、小型耙吸船约 360 艘,大小绞吸挖泥船逾 1000 艘。IHC 公司同中国疏浚界有着 100 年以上的业务往来,其在中国的业务开展始于1895年,当时向天津航道局的前身"海河工程局"提交了一艘名为"中国"号的链斗挖泥船(见图2-48),此后100余年来先后为中国客户提供各式挖泥船几近200艘。其中包括"海狸"系列1200、1600、3300、3800、4600型绞吸挖泥船;多型环保绞吸挖泥船,750、4012型斗轮挖泥船;进入21世纪以来,仅7025MP和8527MP创新系列绞吸挖泥船就有约20艘售予中国;在具有高技术含量的大型耙吸挖泥船方面,继"新海龙"号、"万顷沙"号以及近期交付的"长江口01"号、"长江口02"号外,正在为广州航道局建造1艘迄今中国最大舱容(21000m³)的耙吸挖泥船,计划于2016年年内交付。

(a)   (b)

图1-19　荷兰IHC公司独家拥有的挖泥船专用建造厂

曾经多年坐拥世界疏浚装备市场半辟江山的IHC公司,目前虽然已感受到多方面(其中也不乏中国)的市场压力,但由于其雄厚的技术实力和市场运作经验,其应对仍游刃有余。

2. VOSTA LMG集团公司(德国和荷兰合资)

VOSTA LMG集团公司(LMG前身相继为原德国KRUPP集团输送技术公司、O&K公司,其历史可以回溯到1873年):这家21世纪初联姻的荷—德联合集团公司一般不做总承包商,多以合作建造的方式提供服务,既可提供标准(耙吸、绞吸)挖泥船型,也可以为顾客定制,同时还能为用户提供范围广泛的零部件供应(见图1-20)。

VOSTA LMG公司虽然没有自己的大型造船厂,但它在大型耙吸挖泥船的设计技术、系统装备专利技术方面,与IHC公司实力相当,甚至在超大型耙吸船领域表现出超凡的研发设计实力:2000年伊始,它就一鸣惊人,拥有时下世界第一的巨无霸型耙吸挖泥船"Vasco da Gama"号设计成果,使该船泥舱容积一举达到破纪录的33000m³,并在挖深、装载量、航速以及一体化技术等多方面有了创新和突破。由VOSTA LMG公司提供设计技术、系统装备,与其他厂商合作建造的大型、超大型耙吸船已有多艘,迄今交

| 绞刀头 | 绞刀齿 | 斗轮 | 吸头 | 吊杆 |
| 球接头 | 快速接头 | 旋转弯头 | 侧滑轮组 | 联接块 |

图 1 – 20　VOSTA LMG 提供广泛的挖泥船部件供应

付大、中、小型耙吸船约 60 艘,包括 2004 年与中国船舶工业集团公司第七〇八研究所(以下简称中船 708 研究所或 708 所)联合设计,沪东中华造船集团建造的 5800m³ 耙吸挖泥船"神骅"号,该船一举成为引进技术、国内建造最先进的耙吸挖泥船。

早期 KRUPP 集团同我国的技术交往和贸易亦可以追溯到 19 世纪 90 年代。改革开放以后,该集团同我国疏浚界的交往更加密切,在 2000 年前后的"百船工程"项目中也是仅次于 IHC 公司的国外参与方,受水利部用户欢迎的"江河 1"号、"江河 2"号就是其代表作。公司在我国北京和深圳均设有代表机构。

VOSTA LMG 公司现有耙吸挖泥船标准系列船型从 1000m³ 到 3000m³;现有绞吸挖泥船标准系列船型从管径 350 mm 到 650mm。

3. IZAR 造船集团公司(西班牙)

西班牙 IZAR 集团公司是一家重新整合过的军民两用国有造船企业集团。旗下现有 8 家造船厂和 5 家修船厂,职工 11 万人,生产量占西班牙的 80%。据称 IZAR 造船集团规模居欧洲第二,世界第九。经历了重大变革和创新的 IZAR 集团开始走出困境,近年来在挖泥船的设计建造方面更是异军突起,仅 2002—2003 年间就交付 16500m³ 以下,8500m³ 以上的大型耙吸船 5 艘,除一艘 8500m³ 为 LMG 设计外,其余均为 IZAR 集团自行设计,同期还交付一艘 5000m³ 和两艘 4400m³ 中型耙吸船。2007 年集团因再次获得为扬德努集团建造两艘 46000m³ 特大型耙吸挖泥船合约而备受关注,属下主要参与挖泥船建造的厂家有 La Naval、Sestao 及 Gijon,有着军工产业底气的 IZAR 集团虽然暂露头角,却一鸣惊人,在今后国际疏浚装备市场有望成为一家实力强劲的竞争对手。

4. 日本石川岛等多家造船公司

日本是亚洲造船工业崛起最早、基础最雄厚的国家,也是亚洲挖泥船起步最早的国家,当今世界造船强国之一。凭借其自身在造船和机器制造业方面的优势,石川岛(IHI)、三菱(MHI)、住友(SHI)、四国等多家公司都有过建造挖泥船的不俗业绩,产品门类也相当广泛:耙吸、绞吸、抓斗、铲斗和链斗等主要型号挖泥船都曾有过相当规模的出口业绩,就连吸盘挖泥船也曾为苏联建造过多艘。自从20世纪70年代初期从意大利引进气力泵清淤船以来,该型船曾对日本河口、海湾工业污染底泥的有效清理起到重要作用。

从20世纪初叶开始直到20世纪80年代后期,日本也一直是我国挖泥船的主要进口来源国之一,规模仅次于荷兰IHC公司。直到20世纪末叶,我国拥有的最大耙吸挖泥船——上海航道局的"航浚6001"号及"航浚6002"号也是从日本引进的,其泥舱容积为6500m³。20世纪80年代开始,由于国际经济危机的影响以及国内劳动力成本的增加,日本造船业逐渐走向萎缩,挖泥船的盛世不再。即便于此,2002年前后日本仍建造成功世界上最大的抓斗挖泥船——斗容达200m³的抓斗挖泥船。2004年,日本三菱重工神户造船厂(Mitsubishi Heavy Industries, Kobe)还伙同VOSTA LMG公司(后者提供设计)为埃及苏伊士运河管理局建造过一艘10211m³耙吸挖泥船"MECCA"号。由此可见,日本挖泥船的设备制造能力不容置疑(见图1-21)。

图1-21　三菱重工和VOSTA LMG联合为苏伊士运河管理局建造的10000m³耙吸船(2004年)

5. 美国ELLICOTT公司

美国ELLICOTT公司创建于1885年,总部设于巴尔的摩,主要从事绞吸、斗轮以及小型泥猫系列(Mud Cat)挖泥船的生产,迄今为止设计、制造了各类挖泥船及泥泵、斗轮等挖掘装备逾1500台/套,产品销往世界近80个国家,被认为是世界三大疏浚装备供应商之一,也是美国首屈一指的设备供应商,主要市场除了美国本土以外,便是中南美洲、中近东以及亚洲和非洲,号称销量世界第一。其中,专利产品泥猫系列就售出500余台,大多为中小型号,绞吸挖泥船和斗轮挖泥船的最大功率达1193kW(1600hp),属"巨龙级"。

20世纪70年代以来ELLICOTT公司等设备公司基本上不从事耙吸挖泥船的建造与销售,这与美国疏浚市场长期以来钟情绞吸挖泥船不无关系。1998年8月,国家经贸委以船舶工业总公司第708研究所科研人员为主体曾组团前往ELLICOTT公司技术考察(作者为其中一员),如图1-22、图1-23所示。

图1-22 1998年8月前往ELLICOTT公司总部考察访问并技术交流,右二为公司总裁

图1-23 考察团一行在ELLICOTT公司技术人员陪同下考察密西西比河航道疏浚

ELLICOTT 公司主要产品类型有：

（1）"巨龙"及"超级巨龙"（Dragon/Superdragon）系列绞吸挖泥船；

（2）"斗轮——巨龙"（Wheel – Dragon）系列挖泥船；

（3）"泥猫"（Mud – Cat）系列切刀挖泥船；

（4）采砂及采矿（Sand – Miner）系列大深度采掘船。

ELLICOTT 公司产品进入中国市场较晚，迄今所占份额有限。

6. DAMEN 疏浚设备制造公司（荷兰）

DAMEN 疏浚设备制造公司（Damen Dredging Equipment）隶属于 1927 年成立的 DAMEN 船厂集团，是在 20 世纪 40 年代成立的一家疏浚设备制造商。DAMEN 公司定位于中小型疏浚装备的开发和建造，产品呈多样性发展，生产 2500m³ 以下标准化的耙吸挖泥船和绞吸挖泥船，也可以为客户定制疏浚设备和机具，其中 DOP 水下疏浚泵是其特色产品之一。在螺旋切刀挖泥船、环保绞吸挖泥船等船型的开发利用方面业绩颇丰，新近开发的 RO – RO 深海采掘装备引起国际疏浚界的广泛关注和期待（见图 1 – 24、图 1 – 25）。近一个时期在我国的销售业绩也呈上升趋势。

图 1 – 24　DAMEN 公司开创的 RO – RO 深海疏浚系统　图 1 – 25 DAMEN TPS900 系列耙吸船产品

此外，荷兰鹿特丹 Vuyk 工程公司、意大利劲马（Pneuma）公司、澳大利亚 Neumann 公司、美国 Alabama Shipyard 及 Avondale Shipyards lnc、英国格拉斯哥的 Ferquson Shibuilders Ltd 以及新加坡（包括三巴旺船厂在内的）多家大型修造船厂等规模稍次的装备制造厂商，在世界以及区域性市场上也形成一支活跃力量，他们与上述知名品牌的世界级供应商共同维系并推动着世界疏浚装备及技术的不断进步。

第2章
各类挖泥船及其基本功能特点

2.1 概　述

　　自从 1700 年前后法国物理学家 Papin Danis 发明离心泵以来,泥泵便在其后的发展和应用中同挖泥船结下了不解之缘,尤其是对于遍布世界各地的水力式挖泥船来说,泥泵就成了它一直以来赖以发展的重要基础。

　　水力式挖泥船也就是通常人们所说的吸扬式挖泥船,是利用泥泵真空吸力的作用原理,借助吸/排泥管或装驳系统将吸入泥砂泵送出船外泥场的一类挖泥船,诸如绞吸、斗轮类挖泥船,现今挖泥船中的大多数都属于这类挖泥船;对耙吸挖泥船而言,多采用自行装舱、自行前往目的地、多种形式排放(见图 2 - 1)。水力式挖泥船的核心装备当属泥泵。

(a)   (b)

图 2 - 1　最具代表性的挖泥船——绞吸船和耙吸船

(a)绞吸挖泥船;(b)美国工程兵部队"惠勒"号耙吸船。

2.2 水力式挖泥船(Hydraulic dredge,HD)的种类

2.2.1 直吸式挖泥船(Suction Dredge,SD)

水力式挖泥船发展的初始阶段,技术形态十分简单,既非现今的绞吸船、亦非耙吸船,吸头不具备切削泥土的能力,且几乎都是非自航船,作业采用4锚定位,吸头伸向前端贴近泥面定点吸泥,即使后来出现了自航形式,作业时依然采用锚泊定位,统称为吸扬式或直吸式挖泥船,普遍用于内河(见图2-2)。

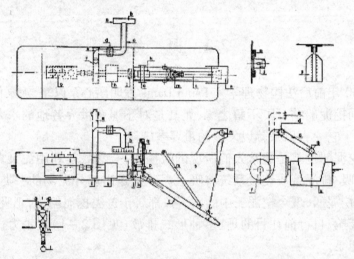

图2-2 早期定吸式挖泥船泥泵、主机及吸管布置图

直吸挖泥船是水力式挖泥船中技术形态相对简单的一种,有单吸泥头形式和在吸头附近加装水力松泥器(即一组喷嘴)的组合形式,后者作业时通过喷嘴喷出高压水,能更好地疏松吸头附近的泥土,以便泥泵将业已疏松的泥砂高浓度吸入并排放到目标处所。喷嘴所需的高压水则另由一只专用喷水泵提供。

直吸挖泥船的出现当早于绞吸挖泥船,1855年美国建造了一艘"莫尔茨将军"号吸杨式挖泥船,用于南卡罗来纳州的查尔斯顿港疏浚作业。

2.2.1.1 船型特点

直吸挖泥船的设备和系统组成较为简单,船体为非自航、方箱型、钢质单体结构,采用锚泊定位和移船。在有条件利用岸电的场所,船上亦无需配置动力设备(见图2-3、图2-4)。

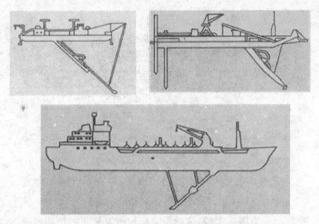

图 2-3　水力式挖泥船主要船型的外观示意图

图 2-4　2319kW 直吸挖泥船"Ijsselmeer"号最大挖深可达 50m(1992 年)

2.2.1.2　主要系统组成

主要系统由泥泵、传动装置、吸头(或带有水力松泥器吸头)、吸头吊架、吸排泥管以及锚泊(移船和定位)系统等组成(见图 2-5),相对其他船种而言,该型船系统结构较为简单。

2.2.1.3　作业方式

直吸挖泥船移船作业方式,除了不设定位桩以外,和后面将要叙述的绞吸挖泥船的锚缆移船定位方式相类似,也采用 4 锚,依次逐个抛设定位。通常对于挖槽方向而言,可分为纵挖法和横挖法两种。待锚缆收紧以后,放下吸管连同吸头,启动泥泵,直接可将吸头附近淤积或疏松的泥水吸入,并以水力输送方式排将出去,或通过装驳设施载入泥驳。

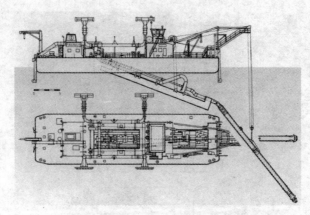

图 2-5 直吸挖泥船:该船没有定位桩及笨重的桥架系统,
A 字吊架结构十分简单,两舷带有装驳设备

由于吸入系统结构简单,没有了绞吸挖泥船的绞刀和传动机构,在来回吸泥作业时,也不存在绞刀切削泥层而产生的横向作用力,所以,直吸挖泥船无需设置结构笨重的绞刀桥架和定位桩,也正因为它具有这一特点,使得它的吸头连同吸管部分可以做得比通常绞吸挖泥船的绞刀架系统长许多,也就是说,直吸挖泥船(通过船体接长措施)可以获得较大的挖深,比目前大型自航绞吸挖泥船的挖深要大出一倍左右,这也是直吸挖泥船的一大优势。

2.2.1.4 适用水域

直吸挖泥船适用于挖掘砂及砂性土壤、松软土或中实土、淤泥及淤砂等,常用于内河航道、湖泊及港闸基础清淤。

直吸挖泥船系统简单,造价低廉,产量高(5000m³/h 以上),成本低,挖深也相对较大。但对土质的适应性较差,挖掘精度亦欠佳,正因为直吸挖泥船具备上述优点,即使在挖泥船品种和技术高度发展的今天,该型船依然保有一席之地。

2.2.1.5 典型实例

图 2-6 给出了直吸挖泥船加大挖深的一种不寻常的途径,基本办法仍是将船长接长。

如图 2-6 所示是专为荷兰波卡公司量身建造的一艘大挖深的组装式直吸挖泥船,2002 年由 De Groot Nijkerk Dredging Equipment 公司建造,全套设备仅用 12 辆卡车即可运抵作业现场。其后,该船用于鹿特丹附近的湖区从事取砂作业,深度可达 60m,通过 3 台增压泵站,可使其运距达到 13km,避免了昂贵的运砂费用。其典型实例如表 2-1 所列。

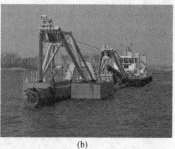

(a)　　　　　　　　　　　　　　　(b)

图 2-6　BOKA 公司一艘特殊组合的大深度直吸挖泥船"Hollandsch Diep"号(2002年)

表 2-1　典型直吸式挖泥船主要船型参数

船名	Arenig Fawr(图2-4)	Hollandsch Diep(图2-6)
船型	直吸式	直吸式
船东	Airbus UK	Royal Boskalis Westminster
建造厂商	Ferguson Shipbuilders,Port Glasgow	De Groot Nijkerk
建造时间	2007	2002
总长/m	18.5	82.0
船/m	14.4	61.0
船宽/m	5.5	8.9
吃水/m	0.7	1.1
挖深/m	—	60.0
装船功率/kW	—	2350

图 2-7 为带有水下泵的直吸挖泥船作业示意图,这类直吸挖泥船其挖深普遍可以达到 50m 以上。

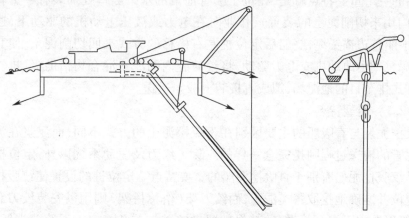

图 2-7　带水下泵的直吸式挖泥船示意图

该船主船体部分由一个主体浮箱(用以安装机、泵设备)和左、右各两个片体浮箱组成,接长部分为左、右各一个箱体组成的组合体,两个部分则通过两根刚性构件组成一体,使得该船的船长大大增加,而桥架部分的接长就更不算什么大的难事了,但在有关电器设备的线路、接口方面设计时需要做周到考虑。作业时,因船长的增大,故通过前后两组吊架协同起落绞刀架。为从事 60m 深度挖砂作业,该船在桥架以下 18m 深处设置了一个功率 600kW 的潜水泵,由 3508B 型卡特柴油机直接驱动。

De Groot Nijkerk Dredging Equipment 公司是荷兰一家专业从事挖泥船及其疏浚系统制造的厂家,20 年以前,也曾建造过两艘这种大挖深直吸装备。如果需要更换作业场地,从拆解、运输、直到重新组装完毕开始作业,总共才一周时间,可见调遣之便利。

该船主要参数为:

装船功率 2350kW,潜水泵功率 600kW,舱内泵功率 1120kW,总长 82.0m,箱体长 61.0m,型宽 8.9m,吃水(50% 油水装载时)1.1m,吸管直径 550mm,排管直径 500mm,挖深 60m。

上述形式的挖泥船在欧洲比较常见,因而也被称之为深吸式挖泥船。

2.2.2　绞吸式挖泥船(Cutter Suction Dredge,CSD)

19 世纪后期,绞吸挖泥船以比较接近的时间在英、美、荷等国家率先得到开发利用(相关文献记述,首船问世于美国之说有之,首船问世于英国之说亦有之),历经 100 多年发展,而今已成为挖泥船家族中最为壮大的一支力量。比较直吸挖泥船,绞吸挖泥船的一个重要特点就是,在位于吸管前端的水下吸口处加装有一个转动绞刀(一种专门用来切削泥土的装置),作业时在电力或液压电动机的驱动下,通过同步收、放两根船首边锚锚缆,绕船后定位桩左右横移的方式来回切削泥土,使其连续进入腔内;泥泵则由原动机或电力驱动,将绞刀腔内的泥水混合物借助吸、排泥管以水力输送方式排至目的地泥场,拟或直接装上驳船运送。

2.2.2.1　船型特点

绞吸挖泥船与直吸船的主要区别在于疏松泥土的方式不同,而泥浆在泥泵作用下通过泥管的输送过程则是完全一样的。除了绞刀及驱动系统以外,定位桩及绞刀桥架也是绞吸挖泥船有别于直吸挖泥船的重要特点。定位桩的设置使绞吸挖泥船得以牢固定位并准确地挖取各类泥土,而绞刀架(俗称桥架)则用以安装绞刀和驱动系统、吸泥管以及水下泥泵等设备,其根部通过铰链与首开槽内主浮箱前端壁相连接,桥架前端则通过桥架绞车、滑轮及钢丝绳整体吊放在 A 字架上,随滑轮、钢索而上下升降。

绞吸挖泥船绝大多数为非自航船,钢质、方箱型船体,可以是整体型式,也可以是分体组装形式(由多个片体组合而成),以方便水陆运输。因安装桥架及绞刀等设备缘故,通常船首沿纵中方向均设有较大的开槽(美国绞吸船例外),开槽尺寸随着船体尺度及挖深要求而变化。对日益增多采用定位桩台车的绞吸挖泥船而言,船尾沿纵中方向同样设有开槽,以便台车和行走主桩的安置,尾开槽的长度通常较首开槽短。

首艘实用绞吸挖泥船出现在 1893 年前后,首艘功率 12500kW 的自航绞吸船"Aquarius"号于 1977 年问世,由荷兰 De Merwede(现已与荷兰 IHC 公司合并)建造,现今大型以上的绞吸船中自航船的身影渐次增多。即便如此,其推进装置也只是在调遣时启用,作业时依旧采用定位桩及横移绞车移船。

在有水流的航道作业时须采用逆水行进的方式。

大多数情形下绞吸作业挖取的疏浚物主要通过管线采用水力输送(见图 2 - 8),视其工作性质,部分绞吸挖泥船也配有装驳系统如图 2 - 5、图 2 - 10 所示。

图 2 - 8　德米公司 11728kW 大型绞吸挖泥船"Vlaanderen XIX"号施工现场

非自航绞吸挖泥船水上调遣时,为减小阻力以及安全缘故,往往采取倒拖方式。当组合的绞吸挖泥船在 3、4 级内河航道调遣时,为便于安全通过桥梁、涵洞,往往将其拆解后采用分体形式加以调遣。

2.2.2.2　主要系统组成

传统绞吸挖泥船的疏浚系统主要由以下部分组成:泥泵、绞刀、绞刀桥架、吸排泥管、定位桩及其起落装置、定位桩台车、桥架绞车及移船绞车、驱动系统以及抛锚杆等

（见图2-9）。

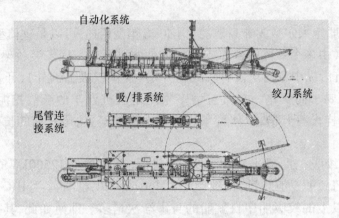

图2-9 绞吸挖泥船主要系统组成示意图

（该图示定位桩作为独立浮体接于船后）

早期绞吸挖泥船没有定位桩台车,老式定位桩及其起落吊架分置于船尾两侧。而现代的绞吸船除了设置舱内泥泵外,往往还配置有甲板泵、潜水泵。对自航绞吸船而言,还设有推进系统。早期绞吸船在其左、右两边分设装驳管的情形亦不少见,图2-10所示为1949年荷兰为法国建造的一艘名为"莱纳塞斯"号的柴油电动非自航绞吸挖泥船,该船除了尾端设置有两根醒目的定位桩以外,船中部位还左右各设有一根装驳管,故除了尾管排泥以外,该船还能通过泥驳运输,主机370kW,供泥泵发电机用。

图2-10 荷兰早期为法国建造带装驳设施的

柴油电动非自航绞吸船"莱纳塞斯"号

2.2.2.3　作业方式

当挖泥船进入作业水域并完成定位后,使桥架入水,同时启动泥泵和绞刀,继而将桥架放至水底,通过收、放左右锚缆使船绕船后钢桩转动。左右锚缆则穿过绞刀左右侧的滑轮与甲板上的边锚绞车相连,收放缆同步进行。边锚绞车所需的牵引力除了与土壤性质有关外,还与绞刀旋转方向、所抛锚泊的方位、绞刀尺寸以及施工水域的环境条件(风、浪、流)有关。

现今大多数绞吸挖泥船的工作桩(主桩)都安装在一台液压驱动的台车上,当工作桩插入泥层作业时,挖泥船绕其做圆弧运动,而设在船尾端一侧的辅桩,此时抬出水面。随着台车油缸向船尾方向的推进,使绞吸挖泥船渐次前移,每前移一次并在一个来回挖掘的动作结束后,将桥架上的绞刀往下放一个切削厚度,即可以将工作面上的一层或多层泥土给挖去。

当台车油缸向后推进达致最大行程时,需将绞刀移动到挖槽的中心线位置,然后将辅桩插入水底,继而提起工作桩并随台车前移,使其回复到开槽的最前端位置,重新插入水下,开启下一个行程的挖泥作业(见图 2 - 11)。

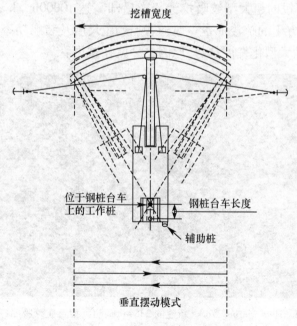

图 2 - 11　绞吸船摆动模式示意图

2.2.2.4　适用水域

绞吸挖泥船是当今应用范围最为广泛、数量最多的一类挖泥船,迄今仅荷兰 IHC

公司一家所建造的各类绞吸挖泥船就有 1000 多艘,尤其是适合各种规格的充填工程。绞刀功率不仅范围变化大(50 ~ 7000kW),随着性能的日益完善,现今即使最坚硬的岩石也能对付,只是产量必然大幅度降低;如今单个泥泵最大功率也达到 6000kW 以上,可以根据不同水域环境以及不同工程项目的要求加以选择。据扬德努公司网站和伯特·维瑟挖泥船目录(Bert Visser's Directory of Dredgers)网站最新发布的消息:目前,世界最具实力的扬德努疏浚公司正在建造一艘总装机功率达 40975kW 的超级巨无霸型绞吸挖泥船,其绞刀和泥泵功率分别达到 8500kW 和 3 × 8500kW 的新高度,将于 2016/2017 年交付使用,其性能的更大跨越值得期待,尤其是在应对坚硬岩石方面,堪称王者。

图 2 - 12 所示为沙特阿拉伯 Huta Marine Works 公司于 2014 年最新添置的超巨型自航绞吸挖泥船"Al Bahar C/D Huta 12"号,总装船功率达 23545kW,绞刀功率 3500kW,航速 9.0kn,由 IHC 公司的 Kinderdijk 船厂建造。这种超巨型的自航绞吸挖泥船通常在四大疏浚公司以外的用户里是很难寻觅的,不仅仅是买得起的问题,可见其实力不凡。装船功率范围的变化之大,也意味着绞吸挖泥船产量变化范围之大,小至 40m³/h,而最新锐的超大型绞吸挖泥船产量却高达 10000m³/h。与耙吸挖泥船一样,绞吸挖泥船每方土的疏浚成本一般随着船舶主尺度及装船功率的增加而降低,近年来绞吸挖泥船的大型化发展趋势,原因之一就在这里。

图 2 - 12　Huta Marine Works 新建的 23545kW 超巨型自航绞吸船(2014 年)

绞吸挖泥船的船体尺度(浮体的长、宽、吃水等)主要根据船东对于该船使命要求,即依据其布置上的需要以及因应作业水域环境的强度和稳性等相关要求来确定。

但是,绞吸挖泥船使用上也有明显的局限性:首先,因为需要抛锚作业,显然不适合在交通繁忙的主航道施工;其次,即使绞吸船同样加装有波浪补偿器,应对恶劣海况的能力及调遣能力方面也不如耙吸挖泥船;第三是挖深的局限性,即使再大的自航绞吸挖泥船,除非特别情形处置,迄今最大挖深也难得超过 36m。

2.2.3　斗轮式挖泥船

斗轮挖泥船(Bucket Wheel Suction Dredge,BWSD)是在绞吸挖泥船作用原理基础上,于 1970 年代中期前后派生出来的一种新船型,通常视其为改进型的绞吸挖泥船。因此,斗轮有时也被称为"斗式绞刀"。为了更好地满足使用要求,欧、美主要挖泥船制造商仿照时下露天采矿用的大型轮式采掘设备,先后开发成功斗轮挖泥船,并且很快获得用户的青睐,推而广之。斗轮挖泥船增加产量的主要因素在于旋转斗轮的设计,它可以将很大的挖掘力集中在很小的面积(斗刃)上。斗轮挖泥船用于采掘食盐、芒硝等矿藏时效率提高尤为显著。该船型开发不久,很快便在阿根廷、澳大利亚、加拿大、荷兰和美国等国家推广应用,其后 ELLICOTT 成套"巨龙"系列斗轮挖泥船还被美国陆军工程兵部队大量采购。

在 20 世纪 80 年代中后期,我国也相继自主开发应用了斗轮挖泥船。首船开发 280m³/h 斗轮挖泥船于 1987 年获得成功,该船由中船 708 研究所设计,湖南益阳船厂建造,用户为黑龙江省航道局。其后,斗轮船在我国航道维护、水利建设以及采矿作业等领域普遍推广应用。

2.2.3.1　船型特点

由于轮式绞刀的采用,泥斗的布设比较紧密,斗刃切削性能较普通的绞刀要提高一倍左右,又由于鼓轮上装有刮刀,且无斗底,产量因之得到提高,尤其是对黏性、塑性类土质具有更好的适应能力。同时,由于斗轮结构左右对称,且挖泥运转中斗轮是作横轴式转动,这也是它与绞吸挖泥船(采用不对称螺旋绞刀及纵轴式运转)的重要区别之处,使其在左右横移挖掘过程中不仅受力均衡、挖掘效率平稳,挖槽也更趋平整。正是这些优势,使得斗轮挖泥船问世以来,在世界各地发展迅速。

现有大、小斗轮挖泥船,尽管在欧洲和北美存在一定差异,如单排斗和双排斗,带齿和不带齿的斗、开式斗和闭式斗以及斗数上的的差别(IHC 公司采用 14 斗、ELLI-COTT 公司则采用 10 斗)。但是上述斗轮的基本特征及内部构造大致相同,主要疏浚厂商如 IHC、VOSTA LMG、ELLICOTT 等公司在实践中逐渐形成了各自的斗轮系列(见图 2 - 13 ~ 图 2 - 20)。

斗轮挖泥船的挖深与船舶主尺度关系紧密,而与斗轮尺寸的大小并无必然联系。

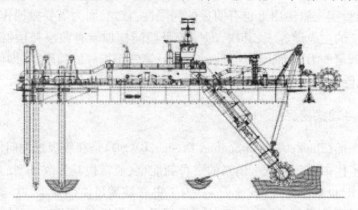

图2-13　斗轮挖泥船作业示意图

图2-14　IHC公司的带有斗齿的单斗轮装置　　图2-15　湖南引进荷兰达门公司的刀轮挖泥船(2002年)

图2-16　Krupp公司建造的独具特色的刀轮挖泥船(1996年)

图 2-17　德国 Krupp 公司与韩国联合建造 16200kW"韩进先锋"号(1996 年)

图 2-18　浙江方圆建造的 10720kW 斗轮挖泥船"Dharti-XII"号(2007 年出口印度)

图 2-19　IHC 公司/文冲船厂联合交付广州航道局 6155kW 斗轮船"力龙"号(2008 年)

图 2-20　江苏船舶设计公司设计的 3500kW 大型斗轮挖泥船

2.2.3.2　主要系统组成

除了切削刀具以横轴式运转的斗轮取代纵轴式运转的绞刀外,斗轮挖泥船其他主要系统组成及运作程序和绞吸挖泥船几乎没有区别。

2.2.3.3　作业方式

斗轮挖泥船的定位、移船作业方式亦与绞吸挖泥船一样,即通过收、放左右锚缆使船绕钢桩往返作扇形运动。

2.2.3.4　适用水域

斗轮挖泥船除了对付风化岩石的能力不如绞吸挖泥船外,在对付黏性、塑性类土质以及带芦苇根茎类的土质时比绞吸挖泥船更胜一筹。

2.2.3.5　代表产品

德国前 Krupp 公司在斗轮挖泥船发展方面成效显著。1996 年与韩国韩进重工联合建造的"韩进先锋"("Hanjin Young Jong")号斗轮挖泥船,其装船功率高达16200kW,开创时下斗轮挖泥船装船功率亚洲乃至世界的最高纪录(见图 2-17)。

进入 21 世纪以来,我国斗轮挖泥船的发展同样十分迅猛,而且在大型化和出口方面表现出卓有成效,仅以民营企业浙江方圆造船公司为例,一个名不见经传的地方小厂,短短 10 余年间,已经在高技术挖泥船的出口方面屡屡创下纪录(见图 2-18,该船总装船功率达 10780kW)。上述中、外两艘斗轮挖泥船"Hanjin Young Jong"和"Dharti-XII"的主要性能参数如表 2-2 所列。此外,近年来江苏、湖南、浙江等地也相继设计和建造了一大批功率 4000kW 以下的斗轮挖泥船,亦有部分出口(参见图 2-18、图 2-20)。

表2-2 国内外典型斗轮挖泥船主要性能参数表

船名	Hanjin Young Jong	Dharti - XII
建造时间/年	1996	2007
船东	Hanjin Heavy Industries and Construction Co.（韩进重工）	Dharti Dredging and Infrastructure（印度）
船型	Cutter /bucket wheel suction dredger	Cutter /bucket wheel suction dredger
建造厂商	Krupp Fordertechnik /Hanjin Heavy Industries and Construction Co.（德国）	Zhejiang Fangyuan Ship Industry Co.（浙江方圆,中国）
总长/m	100.0	94.0
船长 /m	81.0	—
型宽/m	20.0	18.0
设计吃水/m	3.6	3.5
吸管直径/mm	1 ×950	1 ×850
挖深/m	30.0	25.0
装机功率/kW	16200	10780

图2-21 下水中的1800m³/h 国产斗轮挖泥船

2.2.4 吸盘式挖泥船

2.2.4.1 美国吸盘式挖泥船

吸盘挖泥船(Dustpan Dredge,DD)最早出现在美国,是继链斗、耙吸、绞吸等船型以后出现的一款型式颇为独特的船型,虽然在世界疏浚船队中数量并不多,但却留下了120 余年的沧桑印记,迄今仍无法被其他船型所替代。

据记载,1894 年一艘名为"ALPHA"号的挖泥船开始投入美国密西西比河航道疏浚工程。这艘非自航,蒸汽机动力的挖泥船之所以冠名为"吸盘挖泥船",是因为其首部吸头酷似普通家庭用的"簸箕",而且这一设计理念一直延续至今(见图2-22)。

图2-22　1900年前后的美国蒸汽动力侧轮推进吸盘挖泥船

此后120多年来吸盘挖泥船一直是密西西比河航道疏浚工程的主要疏浚船型之一,先后建造10余艘,其中非自航居多,且大多为20世纪30~40年代建造,仅"Hurley"号一艘为1993年建造,多隶属于美国陆军工程兵部队(USACE)。

吸盘挖泥船是一种具有宽扁吸口的吸扬式挖泥船。其吸口截面的长宽比高达40:1,以钢管或钢板垂直分隔,能够以比较小的切削高度获得较大的产量(见图2-23)。吸盘挖泥船没有切削设备,泥砂的吸入主要借助吸盘头吸口上缘一到两列高压喷嘴产生的水动力作用,使前方土层坍塌并形成异重流,然后以较高的浓度被吸入,吸入浓度拟或产量多取决于泥土的性质(见图2-24)。

图2-23　吸盘挖泥船作业示意图(纵前八字形抛锚、直进式作业)

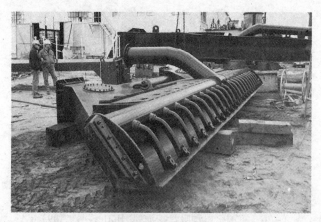

图 2 - 24　"JADWIN"号吸盘挖泥船的吸盘头

　　早期的吸盘挖泥船清一色为蒸汽动力,部分采用侧轮(sidewheel)推进(供调遣时用),船体为铆接结构。分别建造于 1932 和 1933 年的姐妹船"POTTER"号和"JAD-WIN"号,直到 50 余年后的 1985 年才渐次改装成柴油—电动和螺旋桨推进(见图 2 - 25),自动控制及信息化系统等也同步得以更新,让这两艘古老的吸盘船重新焕发青春。如今该姐妹船仍坚守在航道疏浚的岗位上。及至 1993 年,相隔数十年以后美国工程兵部队才又新建造了一艘全电动自航吸盘挖泥船"Hurley"号(见图 2 - 26)。

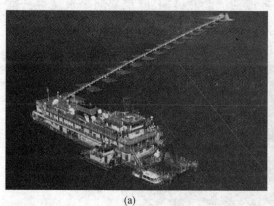

(a)　　　　　　　　　　　　　　　　　(b)

图 2 - 25　美国姐妹吸盘挖泥船"POTTER"号(a)和"JANWIN"号(b)
在航道作业中,其尾管抛泥方式颇为独特

2.2.4.2　苏联吸盘式挖泥船

相比美国,吸盘挖泥船在苏联的发展应用直到 20 世纪 60 年代才开始。首船建

图 2-26 美国全电动吸盘挖泥船"Hurley"号（1993 年）

造为 1967 年；即日本建造商 IHI 为其建造的两艘姐妹船"Amur"号和"Zeia"号，用于中苏界河黑龙江等主航道疏浚工程。其间捷克斯洛伐克也为其建造过一艘（SB 900/1250 型）吸盘挖泥船。1985 年前后，芬兰 Wartsila 又为其建造了 4 艘尺度更大的同型船（见图 2-27）。这 4 艘吸盘挖泥船分别被命名为："Jamal"号、"Javaj"号、"Anabar"号和"Indigirla"号，其关键装备吸盘头、泥泵、边抛架系统等均由德国 O&K 公司提供。该型船的一个突出特征是在船首开槽内并排设置 2×8m 宽的两个吸盘水，一次挖宽可达 16m，这也是迄今挖宽最大的吸盘船。这 4 艘船还同时兼备有耙吸功能，并配备有边抛架系统，主要被分布在西伯利亚地区的北极河、叶尼塞河等水域进行维护疏浚作业，采用了桨推进。俄罗斯现有吸盘船大约在 10 艘左右，在风格上和美国吸盘船各具特色：俄罗斯吸盘船不仅普遍带有边抛架，自航，多数还兼具耙吸功能；而

图 2-27 俄罗斯吸盘/耙吸挖泥船"Jamal"号（1985 年）

美国吸盘船多为非自航船,不具备边抛架排泥系统,也不兼备耙吸功能。此外,美国吸盘船采用尾管排泥时,都是将排泥管线一字排列架在浮筒上面,并可以由操纵室遥控排泥管排出端口的位置,使排泥处于受控状态。在总体技术形态上,俄罗斯吸盘挖泥船稍占上风。

此外,据悉捷克、意大利、波兰、以及丹麦等欧洲国家也先后建造或使用过吸盘挖泥船,具体数量不详。

2.2.4.3　我国吸盘挖泥船的开发应用

20 世纪 80 年代中期,我国吸盘挖泥船的开发才开始提上议事日程。1986 年前后,为确保长江葛洲坝建成后中游航道的畅通,长江航道局计划建造一型浅吃水高效能的挖泥船,用以应对向家嘴段可能形成的大量泥砂淤积。为此,交通部先后两次组团赴国外考察,鉴于美、苏两国吸盘挖泥船在江河航道疏浚中的不俗表现,其后在国家计委直接关心和安排下,确定了国内自行研制吸盘挖泥船的计划,并确定关键技术向国外咨询、关键设备由国外引进的建设方针。时间已经跨入 1988 年,首船研制任务由时下中国船舶工业集团总公司属下的 708 研究所承担,建造厂为上海东海船舶修造厂(简称东海船厂)。德国 O&K 公司最终被选中为技术咨询和装备引进的主要国外厂商。

1993 年 12 月,我国自行研发的首艘吸盘船——1250m³/h"吸盘 1"号(见图 2 - 28)首现长江航道维护疏浚工程,随后的 20 年间,"吸盘 1"号在保障长江黄金水道的畅通中屡立战功,被誉为"航道蛟龙"。为此,2012—2015 年,2000m³/h 全电力驱动的"吸盘 2"号及"吸盘 3"号相继建造成功,再次加盟长江航道疏浚工程(见图 2 - 29),而且"吸盘 4"号也在建造之中。后续 3 艘吸盘船仍由中船 708 研究所设计,建造厂为南通港闸船厂和江苏海新船务重工("吸盘 4"号)。

(a)　　　　　　　　　　　　　　　(b)

图 2 - 28　中国首建吸盘挖泥船"吸盘 1"号在葛洲坝水域试航中(1993 年)

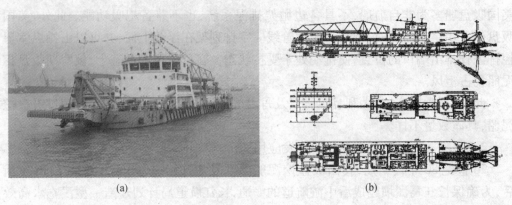

(a)　　　　　　　　　　　(b)

图 2 – 29　国产 2000m³/h "吸盘 2" 号(a,2012 年)及"吸盘 3" 号布置图(2015 年)

　　2014 年 9 月,我国又有一艘新型吸盘挖泥船建造成功:黑龙江省航道局 500m³/h 吸盘/耙吸两用挖泥船"龙俊 21"号顺利建成投产,该船为哈尔滨工程大学船舶工程学院设计,哈尔滨北方造船厂建造。该船建造依托黑瞎子岛航道疏浚工程,同时具备吸盘及双边耙吸两种挖泥功能,以及边抛和尾管排泥两种排泥功能,双桨、全电力推进,尤其适合小型、浅水航道疏浚,计划投入边境河流抚远航道的维护疏浚(见图 2 – 30)。

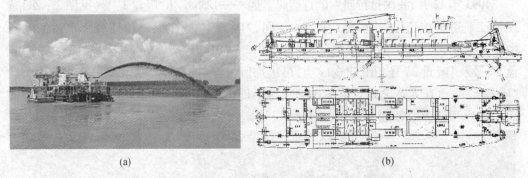

(a)　　　　　　　　　　　(b)

图 2 – 30　500m³ 耙吸/吸盘挖泥船"龙浚 21"号在挖泥试验中(b 为布置图,2014 年)

2.2.4.4　船型特点
吸盘挖泥船特点如下:

(1) 挖槽平整、挖宽大(接近船宽),一次挖宽可达 8 ~ 16m;

(2) 吸入浓度高,可采用边抛或尾管排泥,或同时兼备;

(3) 纵前抛锚、直线绞进作业,无横移锚缆,作业不碍航;

(4) 吃水特浅、通常满载吃水在 2.5m 以下,调遣尤为便利;

（5）无需切削设备，装船功率小，投资省，疏浚成本低。

鉴于上述特点和技术优势，该船型特别适用于内河浅水航道的维护疏浚，尤其枯水季抢修。新建 2000m³/h 全电动吸盘船在未来航道疏浚中理当发挥更为出色的作用。

吸盘挖泥船的局限性在于：一个是挖深方面相较绞吸挖泥船更难有大的突破，再一个是对土质适应性方面的局限性，尤其是对坚硬和黏性土质不尽适应，因此除却航道维护疏浚外，在其他工程施工尤其基建类工程施工中难有优势可言，这或许可以解释吸盘挖泥船为何至今数量如此之少而又弃之不能。

2.2.4.5　主要系统组成

吸盘挖泥船的主要系统由泥泵、驱动装置、吸盘架、带有高压喷嘴的扁平吸盘头（单个设置或两个并列设置）、吸盘吊架、锚缆定位系统、吸排泥管以及操控系统等组成。部分吸盘挖泥船设有旋转式边抛架，可左右 180° 回转实施舷外抛泥。为增大挖深和提高挖掘浓度，新建的吸盘挖泥船上多增设有水下泵。为提高吸盘挖泥船的通用性，部分吸盘挖泥船还具备耙吸功能（但不设泥舱）。

2.2.4.6　作业方式

早期的吸盘挖泥船多采用 6 锚定位方式。主锚一般都抛得较远（1000 ~ 1500m），因为不仅一次抛锚后的挖槽长度取决于首锚位置，长距离抛设的首锚还可以在不需要移锚的情况下连贯完成较大幅度（3 ~ 6 个平行挖槽）的施工，有利于产量的提高。图 2 - 31 所示为早期吸盘船通常采用的抛锚形式。

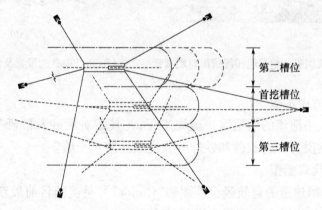

图 2 - 31　早期吸盘船惯常采用 6 锚定位及其作业顺位示意图

近现代建造的吸盘挖泥船大多为自航船，拟或全回转舵桨推进，自身操纵性能大有改善。以往船首 3 根锚缆设置情形已为两个交叉或"八"字形的主锚所替代。一般情况

下,也无需抛设尾锚,仅在遇有较大风浪时,才加设两只尾锚。基本作业方式如下:

(1)采用纵前锚缆移船定位,作业前向纵前长距离抛设交叉锚或"八"字锚(视设计而定),一次抛锚可达1500m以远,故船首部位通常需设置两只大功率锚缆绞车以及相应的锚缆舱。当风浪流较大时,需加设两只尾边锚。

(2)直线绞进作业(视设计而定),一次挖宽可达10m以上。首锚设定后可折返多次平行前移作业,一次最大挖掘面积可达$130 \times 600 \mathrm{m}^2$。

(3)对设有边抛架的船来说,可实施尾管排泥和边抛排泥两种排泥方式,我国吸盘挖泥船尾管排泥与绞吸挖泥船类同,排距根据设计要求确定,600~2000m不等,通常较美国绞吸挖泥船的排距大。

(4)目前美国的吸盘、绞吸挖泥船都不设置边抛架,在密西西比河疏浚作业时,尾管排泥情形较为独特:船尾后延伸的排泥管通常不超过250m(约800ft)的距离,排泥管均置于均衡设置的钢质浮筒之上,在排出端设有一块可转动的圆弧形挡板,借助出口端水流对挡板形成的巨大反冲力矩,可在操纵室实时调控排泥管线与船体间的角度,使疏挖的泥砂能直接排至主航道以外的浅水区域(见图2-32)。

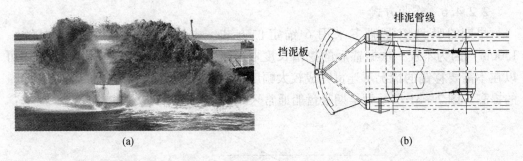

(a)   (b)

图2-32 美国吸盘挖泥船排泥管出口端圆弧形挡板(Baffle Plate)的设置及作用原理(b)

2.2.4.7 适用水域

适于大、中、小河流的航道维护疏浚工程,尤其是对泥砂及砂砾等冲击性土壤效率甚高。适应土质为:淤泥、砂和砂砾等非凝聚性冲积土壤。

2.2.4.8 代表船型

1993年,美国建造的自航吸盘挖泥船"Hurley"号是美国目前最新型、最先进的吸盘挖泥船,2003年为增大挖深再次进行过改造。

我国新近交付的"吸盘2"号和"吸盘3"号(见图2-33)也代表当今中国吸盘挖泥船的先进水平,如表2-3所列。上述两型吸盘船大致代表了现今世界吸盘挖泥船的总体发展水平。

图 2-33　新入列的"吸盘 3"号整装待发(2015 年)

表 2-3　美国吸盘船"Hurley"和中国吸盘船"吸盘 2"号主要技术参数表

船名	Hurley（美国）	吸盘 2/3/4 号（中国）
建造时间	1993 年(2003 年接长改造)	2012/2015/2016 年
船东	美国工程兵部队(USACE)	中国交通部长江航道局
作业水域	密西西比河	长江
设计	美国	上海 708 所
建造厂	Halter Marine(美国)	南通港闸船厂
总长/m	106.2(改造接长后)	约 88.6
船长/m	91.4	75.0
型宽/m	17.7	15.0
型深/m	3.35	4.8
设计吃水/m	2.1	2.5
型排水体积/m³	约 2800	2237.4
动力型式	全电动	全电动
推进器型式	Z 型舵桨 3 只	Z 型舵桨 2 只

（续）

船名		Hurley（美国）	吸盘2/3/4号（中国）
推进功率/kW		柴电约4200	柴电
航速/kn		约13	11.5
总装机功率/kW		—	6000
吸盘宽度/m		15	10
最大挖深/m		22.9（改造后数据）	16
设计生产量/(m³/h)		3800（250 m排距下）	2000（600 m排距下）
泥泵设置		仅一台单机离心泵电动	舱内、水下泵各一台
泥泵参数	Q/(m³/h)		13000
	H/m		32
	N/kW	2206	1850/1400（水下泵）
吸/排管径/mm		813/813	850/850
排距/m	边抛	（无边抛功能）	60
	尾管	250	600
建造费用		3800万美元（新船建造）	1.5亿元人民币
批量建造		无	同型3艘

表2-3显示，美、中上述两型吸盘挖泥船在主尺度、排水量以及装船总功率方面均比较接近，"Hurley"号排水量稍大；两者同为全回转舵桨推进，采用目前先进的全电力驱动方式和变频控制；而不同之处，"Hurley"号技术形态稍显单一：不具备边抛架排泥系统，也未设置水下泵，即使尾管排泥，其排距也只有"吸盘2"号的一半不到（250m），不过这已满足其密西西比河航道疏浚作业的要求。这种直接由驾控室操控的短距排泥方式颇具特色，操控灵活，同时避让也较方便，其排泥作业构成密西西比河上一道不寻常的景观。

"吸盘4"号将于2016年/2017年交付使用。

2.2.5 自升步进式及半潜式挖泥船

自升式步进式挖泥船（Jackup Walking Dredge，JWD）及半潜式挖泥船（Semi Submersible Dredge，SSD）因基本作业原理类同于绞吸挖泥船，故可看作是绞吸挖泥船中派生的一种船型。前已述及，绞吸挖泥船作业的其中一个局限性便是挖深，即使当今最现代化的大型绞吸挖泥船，其最大挖掘深度也不过36m左右。同时，当其处于近海作业时，它的耐波性能也不如自航作业的耙吸船，这无疑制约了绞吸船的应用。为了更好地推广应用绞吸挖泥船,于是自升步进式和半潜式绞吸挖泥船船型得以发掘。

2.2.5.1　近海自升步进绞吸挖泥船

以增大挖深和提高自身耐波性为目的,20 世纪 70 年代末,日本三菱重工业公司(MHI)在荷兰 IH C 公司的紧密配合下设计、建造了名为"All Wassl Bay"号(见图 2 – 34A)的世界上第一艘自升步进绞吸式挖泥船,并于 1978 年 11 月交付阿拉伯酋长国的 Gulf Cobla 公司,用于迪拜进港航道的疏浚工程。该船设计的指导思想是:在海洋气象恶劣多变、涌浪较大的情况下,能不受其干扰进行正常挖泥作业;而且还要解决在这种条件下能顺利地使绞刀作横移摆动以及将挖出的泥土输运送出去的问题,无疑这是一个难度很大但又弃之不舍的课题。

图 2 – 34A　近海自升步进绞吸挖泥船"All Wassl Bay"号(1978 年)

一般情况下,"All Wassl Bay"号借助 4 条桩腿将船抬离水面 4.1m,于是(理论上)可在波高 4.5m、风速 18m/s 的情况下正常挖泥。如果波高达到 6.0m、风速 36m/s(考虑当地 50 至 100 年一遇的特殊情况) 时,那么挖泥船的 8 根桩腿可同时下到海底,并将船抬离水面 6.0m,毋须拖到安全地带即可就地避风,待海况好转后再行升起。其中的 4 根桩腿又可重新投入施工作业了。因此,该船实际上是一艘全天候非自航、柴油电动绞吸式挖泥船。为适应恶劣海况中工作,具有自升降桩腿系统。如图 2 – 34A 所示船体前后浮箱由两根箱形梁连接。泥泵、绞刀、绞刀架起落绞车、横移绞车均由电动机驱动。泥泵、泥泵电动机和绞刀电机均装在绞刀架上。该船可挖珊瑚礁、风化岩、砂及砂石。

1)船舶主要尺度

总长	94.0m
浮箱型宽	18.0m
型深	6.0m
吃水	4.5m
最大挖深(船体离水面 4.1m 时)	17m

泥泵(流量×扬程)	$10800\text{m}^3/\text{h}\times23/34\text{m}$
吸管/排管直径	800/750mm
泥泵电动机	直流2×765kW
绞刀电动机	直流2×765kW

2）船体

该船前后两个浮箱用左右两根箱形梁加以连接,相当于双体船。但两浮箱之间的距离已大大超过普通双体船两片体宽(这里即浮箱长)的两倍。由于绞刀架需横向摆动,因为双体船两个浮箱不是左右两片体,而是前后两片体。绞刀架置于前后两浮箱之间,这样便于绞刀架上各部件的维修和拆装。当绞刀架吊平时,前浮箱后端中央尚有一可伸缩的平台,其上设一台20吨吊车,便于拆装绞刀头。

3）桩腿抬船/行走系统

该船共设有8根桩腿,其中有4根(内侧)只能上下升降,称固定桩;另4根除能上下升降外,尚可前后移动(移距为4m),称行走桩,以期挖泥船实施步进式作业,保持连续工作。该船桩腿插入海底层最大深度为2m,直径3m,桩长42m。桩腿截面形状主要由水深决定。桩的升降由液压电动机驱动,每根桩配以12台电动机、举力为2400吨。遗憾的是,该新型绞吸挖泥船在其后的工程实践中未能达到预期的目标,两年以后终被出售,不久即宣告报废,据说造价过高也是原因之一。

2.2.5.2　近海半潜绞吸挖泥船

另一艘紧随其后开发的"Simon Stevin"号半潜绞吸挖泥船(见图2-34B)是为Volker Stevin疏浚公司建造的,亦被设定为全天候绞吸挖泥船,由康德尔迪克(Kind-crdijk)矿业科技学院的N·J·德雷麦勒姆(Drimmelem)和L·戈色斯(Goossels)设计,最大挖掘深度为50m。然而,这艘耗资不菲的半潜绞吸挖泥船更为不幸,据说建成后根本就没有投产过,确切原因不详,但据认为,这两艘船均因过于专业化而难于

图2-34B　近海半潜绞吸挖泥船"Simon Stevin"号(约1981年)

获得预期的经济效果。

即使在挖泥船设计建造技术已获得巨大进步的今天,上述两个船型短期内要付诸实施,并全天候投入使用,其难度依然不可小视,正因为如此,前人的这一勇敢探索,留下的应该说不仅仅是教训。

疏浚业大踏步走向海洋、征服海洋、为人类提供更多、更富有价值的服务,相信为期不会太久。就在这两艘探索未果的船型刚刚掠过,日本《作业船》上又发表了一篇有关开发海洋、构筑人工岛的新的探索文章,仅摘其中部分设想方案图例供参考(见图 2-35)。

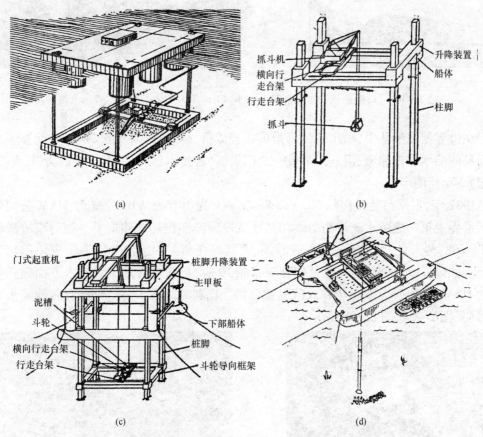

图 2-35　组图(a)着底式作业船,(b)自升式抓斗船,(c)半潜式斗轮船,(d)半潜式抛石船

2.2.6　喷水疏浚船

喷水疏浚船(Water Injection Dredging,WID),简称冲吸式挖泥船,国内亦有射流

清淤船或冲砂船的叫法。该型船配备有大流量低扬程水泵,通过船上设置的管路系统,再经由水下高压喷嘴以设定的角度冲刷沉积于河床的泥砂,使其悬浮于底部的水流之中,并在水流的作用下形成异重流,使其在附近高程较低的地方再次沉积下来(见图2-36)。换言之,喷水疏浚即是借助流体扰动原理达到冲吸效果。

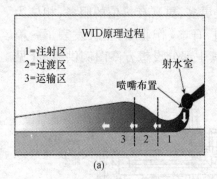

图2-36 (a)喷水疏浚作业原理图和(b)"Jetsed"号喷水疏浚船作业示意图

在世界挖泥船队中,喷水疏浚船尚属年轻成员,尽管在20世纪30年代就有了比较简易的喷水疏浚船型,但真正形成一个门类、一种技术形态,并形成生产力,还是20世纪80年代的事。

1987年,根据荷兰工程师Mr. VanWezenbeek提出有关WID的概念,HAM公司建造了世界上第一艘喷水疏浚船"Jetsed"号,1992年,美国随之建造了一艘射流清淤船"BT-208"号。此后,喷水挖泥船在欧洲、尤其是在荷兰和英国等沿海国家使用较为广泛。如今仅范奥德公司一家就拥有喷水船10艘,早前在喷水疏浚技术方面颇负盛名的HAM公司已于2003年并入范奥德公司。比利时的德米公司也拥有多艘喷水疏浚船(见图2-37、图2-38)。

图2-37 喷水疏浚船"Jetsed"号(a)及喷水疏浚船"Parakeet"号(b)作业情景

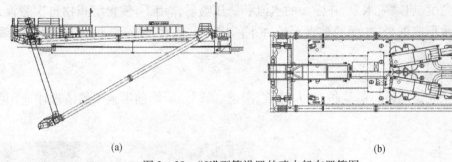

(a)　　　　　　　　　　　　　　　　　　　(b)

图 2 - 38　"U"型管设置的喷水船布置简图

(a)侧视;(b)为平面图。

喷水疏浚船的布置型式大致有 3 种:

(1)喷管沿船体中间开槽布放(类似于尾中耙的耙管布置),"Jetsed"号的布置属于这一类型;

(2)按双体船的形式喷管由中间向后伸展布放;

(3)采用"U"型管的布局沿船体外侧向后布放,"Parakeet"号采用的正好是"U"型管的布局。

其中第 3 种布局的优点和缺点都十分明显。优点是挖宽大,且不占用船体空间,甚至可以方便旧船改装;而缺点是管线容易受到外部损伤。

喷水船按航行方式又可分为自航和非自航式;自航船又可分为喷水推进和螺旋桨推进等形式。

1. 船型特点

喷水疏浚船装备配置、工作原理及操作都十分简单,运行能耗低,具有高效、低成本特点,且不碍航。

原理上主要是利用重力来清除沉积物,无需装舱或装驳搬运,也不用连接管线排放。由喷水疏浚船的动作原理不难得知,该船的作业具粗旷性,对河床的疏挖精度以及产量都偏低,在有利的自然条件下,最高产量可达 $1000m^3/h$。

2. 主要系统组成

该船通常为箱型、单甲板船,其上主要设置有低压水泵及其驱动柴油机(通常两台套),船体水下部位设有进水口,带有吊放装置(A 字架)的喷水管架及喷嘴,以及绞车,钢丝绳,滑轮等组成。我国长江及黄河上的喷水疏浚船(即冲砂船)一般均设计成自航船,具有超浅吃水特性。

3. 作业方式

当船抵达疏浚水域后,放下带喷嘴的喷水管架至水下,使之接近泥层,并调整好喷水管的角度、启动喷水泵,在强大的水流和低压喷射作用下,使得沉积物再次悬浮,并与喷射水形成混合物,而后被水平地冲走。这种方式对于粒径越小的沉积物见效越快。

4. 适用水域

适合于航道及港口的维护,以及边坡、滑道、船闸及干坞前沿地带的清理作业(见图2-39)。

(a)　　　　　　　　　　　　　　　　(b)

图2-39　国外新建喷水疏浚船2007年的"Hol Blank"号
(a)及2008年马来西亚建造的"Inai Terasek"号(b)

5. 喷水疏浚船在我国的发展应用

喷水疏浚技术和喷水疏浚船,早在20世纪70年代在我国长江中上游航道上就紧密结合疏浚实际进行了探索和实践,由于每到秋冬枯水季节(多为12月至次年2月),长江中上游航道经常性出现砂包,船舶正常航行受到阻塞。20世纪70年代初期,长江中游就曾出现过一艘利用旧船改装的"冲砂1"号,而且沿用了14年之久。随后长江上一系列新型喷水疏浚船相继问世。

1)"冲砂2"号喷水疏浚船

1987年一艘参照"冲砂1"号新建的冲砂船——"冲砂2"号(见图2-40),经长沙船厂建造再次投入长江中上游的冲砂作业。该船吃水特浅、采用双机双舵设置,使其在施工中具有更大的灵活性,主要尺度:总长38m,船长32m,型宽7m,型深2.2m,吃水约1.3m,冲砂能力达300m³/h,排距50~100m,由长沙船厂建造,用户为长江航道局。

这大约算是我国最早形式的喷水疏浚船型,甚至早于欧洲。作为航道突击抢修的冲砂船,特浅吃水是其重要船型特征之一。长江航道局早期喷水疏浚船的开发应用,是该局老一代工程技术人员长期工作经验的结晶。

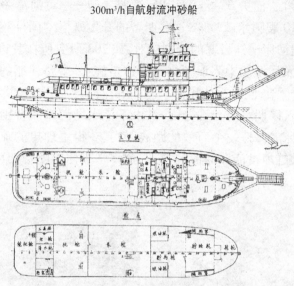

图 2-40　长江航道局"冲砂 2"号（1987 年）

2）300m³ 首冲/耙吸挖泥船

鉴于以往的经验积累,21 世纪初,长江航道局成功建造了一艘技术形态先进的多功能冲砂船型——300m³ 首冲/耙吸挖泥船(见图 2-40(a))。该船由中船 708 研究所设计、沪东中华船厂建造,2004 年交付,用于长江中、上游浅水航道维护疏浚工程,具有首部冲砂和耙吸装舱等多种功能,船型具有特浅吃水特征,主要尺度为：总长 60m,型宽 12m,型深 4.2m,轻载吃水 2m,航速 10.5kn,挖深 6~8m,边抛距离 30m,首冲深度 3m,装机功率 2540kW。

2014 年,长江航道局在已建 300m³ 首冲/耙吸挖泥船的基础上,再次扩容投建了一艘 1000m³ 带首冲喷水的耙吸挖泥船(见 3.6.5.9 节及图 3-106)。这个 10 年间相继建成投产的 300m³、1000m³ 系列首冲/耙吸挖泥船就是集喷水疏浚和耙吸疏浚技术于一体的创新船型。由于该船型的船首特别设置有一套喷水冲砂装备,故而能在枯水季节有效应对长江中、上游航道大大小小的砂包阻塞,使该船整体性能得到更好地发挥。

以上仅为喷水疏浚船在我国长江上的开发应用情形。

与此同时,20 世纪 90 年代中后期,喷水疏浚船在我国黄河流域也得到相应的开发应用。1998—2003 年期间,继"射流 1"号、"射流 2"号两艘试验船型之后,水利部黄河水利委员会接连为黄河潼关河段的"砂淤"问题组织开发研制了多种型号的射流清淤船,计有"潼关 1"号(及其后续船两艘,广州船舶设计院设计)、"潼关 2"号(长江船舶设计院设计)、"潼关3"号(及其后续船3艘——黄河潼关河段清淤射流船,708所设计)等近10艘喷水疏浚船,这些船型的开发既借鉴国外相关经验,也充分考虑到黄河潼关高程河床泥沙淤塞的特别应对,如708研究所在其设计的"潼关3"号(见图2-41(b))及后续船中采取了多种特殊措施:一个是在船的首、尾及其两侧共4面都设置了喷水管架,同时为使压力水能均等流向各喷管架,在泵的出口端还特别设置了一个匀流室,以期水流合理分配;又由于该水域河床的特别不确定、不平整特性,为使喷嘴与河床能保持一个有效的距离,使其获得更理想的疏浚效果,设计中还特别采用了补偿油缸加蓄能器储能的方式,这一举措使得喷管架可以根据河床高低变化而升降自如。

(a)   (b)

图2-41   (a)具有首喷功能的长江300m³耙吸挖泥船(2004年)
(b)及黄河潼关河段喷水疏浚船(2001年)

广州船院在其另一型号的设计中也充分发掘了自身的潜力,取得成效。由于这一系列的创新设计,使得喷水疏浚船即使在我国复杂多变的潼关高程河段,也能取得预期的疏浚效果。

据有关文献披露:多年使用实践表明,潼关河段的这几艘射流清淤船起到了"调整清淤河势、使水流得以集中和归顺"的作用。该型船船体尺度小,吃水特浅(0.65m),主要尺度如表2-4所列。

表2-4   黄河潼关河段射流清淤船主要船型参数

总长/m	33.1	喷射宽度/m	10.4
柱间长/m	27.0	航速/km/h	16
型宽/m	6.4	射流量/m³/h	2200
型深/m	1.5	最大挖深/m	2
设计吃水/m	0.65	装船功率/kW	799

2001 年,上海航道局也曾有过建造一艘大型自航喷水疏浚船的计划,并委托中船 708 研究所做完了技术送审设计,打算用于长江口水域清淤,后因计划调整而止步。

在当今众多门类疏浚船舶中,唯喷水疏浚船的开发应用在时间上可以说是我国同国外的开发应用最为接近的了。

我国自行开发的射流清淤船相对于欧美业已采用的喷水疏浚船,可以说是喷水疏浚技术走向实用方面的一个重要跨越,它们以不同的技术形态分别在长江和黄河清淤工程中发挥着独特的作用。

喷水疏浚船有着诸多显而易见的优点,然而就世界范围而言,在近 30 年的工程实践中未能实现有效跨越。迄今为止,国内外喷水疏浚船总数难有准确统计,约 50 艘左右,我国约占 1/3。喷水疏浚船发展的主要制约因素还在于其喷水疏浚船对工作环境有着特定的要求:一般它只能应用于有一定高度差(河势)的航道,如深槽、深潭等;或者是某些入海口位置,被疏浚的泥沙借助潮汐流可以加快其运行速度(这在欧洲尤为突出);喷水疏浚对于疏浚泥砂的成分也有很高的要求,疏浚物的基本成分必须是泥或细砂;疏浚物还不得是污染物;且水流需朝向排放物所需要的方向流动。客观上这些特定因素制约了喷水疏浚船的推广应用。

喷水疏浚船还很年轻,随着时间的推移和技术的发展,人们对它的认知会有进一步的加深,应用前景仍值得期待。

2.2.7　耙吸式挖泥船

早期挖泥船的发展缓慢,和现今信息社会不可同日而语。从第一艘链斗挖泥船的问世,到 1878 年第一艘实用耙吸挖泥船(Trailing Suction Hopper Dredge, TSHD)"Adamll"号在荷兰的建造成功,整整跨越了 108 年,即使追溯到 1855 年首艘自航耙吸船"General Moultry"号在美国的问世(该船泥舱容积 118.5m³,用于南卡罗来纳州的查尔斯顿港疏浚作业),前后也整整跨过了 85 年。图 2-42 所示为继美国之后法国建造的又一艘自航耙吸挖泥船,该船泥舱容积 240m³,两根耙吸管分列两侧,甲板室后置,推进器及泥泵均采用蒸汽机驱动,用于 St. Nazaire 港的维护。

早期耙吸挖泥船的挖泥作业也和绞吸船一样采用锚定形式(定吸),耙头为粗齿耙头,尽管如此,仍只能挖掘密度很低的淤泥类物质,产量也很低。耙吸船从定点吸砂发展到像当今这样的自航作业是耙吸挖泥船技术上的的一大飞跃,荷兰人在这方面功不可没,"Adamll"号见证了这一发展,此后经不断完善发展至今。

耙吸挖泥船和绞吸挖泥船一样同属于水力式挖泥船,核心部件亦为泥泵,但在作业方式上却和绞吸挖泥船大相径庭:首先,它具有自航特征,作业时无需借助定位桩

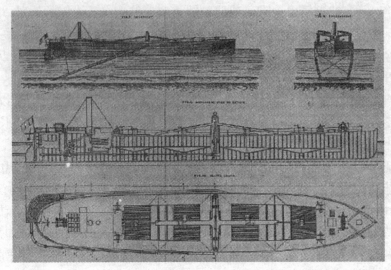

图2-42　1859年法国建造的带有4个泥舱开口及装舱管的耙吸挖泥船，
该船采用蒸汽机动力、边耙设置

和锚索移船定位,因而确保了作业过程的连续高效性;其次,耙吸挖泥船自身具有装载泥舱,且装载吨位较大(载泥量通常占据船舶排水量吨位的2/3左右),无需通过长距离设置的尾管输送泥水;第三由于自航的缘故,它可以在装满一舱泥砂后自行运至预定的排泥水域,根据预先设定开启底开泥门排放、或首喷、或首吹排岸,直至排空,然后,自行回到挖泥现场;作为自航船,近海作业时应对海况的能力和作业稳定性均优于其他种类的挖泥船。

2.2.7.1　船型特点

耙吸挖泥船是具有自航能力,且带有泥舱的挖泥船。正因为如此,在功能各异的各类挖泥船中,唯独耙吸挖泥船能够在不需要任何其他辅助船舶配合的情形下独立完成耙、装、运、卸及至吹填等全过程作业,并自行转换场地。航道作业时也不影响其他过往船舶,因而具有良好的机动性,相对其他类型的挖泥船来说,也更适合于近海条件下的作业,受疏浚界青睐理所当然。当今,耙吸挖泥船已主导着国际疏浚市场,尤其是大型、超大型耙吸船已然成为各大国际疏浚公司的中坚力量。四大公司各自耙吸挖泥船的装船功率都占到船队总装船功率的60%以上(见表1-1A/B)。

耙吸挖泥船的造价也非比寻常,现今一艘载重量20000t(10000m³级)的耙吸船国外造价往往都在1亿欧元以上,甚至比一艘15万吨级的苏伊士型油船还要贵,对于一般小型疏浚公司来说,难免可望而不可及。

2.2.7.2 主要系统组成

　　耙吸挖泥船的主要系统组成如下:舱内泥泵,耙头及其所依附的耙管,用于收放耙管的甲板吊放系统,泥舱、泥门及其启闭系统,装舱管及余水溢流系统,抽舱及排岸管系,首部接头(首吹及首喷),针对耙头和泥舱稀释需要而设置的高压喷水泵系统,波浪补偿装置,以及操控系统(先进国家已装船使用机—驾合一的一人驾驶)等(见图 2 - 43)。

图 2 - 43　耙吸挖泥船主要系统组成(左图)及双耙水下作业示意图

　　根据船东对于船舶配置的要求,耙吸挖泥船可以是单耙、双耙甚至 3 耙设置(极个别船型加装有中央阱耙),为加大挖深或提高吸入浓度的需要,不少耙吸挖泥船的耙臂上还增设有水下泵(亦称耙臂泵)。舱内泵设置方面也可以有多重选择,单泵、双泵拟或 3 泵设置。

　　美国大湖疏浚及船坞公司的个别船型曾采用非自航耙吸驳船,通过顶推船以“安太堡(ATB)”铰链连接的方式,顶推其耙吸作业。据认为,该种方式不仅初投资省,土方运送成本也低(见 3.6.5.3 节),这与近来推崇的“挖—运分离”疏浚理念不谋而合。

2.2.7.3 作业方式

　　耙吸挖泥船在自行抵达作业水域后,将其航速约降至 3kn(1.5m/s),再将耙管吊放至舷外,直到弯管滑块位于吸口前方。然后继续放下耙管,当耙头吸口在到达海底以上几米时启动泥泵,进而将耙头放至海底,贴合泥层开始疏浚作业,视泥砂挖掘的难度考虑要否启动高压喷水泵。当舱内进入的泥水达到一定高度、也就是达到溢流筒最低位置时,舱内泥面以上的余水开始溢流,溢流筒也将随着舱内液面的升高同步上升,直到泥砂装满泥舱,或是已到达船舶最大允许吃水,不再允许溢流,待吸泥管抽吸干净后关停泥泵,随之吊起耙管,同时加大航速驶向排泥区或吹填区,按预定程序卸除泥砂,卸泥完毕,即驶返作业水域,再次挖泥开始。图 2 - 44 所示为近年来建造的双泥舱姐妹耙吸船总布置图。

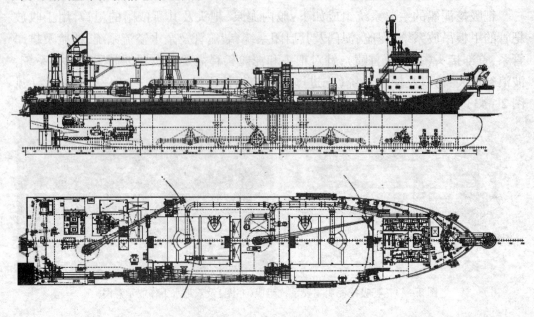

图 2-44　2010—2011 年建成的 13870kW 双泥舱耙吸挖泥船 "Gateway" 号布置图

2.2.7.4　适用水域

　　耙吸挖泥船用途广泛,长期以来一直享有疏浚业"战马"(Workhorse)的美誉。耙吸挖泥船除了自装、自卸的特点外,还具备有吹岸功能,而且还有一个相对于绞吸船的明显优势,即挖深大,现今中型耙吸船的挖深普遍达到 40~60m,大型耙吸船的挖深一般都在 80m 以上,而扬德努两艘 46000m³ 耙吸船的最大挖深均达 155m,这是绞吸挖泥船以致其他类型的挖泥船望尘莫及的。因此,大型耙吸挖泥船越来越多地被用于深海采砂和大型吹岸/充填工程。近期中东地区一系列大型吹填工程催生大型、超大型耙吸挖泥船破茧而出。

　　然而,耙吸挖泥船在对付岩石方面却不是很经济,产量也不高,在这方面,直至目前优势仍在绞吸挖泥船一边。

　　自 20 世纪后期以来,不仅新建大、中型耙吸挖泥挖泥船都具备了首冲和首喷功能,使得耙吸挖泥船在大型吹填工程中更显优势,就是小型耙吸船也不甘落后,一艘艘都加装了首部接头,例如,VASTO LMG 公司为越南建造的 1500m³ 耙吸挖泥船、IHC 公司为广东省航道局设计、广州文冲船厂建造的 1400m³ 耙吸挖泥船"粤道浚 1"号。就整体性能而言,至少增强了耙吸挖泥船在排泥方面的机动性,完善了耙吸船的性能。2002 年天津航道局进口的 $3500m^3$ 单边耙吸船也毫不含糊地装上了首部接头(见图 2 - 45)。

图 2 - 45　带首吹的 $3500m^3$ "通坦"号耙吸船(2002 年)

2.3　机械式挖泥船的种类

相对于名目繁多的水力式挖泥船来说,机械式挖泥船的类型相对简单:抓斗、铲斗与链斗挖泥船同属于机械式挖泥船,即借助于船上动力设备产生的机械力的作用,使得疏浚机械对泥土形成挖掘力、挖取泥土并提升出水面,进而装驳运输。所不同的是,抓斗挖泥船和铲斗挖泥船都是以单斗形式通过周期性往复动作进行挖掘,显然在挖掘效率方面难以和连续斗作业的链斗挖泥船相提并论。但绳索抓斗在大挖深方面以及铲斗在对付坚硬岩石方面各自表现出来的优势也是不容置疑的。

机械式挖泥船的出现较水力式挖泥船差不多要早 100 多年,直到 20 世纪 50 年代,链斗挖泥船在近两个世纪的时间内,在世界大多数地区皆处于支配地位。

2.3.1　链斗式挖泥船

2.3.1.1　概述

链斗挖泥船(Bucket Ladder Dredge,BLD)是世界上最早问世的挖泥船型。早在 1600 年,在鹿特丹港的港口施工中,一艘名为"泥碾船"的雏型链斗船就曾初展容貌,直到 100 余年后的 1770 年,首艘铁制实用的链斗挖泥船才在荷兰面世。此后一个相当长的时间内,链斗挖泥船从动力配置形式(由蒸汽机向柴油机、以及柴油—电动等转换)、斗桥形式(从单斗桥到双斗桥)、船型(由内河非自航到沿海自航)、泥斗的机械性能等逐步发展完善,能在更大范围内满足工程作业需要(见图2-46)。在近200年的发展进程中,各建造厂商先后都形成有自己的系列和标准,如荷兰IHC公司的"海狸"系列标准可拆卸链斗挖泥船(见图2-47),其标准斗容从200L、325L、500L、到650L;原西德标准斗容从45L到1000L。

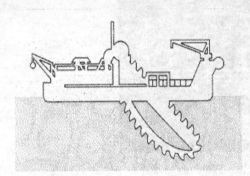

图2-46 链斗挖泥船外观示意图

图2-47 IHC公司的标准"海狸"
系列链斗挖泥船外形图

直到20世纪50年代,在苏联和欧洲各国,链斗挖泥船一直扮演着主要角色,时下全部挖泥船队中半数以上是链斗挖泥船,甚至在大不列颠群岛所采用的各类挖泥船中链斗挖泥船被誉为是"最为出色的"。其功能除了对被挖掘泥土的适应性不断有所改善外,还逐渐在采矿以及环保领域有所突破。

链斗挖泥船在亚洲、在日本的地位也是如此,1882年我国从国外购进的首艘挖泥船也是链斗挖泥船,自此之后直到20世纪初,在我国早期的疏浚活动中,处于主导地位的也还是链斗挖泥船(见图2-48)。

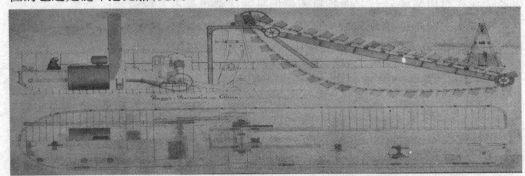

图2-48 1895年荷兰向中国出售的首艘挖泥船——带有泥泵的链斗挖泥船"CHIHA"号

　　自从疏浚开始进入机械化时代以来,链斗挖泥船曾引领世界疏浚业发展近两个世纪,留下光辉业绩。

　　链斗挖泥船大多为非自航船,在位于舯前 U 型浮箱开槽的斗桥上装有一根连续的斗链。斗链由位于斗塔顶部的 5 边形或 4 边形滚轮驱动,并在斗桥底部由下滚轮(多为 6 边形或 5 边形)固定。斗链在斗桥下方自由悬垂,在斗桥上方则由导轮支撑、并驱动其绕上下导轮由下而上旋转过程中挖出底泥,装满底泥的泥斗经由斗桥到达顶部上导轮部位时,斗内泥土被倒空,并从泥阱经(左/右)溜泥槽卸入紧挨链斗船的泥驳内被运走(见图 2-49、图 2-50、图 2-51)。

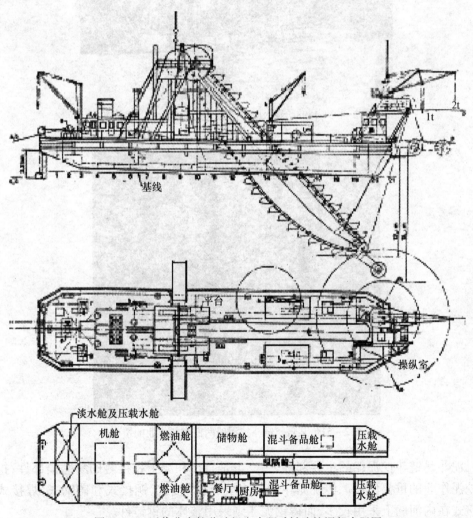

图 2-49　近代非自航柴油机电力驱动链斗挖泥船布置图

图 2 – 50　1898 年 O&K 建造的蒸汽机动力链斗挖泥船

图 2 – 51　某自航链斗挖泥船两面靠驳作业的情形

　　泥斗是链斗挖泥船的主要部件之一,也是直接和泥土相接触的易磨损部件,担负着挖泥作业的重要使命。传统泥斗形式主要有:焊接式、铆接式和铸钢式,焊接式和铆接式在内河船上采用较多,而铸钢泥斗则采用整体的钢铸件。

现今链斗挖泥船泥斗的大小由 30 ~ 2000L 不等。大型链斗挖泥船的挖深已超过 30m,斗速超过 30b/min,生产率超过 1000m³/h。多数链斗挖泥船备有两套链斗:一套小型斗用于挖掘岩石和一套较大型斗用于挖掘软土(分别称为"石斗"和"泥斗"),以提高其生产利用率,这和绞吸挖泥船上绞刀的配置以及抓斗挖泥船上抓斗的配置情形相类似。例如,1977 年意大利威尼斯 Aehille Lucchese 船厂建成时下欧洲最大的一艘链斗挖泥船 "Erik Viking" 号。该船有泥斗 70 个,每个重 4000kg,斗容 900L(挖岩石)和 1400L(挖细砂),24h 挖泥量分别为 12000m³ 和 36000m³。该船主要用于挖掘岩石,挖深 30m,发电量 2200kW,由两台 Deutz 柴油机做原动机。

为适应港口及近海工程发展的需要,直到 20 世纪 70 年代,沿海自航链斗挖泥船还有过一波高涨时期,1974—1976 年间,东德 Peene 造船厂曾一连建造 6 艘自航链斗挖泥船,该型船长 72.80m,型宽 12.18m,型深 5.20m,吃水 3.2m,航速 8.7kn,主机功率 2×1320 马力,斗容 750L,生产率 750m³/h,可以在无防波堤的海域上使用。早期自航链斗挖泥船的首尾线型和时下的运输船舶线型相近。和绞吸挖泥船一样,既有以开槽端为船首的布置形式,也有以开槽端为船尾的布置形式(见图 2 - 52、图 2 - 53)。近现代自航链斗挖泥船则基本上是以开槽端作为船尾,这对航行阻力和驾驶视线更趋有利(见图 2 - 54)。

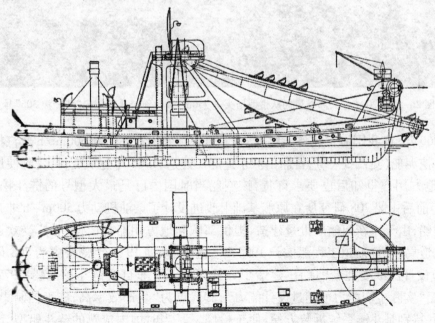

图 2 - 52　桥槽设于船首部位的早期自航簇汽链斗挖泥船总布置图

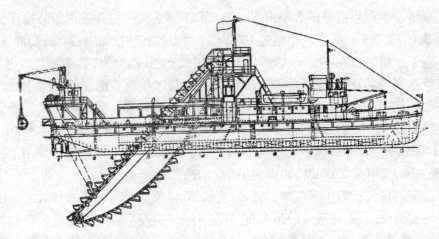

图 2-53 德国柴油—电力驱动桥槽设于船尾的自航链斗挖泥船(1958 年)

图 2-54 2004 年天津航道局从俄罗斯买进 750m³/h 自航链斗挖泥船"津航浚 306"号

1960 年,应我国海军装备部要求,中船 708 研究所着手研制 500m³/h 蒸汽机动力的链斗挖泥船(见图 5-9),首船由沪东造船厂建造,1965 年建成交付,受到使用部队好评,地方用户得知后也要求订货,该型船当时国内已是最大型号的链斗挖泥船。1970 年前后中船 708 研究所在原船基础上改进设计了柴油机动力 500m³/h 非自航链斗挖泥船,由天津新河船厂批量建造,提供部队和地方用船部门使用,广受欢迎。据长江航道局《长江航道工程船舶》(1994 年)记载:该局 1974 年曾按中船 708 研究所(三室)设计图纸委托新河船厂建造了一艘 500m³/h 非自航链斗挖泥船,1977 年出厂,该船"实际生产能力可超过设计能力",其优点为"生产效率高,施工控制集中,操作方便,特别是斗链系统拆装方便,便于检修。"是当时国内成熟的链斗船型,该型船 1978 年荣获全国科学大会奖。

1980 年,武昌造船厂还为海军设计并建造了一艘 $500m^3/h$ 自航链斗船,进一步满足了军、地建设需要(见图 2-55)。

图 2-55　1980 年代武昌船厂自行建造的 $500m^3/h$ 自航链斗船"W433"号

为加快我国沿海港口的建设速度,1974 年中国政府也一次性向日本订购了 8 艘 $750m^3/h$ 自航链斗船,用户为上海、天津等部属航道局,1975 年前后交付,长江航道局也从中分配到 2 艘。这些进口船技术规格、船型规模和设备配套整体上优于当时国产船型,对我国当时的港口建设起了积极推进作用。

链斗挖泥船在其发展进程中有过若干技术上的重大改进,主要有:

(1)采用低位连续斗:以降低上鼓轮的高度,一般达 3～4m,从而使船的重心大为降低,抗风性能得以增强;连续斗的采用,对提高挖泥效率、增强挖掘性能也是一项重要的改进;

(2)采用活动泥阱:斗塔内泥阱的纵向位置关系重大,泥阱前端越靠近下行的斗链,则漏向开槽的泥越少;

(3)首锚出索:由于链斗船首部开槽和斗链设置,首锚绞车往往得偏向一边。为方便挖掘岸滩而首锚索不致碰擦斗链和泥斗,后在首吊架处加设滑轮,使首锚钢缆由此间滑轮导出;

(4)采用可升降的斗塔:在液压技术日渐成熟的基础上,使得过往高耸固定的斗塔采用液压升降成为可能,这将大大方便链斗船的安全拖带和便利通过低矮桥梁、涵洞。在 1991 年前后由 708 所设计、江阴船厂建造的 $150m^3/h$ 链斗挖泥船中已成功采用了这一新技术；

（5）改善泥斗材料：如同绞刀，这是一个永无止境的命题，荷兰的泥斗和斗销采用含锰 12%～14% 的锰钢制成，日本则用高锰钢、镍铬钢或镍铬钼钢，各显其能。

由于科学技术的进步，现在链斗挖泥船的操作已普遍仪表化和自动化，作业精度也有了明显的提高。

2.3.1.2 船型特点

链斗挖泥船与铲斗或抓斗挖泥船的主要不同之处在于，它是由系列泥斗借助斗链绕其上下导轮连续运转的形式实施挖泥作业的。不言而喻，生产效率要高于单斗作业的抓斗挖泥船和铲斗挖泥船。

链斗挖泥船有自航和非自航之分，以非自航居多。非自航链斗挖泥船有着和非自航绞吸挖泥船非常相似的方箱型钢质船体，且船首部位同样有接近半个船长的一段 U 型开槽，用以布放斗链及斗桥，并确保斗桥能在此开槽内上下运动（调遣时须提升出水面），只是开槽宽度略小于绞吸挖泥船。自航链斗挖泥船的动力由最初的汽轮机，经由了柴油、柴油—电动、直至柴油—液压等不同发展阶段，现今液压驱动技术在链斗挖泥船上已得到广泛应用。

链斗挖泥船的船体属典型焊接、纵骨架结构，其操纵室大都设置在船首龙门吊架的上方，或是右前侧的甲板升高部位，以利操作视线。泥斗借助斗销同斗链相连，既可以是连续布放（即连续斗）、也可以间隔布放，视挖掘的泥土性质而定。

链斗挖泥船由于斗桥、斗链、斗塔等一系列重型部件都布置在甲板以上部位，为了有效控制船舶主尺度，而又能够获得较大的挖深，往往斗塔及其上导轮都设计得很高，而调遣时斗桥又必须抬出水面，致使船舶重心进一步升高，故设计中对于作业稳性及拖带稳性必须给予足够的重视。

由于链斗挖泥船甲板布置的诸多特点（类似于绞吸挖泥船的 U 型槽），与非自航链斗船相比，自航链斗船的首尾不得不倒过来，变非自航船的船尾部位为船首并予以线型优化，既有利于阻力改善，也有利于航行视线。

2.3.1.3 主要系统组成

链斗挖泥船的主要系统包括：斗塔、泥窜、溜泥槽、上导轮、下导轮、斗桥、斗链、泥斗、首部起吊斗桥用的钢丝绳和滑轮组、泥阱及溜泥槽、移船锚缆、驱动上导轮的动力设备、配套泥驳等，以及必要的检修设备。其中：

斗塔——由两组轭架组成，居中后甲板部位，分设于左右两舷，塔身为铆、焊结构（见图 2－56）；

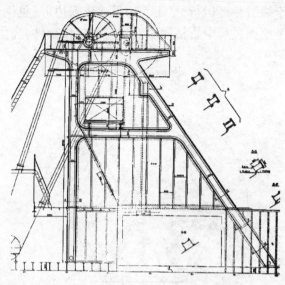

图 2-56 链斗挖泥船斗塔结构侧视图

泥弄——接纳泥斗倒泥的处所;

溜泥槽——设有固定和铰接两个部分,坡度在 30°~35°之间;

斗桥——长度根据挖深、上支承点的位置和斗桥与水平线所成的角度而定;

上导轮——具有多种结构形式,呈正方形或正 5 边形,由泥泵主机通过传动皮带轮或齿轮驱动(见图 2-57);

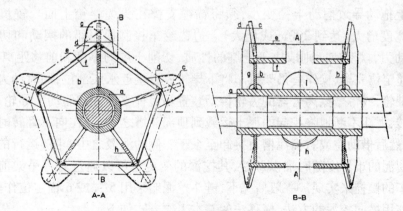

图 2-57 采用焊接结构的链斗挖泥船上导轮结构图

a—铸钢轴数;c/e—爆接的耐磨锰钢覆板;f—导轮面板;h—辐向筋板;
b—边壁板;d—轮缘边板;g—辐向边筋板;i—减重孔。

下导轮——用于导引斗链运行,呈正 5 边形或正 6 边形(见图 2－58);

泥斗——是整个挖掘过程中直接同底泥接触的机械部件,经由斗链、斗销连接。

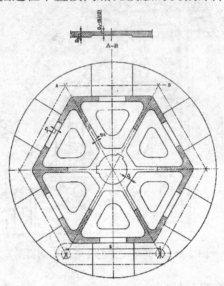

图 2－58　链斗挖泥船 6 边型设置的铸钢下导轮

2.3.1.4　作业方式

作业船抵达施工水域后,须施以锚缆定位。链斗挖泥船由 5－6 根锚缆定位。作业时挖泥船绕首锚摆动,首锚缆或头缆的长度通常超过 1000m。为了避免超长锚缆在泥面上拖动导致摆动半径变小,须将锚缆支撑在头缆浮箱上面。较长的头缆可使挖槽宽度增大(达到 200m 或更大)。边锚绞车控制挖泥船的摆动和切削过程所需要的动力,摆动速度则取决于土壤的性质、切削土层的厚度和前移距离。

待锚缆定位完毕,操作首吊架绞车将下导轮放置接近水底部位,同时动力设备通过挠性皮带轮,或带摩擦离合器的齿轮传动装置等多种驱动方式驱动上导轮、带动斗链连续运转,泥斗不断地将挖起的泥土运载到顶部斗塔之上,并在向下翻转时将泥土卸入泥阱,然后借助左或右溜泥槽直接卸至系于一侧的泥驳之中,斗链运行的速度可视泥质及溜泥的难易度随时加以调整,其挖深的变更也可以通过对首吊架前端设置的升降绞车的操控来实现。一般情况下,链斗挖泥船采用 5 锚或 6 锚定位作业,在挖槽中主要施用横向挖泥的方法,横移法的基本工作方式如下:

(1)斜向横挖法,这是最常用、最基本的一种方法,主要优点是施工阻力小,能适应各种土质;

(2)平行横挖法,船自一边开始,按平行于边缘的方向移动到另一边;

（3）扇形横挖法；

（4）十字形横挖法（甚少采用）等。

为降低作业时对过往船舶的影响,现今船上多配有水下出索装置。在产量方面,连续作业的链斗挖泥船虽对于抓斗和铲斗挖泥船具有一定优势,但与吸扬挖泥船相比仍显不足。它的突出优势主要体现在挖掘黏土方面。

2.3.1.5　适用水域

链斗挖泥船 从软淤泥和黏土到软岩等,对底泥的适应能力比较强,其对付岩石的能力通常取决于自身功率和链斗的强度。

自航链斗挖泥船因其具备较好的机动性能,故可以参与沿海海域的挖泥作业,这类船在链斗式挖泥船中占 1/4 左右。对于大多数非自航链斗挖泥船而言,通常不具备沿海作业能力,正如前述,调遣上的障碍是显而易见的。

与绞吸挖泥船相类似,链斗挖泥船挖掘深度主要取决于船体主尺度的大小,即使大型链斗挖泥船,最大挖深也不过 35m 上下, 而最小挖泥深度几乎是 8m。

由于链斗挖泥船能够以原状泥进行疏浚,因而也常被用于挖掘受污染的淤泥,前提是采取一定的封闭措施以防泄漏。

链斗挖泥船在长期工程实践中还呈现出多种技术创新,图 2-59 所示的链斗卸泥船就是其中之一,它是在吹泥船未曾获得普遍应用之前、借助链斗船传送技术从泥驳输泥上岸的一种传送方式。图 2-60 则展示了一种加长溜泥槽的结构形式,可使得链斗挖泥船实施边挖边抛、一步到位的作业。

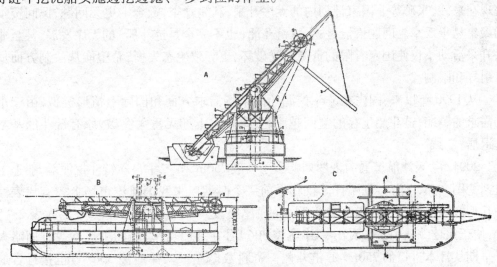

图 2-59　可以左右横向操作的链斗卸泥船在围堰筑堤中曾大显身手

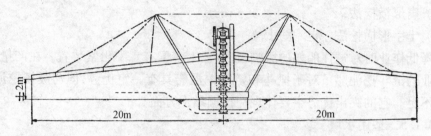

图 2 - 60　装设有长溜泥槽的链斗挖泥船具有边挖边抛的机动功能

链斗挖泥船稍加改装后,还可用于某些采矿作业,如采金、采砂等方面,尤其在我国南方一些地区,广泛用于江河采砂,一度处于无序状态。

2.3.1.6　典型产品介绍

与耙吸、绞吸挖泥船如火如荼的发展态势相比,近一个时期以来,国外链斗挖泥船无论在技术进步方面,还是装备建设方面,均无显著变化,国际知名疏浚公司对该型船几无关注,链斗挖泥船整体技术形态大体上停留在 20 世纪 80 年代的水准上。

从 20 世纪末年到目前为止,国内链斗挖泥船的发展可以分为两个层次:一方面在国家主力团队、大型疏浚公司层面,与国际上的情形一脉相承,除了原有少量链斗船保留或转卖以外,新船建造计划束之高阁;另一方面,民间力量对链斗船的兴建却一度乐此不疲,技术—市场—资金的链接环环相扣:技术上几无难度;市场需求主要表现在采砂、采矿等非国家计划内的无序开采,利润颇丰;资金上更无问题,民间资本的聚集易于反掌。问题恰恰是:大量链斗船(也不完全是链斗船)的无序发展,甚至非法开采活动不仅使国家有限的资源遭受破坏,更导致生态失衡,希望能从法制方面加以引导和限制。

从 1990 年以来,国内在链斗挖泥船的市场需求方面和国际上情形类似,由于市场需求的萎缩,链斗船生存的空间越来越小,技术上亦无重大突破,原有链斗船基本上退居"二线"。

2004 年,天津航道局向俄罗斯购买了一艘 $750m^3/h$ 二手自航链斗挖泥船,船上主机系德国产品,部分数据不详。仅将早前一个时期以来我国疏浚市场上较有代表性的几型产品及同天津航道局新近购入的"津航浚 306"号主要技术参数汇入表 2 - 5 中,便于比较。从中不难看出,"津航浚 306"号在装船功率、船舶主尺度等方面略大于早期从日本进口的 $750m^3/h$ 链斗船。资料数据显示,"津航浚 306"号也接近告退之年(见图 2 - 54)。

表 2 - 5　部分国产、进口链斗挖泥船主要技术参数表

船名	航链 701		链斗 2	津航浚 306
船东	上海航道局	海军部队	长江航道局	天津航道局
设计单位	日本	武昌造船厂	708 所	2004 年买进
建造厂	日本　清水	武昌造船厂	新河船厂	俄罗斯二手船
交付时间/年	1975	1980	1977	2004 - 9
总长/m	74.1	61.2	59.5	95.43
船长/m	69.9	57.0	50.4	71.0
型宽/m	14.0	12.0	11.5	14.4
型深/m	5.1	4.3	4.0	5.21
吃水/m	3.10	2.8	2.8	—
排水量/t	2224.3		1314.6	3074/2463
航速/kn	（缺）	9.0		（缺）
装船功率/kW	1470	400 +	717.36	1926
生产能力/m³/h	750	500	500	750
最大挖深/m	20	18.0	16	5 - 18 - 24
斗容/m³	0.5	0.80	0.8	0.75
斗数/只	79	42	39	—
斗速/(b/min)	22	—	16	2 - 22
定员/人	42		48	—
航区	三类	—	沿海 A1	

　　2007 年,我国江苏省连云港市曾成功建造了一艘自航双排链斗挖泥船"苏海骏"号(见图 2 - 61),该船由龙祥船舶修造厂建造,其主要参数:船长 60m,船宽 14.8m,挖深 26m,生产量 2000m³/h。山东青州造船厂建造的链斗采砂船,生产量 180m³/h,供采砂用(见图 2 - 62)。

图 2 - 61　连云港龙祥船厂建造的双链斗
挖泥船"苏海骏"号(2007 年)

图 2 - 62　青州造船厂建造具有超常斗链
的 180m³/h 链斗采砂船

自从 1770 年首艘链斗挖泥船在荷兰诞生以来,链斗挖泥船曾雄踞各类挖泥船之首,引领世界疏浚市场整整两百年,直到 20 世纪 70 年代以后,才渐渐被后来居上的绞吸挖泥船和耙吸挖泥船所替代。

链斗挖泥船对世界疏业浚做出了历史性奉献。

2.3.2 铲斗式挖泥船

从 20 世纪 70 年代开始,随着液压技术的发展,液压铲斗(亦称反铲)挖泥船在大小疏浚工程中逐渐披露头角,发挥着重要作用,尤其是在美国、澳大利亚、瑞典和芬兰等国家的基建施工船队中显得更加活跃。

铲斗式挖泥船(Buckhoe &Dipper Dredge,BD/DD)是一种采用单斗作业的挖泥船,虽与抓斗挖泥船同属单斗作业类型,但动作原理各不相同,铲斗挖泥船对于泥土施予的铲掘力比抓斗挖泥船明显要大。它可将全部功率使用在单个铲斗的斗刃上,进行其他挖泥船难于胜任的特硬泥质的挖掘(如水下岩礁清理)。铲斗挖泥船有正铲(DD)和反铲(BD)之分,图 2-63、图 2-64 所示为正铲和反铲作业示意图——船随作业过程向正前方行进(正铲)或后退(反铲)。现代铲斗挖泥船采用液压驱动,多在陆用铲斗挖掘机的基础上装船应用。铲斗机大多装于甲板前沿,为增大挖深,其安装底座通常低于船的甲板。铲斗挖掘作业由动臂和斗杆上的液压缸控制。现今液压铲斗挖泥船中,正铲实际采用的很少,往往只在水深不能满足船舶吃水的情况下才用到,通常业界多以反铲挖泥船统而称之。

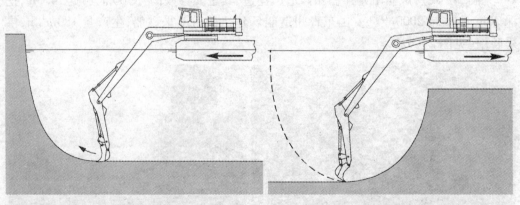

图 2-63　正铲挖泥船作业示意图　　　　图 2-64　反铲挖泥船作业示意图

早期的铲斗挖泥船皆以蒸汽机为动力,直到 20 世纪 70 年代,柴油机动力的铲斗挖泥船皆为正铲式,图 2-65 和图 2-66 所示即为这类铲斗挖泥船的典型样式,图 2-65

所示的铲斗挖泥船名为"Rialto M. Christensen"号,1977 年由日本函馆船坞公司建造,船长 50.0m,船宽 21.5 m,吃水 3.3 m,斗容 11.5m³,挖深 18.3m,船东巴拿马运河管理局。这种铲斗往往带有很长的斗柄,并伴以绳索操控,由于操作程序繁复,生产效率较低,自 20 世纪 70 年代末以来日渐式微,被技术先进、操作灵便的陆用液压铲斗机机型所替代,现代疏浚工程中已经很难见到这种老式铲斗挖泥船的身影。然而,在液压机械技术面世以前的年代,这种超长斗柄的老式铲斗挖泥船在亚洲、尤其是在日本,应用相当普遍,它的斗柄安装在吊杆的某一点上,除了能绕水平轴上下转动外,还可以沿自身方向伸缩,起升钢缆通过滑轮组来控制斗柄的升降。据日本 1962 年统计数据显示:当年全日本拥有各类挖泥船 817 艘,铲斗挖泥船占有 23 艘,这个比例明显高出欧洲国家。

图 2 - 65　早期日本建造的传统长臂式正铲挖泥船
"Rialto M. Christensen"号(1977 年)

图 2 - 66　早期日本石川岛播磨
建造的正铲挖泥船"雷神"号

　　现代液压技术的发展给铲斗挖泥船赋予了新的生命力,但由于该类型船机械设备技术的复杂性(尤其是液压、电子设备),维护、检修的难度相对要大,停工时间亦较多,一定程度上影响了该型船的推广应用,在技术欠发达国家,问题尤显突出。

2.3.2.1　船型特点

　　铲斗挖泥船为钢质、方箱型船体的非自航挖泥船,船的首尾切斜、以利于拖带,长宽比约在 2 ~ 4 之间,甲板上设有甲板室。因其采用单斗而非连续斗作业,使其能够集中全部功率在一只斗的斗刃上,故特别能适应硬质土乃至岩石的挖掘;由于铲斗挖掘作业时(无论正铲或反铲)会伴随产生巨大的水平方向(而非垂直方向)的作用力,因而,该型船采用 3 桩定位而非锚泊定位:即在船的前面两边各安装一根固定钢桩,尾部则在中央开槽内安装一根活动钢桩(该活动桩兼有前后移船功能),正是这 3 根插至泥底、形成足够锚定力的定位桩,足以抵御伴随挖掘所产生的水平方向作用力。

作业时,通过船体传递过来的水平分力,定位桩会产生巨大的弯曲应力,加之风浪流的影响,因此定位桩必须有足够的强度和刚度。

铲斗挖泥船亦有 4 桩定位的情形,但不多见,图 2 - 67 所示反铲挖泥船"Abeko Server 3"号及其 1 号、2 号姐妹船均为 4 桩定位,该船船东为 Abeko Marine 公司。

图 2 - 67 A beko Marine 公司"Abeko Server 3"号采用 4 桩定位

铲斗挖泥船通常按斗容的大小来区分生产能力:如 8m³ 铲斗,30m³ 铲斗等,迄今世界上铲斗挖泥船的最大斗容为 40m³。该型船因受定位钢桩长度以及斗柄/斗臂长度(臂距)等制约,和绞吸船一样,即使目前最大、最现代化的铲斗挖泥船,其挖深也未曾突破 40m。

铲斗斗齿多采用镍铬钼钒钢,耐磨性显著提高。现今铲斗挖泥船均配置有各类指示仪表以及水下显示仪等先进操控仪表,挖掘作业的精准度显著提高。

2.3.2.2 主要系统组成:

现今铲斗式挖泥船主要由铲斗挖掘机、动臂、斗杆及铲斗等挖掘系统,动力系统,定位及移船系统,以及锚泊和系留系统等组成。为配合作业,甲板上通常还设有一台或多台起重机械。2013 年,IHC 公司交付船东巴拿马运河管理局(ACP)的"Alberto Aleman Zubieta"号反铲式挖泥船上就配置了 3 台起重机,见图 2 - 68、图 2 - 69。

图 2 - 68 BOKA 所属的 15m³ 反铲船(1986 年)　　图 2 - 69 某 5m³ 反铲船在移船中(2000 年)

2.3.2.3 作业方式

待船被拖至作业水域下桩后,还需利用定位钢桩上的缆索将船略微提升出水面,以使船身部分重量通过钢桩传至底部,形成足够的锚定来传递挖掘时所需的反作用力。铲斗的挖掘作业由动臂和斗杆上的液压缸控制,由于动臂和斗杆的半径比较小,挖槽宽度往往限制在 10~20m 之间,挖掘半径取决于铲斗的臂距(动臂与斗杆长度之和)。较小的挖掘宽度意味着移船频率高。无论正铲还是反铲,每一斗挖掘的轨迹都是一个扇形剖面。

采用钢桩定位的反铲挖泥船也不易受风浪的影响。

2.3.2.4 适用水域

反铲挖泥船因其挖掘力大,故适合其他挖泥船难于胜任的某些特硬泥层的挖掘:如清理围堰,拆毁旧堤,打捞大型沉积物等。具体来说,它适用于挖掘黏土、砾石、卵石、珊瑚礁和水下爆破的石块。

尽管反铲式挖泥船产量不高,甚至挖掘成本往往是其他类型挖泥船成本的 3~4 倍,但由于其自身的这种特殊使命,在一些大型疏浚公司中仍保有一席之地,四大疏浚公司几乎都配置有铲斗挖泥船,波斯卡利斯一家就拥有 11 艘铲斗挖泥船,占有独特优势。扬德努公司也保有 6 艘铲斗挖泥船,而且,其中的 3 艘都是 40m³ 的大型船。由此可见,反铲挖泥船非但不可缺少,身价还确实不低(见图 2-70~图 2-72)。图 2-73 为新近交付使用的一艘复合型两用挖泥船,可根据施工条件需要,实时调换挖掘工具,或抓斗、或反铲,以利于提高产量。

图 2-70 范奥德公司 40m³ 反铲挖泥船 "Goliath"号在鹿特丹港施工中(2009 年)　　图 2-71 扬德努公司 40m³ 反铲挖泥船 "Mimar Sinan"号(2008 年)

图 2-72　比利时疏浚国际 24m³ 反铲挖泥船　　图 2-73　Martens en Van Oord 公司反铲/硬杆抓
　　　　"Pinocchio"号(2005 年)　　　　　　　　斗船"Scheldeoord"号 (2013 年)

2.3.2.5　主要供应商及代表船型简介

（1）铲斗挖泥船的主要供应商。

铲斗挖泥船应用不及抓斗挖泥船普遍,这与其技术上的复杂性不无关系,这从制造厂商方面也能得到印证,具有知名品牌的反铲挖泥船制造厂商屈指可数。荷兰 De Donge 船厂是目前国际上反铲挖泥船为数不多的制造商之一。在过去的 30 年间,它建造了近 100 艘的反铲式挖泥船,即使其他船厂建造的反铲挖泥船或多或少与它都有一定的关联,或彼此有着密切的合作关系。近年来,De Donge 船厂还着手研制一种名为"Backacter"的全新反铲挖泥船,该型船与传统产品明显不同之处在于:将发动机室从挖掘机上独立出来,这一变革无疑将带来多方面的好处;另一大变革就是将基座和转盘与船体结合在一起。未来 De Donge 船厂的产品可望呈现全新的面貌。

2007 年,扬德努公司在大力扩张超大型耙吸挖泥船和绞吸挖泥船装备的同时,同步推进反铲挖泥船装备建设,一次性地向 De Donge 船厂订购了两艘当今世界超大型反铲挖泥船。该型船主要参数如下:总长 64.85m,船长 62.3m,型宽 18.0m,型深 5.1m,吃水 3.36m,挖掘机类型 Backacter1100,斗容 15/20/25/40m³,挖深 18/26/32m,装船功率 3700kW,挖掘机功率 3460kW,推进功率 2×500kW,采用 3 桩定位,首船"Mimar Sinan"号于 2008 年交付,姐妹船"Postnik Yakovlev"号于次年交付。同期,范奥德公司和 Huta 公司也各向 De Donge 船厂订购了一艘 40m³ 反铲挖泥船,足见该产品品牌的市场地位。

利勃海尔公司(Liebherr)也是反铲挖掘机的传统供应商,尤其是在大型采矿用反铲挖掘机的供货方面。德米集团疏浚国际一艘名为"Pinocchio"号的 24m³ 反铲挖泥船即由利勃海尔公司提供。其主要参数为:总长 60.0m,型宽 19.0m,型深 3.50m,吃水 2.5m,挖掘机类型 Liebherr p996,斗容 3 ~ 21.5m³,挖深 37.1m,装船功率 2416kW,建造时间 1999 年(见图 2 - 72)。根据伯特·維瑟(挖泥船目录)所提供的数据,该船挖深在现有铲斗挖泥船中当属最大。

（2）典型产品。

"Alberto Aleman Zubieta"号——IHC 公司在 2012 年以最新开发技术建造成功大型铲斗挖泥船"Alberto Aleman Zubieta"号,该船亦是近年来同类产品中最大型船之一。其主要技术参数为:船长 62.2m,型宽 23m,型深 5.1m,吃水 3.2m,斗容 31.5m³,最大挖深 19.5m,装船功率 3000kW,配备柴油液压改进型小松 PC5500 挖掘机一台,采用 3 桩定位:相应设置 3 台定位桩起升绞车、一台定位桩台车绞车,同时还配置一大二小 3 台甲板起重机和两个 300kW 推进器。上述装备皆采用液压动力控制。

该船已于 2013 年交付巴拿马运河管理局,先期参与巴拿马运河扩建任务,在盖拉德人工渠道从事挖掘爆破后岩石和黏重土的处置。任务结束以后,将从事运河日常维护(见图 2 - 74)。

图 2 - 74　IHC 公司新建 31.5m³反铲挖泥船"Alberto Aleman Zubieta"号(2013 年)

2.3.2.6　铲斗挖泥船在我国的发展状况

铲斗挖泥船在我国疏浚船舶中所占份额极其有限,即使大型疏浚公司也鲜有配置。偶有需要往往采用购买国外二手船或是买进国外铲斗机国内装船。约从 20 世纪 80 年代起,国内开始自行设计建造较小型号的铲斗挖泥船,诸如 0.5m³、1m³、2m³ 铲斗挖泥船,多用于小型航道清淤及农田水利整治,1992 年前后为湖南衡阳及湘江等地水域设计建造的 0.25m³(见图 2 - 75)、1m³反铲挖泥船,都取得较好的实效。

图2-75　国内自行建造的0.25m³液压反铲船(1992年)

1995年前后,由中船708研究所研发设计、东海船厂建造,向中国海军交付过两艘4m³铲石船,用于航道开挖和码头建设。这两艘船分别命名为"东浚434"号和"南浚615"号,其铲斗挖掘机成套设备皆从利勃海尔引进,主要尺度为:船长39.6m,型宽14.6m,型深3.2m,吃水2.0m,挖深15.0m,斗容4.0m³,采用3桩定位,整体技术形态达到当时国内先进水平,并在随后东海现代化军用码头的开挖中发挥了骨干作用。同期,708所还会同浙江大学为该船联合研制成功水下监视仪,大大便利了该型船的施工作业(见图2-76、图2-77)。

图2-76　为海军建设自主开发的4m³反铲挖泥船(1995年)

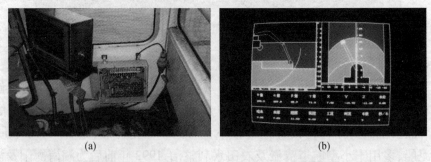

| (a) | (b) |

图2-77　自主开发的水下监视仪在4m³铲石船上装船应用(1995年)

其后,2001 年,中船 708 研究所设计、新河船厂建造,又向缅甸出口了 1 艘 3 桩定位的 1.6m³ 小型反铲挖泥船用于湄公河维护疏浚(见图 2 - 78)。

图 2 - 78　我国出口缅甸的 1.6m³ 反铲挖泥船(2001 年)

2.3.3　抓斗式挖泥船

抓斗挖泥船(Grab Dredge,GD)是现今 3 种机械式挖泥船中使用更为普遍的一种类型,它与铲斗挖泥船一样,采用单斗作业。抓斗挖泥船有绳索抓斗和硬杆抓斗之分,早期抓斗挖泥船为绳索抓斗(见图 2 - 79)。20 世纪 70 年代后,随着液压技术的推广应用,液压硬杆抓斗挖泥船渐次增多。然而,绳索抓斗却并未因此而谢世,由于它具有较硬杆抓斗大得多的挖深(最高可达 100m),能适应深水作业,仍受到众多用户的偏爱(见图 2 - 80 左);硬杆抓斗挖泥船挖深虽然受到限制,但其操作简便、且挖掘精度高,而且,由于驱动动力均源自液压的缘故,液压硬杆抓斗与反铲挖泥船的铲斗也可以方便进行互换。2013 年刚刚交付的"Scheldeoord"号就是这种抓斗/反铲船型(Grab dredger /Backhoe),这同绳索抓斗与起重船的互换性非常相似。这种互换性

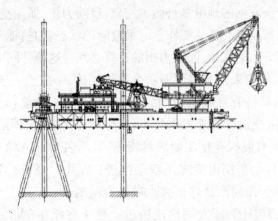

图 2 - 79　绳索斗作业示意图(通过尾桩的前后倾斜使船移动)

有利于提高挖泥船的利用效率。

图 2-80　某绳索抓斗挖泥船(图左)在美国繁忙航道上的作业情景

　　抓斗挖泥船大多为非自航船,抓斗机(无论绳索斗还是硬杆斗)的安装亦类似于铲斗机,均置于船首部位,作业时采用锚泊定位,相当一部分抓斗挖泥船同时还具备3桩定位(当作业水深在 30m 以内时)。2000 年,我国自行设计和建造的 $8m^3$ 抓斗挖泥船就同时具有这两种定位功能。该船由武汉长江船舶设计院设计、上海东海船厂建造。$8m^3$ 抓斗船是时下国内同类型船中的升级换代产品。

　　抓斗挖泥船作业时不会产生类似铲斗挖泥船那样巨大的水平作用力,对于船体而言,主要是承受垂向的反作用力。

　　抓斗挖泥船除了挖泥作业外,还可以兼作起重船或碎石船,只需卸去抓斗,换上一只吊钩或碎石锤(水下碎石用)就行。因为抓斗挖泥船原本在陆地/码头使用时,大多就是用来装卸货物的,针对不同物件采用不同型号的抓斗而已。现行的抓斗挖泥船在结构设计及作业安全方面的规范制订尚欠完整,目前为止,抓斗挖泥船的设计大多仍参照起重船规范来进行校核。抓斗船作业时最危险的状态就是:抓斗处于舷侧抓泥,而船体同时又受到正横方向的风压,倾侧力矩的计算必须是这两种侧向力矩值的叠加。

　　非自航抓斗挖泥船均采用方箱型钢质全电焊船体,干舷值一般要求大于 800mm。

　　部分抓斗挖泥船具备有自航能力,而且还自带泥舱。自航抓斗船上大多配以绳索抓斗,抓斗机的数量视设计要求可以是 1 台,也可以是多台,德国 O&K 公司于 1980年建造的一艘 $1000m^3$ 自航抓斗挖泥船颇具特色,该船名为"GAZA"号,配有 3 台抓斗机,挖深 23m,航速 11kn,采用可变螺距双桨推进(见图 2-81)。这种自航、自载、自卸的抓斗船无疑有助于提高产量并扩大水域作业范围。

　　更早时候,IHC 公司还为印度用户建造过一艘 4 台抓斗(前后左右)设置的自装自卸式自航挖泥船,该船 DWT 为 1500t,航速为 10.2kn(见图 2-82)。

(a)   (b)

图 2-81 德国 1000m³ 自航 3 抓挖泥船"GAZA"号作业中((b)为泥斗入舱情景)

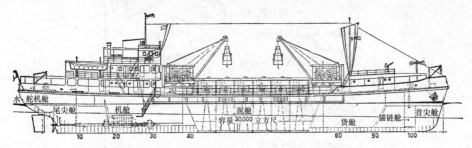

图 2-82 IHC 早期建造的自航自载式 4 抓斗挖泥船"Vikas"号(1959 年)

  抓斗机及其配属的抓斗是该型船的关键装备,而抓斗又是唯一与水底泥土直接接触的船上部件,所选配的抓斗型号同挖掘产量密切相关。泥斗大小以斗容(m³)相称,而容重比——斗的容积和斗的重量之比则是衡量抓斗性能的的又一个重要指标:容重比大的斗对付硬质、黏性土的能力强。此外,为应对各类不同特性的泥质,抓斗还被设计成多种不同型式,如蛤壳型、橘瓣型,也还有带齿和不带齿的区别,材料的耐磨性和耐冲击性能也必须充分考虑。图 2-83 所示为早期日本较常使用的各种抓斗样式。

(a)   (b)   (c)   (d)

图 2-83 早期日本蛤壳型抓斗(a 板式、b 半齿式、c 全齿式)及(d)橘瓣型抓斗

现行抓斗挖泥船斗容从 $1m^3$、$2m^3$、$4m^3$······直到 $200m^3$，选择余地大。迄今世界上最大的抓斗机斗容高达 $200m^3$。

对于绳索抓斗而言，张闭抓斗用的钢索一般为复式钢索(见图2-84)，挖泥起始时绳索上的抓斗呈张开状态，依靠自重(起升和闭合卷筒同时松闸)抛落到海底，同时对被挖泥土产生冲击和切削力，随后通过闭合抓斗使其抓取泥砂，继而闭斗、提升、变幅、回转、使抓斗到达泥驳或自载泥舱的上方，开斗卸泥，事毕保持开斗状态回到挖泥位置，再次抛斗挖泥。

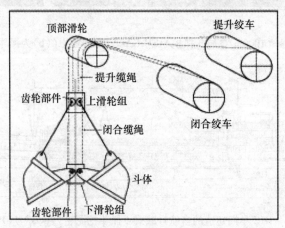

图2-84　绳索式抓斗挖泥船复式钢索张闭斗原理图

抓斗挖泥作业的总扬程由3部分组成：

(1) 挖深——水面以下至泥层的深度；

(2) 泥驳水面以上的高度——水面以上至泥驳梁拱部位的高度；

(3) 抓斗张闭尺度——抓斗张开卸泥时斗体本身的伸展长度。

目前，抓斗挖泥船的动力配置方式大致有：全机械、全电动、全液压、柴油—电动、电动—机械、液压—机械等多种配置方式；变幅多采用液压。

抓斗挖泥船的产量在很大程度上取决于土质。适合挖掘的物料有软黏土、砂和砾石。尽管如此，抓斗挖泥船通过多斗配置也可挖掘泥砾：即采用轻而大的斗挖软土(谓之泥斗)，用重而小的斗对付凝聚硬黏土(谓之石斗)。

挖深很大程度上取决于钢缆的长度，但精度会随深度而下降。

20世纪60年代前后，日本一度是世界上使用抓斗挖泥船最多的国家，多用于沿海港湾施工。据日本作业船协会1968年《现有作业船一览表》记载，当时全日本近800艘各类挖泥船中，抓斗挖泥船竟占有1/2以上(55%)，我国也曾是日本抓斗船出口最多的国家之一。

为缩短建造周期、降低成本,各国常将陆用挖土机配上轨道,直接装在浮箱上使用,这种小型和微型挖泥船在荷兰亦不少见。

2.3.3.1　船型特点

抓斗式挖泥船操作方便、使用灵活、成本相对低廉,对泥质的适应性也较强,同时还可兼作起重船,是世界上最常用的挖泥船型之一。抓斗挖泥船有自航和非自航之分,以非自航居多。绳索抓斗和液压硬臂抓斗是目前普遍存在的两种主要形式,后者在 20 世纪 80 年代随着液压技术的发展而推广开来。20 世纪 90 年代以来,自带泥舱的自航抓斗挖泥船略显上升之势。

稍加技术改进的全封闭抓斗,还普遍用作环保清淤。

2.3.3.2　主要系统组成

动力部分——船舶机舱部位设置主机或柴油发电机组;

机械部分——抓斗机械借助船舶提供的动力运行抓斗挖泥作业;

系船移船部分——移船及系缆绞车以及其他附属设备和备件。

2.3.3.3　作业方式

抓斗挖泥船作业时通常实施锚缆定位,也能 3 桩定位(处于浅水水域),后者无需封港(不碍航)。而作业前的定位对其挖掘效率具有重要的影响。在每一个船位都要使其在尽可能宽的区域进行疏浚。

当采用锚缆定位时,首先通过首锚绞车抛出 1~2 根主缆,随后通过移船绞车抛出 4 根锚缆,以供定位和移船。为尽可能减小对其他过往船舶的影响,往往采用水下出索,同步收放尾缆和头缆以移船。

当挖泥船具有定位钢桩时,船舶通过操控钢桩移动,比利用钢缆控制更准确。钢桩定位还可使船舶获得更好的抗风浪性能。长江上游急流航段也曾配有 3 桩定位的 $4m^3$ 抓斗挖泥船。

在船舶完成定位后,挖掘作业的主要步骤如下:

(1)利用斗的自重、松缆将抓斗放至水底;

(2)收缆闭合抓斗的同时抓取泥土;

(3)抓斗完全闭合时开始提升;

(4)旋转抓斗机使泥斗转向泥驳或自带的泥舱;

(5)将装满泥砂的抓斗下放至泥驳或泥舱中;

(6)松开闭合钢缆开启抓斗卸泥。

抓斗提升作业的原理(见图 2-80)。

2.3.3.4　生产量

抓斗挖泥船的生产量通常以如下公式表达：

$$Q = \frac{I \cdot \eta \cdot Z}{1000}$$

式中：Q——每小时生产量（m³）；

　　　I——抓斗斗容（I）；

　　　η——斗容系数（视泥土类型而异）；

　　　Z——每小时抓斗作业次数（对石头可取 40，对泥可取 80）。

2.3.3.5　适用水域

抓斗挖泥船对泥土的适应性比较广泛，从淤泥直至风化岩石，都可通过对轻斗、中型斗、重型斗以及超重型斗的多重配合装船使用，以获得尽可能高的产量；而绳索斗对于挖深的适应性则优于硬臂抓斗。上述特点使得抓斗挖泥船迄今为止仍具有较广泛的适应性。

大型抓斗挖泥船用于大型疏浚工程的水下开挖和清理；小型抓斗挖泥船多用于特定水域作业，如港口中其他作业船舶不易于进入的水域；工程量少而挖深多变的区域；土壤中有缆绳和垃圾等杂物的码头岸壁前沿以及水下深坑中取砂和砾石，灵活性可见一斑。

2.3.3.6　代表船型简介

（1）世界最大的抓斗挖泥船——"福祥"号。

图 2-85 所示为当今世界最大的抓斗挖泥船"福祥"号等。其姐妹船为"五祥"号，2002 年前后由日本建造，抓斗为电液驱动，斗容 200m³，采用绳索抓斗，最大疏浚深度为 40m，最大生产能力 6000m³/h，排水量 12960t，主尺度为：船长 100m、型宽 36m、吃水 3.6m、总装机功率 8540kW。据报道，目前日本已有 200m³ 抓斗船共 3 艘。

图 2-85　日本建造斗容高达 200m³ 的超巨型抓斗挖泥船"福祥"号（2002 年）

（2）出口抓斗挖泥船——"Albatros"号。

2009 年,我国山东荣成造船工业公司为比利时用户 Herbosch Kiere 成功建造一艘硬杆抓斗船"Albatros"号（见图 2 – 86）。该船总装机功率 460kW,总长 50m,船长 48.7m,型宽 15m,吃水 1.9m,挖深 20m,斗容 5.5/5.75m³。同时该船具有起重能力和自航能力。该船船东是一家具有百年历史,兼具海洋工程和疏浚业务的公司,位于港口城市安特卫普。比利时国土虽小,却不失为世界疏浚强国,国际四大疏浚公司竟有两家落户在这里。"Albatros"号抓斗挖泥船主尺度虽不算大,能跻身疏浚王国比利时,并旋即投入荷兰鹿特丹港的疏浚工程,这对国内疏浚装备制造业来说确是一个利好消息。

(a)　　　　　　　　　　　　　　　　　　　　　(b)

图 2 – 86　（a）中国山东荣成造船公司出口自航抓斗船"Allbatros"号（2009 年）;
（b）该船正在对一舷的顶推驳船装驳作业（2011 年）

（3）国内最新建造抓斗挖泥船——27m³"新海蚌"号。

该抓斗挖泥船系由长航集团长江船舶设计院设计、上海振华重工长兴基地建造的国产抓斗船。2007 年签约设计,2009 年即交付中交上海航道局使用。该船的成功交付可以说是国内强强联合推出的又一丰硕成果。据悉这是迄今我国自行设计、建造的最先进抓斗挖泥船,也是国产最大的钢索抓斗船之一（见图 2 – 87）。

图 2 – 87　振华长兴为中交上航局建造的 27m³ 抓斗挖泥船 "新海蚌"号（2009 年）

"新海蚌"号船总长 65.8m,型宽 24m,型深 4.8m,设计吃水 2.7m,最大挖深 56m,标准工况下挖泥能力为 747m³/h。

"新海蚌"号船采用全回转、吊臂、可变幅抓斗机,并配置有不同形式,不同斗容和斗重的抓斗,适用于各种土质。该船还具备先进的疏浚监控系统,同时配有锚泊和钢桩两套移船定位系统,能高效实现船舶的移动和定位。

(4) 27m³ 抓斗挖泥船"大润 27"号。

2007 年由上海大润航道建设公司投资 8000 万元人民币建造的又一艘大型抓斗挖泥船。其主要尺度为:船舶总长 56m,型宽 23m,型深 4.5m,推进主机 1102kW,起重机功率 1985kW,斗容 27m³,抓斗自重 150/70t,最大挖深 70m,抓斗机等主要部件从日本进口,为同期国内建造的最大抓斗挖泥船之一。

(5) 500m³ 自航双抓斗挖泥船。

该船 1990 年由 708 所设计,新中国船厂建造,是一艘自装、自卸的 500m³ 双抓斗自航挖泥船(见图 2-88)。该船采用双泥舱和双抓斗机(2m³电液变距)设置,泥舱内还设有液力泥门启闭装置,使用性能良好,这种同时具备自航、自装、自卸功能的抓斗挖泥船,技术水平当时居国内领先。其主要尺度为:总长 65.55m,船长 60m,型宽12m,型深 5.0m,吃水 4m,航速 9kn,主机 6300ZC:2×441kW,定员 44 人。

图 2-88 我国自行设计建造的 500m³ 自航双抓斗挖泥船(1990 年)

（6）"长鹰"号 50m³ 非自航抓斗/起重船。

该船是我国目前最大的抓斗船,1988 年由日本富士海事株式会社建造,2010 年前后由长江航道局重庆分局以二手船引进。该船主要尺度为:主机功率约为 3556kW,总长 70m,船长 67.2m,型宽 27m,型深 5.0,吃水 2.7m,排水量 5102t,定员 15 人,吊幅 32.9/18.6m,起重量 120/200t,斗容 14/37/50m³。目前,该船已不适宜锚泊定位,仅适宜浅水水域钢桩定位(见图 2-89)。

图 2-89   长航重庆分局向日本购买的 50m³ 绳索抓斗(二手)挖泥船"长鹰"号(2010 年)

（7）早年从日本进口 8m³ 抓斗挖泥船。

图 2-90 所示的"抓杨 6"号为交通部 20 世纪 70 年代初向日本订购的一批 8m³ 抓斗船中的一艘,被长江航道局命名为"抓杨 6"号。该型船配有 8m³ 抓泥斗和 6m³ 抓石斗各一个,最大抓吊能力 70t,最大挖深 50m,最佳挖深 13~15m,产量 300~400m³/h,具有充土系数高、挖掘深度大等优点,尤其适合开挖水下基坑。类似的 4m³ 抓斗船也有引进,这批船对加快我国港口建设曾起到积极作用。图 2-90 为该船布置总图。其主要尺度为:总长 35m,型宽 16m,型深 3m,平均满载吃水 1.9m,装船功率 710kW,由日本四国建机株式会社建造。本图展示的船型以及布置特点在日本早期建造的非自航抓斗船、起重船中颇具代表性。

2.3.3.7   碎石船——抓斗挖泥船的得力帮手

在航道开挖中,对遇有岩石的海床必须预先施爆,并在清运之前需对大块岩石进行必要的破碎处理,这就需要碎石船的配合作业。

碎石船的关键设备是冲击锤,它带有一个很重的铸钢头,当冲击作业时,通过悬挂于船尾或船首(少数情形设于中间开槽内)吊架上的套管,在柴油电动、或液压、或气动力的牵引下往返落锤作业,以方便铲斗或抓斗船挖取。碎石船有自航和非自航之分,通常采用 4 锚定位。图 2-91 为"Triunfo"号碎石船布置图。

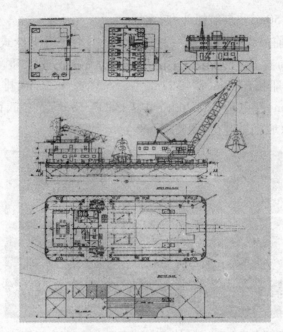

图 2 - 90　20 世纪 70 年代从日本进口的 8m³ 抓斗船布置总图

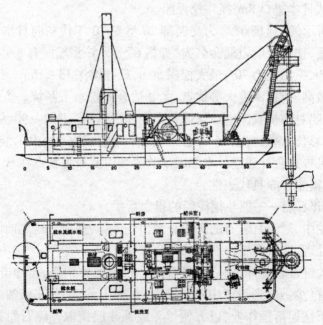

图 2 - 91　"Triunfo" 号非自航碎石船——与抓斗挖泥船
等机械式挖泥船相配合以挖掘石质底槽

多数铲斗、抓斗挖泥船能自行改装成碎石船作业,起重船更当如此,故对于大型疏浚公司而言,不必专门配置碎石船。一兼两职,这也意味着降低了船队的使用成本。

2.4 气力输送挖泥船

2.4.1 气力泵清淤船

气力输送挖泥船(Air Lift Dredge,ALD)是一种采用气力作用原理进行水下沉积物清除的疏浚机具,普遍用于气力清淤。1969年,意大利劲马(Pneuma)公司 Giovanni Faldi 博士发明的便携式疏浚泵就是基于气力作用原理,同时获得专利技术并形成系列产品。"劲马"泵虽然姗姗来迟,但在世界各地的推广应用成效显著,尤其是在大深度水库及其湖泊、水坝、港湾等水下污染底泥的清除方面备受青睐。20世纪70年代,气力泵技术在日本河口、港湾等水下污染底泥的清除中大显身手,成效显著。

2.4.1.1 船型特点

(1)系统及其机构简单,方便运输及装船,且机体寿命长;

(2)挖掘浓度高,一般可达50%~70%,无二次污染;

(3)挖掘深度最大可达200m,但排距偏小,仅5000m;

(4)能连续和均匀排放,生产量稳定;

(5)泵的排放量为40~1500m³/h,可有较大的选择余地;

(6)对所依托的船型要求不高,采用旧货船、驳船改装亦可。

2.4.1.2 主要系统组成

(1)泵体部分:由3个分别装有排泥、空气和进泥管的缸体构成;

(2)空气压缩机:所选型号的工作压力及排气量应与泵体匹配;

(3)空气分配器:与前者匹配;

(4)管路系统:含供气、排气管及输泥管等;

(5)与之配套的船体部分,船上装有气力泵吊放系统和移船系统以及按规范要求配备的安全设施等。

2.4.1.3 作业原理及适用水域

"劲马"泵基于利用静水压力和类似于活塞的特殊缸体内压缩空气的原理进行工作。泵体由3个分别设有吸、排口及各种阀件的筒体组成,经由空气软管与船上的分配器相连,采用活塞作用原理,依次启闭阀件,达到连续吸泥效果(见图2-92)。简言之,就是利用泵体的内外压差从吸口吸入水底淤泥等疏浚物,进而利用空压机的压缩空气将泵内淤泥从排口排出,借助排泥管线输往目的地。在传统挖泥船的分类中依旧将其划归水力式挖泥船,这里突出了它的气力传输作用。

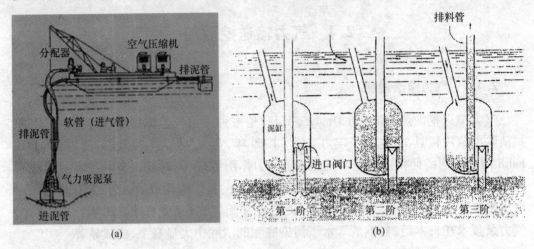

图2-92 气力泵主要系统组成示意图及作业原理图

(a)主要系统组成图;(b)作业原理图。

适用于水库、水坝、湖泊、河口、码头、港湾以及海滩等广泛水域的淤泥清理,海滩回填等。由于作业时不造成水体扰动,没有二次污染,且挖深大,尤其是适合水库、港湾等处所污染底泥的处置。很显然,在当今环保船范畴中,少不了它的一席之地。

2.4.1.4 代表船型简介

20世纪70年代后期,在国内,虽由中船708研究所自行开发研制过3台气力泵设备,并装船投入宁波等地水域使用,但后继乏力。此后,意大利"劲马"泵技术及装备在我国的推广使用逐渐增多,20世纪90年代后期为解决深圳东深水库以及长春南湖景区的清淤问题,先后引进了"劲马"泵以及配套的空压机系统,船舶配套技术则由国内解决。

东深水库担负着港深两地逾千万人的生活用水,自1965年建成以后的30余年间未曾进行过淤泥清理,大量淤泥的沉积不仅影响到蓄水量,更使水质受到影响,因而此次清淤任务十分紧迫,而且要求高,清淤期间不得影响正常供水,也就是说,不得形成水体的二次污染。此外,由于陆上运输条件的严格限制,配套船舶尺度及重量也受到种种限制,同时对噪声的要求也较高,给船舶设计带来一定难度。

"东深1"号气力泵清淤船由广州船舶设计院(简称广州船院)设计,主要装备"劲马"泵由意大利引进,型号 150/30;主空压机组 Atlas Copco XAMS 615MD 的压力为 8.6bar,排量 34.2m³/min;液压泵站等其余设备由国内提供。甲板布置紧凑,船尾设有气力泵起落吊架及相应的起落绞车和后拖绞车。该船于 1999 年正式建成投产,经一年多的实际运行考核,各主要性能指标均达到预定要求,为国内同类新船的设计建造提供了有益的借鉴(见图 2-93)。对"劲马"泵在我国的引进使用也是一次实际检验。"东深 1"号主要船舶尺度及性能指标如表 2-6 所列。

(a)

(b)

图 2-93　意大利劲马泵在我国大江南北清淤中取得多项业绩
(a)"东升 1"号深圳水库清淤作业;(b) 长春南湖景区气力泵清淤作业。

表 2-6　"东深 1"号"劲马"泵环保疏浚船主要船舶性能指标

总长/m	20.0	设计排水量/t	约 83
水线长	—	气动泵工作效率/(m³/h)	180
型宽/m	6.20	最大清淤深度/m	20
片体宽/m	2.80	排泥管径/mm	200
型深/m	1.40	排距/m	2500
设计吃水/m	0.95/0.80	定员/人	6
航速/(km/h)	5		

2.4.1.5　挖泥船分类汇总表

挖泥船按其作用原理的分类,归纳为表 2-7 中。

表 2-7　挖泥船分类及主要作业特点汇总表

1	机械式挖泥船	链斗式	采用连续斗作业,产量高、对泥土适应广泛
		抓斗式	绳索抓斗——挖深大,适合硬质土,产量低
			硬臂抓斗——挖深偏小,适合硬质土,操作快捷
		铲斗式	正铲式——适合硬质土、岩石,使用不多
			反铲式——适合硬质土、岩石,使用广泛

（续）

2	吸扬式挖泥船 （核心设备为泥泵）	直吸式	锚缆定位，无需定位桩，对淤泥产量高
		绞吸式	采用定位桩＋横移锚作业，对泥质适应范围广
		斗轮式	采用定位桩＋横移锚作业，挖掘效果更好
		耙吸式	无需锚缆、不碍航，挖深大，生产量高
		吸盘式	投资省、生产量高，特适合内河航道维护疏浚
3	喷水（冲吸）式挖泥船		设备简单、投资省，扰动作业限制条件较多
4	气力式清淤船		传统划归吸扬式，挖深大、产量低，适合清淤

2.5 环保挖泥船

环保挖泥船（Environmental Dredge，ED）是工程船舶大家族中的新伙伴，是专司水域环境生态保护的一类工程船舶，这类船舶从问世至今不过50年，但这些年来在国外应用颇为频繁，门类也在不断增多。环保船在我国的开发应用较欧美国家滞后大约30年。

包括环保挖泥船在内，环保类船舶大致可归纳为如下几种类型。

1）水质监测船

通过船上设置的专用仪器仪表，对重要水域环境的水质及生态指标实时进行监测和数据分析，掌握其变化成因，寻觅污染源头，为管理部门及时提供决策依据，这类船一般由政府及相关管理机构配制。例如，在某核电站周边水域，一定会有专业的水质监测船定期检测放射性污染对水质的影响。

2）环保疏浚船舶

包括以下各类环保作业船及环保挖泥船。

（1）水面清扫船：尤其是在游人如织的风景名胜地，担负着景区水面的保洁和美容作用。如图2-94所示，三峡大坝建成蓄水初期，由于应对不力，致使湖北秭归库区水面一度形成巨型垃圾漂浮带，延绵数十千米。

（2）浮油回收及油污水处理船：如图2-95所示往往配置在海上油气生产平台、大型港区、专用油码头。

（3）水电站清污保洁船：确保水电站的安全运转。

（4）除草船：用以清除各类影响生态及航运安全的恶性水草，如水葫芦、青苔等水植物（见图2-96～图2-97）。

图2-94 三峡库区曾经的巨型垃圾漂浮带

图2-95 "海上石油252"号溢油处置船(2010年)

图2-96 国内某水域水葫芦打捞船在作业中

图2-97 水面清扫船——"沪清扫1"号(1980年)

（5）环保挖泥船

确保在不造成水体二次污染的前提下,清除和处置污染底泥的挖泥船,是需求量较大、种类较多的环保船。

以下重点介绍同本篇相关联的环保挖泥船。

造成水域环境污染的因素多种多样,污染底泥生成的成分、造成污染的严重程度、沉积量及沉积样式等千差万别,往往给治理方案的制定会带来种种难度:采用何种形式的环保船型、数量配置、输送方式、污染泥的处置办法(如要否脱水、深埋)等,均须有缜密、科学的决策。上海苏州河污染底泥的治理和昆明滇池污染泥的治理,仅周边环境对于治理方案的影响,就会构成很大的差异,对环保挖泥船船型的选择也会大相径庭。故在确定治理方案时应从污染生成的原因着手,采取治标与治本相结合的对策,选用与之匹配的环保船型,结合生态修复进行治理。

通常,对挖取的污染底泥需根据不同情形加以处置,有的储存在水下存泥场或积泥坑,进行封闭处置(如滇池草海);有些则须经过专门设置的泥砂处理厂对泥浆进行脱水处理,以便循环使用。

近年来,欧洲一家名为 SeReAnt 的联合企业在安特卫普港建造了一座先进的污泥处理厂,以便对该港污染严重的泥浆就近进行机械脱水处理和循环使用,为此还专门建造了一艘全电动环保绞吸船"Amoris"号(见图 4-21),作为该处理厂的配套项目。污染底泥采取全封闭处理,这种处理方式无疑代价会比较高。

2.5.1　船型特点

环保挖泥船既非单一的水力式,亦非单一机械式,能满足环保挖泥条件的船型都可以准入,但门槛并不低。故环保挖泥船在船型上呈现出多种类型:既有绞吸、耙吸,切刀,也有抓斗、链斗,气力泵等,还有针对需要新开发的环保挖泥船,如杓斗环保船等。

自 20 世纪 70 年代以来,欧洲发达国家在与水域环境污染长期斗争中积累了不少有益的经验,并呈现出多种有效船型,将择其典型加以介绍。

2.5.1.1　荷兰 IHC 公司的环保绞吸挖泥船

环保绞吸船关键装备在于环保绞刀,IHC 公司是在环保绞刀开发应用方面起步较早,实绩较多的设备供应商之一。环保绞刀与通常绞刀的内外构造迥然不同,系专项开发。IHC 公司环保绞刀特别之处在于:外型呈长锥体,四周设有纵向及横向刀片,内部为泥浆腔体,外部加设防护罩壳,壳内壁亦设有固定刀片,通过液压油缸的调节,可使绞刀头绕绞接点转动,以确保在不同深度,不同坡面下,外罩底边围裙始终和泥层表面贴合,既防止因绞刀扰动造成污染泥微粒向罩壳外水体扩散,形成二次污染,也有助于提高挖掘浓度。同时,转动刀片的外缘露出罩壳围裙以下约 30 cm,以便有效地控制挖层厚度以确保薄层污染泥的疏挖。该型环保绞刀已先后装配到"海狸 600"型、"1200"和"1600"型船上,并成功地在匈牙利巴拉顿湖等污染水域实施环保疏挖(见图 2-98)。自 1990 年以来,天津航道局和重庆等国内多家疏浚公司相继引进各类环保挖泥船,国内外也不乏模仿 IHC 公司环保绞刀式样开发的实例。

图 2-98　IHC 公司带有环保绞刀头的海狸 1200 绞吸挖泥船

2.5.1.2　意大利"劲马"系列环保清污船

有关气力清淤及"劲马"泵的特点,在上述 2.5 节中已做过基本介绍,这里主要结合其在环保作业中的实际应用加以补充。以日本为例:日本差不多是最早引进"劲马"泵专利技术的国家之一,1971 年大阪港务局首次引入了一套"劲马"泵,为尽快改变其港口日益困顿的水环境,进行了一连串的试验性疏浚及可行研究,并开发出一套特殊形式的"劲马"泵疏浚系统,即"Shin - Kai"(专利)。自此以后这一新技术在日本各地得到进一步推广,对港湾、海域的污染底泥进行了卓有成效的清理,大大拓展了"劲马"泵在日本水域范围内的应用。

"劲马"泵在世界各地工程疏浚中主要业绩归纳如下:

(1)意大利卡拉拉港口——疏浚及排送至 5500m 外;

(2)英国利物浦新海船坞——疏浚污泥;

(3)日本大阪——1974—1990 年使用 450/80 型"劲马"泵不间断进行污染泥疏浚,总体积达 10000000m³;

(4)日本神户——利用"劲马"泵技术疏浚港内淤泥和黏土;

(5)美国圣巴巴拉市——1982—1986 年 Gibraltar 湖的清淤;

(6)加拿大安大略省——1993 年 Collingeood 港口疏浚项目;

(7)瑞士保拉尼卡水电站水库——在 50m 水深疏浚泥沙;

(8)意大利国家大自然公园玛莎古奥利湖——1998 年通过"劲马"泵的环保清淤,完成 2000ha 湖面积的生态修理;

(9)中国深圳——东昇水库清淤疏浚。1999 年采用意大利 150/30 型"劲马"泵,在为之配套的国产"东深一"号清淤船上装船使用效果良好,确保了港深两地的水源供应;

(10)中国水利部——1997 年江阴水利局较早引进了 40m³/h 小型"劲马"泵,并进行了国产化,浓度达 90%,后续推广不详;

(11)中国长春——从 1999 年起,用 3 年时间、采用 100/20 型"劲马"泵完成南湖风景区 83 × 10⁴m³ 淤泥的环保疏浚;

(12)中国台湾——石门水库 1982 年起采用 450/80 型"劲马"泵疏浚淤泥及沙,挖深 80m、排远 3500m。

迄今,"劲马"泵在意大利本土、日本和美国应用最为广泛。

2.5.1.3　荷兰 HAM 公司的环保型螺旋切刀清淤船

荷兰 DAMEN 船厂和 HAM 公司先后在螺旋切刀挖泥船(Auger Dredge,AD)的开发及应用中积累有丰富的经验。HAM 公司最初在"Willem Berer"号绞吸挖泥船上安装了一只宽 8m,直径 1125mm 的螺旋绞刀,采用首锚 + 定位桩定位,定位精度和挖掘精度分别达 25cm 和 2cm,由于该切削装置的尺度很大,和吸盘头有些相似,因而容易形成较平坦的底槽,浓度也高达 75%。试验获成功后,相继建造了同类型船多艘,但在防止二次污染扩散以及较高的精度要求方面尚欠理想(见图 2-99A)。

螺旋切刀清淤船通常是尾部带有两根定位桩的非自航挖泥船。其关键装备切刀为同轴互逆式螺旋筒体,一般带有双层罩壳,外罩的中间部位设有泥泵入口,由液压电动机驱动,借助首锚或 3 根缆索牵引,直进作业(亦类似吸盘挖泥船),同轴互逆式筒体的螺旋状刀片将切入的底泥不断地送到筒体中间,旋即被泥泵吸走,罩壳将阻止泥浆向周围水体扩散。HAM 公司有着 30 多年的经验积累,螺旋刀具设计技术不断趋向成熟,新一代螺旋切刀挖泥船 HAM291(见图 2-99B)系列已步入先进清污船型之列,其刀具的作业精度可达 5cm,切刀宽度约在 2~12m 之间。有的船上还装有除气系统以避免气蚀。作为环保疏浚,该型船的产量同样不

图 2-99A　某螺旋切刀船切刀展示图

高,主要由切刀的尺度所决定,一般可达 500m³/h。然而自 2003 年 HAM 公司并入范奥德公司以后,近 10 多年来少有新的螺旋切刀环保挖泥船问世,推广应用的实绩不及美国小型"泥猫",是否和公司的结构调整有关不得而知。

图 2-99B　HAM 公司螺旋切刀挖泥船"291"号

2.5.1.4　美国 IMS 公司的小型环保清淤机

美国 IMS5012 型清淤产品(见图 2-100A、图 2-100B)于 20 世纪 80 年代末推出,适合于湖泊、水库、运河、码头等清淤。其特点是配置有可以更换的多种挖泥头,

以适合不同土质和水草的清除,吸头为多刀头横轴式排列,上有护罩,可减小扰动。潜水泵直接装于吸头后部,吸入浓度高(60%),船后设置两套星轮,通过液压电动机驱动,既可升至水面作明轮推进,亦可伸至水底有如猫爬般的爬步前进。除星轮自行推进外,还备有钢缆牵引系统,必要时亦可由液压绞车牵引前进。该清淤机总长12.65m,宽度3.15m,吃水0.51m,装机功率191kW,挖深6m,排距300m。

图 2-100A 美国 IMS 小型环保清淤机外观图　　图 2-100B 　IMS 清淤机星轮驱动系统陆运中

该机体积小,移动灵活,可车载运输。据报道,截止1998年已有150多台IMS5012清淤机销往世界各地,期间我国大庆油田以及江南地区也先后有过引进,后者投入过玄武湖工程清淤。1998年,IMS5012清淤机跻身昆明滇池草海的清淤项目招标未果,对滇池草海而言,该清淤机的尺度及主要功能显然不能满足其要求。在产量、排距及水域适应性能方面均难于满足草海项目要求。

2.5.1.5　美国 Cable Arm 公司等全封闭式抓斗

该公司研制的全封闭抓斗,在提升过程中不会发生任何泄漏,且挖掘时在底部形成的切削面相当平整,减少了废方。该抓斗上还装有排气孔、压力传感器以及报警装置,使其性能更趋完善。全封闭抓斗斗重13t,斗容20m³,宽3.7m,复盖面大(见图2-101A、图2-101B)。

欧洲也先后研制成功多种型号的密闭抓斗,如荷兰 HAM 公司1994年就研制出一种带旋转罩壳的液压抓斗(斗容1.43m³),其罩壳的启、闭由两只油缸控制,在鹿特丹港首次应用获成功。上述密闭斗的研制成功,给港口污染底泥的有效清除带来了便利。下面是欧美地区一组密闭抓斗投入环保疏浚应用的作业情景,既有绳索式,也有硬杆式。图2-102A 所示为一种罩壳式的抓斗(Visor Grab),而图2-102B、图2-102C 及图2-102D 则展示了另外几型环保抓斗挖泥船的作业图景。

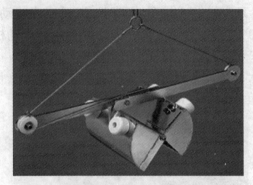

图 2 - 101A　美国开发的环保型密闭抓斗

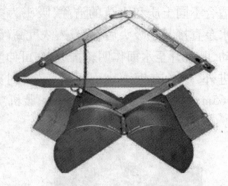

图 2 - 101B　欧洲开发的环保型密闭抓斗

图 2 - 102A　带罩壳的密闭抓斗在环保疏浚中

图 2 - 102B　硬杆密闭抓斗卸泥中

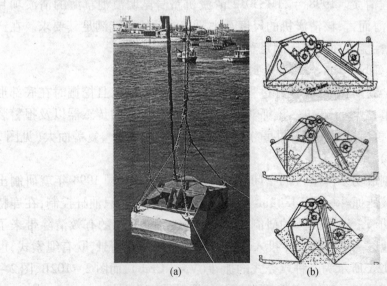

(a)　　　　　　　　　　(b)

图 2 - 102C　绳索式密闭抓斗机在环保清淤中,(b)图展示抓斗入土抓泥过程及作业原理

图 2 - 102D　某国外环保抓斗船在河道清污作业中

通常这种全封闭环保抓斗具有以下特点：

（1）在抓斗开启和关闭期间，其切削刃保持在同一水平面上；

（2）其开启和关闭由内置液压组件通过液压方式进行，或由特殊的钢缆操纵装置通过机械方式进行操作；

（3）抓斗关闭时所有敞开处都被封闭以减少溢出；

（4）起吊装置在其吊杆顶端装有一个定位系统，可准确测定钢缆转向点的位置，同时还能准确测定抓斗挖掘的深度。

环保抓斗可以安装在普通抓斗挖泥船上进行作业，环保抓斗船的产量一般不高（单斗、非连续性作业），产量 1000m³/h 以上甚少。因此它适用于在难以进入的现场清除有限的污染泥，在某些对环境要求较严的水域，还不得不采取设置防淤帘的措施。

2.5.1.6　瑞典 ET 公司的子—母型清淤船（S - PD）

该型船作业时，吸泥机降至水底泥层表面，其间潜水泵由电动机驱动，吸泥管通过母船与水面浮管连接，吸入浓度高，二次污染小，且可通过船上绞车，钢丝绳牵引吸泥机往返行进，吸泥机的水下作业情形有点类似于气力泵，适合深水清淤。但定位及作业精度有待实绩考证（见图 2 - 103），但生产规模偏小。

2.5.1.7　美国 ELLICOTT 公司"泥猫"系列挖掘机

美国 ELLICOTT 公司拥有自行开发的 6 个系列"Mud Cat™"挖掘机（见表 2 - 8 和图 2 - 104），并先后向世界各国出售了 500 多台，"Mud Cat™"挖掘机的形状类似荷兰的螺旋切刀，圆筒状切刀上部带有活动罩壳，靠 1 台首锚缆牵引绞车直线绞进作业。不同系列的挖掘机除了可用于清淤外，也还可以用来割除水草。小型泥猫可整体陆上运输，应用广泛。

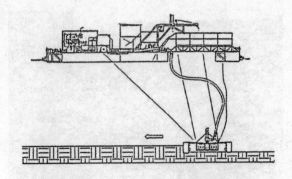

图 2 - 103   瑞典 ET 公司子母清淤船示意图

图 2 - 104   美国类似于螺旋切刀的小型泥猫

这种小型泥猫清淤船由于尺寸小、水陆运输便利、操作简单且价格便宜,在农田水利建设中可有用武之地,在 1998 年国家经贸委组织的一次对美国 ELLICOTT 公司的技术考察回国之后,中船 708 研究所自行开发了一型类似美国"泥猫"的国产小型螺旋切刀挖泥船。

表 2 - 8   ELLICOTT 公司"Mud Cat™"系列挖掘机

系列	排管直径/mm	挖掘深度/m	泥泵功率/kW
SP810	152	3.2	120
SP815	152	4.6	120
SP915	152	4.6	130
SP920	152	6.1	130
MC915	200	4.6	170
MC920	200	6.1	170

2.5.1.8　日本环保耙吸兼油回收船(ESC/TSHD)"清龙丸"

从 20 世纪 70 年代起,荷兰、日本等造船发达国家先后研制投产有兼油回收的耙吸挖泥船,用以应对港口码头以及海上油气采集水域的浮污油回收作业,在后面的 3.6.5.6 节中将有进一步介绍。

类似的环保挖泥船还可以列举很多。例如,比利时带罩壳的刮耙式挖泥船、芬兰的"水王"、圆柱型底盘侧刀绞吸船(Cylindrical - shaped disc bottom cutter. 见图 2 - 105)等,这类环保挖泥船各自都有一定的长处,往往也有其不足的一面,优势互补。它们的共同之处如下:

图 2 - 105　底盘侧刀式环保挖泥船

(1) 能够在不造成水体二次污染的情形下清除污染底泥;

(2)要求挖层薄,不破坏原生土;

(3)挖掘精度高,不超挖、漏挖;

(4)通常需配备有 DGPS 定位及污染监测设备;

(5)高浓度的吸入和尽可能低的溢出,以减少余水处理。

这涉及所谓后处理问题:疏浚时既要避免有限水资源伴随污泥排出而白白流失,同时也应顾及对周围环境的生态影响。最好的办法是采取脱水、固化等处理措施,而这往往又是一项耗资巨大且技术难度很高的措施,需统筹兼顾加以处理。

2.5.2　主要系统组成

迄今为止,环保挖泥船的类型相当广泛,多数是在原有各类挖泥船型的基础上经局部改造、改装而成,见效极快、亦节省成本。不同类型环保船系统组成也不一样,以环保绞吸挖泥船为例,除却环保绞刀外其他系统组成和普通绞吸船几乎一样,船体既可以是整体式、亦可组装式。但是,由于挖掘精度要求高,船上须配置卫星定位仪(DGPS)及多种污染监控仪表,以利提高挖掘精度和防止疏挖过程中水体遭受二次污染,图2-106所示即为DAMEN公司生产的小型绞吸环保船,2012年由重庆市引进。

图2-106　重庆引进DANEN清淤船(2012年)

迄今为止,耙吸挖泥船专事污染底泥环保疏浚的报道并不多见。2005年,日本投产的兼油回收耙吸挖泥船新"清龙丸",其7.2m宽的尾中耙具有超薄型环保疏浚功能。对于普通链斗挖泥船来说,其环保化的措施主要在于对斗桥进行改造,使斗桥上部形成封闭式,同时泥斗上装设有排气阀,使入水后泥斗中的空气能自行排出,以免产生混浊。对抓斗挖泥船而言,主要关键是将其改为封闭抓斗,使疏挖时污染泥不得泄漏。

2.5.3　作业方式和适用水域

不同类型的环保挖泥船作业方式不尽相同。以螺旋切刀清淤船为例:该船采用首锚缆或3缆牵引、直进式作业,新一代的"HAM 291",其刀具的作业精度可达5cm以内。

以上船型分别适用于内河、湖泊、水库、河口、港湾等水域。

2.5.4 典型产品简介

我国仅渤海湾水域,采油平台就有 50 多座,浮式生产储/卸油装置(FPSO)有 6 艘,陆地终端约有 4 个,更别说还有东海、南海海域的油气开采设备,要维持海上油气生产的环境友好和可持续发展,溢油应急处置时不我待。

2.5.4.1 海上神器——"海洋石油 252"号

"海洋石油 252"号(见图 2 - 95)是专为中海油能源发展股份有限公司定身打造,具备溢油应急处置功能,实现海上油田勘探开发"零排放"的专用环保装备。该船设计借鉴了国外同类船型的经验,在我国系首次开发应用。

由同方江新造船公司承建的"海洋石油 252"号具备多种功能:既能接收探井测试井液,并就近运往生产平台进行处理,分离出来的原油还可进入生产流程形成产量。当海上发生溢油事故时,它又可以利用其先进的溢油应急设施进行溢油应急处理;同时还可参与生产井的大修及投产前的排液等。

该船设有溢油监测雷达,能主动监测海面溢油,检测半径达 4n mile,同时可处理 40m 宽油带,并保证溢油回收完全不受油的黏度与厚度的影响。

"海洋石油 252"号,其总长 68.05m,型宽 16m,型深 6.75m,吃水 5m,油污回收能力 $2 \times 100 \text{m}^3/\text{h}$,回收舱容 550m^3,最大航速 13.2kn,续航力 6000n mile。首船及姐妹船"海洋石油 253"号均于 2012 年内相继交付。

据报道,2020 年以前,国内将建成 18 个溢油应急基地和 15 艘专业应急处置船,实现中国海域全覆盖。这将大大缩小我国同先进海上采油国家在环保治理方面上的差距。

2.5.4.2 国内自行建造的若干型环保疏浚船

1)国产 $40 \text{m}^3/\text{h}$ 螺旋切刀挖泥机

这是借鉴美国"泥猫"挖泥机的技术特点,国内自行开发的一款小型环保并兼顾农用的挖泥机。开发单位为中船 708 研究所,首船建造为江都永坚厂,船东江苏江都,1999 年交付。该船主尺度小,水陆调遣方便(见图 2 - 107)。

2)国产气力泵清淤机

国内在 1980 年前后,借鉴意大利"劲马"泵技术,开发设计、建造过 3 台气力泵清淤设备装船使用,先后投入宁波、厦门及宝鸡等地港口、水库清淤。

3)大源渡水电站清污保洁船

该船是为湖南省大源渡水电站定身设计的小型水面清污保洁船,双体船型。主要清扫装备有:伸缩耙臂一套、转动清扫臂两套、格栅翻转闸门以及起重机一台。还

图 2 - 107　国产 40m³/h 环保清淤机(1999 年)

可以兼作交通巡视用。该船由中船 708 研究所设计,益阳船舶厂建造,船东为湖南湘江航运建设公司,1999 年交付。主要尺度:总长 21.7m,型宽 7.2m,片体宽 2.6m,型深 2.4m,吃水 1.4m,航速 8kn,定员 3 人(见图 2 - 108)。

图 2 - 108　下水瞬间的大源渡水库小型水面保洁船(1999 年)

2.5.4.3　国内典型环保疏浚工程——昆明滇池草海一期工程实施简况

如何在水体不受到二次污染的前提下,挖取污染底泥并采取有效处置？真正意义上的环保疏浚,也还是在 20 世纪 90 年代后期,昆明滇池草海的一期工程中被提到议事日程上来,项目操作的透明度由此渐次展开。

　　昆明滇池草海污染底泥疏浚及处置工程(1997~1999年):这是我国在举办昆明世界园艺博览会的前夕而实施的首个大型环保疏浚工程,国际国内备受瞩目。为此,国务院责成国家环保总局组织有关方面专家围绕该项工程进行了前期可行性研究,环保总局水环境科学研究所、中船708研究所、天津航道局以及昆明地区相关院所等单位应邀参与了前期可行性研究。其中包括适用环保船船型可行性研究,前后历时一年有余,研究报告由环保总局于北京组织的专家评审会验收通过。随后进行了一期工程的招投标工作。

　　昆明滇池草海污染底泥疏浚及处置(一期)是我国首例大型湖泊污染底泥疏浚工程。其目的是清除沉积在草海底泥中的污染物。昆明滇池草海底泥多年来已受到重金属及砷的严重污染,TN和TP含量较高,水质属重富营养化程度,水葫芦、及藻类疯长。一期工程疏浚水域面积 $2.83km^2$,污染底泥厚度 $0.4~1.1m$,疏浚工程量 $400 \times 10^6 m^2$,拟使用带环保绞刀头的绞吸挖泥船将污染底泥吹填到湖边堆场内封闭处理。中船708研究所此前曾推荐:参照荷兰IHC"海狸1200"型环保绞吸挖泥船尺度要求,国内自行改装设计、建造。

　　该工程于1998年2月开工,1999年3月竣工。据称,工程实施后,昆明滇池草海水质得到明显改善,透明度由疏浚前的10cm左右增加到80cm,局部达到1m多,并消除了疏浚前的水质恶臭的现象(见图2-109)。为昆明世界园艺博览会的如期召开改善了环境条件。更重要的是为后续国内大大小小的环保疏浚工程积累了经验。

(a)　　　　　　　　　　　　　　　　　(b)

图2-109　今日草海——国家级自然保护区、全球十大最佳湿地观鸟区之一

　　就在昆明滇池草海疏浚工程展开的前后,杭州西湖、南京玄武湖、香港城门河以及安徽巢湖等水域综合治理也相继展开,并取得预期成果(见图2-110)。仅以南京玄武湖为例,治理后的水质透明度由治理前的0.2m跃升至1.4m,重现了往昔的清澈和秀美。

(a)   (b)

图 2 - 110 环保治理后的玄武湖秀美风光

2.6 采矿船

  地球上蕴藏着极为丰富的矿藏,且绝大多数都深藏在海底,因而水下矿藏开采是为人类造福的重要途径之一(见图 2 - 111)。未来深海采矿不仅使人类充满期待,也给疏浚业的持续发展展示了美好前景。至于未来宇宙间的采掘,已超出本篇论述范围。

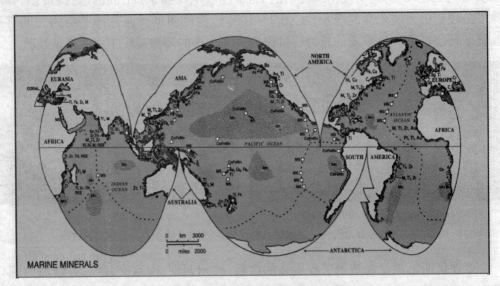

图 2 - 111 近海矿业资源分布图

  迄今为止,采矿船(Mining Dredge,MD)大多是在传统挖泥船的基础之上派生出来的,美国 Ellicott 公司生产的中小型绞吸挖泥船和斗轮挖泥船,已在许多中小型采矿作业场所获得应用,该两类水下挖掘装备均被认为是当今最有效的采矿装备(见图 2 - 112)。

(a)

(b)

图 2 - 112　美国 Ellicott® 870 系列绞吸挖泥船(a)及 Ellicott"巨龙"型斗轮挖泥船(b)

矿业开采可分为两大门类,陆地开采及水下开采。从陆上走向水下——即从干重矿的开采走向湿状开采,这一变化意味着开采难度及成本的大幅增加,而深海采矿无疑难度更大。如同疏浚业一样,即使是水下采矿,西方发达国家也已经积累有 100 余年的实践经验,荷兰 IHC 公司作为近海采矿的先行者之一,依仗专业团队的研发优势,正在亦步亦趋地走向深海(见图 2 - 113、图 2 - 114),并声言:业已建立起深度可达水下 5000m 的深海采矿系统。最近 10 多年来,IHC 公司已参与多个与深海采矿有关的项目,从机械设计制造,到电气设备的控制与安装等。

图 2 - 113　IHC 公司开发的深海母 - 子
式采矿船(1984 年)

图 2 - 114　IHC 公司最新开发的深海履带式
采矿系统用于纳米比亚的钻石开采中

2.6.1 船型特点

由于挖泥和水下采矿是"近亲",大多数矿业的水下采掘都借重挖泥船及相关疏浚技术,在相关挖泥船基础上做一些必要的改装,拟或就近增加必要的浮式选矿(水洗或分离等)设备,这和环保疏浚船的情形较为相似。较常见的采矿作业船有:采砂、采盐、采金、采芒硝、采钛、采锆,深海锰块采掘以及骨料疏浚等多种船型。这些借重挖泥船技术或装备进行开采的活动,其关键技术就是水下挖掘、泥浆输送以及分离技术,对吸入浓度要求较一般疏浚更高。

从我国的生产实践来看,采砂、采金、采盐、采芒硝类的采掘特点基本上适合链斗作业船(如我国东北靠近朝鲜的边境地区多年以来均采用链斗船型进行采金作业),或在此基础上进行部分改装,而新疆等地芒硝的采掘采用斗轮作业船的情形也不少;深海锰矿的采掘多借用耙吸挖泥船,可根据需要对其耙头进行适度改装。IHC 公司在参与巴西某水域钛矿及锆矿等稀有金属的开采中,采用的也是斗轮挖泥船(见图 2-115 和图 2-116)。无论采用何种船型,以下要素不可忽视:

(1)确保作业过程始终水域环境免受污染;

(2)吸入浓度及脱水处理;

(3)对尾矿的处置,应有严格的应对措施。

图 2-115 "APOENA"号液压斗轮挖泥船在巴西某水域采矿作业(2002 年)

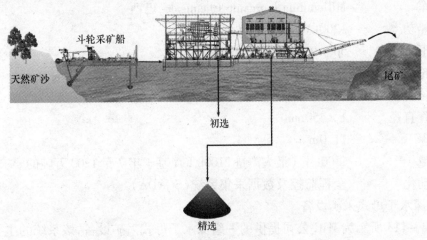

图 2 – 116 斗轮挖泥船典型重矿开采作业示意图

2.6.2 主要系统组成

主要系统如下：

(1) 采掘设备——柴油、电动乃至最先进的液压挖泥船；

(2) 泥浆运输系统；

(3) 陆地分离的浮动工厂；

(4) 脱水装置；

(5) 工厂自动化和控制。

2.6.3 作业方式及适用水域

不同类型采矿船之间会沿用不同的作业方式,可参照相关挖泥船。

2.6.4 典型产品简介

1. 斗轮采矿船——"Apoena"号

该船于 2001 年由 IHC 公司建造,属"海狸"系列产品,2002 年建成并运抵位于巴西东部 Paraiba 地区的 Guaju 矿区。该矿区富含钛、铀、锆等多重稀土矿物,操作人员由 IHC 公司负责培训上岗,船上动力源采用岸电(见图 2 – 115 和图 2 – 116)。该船主要参数如下：

船名　　　　　"Apoena"号

船型　　　　　电动——液压斗轮挖泥船("海狸"系列)

船东	Millennium lnorganic Chemicals,巴西
装船功率	1200kW(1500kVA)
水下泵功率	500kW
斗轮功率	150kW
斗轮直径	2700mm
吸管直径	1×450mm
挖深	11.0m
产量	1500t/h（最大产量2100t/h）（基于年产量1200万吨的要求制定）
自动化	全程监控及数据采集系统（SCADA）

2. 深水子母式采矿设备

图2-113所示为IHC公司提供的一组深水子母式采矿设备,该系统的主要组成如下:

(1) 采矿支援船(母船);

(2) 带挖掘和泥浆抽吸系统的海底自行车(采掘子船);

(3) 发射和回收系统;

(4) 带离心泵的垂直运输系统;

(5) 电气控制与仪器仪表系统;

(6) 定位和可视化系统。

3. 新型水下采掘系统

图2-114所示为IHC公司提供的最新水下采掘系统,用于纳米比亚150m水深的钻石开采,该系统包括:

(1) 远程控制的海底履带开采系统;

(2) 发射和回收系统;

(3) 电气系统;

(4) 控制和仪表系统;

(5) 液压系统;

(6) 一套4点系泊系统。

占据地球面积76%的海洋,蕴藏着巨大的财富,尤其是矿藏。在水下采矿领域,我国起步甚晚,多数项目都是在20世纪60年代后期才逐渐提上议事日程。截止目前,无论是在采掘装备、选矿工艺、还是专业人才水平方面,同国外先进水平尚存一定的差距。

近期,随着"蛟龙"号等深潜实验船技术上的重大突破,有望为我国深海采掘带来美好前景。无论如何,走向海洋、挑战深海,这应该成为我们的一项战略目标。

2.7　钻孔爆破船

钻孔爆破船(Drilling and Blasting Vessel, DBV)也就是通常所说的水下炸礁船。是在对于具有水下岩基的航道、运河、港区、码头等实施开挖及拓深、拓宽的改扩建工程中,不可或缺的装备。为确保水下炸礁作业的工程进度和施工精度,对于该船来说,快速移位和准确定位至关重要。传统的钻孔爆破船采用锚索定位,现今多采用新型桩腿定位,定位精度大幅提高。炸礁船往往需要碎石船和铲斗船的后期配合,以最终达到清障的目的。

2.7.1　船型及布置特点

水下清礁主要包含两项作业:一是定点施行定位钻孔、爆破,将水下基岩需要清除的表层予以粉碎;二是与之关联的是采用液压反铲挖泥船或抓斗挖泥船将粉碎后的石块进行清理,依次完成水下底层清礁工程。

显然,清礁工作比通常泥层的疏浚更为复杂、难度更大,对于爆破后的一些过大的礁石往往还得进行碎石处理。由于水下地形复杂,高低错落,而清礁工程中的钻孔定位又是一个数量众多且孔位精度要求较高的工作,孔位不准会直接影响到后阶段疏浚的施工质量和进度。故快速移位和准确定位的方法就成为清礁工程中钻孔爆破的首要技术问题。

在船型及布置要求上应使其尽可能满足施工作业的需要。

早期钻孔爆破船对船型的要求较为简单,多采用方箱型船体或双体船型,非自航(见图2-117、图2-118);而近期新建的爆破船多为自航船,同时为适应工程作业的需要,要求具有较宽敞的甲板作业面积。

图2-117　某国内用户自升式钻孔爆破平台　　图2-118　某国内用户浮式钻孔爆破船

2.7.2　主要系统及作业方式

早期爆破船多采用6锚定位。这种定位方式对于钻孔作业来说误差较大，直接影响到爆破后岩基的平整度；而现代工程施工中则采用定位桩定位（见图2－119、图2－120），施工精度有较大的提高。

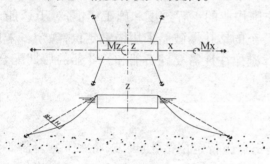

图2－119　传统钻孔爆破船锚索定位示意图

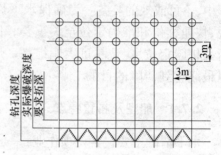

图2－120　爆破前的钻孔孔位和爆破后水下断面示意图

无论是改造旧港或建设新港，对于水下基岩地层面的疏浚必须先实行大面积的钻孔和爆破。将地层面的基岩粉碎，才能由液压铲石船或抓斗类挖石船进行岩石清理。施爆的孔眼虽不算深，但数量众多，其孔位间距多为3m左右，孔眼间距要求准确，钻孔爆破后的岩层呈锯齿状，如图2－120所示。

2.7.3　适用水域

内河、沿海之港口航道的的兴建及改扩建工程，有限水深。对采用定位桩定位的爆破船舶而言，水深一般不得大于40m。

2.7.4　代表船型介绍

1. 我国早期水下爆破船——"工程1"号双体钻爆船

钻爆船在我国的水域施工较早见于长江航道局，我国川江航道的整治始于20世纪50年代。受历史条件限制，当时在实施水下钻孔爆破时，只能是土法上马：采用拼接木驳，在其上铺设一个平台，再在平台上安装一台地质钻机实施钻孔作业。很显然，这种条件下的作业带有相当程度的粗犷性，功效低，也缺乏安全。

1971年一艘名为"工程1"号的200吨级双体钻爆船竣工投产。该船单体宽3.2m，双体间开有两排下钻钻孔，并安装有4台钻机可同时施工，作业采用6缆定位。该船在以后的岁月里虽历经多次改造，终因年久、加之船型及设备技术陈旧而告退。

2. 现代水准的钻爆船——"远东 007"号

在巴拿马运河扩建工程前期,宁波市远东水下工程有限公司曾联合比利时德米集团旗下的国际疏浚公司(ID)积极参与投标,并一举赢得相关清礁工程。宁波远东公司是一家在香港注册,从事水下爆破、打捞等项工程的疏浚公司,为此投建了一艘专用的大型自航钻孔爆破船"远东 007"号(见图 2-121 A/B)。该船装备了我国自行开发,具有创新理念的桩腿移位定位装置,能适应快速移位和准确定位的工作要求。2010 年初,"远东 007"号远赴巴拿马运河工地现场施工,并提前完成高难度、大面积钻孔爆破的水下施工任务,获得有关方面好评。此举为我国疏浚企业跨出国门,跻身国际疏浚市场迈开了可喜的一步。"远东 007"号主要船型及桩腿技术参数如表 2-9 所示。

图 2-121A "远东 007"号钻爆船(2009 年)

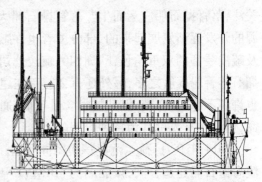

图 2-121B "远东 007"号钻爆船侧视图

"远东 007"号主要船型及桩腿技术参数如下:

表 2-9 "远东 007"号主要船型及桩腿技术参数表

船长/m	100.85	钻孔爆破机/台	10
船宽/m	17.6	滑轮组倍率/倍	4
型深/m	6.5	桩腿结构形式	立体框架
吃水/m	3.9	桩腿截面尺寸/m	1.4×1.4
航速/kn	13	提升机构/台	35 吨液压绞车 ×4
排水量/t	5600	移步摆动机构/台	液压油缸 ×2
桩腿长/m	30	钢索直径/mm	Φ42
桩腿数量/根	4		

2.8 落管抛石船

落管船(Fall Pipe Vessel,FPV)亦称落管抛石船,是海上油气及风电工程等基础设施领域新崛起的一型作业船,通常具有多种作业功能:通过船上专门设置的卸料装置及定位系统向海底投放石料,以期保护海底埋设的各类管线和电源线设备不受到损坏;同时稳固海上油气装备以及风电设施等海洋装备的桩脚以防因长期海水冲刷受到损坏;部分落管船还能实施海底挖沟,电缆管线等布设以及回填作业。随着能源市场需求的日益旺盛,大型海上油气项目建设的日渐增多,对全天候投入海上施工作业的自升平台、导管架/模块等固定设施以及相关海底管线来说,其安全越来越受到关注,落管抛石船应运而生。落管抛石船大约是在 20 世纪 70 年代以来伴随海上能源的开发逐渐发展起来的,部分读者也许感到陌生。事实上,它扮演着海洋工程装备及疏浚装备的双重角色,欧洲四大疏浚公司均配备有这一船型,仅扬德努公司一家就拥有落管船 6 艘之多,另外还有 2 艘正在建造中。尽管这类船目前还不是很多,总数也许还不超过 40 艘,但其技术含量不低,通常"个头"也不小,担负着海上重要安全使命,业界亦有人称其为特种工程船。

2014 年 9 月,荷兰范奥德集团同我国江苏太平洋造船集团签约一艘 12000t 级的浅海抛石船建造合同,该船名为"BRAVENES"号,将在位于宁波的船厂建造,采用不寻常的 DP3 定位,于 2016 年交付,主要船型尺度为:船长 154m,型宽 28m,工作水深 600m,定员 60 人,在浅海抛石船中"BRAVENES"号算得上大个头了(见图 2－122)。这也是我国首次承建这种大吨位的抛石船。

图 2－122 范奥德正在我国建造的浅海抛石船"BRAVENES"号(2016 年交付)

紧随其后,中航威海公司 2015 年 4 月和比利时扬德努集团签约两艘装载量 6200t 的浅海抛石船建造合同,该船采用 DP2 定位,并于 2016/2017 年交付,这将使得扬德努集团在海底抛石护基工程作业方面的领先地位更加稳固。该姐妹抛石船具备石料装载、运输、抛放、以及电缆铺设等多种功能,主要船型尺度为:总长 96m,型宽 22m,型深 10m,满载吃水 6.5m。以上两家船东均来自欧洲四大疏浚集团公司,上述建造合同的获得再次显示出我国造船企业的对外影响力度。

2.8.1 船型特点

目前,实施海上能源装备安全防护用的抛石作业船大致有两类:一类用于浅海抛石作业,因为水深不大,航程较短,海况相对平稳,故这类抛石船不必设置落管系统,直接向所在海底目标地卸放即可,对船舶主尺度要求也不高(通常装载量 3000 ～ 8000t),对船舶定位的要求也较低(多采用 DP1),甲板上的石块通常由船的一侧抛入海里,即所谓侧抛式卸石船(SSDV)。

另一类为深海抛石作业船,因为面临大深度抛石作业,工作水深多在 1000 ～ 2000m,离岸距离较远,海况也相对复杂,故对船舶主尺度和吨位的要求较浅海抛石船要大,对石料的装载能力要求高;同时,不仅要求设置落管系统,而且该系统必须具备柔性。对于船舶动力定位的要求也必然要高(DP2)。考虑到海流对于作业精度的影响,用于深海作业的抛石船上往往还需增设一套遥控潜水器(ROV)设备,作业时将其置于水下管系的出口端,以确保深水作业时水下石块的投放精度。同时,这类船往往还兼备重载吊放或用以转运物料。此外,船上还相应配备有挖掘机等机械装备,以方便将甲板上的石料源源不断地喂进集料槽内,供落管卸放。通常这类船具备冰区航行要求。

2.8.2 代表船型简介

近一个时期,海上落管抛石作业船的发展颇受关注,四大疏浚公司都在着力打造自有品牌,以抢占这一领域的有利阵地。以扬德努公司为例,在 2010—2013 年不到 4 年的时间内,连续打造两艘顶级落管船,目前,这类装备还在扩充中。

下面仅推介 3 艘代表船型。

1. 落管船"Rockpiper"号

该船是最新加盟荷兰波卡公司的一艘落管船,由荷兰鹿特丹工程公司设计,新加坡三巴旺船厂建造,2012 年交付。这艘专门为其定身打造的海工作业船,具有落管抛石和重型起吊双重功能(见图 2 - 123)。主要船型技术参数如表 2 - 10 所列。

图 2 - 123　波斯卡利斯公司"Rockpiper"号落管抛石船(2012 年)

表 2 - 10　落管船"Rockpiper"号、"Simon Stevin"号及"Seahorse"号主要参数

参数 \ 船名	Rockpiper	Simon Stevin and Joseph Plateau	Seahorse
船东	波斯卡利斯公司	扬德努公司	德米公司
建造时间/年	2012	2010	1983(1999 年改装)
总长/m	158.6	191.5	162
型宽/m	36.0	40	38
型深/m	13.5	—	9.0
满载吃水/m	9.4	9.25	6.34
船级	BV	—	—
符号	SPS(特殊用途船)	—	—
定位系统	DP2	DP AM/AT R. Class 2	SDP2
载石吨位/t	24000	31500	17500
装载容积/m³	15000	—	—
抛石能力/(t/h)	2000	2000	—
最大工作水深/m	1500	2000	1500 ~ 2000
满载航速/kn	13.5	15.5	13
溜管内径/mm	700	1000	1000/680
推进功率/kW	—	4 × 3350	2 × 3220
主发电机组/kW	3 × 4500	—	—

（续）

参数＼船名	Rockpiper	Simon Stevin and Joseph Plateau	Seahorse
付发电机组/kW	1×1200	—	—
方位舵桨/kW	2×4500	—	—
可伸缩舵桨	2×1500	—	—
首侧推/kW	1×1000	4×2000	1×600
装船功率/kW	15200	24350	14474
定员/人	60	84	—

2. 落管船"Simon Stevin"号及其姐妹船"Joseph Plateau"号

该船船东为比利时扬德努集团，前者"Simon Stevin"号，于2010年交付，其姐妹船也于3年以后的2013年交付。这两艘船是当今世界同类型船中规模最大的一型船，其装载量（DWT）达36000t，据此推算，其满载排水量不小于55000t。该姐妹船可以通过管道系统作2000m水深的抛石作业，还配置有一个独特的进料系统，使其能够容纳400mm大小的石块，这是它有别于任何一艘落管船的又一特征（见图2-124）。

图2-124　扬德努公司迄今最大的"Simon Stevin"号落管抛石船(2010)

3. 落管船"Seahorse"号

该型船规模稍次，船东为比利时的德米集团（见图2-125、图2-126）。

图 2－125　德米公司"Seahorse"号落管
抛石船（1983/1989 年）

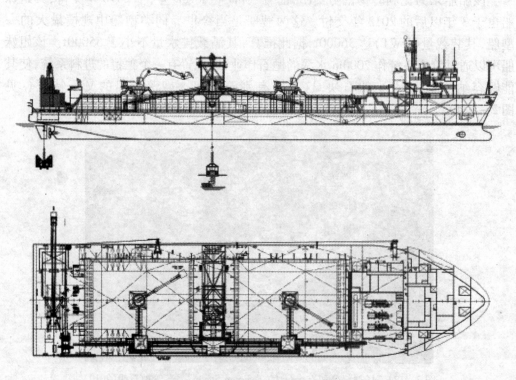

图 2－126　"Seahorse"号布置总图

　　为便于对照,仅就"Rockpiper"号、"Simon Stevin"号和"Seahorse"号三型深海抛石
船的主要技术数据列入表 2－10。

此外,扬德努公司还拥有较小吨位的边抛卸石船。如装载量 5000 吨级,常用于水下落管的"Tiger"号,以及装载量 1850 吨的边抛卸石船"pompei"号(见图 2 – 127。)

图 2 – 127　扬德努公司边抛卸石船"Pompei"号在作业中

我国作为一个海洋大国,能源(海上油气及风电场)开发正在日益走向海洋,而落管抛石船的开发利用理应尽早提上议事日程,以目前我国船舶设计建造技术水准而言,自主建造落管船当是水到渠成,有理由期待我国自行设计建造的落管船、抛石船早日投入使用。

2.9　泥　驳

在疏浚工程中,泥驳(Mud Barge,MB)通常是广泛用来装运挖泥船挖取的泥、砂、石料以及其他疏浚物料的一种运载工具,泛称泥石驳。

泥驳通常是以其装载容积、或重量、亦或性能来标称的。如 300m³ 开体石驳;1000 吨甲板驳;60m³ 钢质侧卸泥驳等。

泥驳亦有多种分类:

(1) 按装运物料的对象分,主要有:石驳、泥驳、砂驳;

(2) 按推进型式分,有自航泥驳、非自航泥驳;

(3) 按自身结构形式分,主要有:开体驳、底开泥门驳、侧开泥门驳(泥舱两侧开有启闭泥门,尤其适合浅水卸泥)、倾卸驳、甲板驳、内装载驳等。

在不少情形下,开体驳(Split Hopper Barge,SHB)被用于同绞吸挖泥船(亦或其他形式挖泥船)的组合作业。绞吸挖泥船疏浚时,因其自身无泥舱,挖取物料不可能储存于自身船上,而对于某些物料(如挖碎石、砂料等)也不便通过管道排放。在这种情况下,物料可以直接由船上的装舱管输送到泊于一侧的开体泥驳上,再经由泥驳运达目的地自行排放,或由专用的泵站船将其排空。扬德努公司配有 3700m³ 以下的自航开体驳多艘(见图 2-128),意在今后能与大型绞吸挖泥船"J. F. J. De Nul"号等海上配合作业。

图 2-128 天津新河船厂批量建造的 3700m³ 自航开体泥驳(2007 年前后)

近期,在沿海大型吹填工程中,当大型、超大型耙吸挖泥船投入作业时,已较普遍采用"挖—运分离"的物流理念。挖泥船专事挖砂和装驳作业,长距离搬运的任务则由泥驳承担,经过范奥德公司不久前在迪拜大型海上承包工程中的操作实践,这种"挖—运分离"物流理念的高效能力得到充分验证:不仅节省了工程成本,而且大大加快了工程进度。惯于"一肩挑"的耙吸挖泥船,此时也得"委身"同泥驳合作了。这一变革意味着:未来大型深海取砂工程中,耙吸挖泥船依旧占有对于绞吸船的竞争优势。而泥驳也将进一步拓宽应用范围。

舷侧开门的泥驳在美国使用较多,这类泥驳特别适合浅水卸泥。但从泥驳的实际应用来看,北美洲不如欧洲普遍。

为解决从 IHC 引进 12000m³ 耙吸挖泥船"长江口 01"号、"长江口 02"号的配套问题,长江口航道管理局早就进行了积极部署,最新消息显露,振华重工集团已在 2015 年交付了两艘 7100m³ 自航泥驳,尽管"世界上最大自航泥驳"之说尚待考证,国内最大当无疑问。该驳总长 101.7m,型宽 22m,型深 9m,双机、双全回转舵桨推进,最大自由航速 11kn,载重量 9500t。同期文冲船厂也开建两艘 7000m³ 自航泥驳,可见,未来大中型泥驳将有更多的用武之地。图 2 - 129 为振华重工建造的 7100m³ 泥驳。

图 2 - 129　振华重工建造 7100m³ 国内最大自航泥驳"长江口驳 1"号(2015 年)

第3章
耙吸挖泥船

3.1 概　述

　　耙吸挖泥船在当代品种繁多的疏浚船队中占有举足轻重的地位。迄今国际四大著名疏浚公司中，单单耙吸挖泥船一个类型所拥有的装船功率就占据了各自船队装船总功率的50%以上，而且各大疏浚公司船队的"旗舰"非最新锐、最大型的耙吸挖泥船莫属。在欧洲国家疏浚界，耙吸船一直享有"战马"之美誉（见图3-1）。

图3-1　耙吸挖泥船在现代化大型吹填工程作业中大显身手

　　耙吸挖泥船的基本含义——具有自航能力及大装载泥舱，并配置有泥泵和耙头、耙管的挖泥船，当其低速航行时放下耙管，在泥泵的真空吸力作用下，由贴近底部泥层的耙头连续吸起泥砂经由泥管进入舱内，直至满舱，并自行运至排泥处所，以适当方式排空舱内装载物，继而自行返回现场作业，谓之耙吸挖泥船。现代意义的耙吸挖泥船其设备配置及功能较早前要复杂得多，本章将逐一介绍。

　　耙吸挖泥船是具有自航特色的吸扬式挖泥船，这是一种真正意义上的自航作业船。有人会问:其他类型的挖泥船诸如绞吸挖泥船、链斗挖泥船等不是也有自航的吗? 话虽不错,但即便如此,这些个船的"自航"含义主要也就是方便非作业时段调遣而已,挖泥作业时,都不再能自航(或者说无法自航),仍只能采用锚缆移船定位作业,耙吸船和其他类型挖泥船的主要区别就在这里。因此可以说:挖泥船由锚缆移船定位走向自航作业,且挖、装、运、卸及至自行返回挖泥现场全过程均处于自航状态,是疏浚装备发展史上的一大飞跃,目前仅限于耙吸船。

1855 年,世界上第一艘舱容仅 118m³ 的自航耙吸挖泥船在美国问世,该船名为"General Moultrie"号,作业水域为南卡罗莱纳的海湾,并装有早期的 California 耙头,但一般只能挖掘软泥;1859 年法国、1862 年荷兰相继建成类似的耙吸挖泥船,但这些个耙吸船的作业方式大体上仍沿用直吸挖泥船的"定吸"状态,且只能够挖掘密度较低的淤泥质物料,很难说真正意义上的耙吸挖泥船。

1878 年世界上首艘实用耙吸挖泥船"Adam II"号在荷兰问世,疏浚开始从锚缆定位、定点吸砂向着自航耙吸作业跨出重要一步。图 3 - 2 所示为早前美国耙吸船"Taylor"号的泥舱装卸系统设置情形,该泥舱以下部位呈 3(侧视)×2(横剖视)分隔

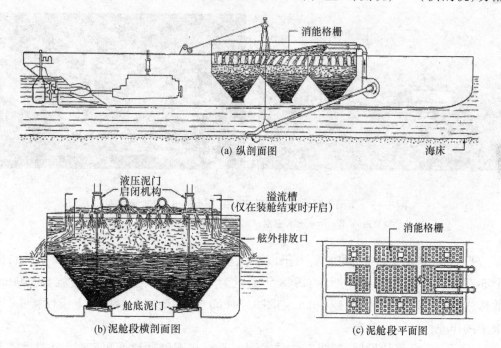

(a) 纵剖面图　　海床

(b) 泥舱段横剖面图　　　　(c) 泥舱段平面图

图 3 - 2　早前美国工程兵部队"Tailor"号耙吸挖泥船泥舱表面防扰格删的配置

的漏斗状布局,也就是说和当今的"V"型泥舱底部结构形式很相近,底部设有泥门。而溢流管自泥舱表面通向两舷水线附近排出溢流水。另外,从该船的纵剖面图(见图3-2(a))和泥舱平面图(见图3-2(c))还可以看出:"Taylor"号泥舱口表面(即泥浆入口附近)还特别加装了一层网格状的静止板(Stilling Plate),其作用是使得进入舱内的泥浆能很快地静止下来,加速沉淀,这和现代耙吸船上消能箱的功能颇为相近!从"Taylor"号上述技术形态不难看到现代耙吸船的影子。这也再次表明,人们的认知总是从简单到复杂,渐进式发展的。

图3-3中(a)为老一代的"Essayons"号耙吸船,采用蒸汽机动力,其主要尺度及建造年代不详,该船设置两台泥泵,每台功率1850hp,挖深22m(70ft),航速16kn,并可搭载1200名乘员(拟或运送兵员),是美国工程兵部队曾经拥有的主力挖泥船型之一,历经数10年的岁月沧桑,直至1983年,终为新建的"Essayons"号所替代,见图3-3(b)。新型号的"Essayons"泥舱容积4587m^3,装船功率13428kW,挖深24m,航速14kn。另一个显著的区别就是,新一代的"Essayons"号船尾部位设有直升机起降平台,更显现代特征。

(a)   (b)

图3-3　美国工程兵部队先后建造的"Essayons"号耙吸挖泥船

(a)早期建造的"Essayons"号耙吸船;(b)1983年新建的"Essayons"号耙吸船。

直到20世纪中叶,挖泥船动力仍以蒸汽机居多,耙管的收放及作业和今天的情形亦有较大差异。图3-4所示:1948年荷兰为中非布衣港建造的一艘舱容1000m^{3}的蒸汽动力单边耙吸船,航速10kn,如图3-4(b)所示,该船吸管已装上挠性接头,风浪中的作业性能得到改善。

历经100余年的发展,耙吸船的技术形态一直在不停顿地变更着,当今耙吸船不仅越造越大,技术形态也日臻完善。

第二次世界大战结束以后,世界经济开始进入稳定发展时期,大量基础设施的兴

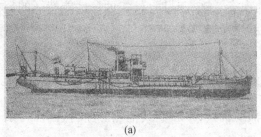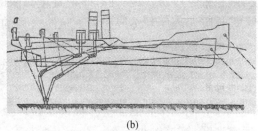

(a)　　　　　　　　　　　　　　　(b)

图 3 - 4　早前荷兰为中非建造带有挠性接头的 1000m³ 单边耙吸船"玛丹娜"号(1948 年)

建促进了挖泥船的发展,1968 年首艘舱容 9000m³ 的大型耙吸船"荷兰王子"号在荷兰面世,"荷兰王子"号的出现有如一面旗帜,推动了耙吸挖泥船的大型化发展,至 20 世纪 80 年代末的 20 余年间,世界上共建有舱容 11300m³ 以下的大型耙吸船约 19 艘。20 世纪 90 年代中期以来,大型耙吸船的发展又呈现出第二波高潮,尤其是在进入 21 世纪来的 10 多年间,超大型以上耙吸船的发展更加迅猛,仅 1994—2007 年的 10 余年间,世界上大型、超大型耙吸船猛增 29 艘,15850m³ 新"荷兰王子"号("Prins der Nederlanden")亦于 2003 年问世(见图 3 - 5),其间还改造扩容 17 艘大型超大型耙吸船。世界疏浚业自此进入一个被承包商们戏称为"黄金十年"的发展时期。

图 3 - 5　15850m³ 新"荷兰王子"号于 2003 年问世

耙吸挖泥船之所以广泛受到疏浚用户青睐,最根本的原因仍在于其独具一帜的优越性,最近 10 多年间,技术性能更趋完善;另一方面,市场的发展变化也是重要的催化剂:亚洲,无论东亚还是西亚,基础设施建设此起彼伏,原有装备技术越来越不能满足疏浚业日益扩展的需要;同时还由于相关国家对近海取砂造成环境污染的管控措施越来越严苛,以及近海砂源日渐稀缺的现实。这一时期,具备远海性能特征的超大型耙吸船理所当然成为各大疏浚公司的重点发展对象。

耙吸挖泥船主要优势大致如下:

(1)作为自航船,不仅调遣便利,能迅速转移场地,恶劣海况下作业性能亦胜过其他种类挖泥船;

(2)挖泥作业无需横移锚缆定位以及辅助机具,不影响其他船舶航行,因而特别适宜港区、航道作业;

(3)具有自载泥舱及多种排泥方式:泥门卸泥、边抛排泥、首喷及排岸以及新近推崇的装驳运输,尤其适合填海造陆工程;

(4)挖深大,巨型以上耙吸船最大挖深可达 140～160m,尤其适用于深海取砂、采矿作业;

(5)挖槽平整,还可以利用水流进行扰动疏浚,以及海底开挖沟槽和管线敷设(见图 3 – 6);

(a)　　　　　　　　　　　　　　　　(b)

图 3 – 6　耙吸挖泥船在海底沟槽开挖、填埋中一展身手
(a)开沟作业;(b)埋管作业。

(6)整个作业过程无需其他辅助船舶和设备配合,生产效率高。21 世纪以来新建造的耙吸船普遍可以兼作绞吸挖泥船或吹泥船用,即借助首次装置将泥舱内的泥土排至岸上;

(7)除了岩石以外,对被挖掘物具有比较广泛的适应性。

相应来说,耙吸船的造价也较其他类挖泥船要高,而且在应对岩石能力方面也不及绞吸、铲斗类挖泥船。即便如此,耙吸船的优势已十分明显,疏浚用户的青睐就是最好的说明。

3.2　主要疏浚系统组成

耙吸挖泥船的技术性能和它的系统组成密切相关,最近 10～20 年间,国外耙吸船无论在设计、建造、材质、自动化监控仪表以及可持续发展理念等诸多方面都有了长足的进步,大多体现在疏浚系统的完善当中。通过对耙吸船主要疏浚系统组成情况的了解,有助于进一步了解耙吸船作业的基本原理及现今耙吸船的发展水平(见图 2－42、图 2－43)。

3.2.1　耙头

耙头是耙吸船作业中唯一同水下被挖掘泥砂发生接触的机械部件,形象地说,耙头犹如一个人的嘴巴,耙管好比咽喉,泥泵及其驱动系统宛如心脏,而硕大的泥舱及其各类吸排管系有如肠胃,所有泥砂都得从吸嘴耙头、吸管经泥泵送入泥舱。耙头与泥泵同属疏浚系统中关键设备,从它们迄今所享有的专利数量便不难得出这一结论。

泥水混合物的被吸入,泥泵的真空吸力是关键。而耙头的真正功效是:必须能够破坏各种土壤的凝聚力。挖掘过程中可以利用冲刷、机械作用或两者兼而用之。

一个成功的耙头,不仅意味着吸入浓度高,对不同泥质挖掘的适应性强,单位时间内的挖掘产量高,而且还应该使得耙挖时产生的阻力尽可能小,以降低挖掘成本,延长使用寿命,使综合经济效益达到尽可能完美的境界。因为当船处于 2～3kn 航速挖泥作业时,耙头的阻力已上升为主要成分,明显大过船体阻力,这就要求不断提高耙头设计制造的技术含量。长期以来高效耙头一直是国内外疏浚界重点研究对象之一。

3.2.1.1　耙头的主要类型

100 多年来,随着耙吸挖泥船的不断开发和发展,耙头的型式也不断改进和更新,从老式的弗路林钩型耙头(Fruhling)、文丘里型耙头(Venturi)、安布罗斯鞋型耙头(Ambrose)到加里福尼亚型耙头(Califomia)以及 IHC 公司活动罩式耙头等,并逐步发展到今天利用耙齿切削和高压冲水疏松水底泥砂的新型主动耙头。

以往使用过的许多种耙头中,一直在不断地发展演变之中,沿用时间最长的要算加利福尼亚（California）耙头（见图 3-7、图 3-8），该耙头早期由美国人发明，它的特点是活动罩壳可根据不同挖深自动调节，经不断改进沿用至今。这种耙头现今主要用来对付高度密实细砂及高黏度土质，荷兰 IHC 公司和德国 LMG（前身 O&K）公司均在原有加氏耙头的基础上进行了多项革新，形成了各自的加氏系列耙头。据有关资料介绍，IHC 的加氏耙头与 LMG 的加氏耙头在适应被挖掘泥土的特性方面不尽相同（IHC 的加氏耙头被认为更适合于挖粗砂和石块）。

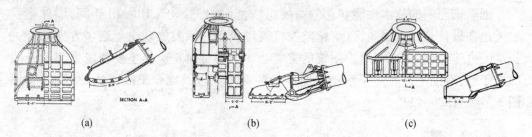

图 3-7A　美国早期发明并广泛应用的主要耙头型号，其中加利佛尼亚耙头应用最为广泛：
(a)安布罗斯耙头；(b)加利佛尼亚耙头；(c)特拉华河耙头。

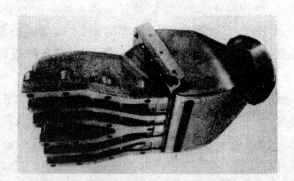

图 3-7B　早期美国加利佛尼亚耙头实物照片

图 3-8　荷兰 IHC 公司新近开发的"威猛"耙头(a)及德国 O&K 开发的高效喷水耙头(b)

　　除了加氏耙头以外,IHC、O&K 还拥有各自开发的耙头,这就是通常所说的 IHC 系列耙头及 VWD 系列耙头(适合于挖淤泥及一般砂土),后者是一种具有扁平调节罩的各种高压冲水或非高压冲水耙头。1972 年 O&K 为南非建造的 2830m³ 耙吸挖泥船"D. E. Paterson"号上就是用具有涡流调节罩的耙头来挖取非粘性土,用带耙齿的加氏耙头来挖取密实粘性土的。

　　除了上述耙头以外,采用较多的还有文丘里耙头、淤泥耙头等。

　　长期以来,荷兰 IHC 公司及德国 O&K 公司在耙头研究及推广应用方面所取得的成效有目共睹,现在国外大型以上耙吸船上所配备的耙头几乎都是这两家厂商的产品(见图 3 - 8、图 3 - 9)。1970 年以后,美国本土以内的耙吸挖泥船市场和欧、亚地区相比有如冰火两重天,偌大的美国市场对耙吸船的需求日渐减少,ELLICOTT 公司因此干脆终止了耙吸挖泥船的制造。2006 年全美国新建的唯一一艘 9000m³ 级大型耙吸船,其耙头及主要配套装备也不得不由 VOSTA LMG 提供。

图 3 - 9　IHC 公司历年开发的部分高效耙头

　　为使耙吸船对不同泥质具有更好的适应能力和保持尽可能高的生产效率,大多数耙吸船上都同时配备有两种不同功能的耙头以备不时之需。我国疏浚界在多年工程实践中也对加氏耙头进行了种种改进和创新,并形成自己的系列。事实上稍具实力的疏浚公司每每都有适合自己使用的耙头。

3.2.1.2　耙头的基本构造

　　现今耙头的基本构造由两大部分组成:即耙头本体和由液压油缸推动(或带有

推杆)的活动罩壳组成,液压油缸则由电动控制的水下泵驱动,后者确保耙头在不同挖深下均能更好地与泥层表面贴合。耙头前端装有一块可调节角度的进水挡板,借以调节海水吸入量,改变吸泥面的压力,确保高浓度泥浆吸入。可调的活动罩壳向上翻转的角度可达到50°以上,以便在不同水深下均能有效调节角度,使产量得到提高。为了与以往的常规耙头加以区别,人们已习惯于将这种耙头称为主动耙头(Active Dreghead)。事实上IHC公司在1980年前后就已研制成功这种主动耙头,并处于不断完善之中,该耙头罩壳上根据需要还可加装可调齿排,并采用插座式耙齿安装,便于耙齿更换,这和绞刀的刀齿的安装颇为相像。耙头的易损部件(如紧贴泥土的底座,见图3-10)均采用高性能耐磨材料(如HARDOX),同样便于更换。高压喷水的配合使用也是当今高效耙头的重要特征之一,耙头上的高压喷水及耙齿可有效地疏松并液化板结的泥层,以使泥泵的吸力可以全部用来吸入高浓度泥浆从而获得更高的产量。

图3-10　耙头底座的结构形式:普遍加装有便于更换的耐磨材料

为满足用户的各种实际需要,标准以外的新型耙头开发从来也没有停止过,现今国外耙头几乎都采用CAD/CAM(三维模型)设计。在现有10000m³以上的大型耙吸船上,耙头宽度普遍在6m以上,最大宽度达至9m(如46000m³耙吸船),重量视其种类不同一般为10~50t。近年来IHC公司还成功研制出"威猛"型高效耙头,在大、中型耙吸船上广泛采用。在我国2002年引进的12888m³耙吸船"新海龙"号以及新近进口的"长江口01"号和"长江口02"号姐妹船上都装有这种新型耙头,据认为,该型耙头特别适合长江口泥砂的疏挖。

在某些特殊海域施工作业的耙吸船还必须考虑到对一些珍稀动物的保护措施,如2000年LMG公司在为美国5000m³"自由岛"号耙吸船的设计中,耙头上就装有一种人性化的海龟偏针仪,可使海龟免受劫难(见图3-11)。

图 3 - 11 美国船员对珍稀动物海龟爱护有加

3.2.1.3 最佳设计耙头的概念

荷兰 IHC 公司从自身多年设计体验中,对于什么是最佳设计耙头曾给出如下最佳设计耙头曾给出如下结论:

(1)使得耙头和泥面处于最佳的贴合;

(2)有效地疏松泥层;

(3)泥泵真空吸力得到最有效地利用;

(4)使产生水流阻力尽可能小;

(5)减小磨耗;

(6)易于维修;

(7)防止船体受损;

(8)橡胶密封以确保提高泥浆浓度;

(9)故障少、寿命高;

(10)船东可接受的价格。

3.2.1.4 耙头移动装置

耙头移动装置可以提高耙头在作业时的施工精度,它可在水平和垂直方向有效调整耙头位置(见图 3 - 12),尤其适合在挖沟埋管等作业中使用。从 20 世纪 90 年代起,随着先进的差分全球定位系统(DGPS)和勘测系统与定位监测系统的应用,提高了疏浚施工精度;而且由于动态定位动态跟踪(DP/DT)系统可使挖泥船精确控制在几米误差的位置,通过附加两组控制方向的部件在耙头上,从而提高了耙头的水平定位精度。它是船舶动态定位系统的进一步发展和延伸(见图 3 - 12)。

图 3 - 12　耙头移动装置

动态定位动态跟踪(DP/DT)系统使船舶在确定的航线和速度上航行,耙头的动态定位可使耙头具有更精确的定位。据称:即使在高海况时也可以控制在在1m的误差内。当耙头动态定位控制装置和疏浚路线规划综合在一起时,则形成精度和效率相结合的自动定位系统。

以上特征展示了当今高效耙头的最新成就。

3.2.2　耙管

耙管(或称吸管)是耙头的重要支撑,同时也是海底泥沙进入泥舱的咽喉之地。由于吸管在作业过程中受力情形的复杂性和不确定性,采用整根刚性管件的固定连接方式显然不切实际,也不安全,通常设置带有挠性接头的组合管件。法国耙吸船上较早采用了这种挠性接头设计(见图 3 - 13)。

3.2.2.1　耙管基本要求

无论单耙或是双耙设置,凡属耙管均应能满足以下基本要求:

① 挖深根据需要可以调节;

② 必须有足够的自由度,使其与海底保持最佳连接;

③ 尽可能减小作用在吸泥管上的力所产生的弯矩;

④ 自身结构应能抵抗冲击荷载;

⑤ 管线对于混合物的流动具有较低的阻力;

⑥ 管线对于外部水流所形成的水阻力力求减小。

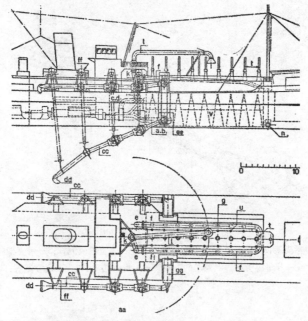

图 3 – 13　"Victor Guilloux"号耙管采用的挠性设计情形(1938 年)

在泥泵强大真空吸力作用下,借以船对地的 2～3kn 低速航行,耙头贴近泥面疏挖泥砂并源源不断通过耙管将其泵入舱内,整个疏挖过程环环相扣。耙头、耙管均在收放绞车钢索的悬吊之下。

3.2.2.2　耙管基本组成

对于挖深或吸入浓度等没有特别要求的耙吸船而言(即 50～60m,所谓标准挖深下),如图 3 – 14 所示,耙管通常由上下两段吸管组成:两吸管之间则通过万向接头与带支架的橡胶管相连接,该万向接头使两段吸泥管可独立活动,这对恶劣天气下耙管的安全来说至关重要。而上段管通常和带弯管的滑块连为一体;滑块的作用是在吸管收放过程中确保其沿船体导轨上下滑动,滑块上装有锥形凸轮可在吸管位于吸口前时使吸管下滑块贴住船体(见图 3 – 15)。当挖深超出 60m 时,舱内泥泵不再能满足要求(尤其是现在大型耙吸船挖深普遍达 100m 左右),在两段耙管之间加装一节带有水下泵挠性管的中间吸管势在必行。33000m^3巨无霸"Vasco da Gama"号因挖深达到时下创记录的 131m 深度,故相应配置的中间管段更长,同时对应配有 5 台绞车收放作业(见图 3 – 16)。该船耙管直径 1400mm,排岸管直径 1100mm。耙管直径一般随船型规模、舱容、挖深、装舱时间以及泥泵功率等因素确定。

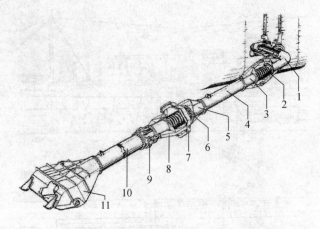

图 3 - 14　耙吸管的基本组成

1—弯管,包括支架;2—橡胶管;3—带支架的中间管;4—上段吸泥管;5—带支架的中间管;
6—橡胶管;7—万向接头;8—带支架的中间管;9—旋转接头;10—下段吸泥管;11—耙头。

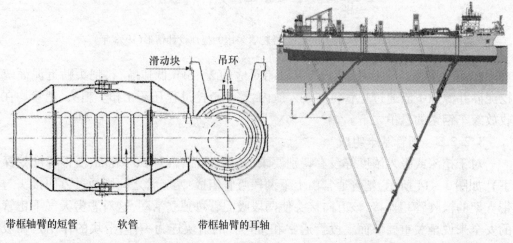

图 3 - 15　带有弯管的滑块

图 3 - 16　33000m³ 耙吸挖泥船的耙管采用 5 个吊架及双吸入口的特别设置

　　耙吸挖泥船耙管的设置有单耙(管)和双耙(管)之区别,即可在船的一舷设置,也可以在两舷设置,甚至还可以在船的肿后部位设置,即所谓尾中耙(见图 3 - 17),但类似情形现在已不多见。极少数耙吸船也有采用三耙设置的,如美国工程兵部队的"惠勒"("Wheele")号(参见图 2 - 1(b)),这种 3 耙设置的情形现今新造船中已不复存在。

图 3-17　日本尾中耙兼油回收船"青龙湾"号

上述常规挖深下采用上下管段而不用配备水下泵的情形,通常表明在这个挖深条件下(无需水下泵)舱内泵能予满足用户的挖深要求。由于现代疏浚技术的快速发展,目前大多数欧洲建造的 $5000m^3$ 级耙吸船其挖深都接近达到 60m。正如 IHC 公司早前在一篇有关水下泵的应用文章中所言:无论何种工况下使用水下泵都会有如下好处:

① 可获得较高的泥浆浓度;

② 可获得更大的挖掘深度;

③ 同等挖掘条件下则意味着节省能耗。

这一论述简明扼要地回答了水下泵何以受用户如此钟爱。2002 年,法国疏港公司建造的一艘 $8500m^3$ 单边耙吸船,挖深要求也仅 26m,恰好就是采用水下泵而非舱内泵挖泥装舱的,也无首吹,技术形态较单一且经济,拟或专属水域配置(见图 3-18)。

图 3-18　首艘全电动 $8500m^3$ 单边耙吸船(2002 年)

通常单边耙吸船泥管直径(以及相应的泥泵参数)较同等船型尺度双耙管直径偏大,主要是为了适度缩短因单管作业而增加的装舱时间,最典型的莫过于9000m³单耙船"Alexander Van Humbodt"号,其耙管直径为1×1300mm,为此配置的功率也相应有所增加。而10000m³的双耙船如"Volvox Asia"号、甚至16500m³的"Kaishuu"号的耙管也不过2×1100mm,虽然这种情形并不很多。

耙吸挖泥船依其泥泵功率和舱容大小,耙管直径的范围在300～1400mm之间,但对大型、超大型耙吸船而言,耙管直径的范围则约在1000～1400mm之间。

排岸管径——现今新建的大中型耙吸船除极个别情形外均具有首吹排岸功能,排岸距离往往高达5～8km,个别情形甚至达10km以上,因而有必要大幅度提高排岸泵的压力,减小流量(通过两泵串联、提高转速、增大功率、单管排岸等措施)。通常排岸管径较装舱管径要小100～200mm,甚至300mm,现有大型耙吸船排岸管径范围在900～1100mm之间。舱内三速泥泵的设置往往也是出于排岸的需要。

3.2.2.3 耙管与船体接口位置的设定

一般根据船东对于挖深的要求以及泥泵舱位置而定,如船东对该船挖深要求大,泵舱多设置于泥舱前部,耙管前移,可接长中间管段,加大挖深;如若挖深在正常范围内,泥泵舱紧挨机舱布置(处机舱和泥舱之间),耙管无需接长,靠近船尾布置理所当然;也有居中布置的情形,不是很多(见图3－19)。

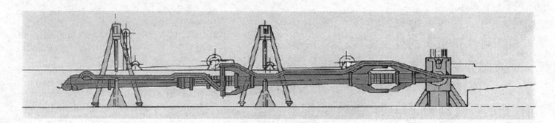

图3－19 耙吸管及吊架布置图

3.2.2.4 大挖深情形下耙管刚度的增强措施

对于处在深远海作业和100m以上挖深的大型、超大型耙吸船而言,对其刚度须给予特别关注。比如46000m³姐妹船,当其实施155m挖深时,由于耙管极长以及水下泵重量的增大,存在刚度问题,故设计中对此给予了特殊处置:将水下泵与其所依附的耙管段结构整合为一体,形成网格状框架结构,其他段管线也根据受力需要做了相应处理,使得整个管线结构既轻便又坚固(见图3－20(b))。

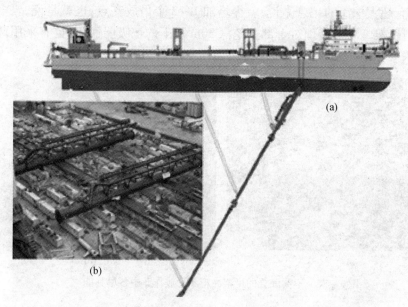

图 3 - 20　46000m³ 耙吸船上对安装水下泵的耙管采取的局部加强措施

3.2.3　耙管吊架

如图 3 - 21、图 3 - 22 所示,耙管收放系统通过设在甲板两舷的若干吊架进行操作,常规挖深的耙吸船多采用 3 台耙管吊架,即可将吸管收放于两舷甲板之上、或移出舷外。耙头吊架与中间吊架大多为 A 型框架,通过铰接结构与主甲板相连,同时通过液压缸或缆索来控制吸管的吊进/吊出,而吸管弯头吊架由固定和活动两个部分组成。固定部分焊接在主甲板上,并装有活动部分滚轮所用的轨道。当活动部分到达最低位置时,便可将吸管滑块下放到设置在船侧板的垂向导轨上(见图 3 - 21)。

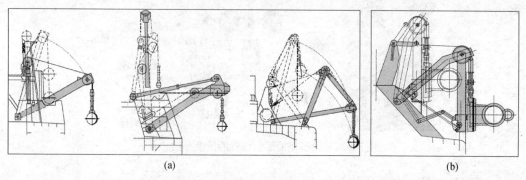

图 3 - 21　3 种不同类型的吸泥管吊架收放作业示意图(a)和弯管吊架作业示意图(b)

对于具有超大挖深的耙管来说,就得增加 1~2 个吊放支点,也就是说,要多设置 1~2 台 A 型吊架。同样道理对于部分挖深 30m 以下的耙吸船而言,也有采用两台吊架的;如我国多型 2000m³ 以下耙吸船均采用两支点吊架(见图 3-22)。

(a)   (b)

图 3-22　不同配置的吊架在耙头吊放作业中各尽其能

3.2.4　波浪补偿器

波浪补偿器对耙吸挖泥船来说同样不可或缺。实际上船舶几乎总是处于波浪起伏或海床不平整的状态下作业,为使得耙头与海底保持良好接触,使船舶获得稳定的产量,波浪补偿器扮演的就是这个角色,它位于耙头吊架提升钢缆系统中。波浪补偿器的作用就是:防止耙头提升缆绳自由松弛和再度张紧(见图 3-22)。此外,它使耙头对海底的压力几乎保持不变。

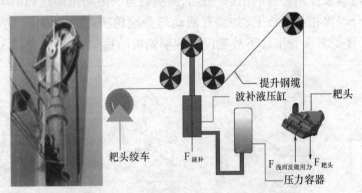

图 3-23　耙吸挖泥船上设置的波浪补偿装置

波浪补偿器由以下几部分组成:

① 一只液压缸,其顶部装有用于引导耙头提升钢缆的滑轮;

② 一只或多只压力容器,容器下部注满油,上部为空气;

③ 一台油泵及贮油箱;

④ 一台空气压缩机;

⑤ 连接液压或气压部件的管线系统。

当船舶上升时,波浪补偿器因钢缆受力的增大而将活塞杆向下推。于是柱塞对压力容器中的空气进行压缩。在船舶随后的下降过程中,因容器中压力的增大而使活塞杆被再次推出。这就确保钢缆时刻处于张紧状态。压力容器中的平均压力取决于耙头位于海底时的重量,或取决于波浪补偿器需要补偿的重量。

3.2.5 泥泵

自 18 世纪 70 年代法国工程师发明离心泵以来,该项发明在工农业生产和人类生活中获得广泛应用,疏浚泥泵就是最好的见证之一。

泥泵历来被视为水力式挖泥船的核心组成部分。如果说大型耙吸挖泥船的建造已开始进入多级时代,而作为其中关键装备、关键技术的泥泵及其传动系统的专利技术迄今为止仍只是掌握在荷兰 IHC 公司、美国 GIW 公司、荷德合资的 VOSTA LMG 公司以及荷兰 DAMEN 公司等极少数供应商手中。

3.2.5.1 舱内泥泵

IHC 公司旗下的 Parts & Services 是提供标准的和顾客特别要求的各种系列泥泵、阀、耙头、绞刀、泥管等装备设计、研究和生产、服务的专门机构。其生产的吸口尺寸从 250~1400mm 的各型泥泵已逾千台,以满足用户的各种实际要求,第 1000 台高效双壳泥泵 2001 年已被装上大型耙吸船"HAM318"号(见图 3-24(a))交付使用。该型泵功率达 5500kW,最大压力 20bar、叶轮直径 2620mm,过流部件都采用特殊耐磨铸铁等材料制造;据称,IHC 公司在 2002 年交付我国"新海龙"船上的高效双壳泥泵效率达 88%。高效泥泵于 20 世纪 90 年代发展起来,IHC 公司的高效泥泵最高效率据称可达 90%。目前大型耙吸船上大多都装有这种高效双壳离心泵,只有为数不多的船上仍装设单壳泵。

前德国 KF 公司曾和美国 GIW 公司联合建有 1∶1 的大型泥泵试验室,共同开发的 KF/GIW 型泥泵已在 33000m³ "Vasco da Gama"号及多艘大中型耙吸船中成功装船使用,单台最大功率达 8000kW(由 3 级齿轮箱传动),其磨损部件由极耐磨的合金材料"高铬白口铁"制作,并装有仅需在泥泵轴端进行水封的特殊密封装置;LMG 公司同日本三菱公司合作为埃及苏伊士运河管理局建造的 10000m³ 耙吸 船上也采用 KF/

GIW 泵(见图 3 – 24(b))。

图 3 – 24　2000 年前后大功率泥泵纷纷研制成功在耙吸船上装船应用图

(a)IHC 的第 1 000 台泥泵行将装船;(b)美国 GIW 大型泥泵即将装船。

前不久 IHC 公司又为超巨型耙吸船"刚果河"号研制成功更大型号的泥泵:即两台型号 HRMD262 – 56 – 130 的高效双壳泥泵(见图 3 – 25),每台泵由一台主柴油机、借助一只三速齿轮箱驱动,最大泵功率 $2 \times 8000 kW$。

图 3 – 25　"刚果河"号上装船使用的 HRMD 262 – 56 – 130 型带齿轮箱双壳泥泵

扬德努集团在 $46000 m^3$ 巨无霸耙吸船"Cristobal Colon"号姐妹船的设计中,疏浚系统采用了不寻常的电力变频驱动:不仅大深度挖泥装舱采用了电力驱动,使浓度得以保证,两台舱内泵的排岸也采用了电力驱动,并且创造了迄今为止的最新记录:该船排岸泵的泵室外径高达 6.5m,叶片直径达 2.6m;排岸泵功率为 2×8000kW,水下泵功率为 2×6500kW。

泥泵设置——泥泵在舱内的位置需要满足一定的要求:

(1)舱内泥泵应尽量安装在最低的位置处,泥泵位于水面以下越深,混合物的浓度便越高;

(2)管线的阻力应尽可能低,即吸管要短、弯管半径要大;

(3)泥泵的转向要与管路中弯管段引起混合物的转向保持一致。

实际操作中这些要求往往也是很难完全满足的,需兼顾考虑。泥泵设置于泵舱内,这似乎是不言而喻的,而今耙吸船上也还确实有不设在舱内的情形,如荷兰范奥德公司 2009 年建造的 31200m³ 单边耙吸船"Vox Maxima"号只设置了一台舱内泥泵,但却罕见地在主甲板左前侧也设置了一台泥泵,以便在排岸作业时双泵串联使用。在我国近几年设计的类似"新海鳄"号等大型绞吸船上也多采用舱内泵和甲板泵的组合布置。

泥泵的速度控制在很大程度上取决于驱动装置的类型。如果由主机直接驱动泥泵就不能调速,或只能通过齿轮箱分级调速。如果泥泵由柴油机单独驱动则有可能控制速度,但是最佳的控制是通过电力驱动来实现。而今欧洲大、中型耙吸船采用电力驱动的情形越来越普遍。

单壳泵和双壳泵——单壳泵(见图 3-26)和双壳泵(见图 3-27)都在耙吸挖泥船上得到应用,视用户需要而定。双壳泵具有一个单独的内泵壳,当其磨损后无需修理。这归功于压力补偿。当泥泵运转时,内泵壳内外两侧的压力是相等的。为此,在内、外泵壳之间的空间内充满水并加压。除了可以延长内泵壳寿命的优点外,这种形式的泥泵在发生爆炸时具有较高的安全性。大型耙吸船上多采用双壳泵。

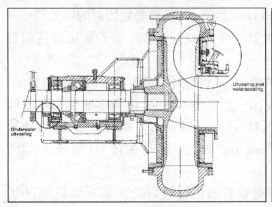

图 3-26　单壳泵内部结构图

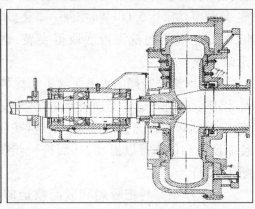

图 3-27　双壳泵内部结构图

单壳泵的寿命较双壳泵短,但具有价格上的优势,相得益彰。

3.2.5.2　水下泵

随着对挖深和产量要求的不断提高,促使水下泵在耙吸船上获得广泛应用,也促使挖泥船技术走向更高层次。

为使泥泵获得最大的产量,疏浚系统的如下参数十分重要:

① 泵的尺寸;

② 驱动功率;

③ 吸管和排管的位置;

④ 泵在水下的位置。

泵的尺寸、电动机的驱动功率和转速决定了泵的特性。

水下泵在耙吸船上的应用最早始于 1960 年。1959 年荷兰 Jandekoning 教授取得该项技术专利,但由于初期水下泵技术简单,其尺寸和重量均较大,使得装船应用和推广不尽理想。20 世纪 70 年代,经改进的水下泵在绞吸船上取得广泛使用,德国是较早取得这方面进展的国家之一。耙吸船的水下耙管实则是一根挠性构件,初期,笨重的水下泵附着其上无论安装还是运行均难于奏效。为使水下泵具有更好的应用前景,IHC 等公司在技术上作了大量的研究和改进,现代水下泵的概念实际上是水下泥泵和水下电机的总成(无需通过齿轮箱和联轴器),并处于同一转速。这种机/泵一体化的设计具有良好的重量强度比,使得整体重量明显减轻。对日益大型化的水下泵来说,"瘦身"是成败的关键之一,20 世纪 90 年代以来,新型水下泵在深海取砂工程中渐次取得突破:1998 年 IHC 公司设计的"Volvox Teranova"号单边耙吸船水下泵功率高达 6000kW,挖深达 105m;2000 年 LMG 公司在"Vasco da Gama"号上采用的两台水下泵皆由充油电动机经减速装置驱动,而泵的传动速度可通过先进的变频装置调节,每台泵功率达 5500kW,挖深一举突破 141m;2008 年,扬德努集团新的巨无霸——46000m³ 耙吸船的挖深再次取得突破,达创纪录的 155m,单台水下泵功率进而达到 6500kW。

前一时期耙吸船的水下泵除了挖泥装舱,不能和舱内泵实施串联用以抽舱排岸。对此,IHC 等公司做了专项研究,并已开发出一种新型水下泵,可与标准舱内泵串联使用,对疏浚界而言这的确是一个利好消息:不仅可降低水下泵的驱动功率,还使装船设备利用率得以提高,从而进一步提高了耙吸挖泥船的生命力(见图 3-28、图 3-29)。

对于小型简易耙吸船和驳船改造的耙吸船来说也可以使用水下泵疏浚,IHC 公司为这类船提供有标准化组件组成的疏浚设备(见图 3-30、图 3-31),该设备的驱动装置位于前甲板。原有机舱位于船尾不变。因此没有必要使用可调节推进器。

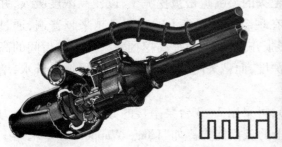

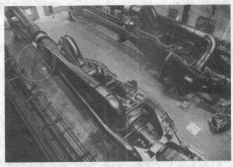

图 3 - 28　机/泵合一的水下泵结构图　　　图 3 - 29　IHC 公司即将装船的大型水下泵

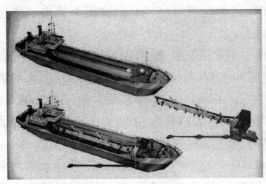

图 3 - 30　安装在自航驳上的 IHC 水下泵标准化组件　　图 3 - 31　装有水下泵的耙管在收放作业中

未来相信水下泵还可以做得更小、更轻,转速更快而且更经济。

3.2.5.3　高压冲水泵

现代耙吸挖泥船上几乎都装有高压冲水泵(1 ~ 3 台),且通常配以高、低压两种不同的压力和流量参数,可单独使用或以串、并联形式组合使用,以应对各种运行工况。低压情形多用于抽舱排岸、首喷、或开启底开泥门卸泥时对舱内泥砂的稀释、冲刷,以便快速排空;而高压系统则通过耙头的喷嘴疏松被挖泥土,以便高浓度吸入,并减小耙头切削阻力。高压冲水泵系统在现今高效耙头上的应用已越来越普遍,通过它既可增大疏浚物的含水量,促使其膨胀并松散,从而提高挖掘效果。通过齿间的高压冲水还可以提高耙齿的挖掘宽度和深度,而耙头内部的高压冲水则可增大补水,增强土质的液化效果。

对于特别硬结的泥土(风化岩层),可采用 2~3 台泵串接的方式,借以增大压力(最大可达 18~20bar),以增强对泥土的疏松能力。如"Lange Wapper"号单耙船上可通过 3 台 6bar 高压泵串联形成 18bar 的压力供耙头使用,即水流以近 60m/s 以上的速度射向泥层,其力度足以穿透 200mm 以上的坚实土层。"Vasco de Gama"号船上设有两台 1600kW、各 9bar 的 KF/GIW 高压冲水泵(柴油机驱动)和 1 台 1150 kW 的 KF/GIW 低压冲水泵(电动),两台高压泵串联可提供耙头 18×10^5Pa(18bar)的高压水用以疏松泥土。必要时该船喷水泵还可以兼作泥泵使用,以应付不时之需。在我国新引进的"新海龙"号上,则装有两台 IHC 的高效单壳离心泵,经变速齿轮箱由电力驱动(2×1320kW)。挖泥时,采用 12bar 的冲水压力:两台串联,每台压力 6bar,$Q = 6730$m^3/h,泵转速 411r/min;当遇到相当难挖的泥土时,则采用 18bar 的冲水压力,仍为 2 台串联,此时每台压力升至 9bar,$Q = 4390$m^3/h,泵转速升至 461r/min;而当用于稀释泥舱时,只需独自采用 6bar 压力,通过高、低压的配合使用相得益彰。各运行工况下,单泵吸收的功率均为 1320kW,这种配置可使得有限高压泵能得到更加灵活和有效地利用,实现多种工况应对自如。

高压冲水泵是当今耙吸挖泥船高效作业不可或缺的重要配套装备。有关研究资料显示,现今大型耙吸挖泥船上采用的高压冲水泵,不仅功率,而且在压力、流量的选取方面增大趋向明显:如 1999 年建造的"Nile River"号,其冲水泵总功率(2700kW)就较 1994 年建造的同型船"Pearl River"号(2×900kW)高出 50%;2001 年建造的"Rotterdam"号冲水泵总功率(2×2500kW)较之同等规模、1999 年建造的"Queen of Penta Ocean"号(2×1350kW)高出 85%;2002 年建造的"Uilenspiegel"号冲水泵功率(2×1300kW)较之 1999 年建造的同型船"Lange Wapper"号(3×450kW)甚至高出了将近 1 倍。实践表明,相对于装船总功率而言,冲水泵功率虽稍有增加,而达到的挖泥效果更为理想。至于泵的压力和流量参数的具体选取,则视土质情况等原因灵活配置(见图 3-32、图 3-33)。

总之,高压冲水泵在现代耙吸船上的所扮演的角色日益重要。

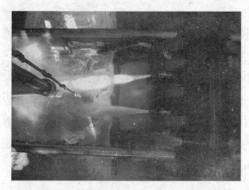 

图 3 - 32　泥舱内安装有较大高压喷嘴的情形　　图 3 - 33　高压喷嘴在泥舱内展示其冲刷能力

3.2.6　泥舱

在耙吸船的总体布局中,泥舱是最为突显的一块,它不仅占据了将近 1/2 的船体长度,而且当泥舱满载时,泥砂装载量要占据总排水量的近 2/3;泥舱容积的大小也是衡量装载能力的重要表征之一,故在总体布置中一直占有重要地位。

图 3 - 34、图 3 - 35 分别为两个不同时期的耙吸船泥舱满载泥砂的情景。图 3 - 35 为现代泥舱的结构形式,可以清晰地看到溢流筒(下部圆筒结构)和消能箱(上部横跨泥舱构件)等现代设施,而在图 3 - 34(早期耙吸船)全然看不到这些设施,透过比较不难看到技术进步。

图 3 - 34　早期"Weeks"号耙吸船装满泥舱情景　　图 3 - 35　近期 5600m³"Reynaert"号耙吸船装满泥舱情景

3.2.6.1 泥舱设置

泥舱是耙吸挖泥船重要表征之一,在耙吸船的设计中,泥舱的设置不仅关系到疏浚性能的优劣,对船舶总纵强度、刚度、浮态、装载稳性等总体性能关系重大。

较早的泥舱结构形式——20世纪70年代前后,大中型耙吸挖泥船的设计较多采用封闭式泥舱,仅在泥砂入舱部位局部开启一个舱口。这样处理一方面便利众多甲板机械的布置,同时也有利于总纵强度,并便利甲板室的居中设置。上层建筑的居中设置在那一时期几成风格,成为耙吸船一个时代的符号。如韩国的"高丽"号(1971年)、德国的"Nordsee"号(1978年)、荷兰的"Delta Queen"号(1971年)等,见图3-36。

图3-36 早期带封闭泥舱和中岛型上层建筑的万方级耙吸船"Vlaandemi18"号(1970年)

也有设置两个泥舱的情形,20世纪60年代末和70年代初,欧美国家先后建造过几艘具有两个单独泥舱的耙吸船,并使得机舱或泵舱位于两个泥舱之间,以两道水密横舱壁分割开来,这给总纵弯矩及破舱稳性会带来一定改善,但横舱壁及两套泥舱系统设备的增加,也将使这种好处大打折扣,而对于泥沙沉积的影响则好坏参半。2010年IHC公司为波斯卡利斯建造了两艘12000m³双泥舱设置的姐妹耙吸船,但从目前来看,双泥舱船要形成一种发展趋势,恐难成其现实(见图3-37、图3-38)。

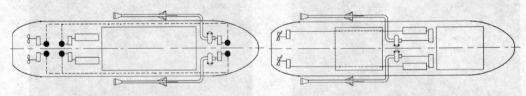

图3-37 单泥舱全电动设置泥舱布置示意图　　图3-38 机/泵舱居中的双泥舱设置示意图

泥舱尺度的选取——除极个别情形外,现行国内外耙吸挖泥船均设置单个、敞开式泥舱。敞开式泥舱不仅结构重量有所减轻,对错综复杂的泥舱管系,新型消能及溢流装置以及泥门结构等的施工、维修较封闭式泥舱便利,也便于对舱内装卸泥过程的观察。

绝大多数耙吸船泥舱的平面几何形状为矩形($L_h \times B_h$)或近似矩形,泥舱深度随型深而定,甲板以上往往设有泥舱围板。通常泥舱宽度 B_h 的选取受制不大,对肥大型船而言尤其容易获得满足。大中型船泥舱宽与船宽的相对宽度约为 0.62 ~ 0.78,个别船几近达到 0.84。小型船相对宽度值偏小,低于 0.6 者有之。

泥舱长度 L_h 的选取要受到多方面的制约,从提高装载能力和改善结构强度考虑,希望取较长的泥舱;而从全船布局考虑,泥舱长度无疑会受到制约。据作者粗略统计,国外绝大多数大中型耙吸船的泥舱相对长度(L_h/L_{pp})为 0.40 ~ 0.50,早期建造的耙吸船中相对长度甚至小于 0.35,而近期建造的大型船多接近 0.50。

小型耙吸船、多功能耙吸船泥舱相对长度往往偏低,如广东省航道局"粤道浚 I"号(1400m³)泥舱相对长度仅为 0.35。长江航道局等工程事业单位,他们订购的中小型耙吸挖泥船同一般专业疏浚公司相比,除了对于吃水比较严格外,其余船体尺度方面较为宽松,泥舱相对长度多在 0.4 以下,批量建造的 900m³ 耙吸挖泥船中该数值仅 0.33,与此同时,人员编制也相对宽松。

扬德努集团 2003 年建造的两艘 4400m³ 全电动单耙船是个特例:机舱设两台主柴油发电机组,泵舱仅设一台电动泥泵,机/泵舱采取左右分置,推进采用全回转舵桨,因而给泥舱布置提供了诸多方便,泥舱相对长度达 0.53,为迄今耙吸船(尤其中、小型船)的仅见,也成为一杆标尺。

3.2.6.2　泥舱型式

泥舱形状——泥舱形状通常应具备以下要求:

(1) 泥舱内的障碍物尽量少,以利舱内泥沙沉积;

(2) 侧壁尽可能直,最好下部略向内倾以利泥沙排放;

(3) 容易进入,以便维护;

(4) 达到最大吃水时,泥沙的标高至少要在吃水线以上;

(5) 从有利泥沙沉降角度出发,规则泥舱较不规则泥舱好。

现今泥舱横剖面型式主要有两种:"W"型剖面和"V"型剖面。

前一种是设有纵向中央箱型龙骨,并以横向小三角舱或隔板分割的单底泥舱,配合双列泥门设置的结构形式,底部横断面呈"W"型;后一种是具有浅"V"型内底,配合沿纵中剖面单列泥门设置的结构形式,底部横断面呈"V"型(见图 3-39 ~ 图 3-41)。现存挖泥船中以"W"型见多,但自 2000 年以来国外浅"V"型双底结构的船型上升势头明显,从大型到中小型皆有,并非局限于大型以上。

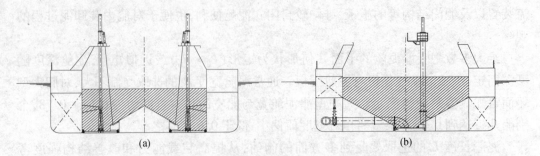

(a)   (b)

图 3 - 39   早前的"W"型泥舱断面(a)和近年来使用普遍的"V"型泥舱断面(b)

图 3 - 40   "Utrecht"的"W"型泥舱泥门   图 3 - 41   46000m³的"V"型泥舱泥门

如图 3 - 42 所示,随着技术的进步,现今耙吸船泥舱内的构件已明显减少,既利于减轻船体重量,亦利于舱内泥砂的快速倾卸。

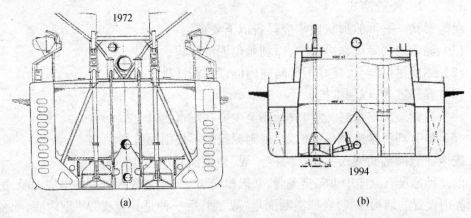

(a)   (b)

图 3 - 42   泥舱内部结构的繁简比较
(a)—1972 年泥舱断面;(b)—1994 年泥舱断面。

3.2.6.3　泥舱与沉降效率

泥舱的大小和几何尺度已被证明对舱内溢流损失及床面的上升(沉降效率)构成一定影响。为此早前荷兰 IHC 公司和比利时国际疏浚公司进行过全面的合作研究,在荷兰的实验室专门设置了大比尺(1∶4.4)的试验装置,即通过不同的泥舱布置和装舱方法的比较,形成新的认识,并据此改进泥舱设计,以寻求更佳的沉降效率。国内像上海航道局等疏浚公司对此类研究亦十分关注。

3.2.7　底开泥门

泥门卸放是排放舱内泥沙的重要手段,在早期的耙吸船中,泥门甚至是海上倾卸泥砂的唯一方式。除了骨料疏浚船(部分船装设泥门)、开体耙吸船等特殊船型外,耙吸船均设有底开泥门。

3.2.7.1　泥门主要类型

泥门卸泥系统应能满足如下要求:

(1)须确保在尽可能短时间内将所装载的各类泥砂卸掉。这意味着泥门开口面积足够大,过往的传统设计中泥门总排卸面积与泥舱水平面积之比通常在 30% 左右(视疏浚物料性质而定),记得 2006 年前后印度某用户前往中船 708 研究所洽谈耙吸挖泥船设计项目时,就明确要求要满足 30%;

(2)尽量减少泥舱内突出的部分,以免造成物料起拱;

(3)具有可靠的密封性,对污染类淤泥来说尤其重要;

(4)对航行阻力没有影响或影响较小;

(5)便于维护;

(6)可在浅水或搁浅时排除装舱物料。

据作者粗略统计,由于新近"V"型泥舱＋大通径泥门设计技术的采用,使得卸泥面积的比率已大幅降至 10% 左右(见表 3-1)。

表 3-1　国内外部分耙吸船泥舱泥门经验数据统计表

序	船名	船东	建造时间	泥舱容积 /m³	泥舱平面面积 /m²	泥门型式	泥门总面积 /m²	泥门泥舱面积比/%
1	航浚 18 号	长江航道局	1999	900	158.4	单列锥型	13.57	8.57
2	粤道浚Ⅰ号	广东省航道局	2003	1400	215	双列锥型	39.70	18.4
3	航浚 10 号	长江航道局	1996	2000	286.2	单列锥型	24.1	8.43
4	Francesco di Giorgio	德　扬德努	2003	4400	702.7	单列矩型	81.92	11.66

（续）

序	船名	船东	建造时间	泥舱容积/m³	泥舱平面面积/m²	泥门型式	泥门总面积/m²	泥门泥舱面积比/%
5	云浚1号	连云港港驳	2007	5000	约610	双列锥型	98 96	16.22
6	神华号	河北黄骅港	2004	5800	672	双列锥型	85.53	12.73
7	长鲸1号	长江航道局	2005	8100	862.4	双列锥型	101.62	11.80
8	Samuel de Champlain	法 疏港公司	2002	8500	870	单列锥型	87.96	10.11
9	HAM316	荷 范奥德	1998	9000	731.3	双列矩型	168	22.97
10	MECCA	埃及苏依士	2004	10000	1019.2	双列锥型	141 4	13.87
11	万顷砂	广州航道局	2004	10028	约915	双列锥型	127.23	13.90
12	新海龙	上海航道局	2002	12888	1148	双列矩型	321.6	28.0
13	新海虎	上海航道局	2007	13500	1148	双列锥型	196.66	17.13
14	Lange Wapper	比 疏浚国际	1999	13700	1281	双列矩型	214.2	16.7
15	Prins der Nederlanden	荷 皇家波斯卡里斯	2004	15850	1316	单列矩型	106.7	8.1
16	海舟号	日 TOASA	2002	16500	1496	单列矩型	252.0	16.8
17	（在建）	上海航道局	2008	16888	1355.5	双列锥型	237.6	17.53
18	Queen of Penda Ocean	日 五洋建设	1999	20000	1528	双列锥型	413.51	27.0
19	HAM 318	荷 范奥德	2001	23700	1786	单列矩型	204 96	11.5
20	Vasco de Gama	比 扬德努	2000	33000	2610	单列矩型	243.0	9.31

泥门形式可以有多种选择：

（1）水平滑移式泥门（Leat Slide Sludge Gate），俗称抽屉式泥门，早期的耙吸船上多予采用，虽有利于浅水卸泥，但因容易产生变形、泄漏，现今基本上不再采用。

（2）矩形铰链式泥门（Hanged Sludge Gate or Bottom Door），也是早前的耙吸船上采用较多的一种型式，经多方改进，加之传统用户的使用习惯，至今仍在不少挖泥船上采用，部分大型耙吸船如荷兰2000年制造的"HAM318"号、"新海龙"号等船上均采用这种改进型矩型泥门，并采用液压油缸驱动、由驾驶室遥控操作。为方便浅水卸泥，另加设若干预卸泥门，同时预设有小泥门与三角舱内抽舱管连通，以便抽舱排岸。

（3）圆锥型泥门（Conical Bottom Valve）亦称阀门，是当前新建耙吸船上采用较普遍的泥门型式，一般由泥门盘、泥门杆、限位块、油缸及支架等主要部分组成，经连杆由液压油缸操控启闭。该型泥门密闭性能好，结构简单，安装及维修方便，甚至可不进坞修理，每只泥门还可设置上、中、下三点显示、限位，使浅水卸泥更趋便利，泥门变形的几率也较前者小得多，因而颇受用户欢迎。锥型泥门的不足之处就是价格贵。1996 年长江航道局会同设计、建造部门通过技术咨询，首次在批量建造的 2000m³ 耙吸船和 900m³ 耙吸船上引进了德国 O&K 公司的锥形泥门及技术，因使用效果好，还在其他新建船上推广应用。

开体式泥舱也是排放舱内泥砂的一种形式（见图 3-43、图 3-44）。

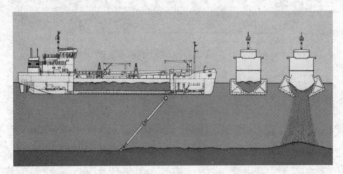

图 3-43　开体耙吸船船体开启作业卸泥示意图

(a)　　　　　　　　　　　　　(b)

图 3-44　开体耙吸船两半体开启卸泥作业实图（首、尾视图）

底开泥门的设置可以是单列或双列；泥门数量从 2 个到 20 余个不等，泥门型式可以是锥型或矩型。迄今设置泥门最多的是日本 20000m³ "五洋女王"号，该船共设有 2×13 个圆锥泥门(见图 3 – 45);而我国"航浚 14"号等 900m³ 耙吸船仅设有两个锥型泥门。

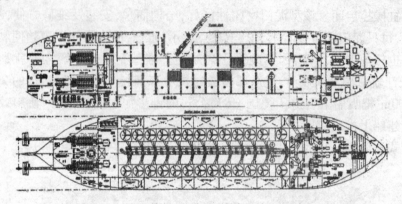

图 3 – 45　"五洋女王"号双列锥阀泥门平面布置图

3.2.7.2　大通径单列泥门及前景

现如今大通径单列泥门的应用和首吹装置的广泛利用不无关系。首吹装置源于 20 世纪 70 年代末、80 年代初光景,如图 3 – 46 所示:荷兰 2000m³ 耙吸挖泥船 "IJsseldelta"号拟为迄今为止装设首吹装置最早的耙吸船之一,但该项新装备技术在整个 20 世纪 80 年代反响不大,跟进者乏众。直至 90 年代中期,随着大型海上吹填工程的兴起,首吹装置在大中型耙吸船上终于获得广泛应用,使得耙吸船由以往单一的底开泥门卸泥方式有了多种选择:并且在越来越多的大型基础设施吹填作业中,舱内泥砂往往采用首吹或首喷排入填泥区,使用泥门卸泥的情况日渐减少(仅少数难于采用喷排和不宜采用喷排情形下)。进而,改进和简化传统泥舱泥门设置的举措提上日程:从世纪之交面世的两艘 20000m³ 以上级耙吸船 "HAM318" 号及 "Rotterdam" 号的泥

图 3 – 46　早期带首吹装置的 "IJsseldelta" 号 2000m³ 耙吸船(1978 年)

舱、泥门设置中(均采用了浅"V"型泥舱断面和单列 8 个矩形门)就能明显看到这一变化。其后,新建大、中型耙吸船多采用了这种"V"型泥舱横断面 + 大通径的单列泥门的简化形式,加之高压喷水技术的完善配合,卸泥效果不减传统,但泥舱、泥门的结构和布局却因此明显得到优化,卸泥面积的比率比传统泥门减小了将近 1/2,这不仅有利于建造成本的控制,对总纵强度的好处也可想而知。

其实,关于"V"型泥舱 + 单列泥门的设计技术并非世纪之交的新创意,早在 1990 年德国 O&K 公司设计的"Guayana"号耙吸船上已率先获得应用。但知道这一渊源的或许不是很多。相对于传统的双列泥门而言,大通径单列泥门无疑具有泥门个数少、泥舱结构简单、空船重量轻、对剖面模数影响小、施工维修便利、造价省等一系列显而易见的优点,这在耙吸挖泥船技术发展史上是一个不容小视的进步,实际上现今国外中小型耙吸船也广而效之。

然而进入 21 世纪以来,国内方面对国外的这一发展变革似乎置身其外:在新进口的两艘万方级耙吸船"新海龙"号、"万顷砂"号上未能引入这一新概念姑且不说,在随后自行建造的 20 余艘万方以上级耙吸船上(截止 2012 年),对于国外趋之若鹜的这一船型新变革形同陌路,不知作何理解?

3.2.8　泥舱装载/卸载系统

耙吸挖泥船在整个疏浚过程中,少不了众多系统设施的参与,其中装载/卸载系统更是密不可分。

3.2.8.1　舱内连接管段及阀件

这里主要指两段管系,即自泥泵排出口进入泥舱口上方的装舱管系以及泥泵自泥舱吸入泥浆至首部排岸管接头处的抽舱(国外亦称自排空)管系,通常船上的这两部分管段的直径,较耙吸管的管径略小(如"新海龙"号,耙管直径 1200mm、舱内管段的直径则为 1100mm)。抽舱排岸时,舱底抽舱管与底部各泥门处的小泥门(亦称吸泥门)相联,开启泥舱内的这些小泥门,舱内经稀释的泥水即可经抽舱管排出船外。在传统耙吸船上,装舱管在进入泥舱口上部位置时,以"喇叭"口状扩散进入泥舱,以期减速及减小对舱内泥浆沉淀的干拢,这种情形在近期交付的大耙船上还能找到一些踪影(如 2004 年交付的 15850m³ 耙吸船"Orang"号),不过已经是同消能箱混合组成的形式。"Vasco da Gama"号吸入的泥浆则由泵舱经一根沿泥舱顶部中线布置的 1600mm 装舱总管进入泥舱。

管路系统复杂是耙吸挖泥船的主要运行特征之一,因此在管系之间必须设置多重液压控制闸阀,借以完成装舱、排岸、首喷、边抛、底卸(泥)等各种预设工况。

3.2.8.2 消能装载箱

挖掘的泥浆(即使浓度较高)由于泥舱的几何尺度及入舱的方式、流速、流向以及产生动能大小的不同,造成舱内的流态和紊流产生重大变异,也对泥砂混合物的沉降速度、溢流损失等构成种种影响。消能装载箱(简称消能箱)是在泥舱上部近泥舱口部位横跨两舷构筑 1～3 个两侧带有格栅的箱型或圆筒型装载体,具体尺寸视泥舱尺寸以及泥泵的有关参数进行设计。我国 12000m³ 货改耙"新海象"号(2002 年)上就设置了两种规格 16500×1250×2980mm 的大型装载箱。而"新海龙"号(2002 年)上则是设置的筒体结构,效果均十分明显。泥舱上部的装舱管通过闸阀进入消能装载箱上端,装舱时,从泥管高速流出的泥水则先进入消能装载箱内,再经过箱体四周设置的格栅扩散,减速后以多路分支进入泥舱,较之按传统方式入舱的泥水,其动能和动量大大减小,有效地减缓了舱内泥浆的扰动,有利沉淀和泥面上升速度的加快,故称其为消能箱。消能箱的底部还设有液压驱动放泄阀,使较大件的石块等易于清除。由于效果明显,这一新装备自 20 世纪 90 年代初期在耙吸船上成功装船应用以后,很快即在现今大、中型耙吸船上得到推广。1996 年长江航道局建造的2000m³ 耙吸船上同时也引进了这一装载系统,并在其他船上推广应用。大型耙吸船上借助多个消能箱的设置还能有效调控装舱过程中的纵倾,加快泥砂沉降,亦有利于泥舱口部位结构强度的加固,可谓一举多得,这一新技术的开发应用大约是在 1990年前后(见图 3 –47)。

图 3 –47　泥舱消能装载箱横跨于泥舱开口之间

3.2.8.3 溢流筒

早期耙吸船的溢流装置一般都做成矩形状的溢流门或挡板(通过链条采用机械启闭),附于泥舱侧壁上方,以方便泥舱表层稀薄的泥水能自行通过溢流口经设在重载水线以下部位的导管从舷外排出。早期设计的出水口一般设在重载水线以下部位,因此容易造成周围水域表层水体的污染,后来虽有多次改进,其溢流效果仍不尽理想。

现代耙吸挖泥船所采用的是一种具有环保功能,可连续液压升降调节的圆筒形状的溢流装置,上口端做成喇叭状盆口,贴近舱内泥水表面以下,在油缸驱动下随泥舱液面同步上升,可以在较大范围内由驾驶室操控,进行动态调节。对大型、超大型耙吸船而言,溢流筒数量数量多为2~4只,一般分布于泥舱前后两端。如"Vasco da Gama"号上就采用了4只溢流装置,分设泥舱4个端角。在我国大型货改耙12000m³"新海象"的泥舱内,也设有通径1800mm的国产液压溢流筒两个。这种新型、能随着装舱过程动态调节的溢流装置,溢出的泥水均从溢流筒底部经船底排出,可使产生的水体污染尽可能降至最小,在现今大、小耙挖挖泥船上被广泛采用。尽管如此,欧美国家政府机构以及环保人士对挖泥船后面这种"美丽的"黄带仍不与宽容。现今不少耙吸船上还对溢流水采取循环利用,以进一步减小作业时对水体的污染(见图3-48、图3-49)。

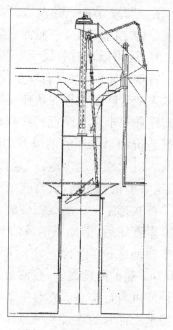

图3-48 泥舱内带环保阀的溢流系统

(a)

(b)

图3-49 标准可调节升降高度(b)的溢流系统在实船应用中

3.2.8.4 首吹装置

在 3.2.7 节中已述及底开泥门,它只是泥舱装载物排放的一种惯常形式,通常能在几分钟之内将满满一舱泥砂卸光,残留量一般在 5% 左右。现今耙吸船除了泥门卸泥之外,还可以通过装设于首部的专用接头——首吹装置实施排岸和喷排作业。

首吹装置(首喷及首吹排岸管快速接头)于 20 世纪 80 年代逐渐发展起来,90 年代以来随着吹填工程的快速发展在大型耙吸船上普遍装船应用。现今除了极少数因特定作业要求没有设置首吹外(如法国"Samuelde Champlain"号单耙船,它实际上是一艘造价相当低廉的港口专用疏浚船),其他大型耙吸船、超大型耙吸船上普遍设有首吹。对于越来越多地以"现代疏浚"概念投入深远海采砂并吹填(造陆)作业的大型、超大型耙吸船而言,首吹装置的装船应用,恰似如虎添翼。

首吹排岸——满载泥砂的大耙船在抵达目标排泥点,并通过水上橡胶连接管接好排岸管线后,借助尾锚系泊及侧推的作用(此时主推进器大多停止工作,或以较小功率辅助定位)保持一定的船位,启动抽舱泥泵经由岸管进行岸排作业,即便是 33000m³ 船的满舱泥砂,在两台舱内泵串接并高速运转下(2×8000kW),也只需 80 余分钟便可自行排空。此时第 2 台泵的最大压力为 20bar。首吹接头置于船首外端,以方便水上浮管的连接及喷排作业。

首喷作业——借此可以更加简便地将大量泥砂排至预先设定的浅水区域或围堰内。该项作业无需水陆排泥管线及其他费用,21 世纪初年在迪拜"棕榈岛"、"世界岛"等大型吹填工程被广泛应用(见图 3-50、图 3-51)。首喷管和首吹接头有如一对孪生兄弟,如影相随。

图 3-50 "泥彩虹"喷排作业中的 HAM318

图 3-51 首接头通过浮管连接岸管以排岸

影响首喷作业的关键因素有：

（1）首喷管（Bow – jet Nozzle）与水平面的夹角；

（2）喷嘴设计；

（3）喷嘴直径大小；

（4）船舶重载吃水、尤其船首吃水。

早前喷管大多采用45°夹角，有关试验研究表明，采用30°夹角效果会更好，这和吸盘挖泥船的边抛作业情形十分接近。现今超大型耙吸船还装有两个大小不同喷嘴的情形，可以同时使用并有望获得更理想的产量（见图3－52（a））。

 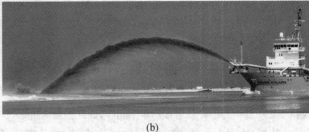

(a)　　　　　　　　　　　　　　　　　　　(b)

图3－52　设有双喷嘴的喷头（a）及30°角泥彩虹喷排作业时的美妙瞬间（b）

首吹装置的装船应用，使得耙吸船的卸载方式由以往单一的底开泥门卸泥扩展为如下3种：

（1）传统方式的底开门（含开体）倾倒泥砂；

（2）经由快速接头、浮管及岸管自行排岸吹填；

（3）经由首喷（泥彩虹）管自行喷排吹填。

在发生航道紧急堵塞等情况下，还可以采用边挖边喷的方式以快速疏通航道，此种情形亦类似于边抛耙吸船。

由于首吹装置的这种优越性，使得过去许多不得不由大型绞吸船来担当的远距离冲填工程项目，而今可以由大型耙吸船来担当，大大增强了大型耙吸船的作业范围和功效。因此20世纪90年代后期以来，"首吹效应"在中、小型耙吸船中同样以极快的速度扩散。我国2003年自荷兰引进的3500m³"通坦"号，甚至连广东省1400m³耙吸船"粤道浚Ⅰ"号上也都装设有首吹装置，同期VOSTA LMG公司为越南设计的1500m³耙吸船也不例外，足见首吹功能影响之大（见图3－53、图3－54）。

兼有首吹功能的耙吸船尤其适合海滩养护作业。

图 3 - 53　1400m³带首吹的"粤道浚Ⅰ"号　　图 3 - 54　LMG 公司联合达门船厂为越南建造
IHC 公司技术,文冲船厂建造(2002 年)　　　　　的 1500m³单边耙吸船(2004 年)

3.2.8.5　装泥时间和卸泥时间

装舱时间和底开门卸泥、抽舱排岸以及首喷作业的时间显然都是关乎耙吸挖泥船疏浚效率的重要技术经济指标,关乎船舶疏浚效率的高低。

装舱时间——装舱时间的快慢涉及的因素很多,严格地说是一个变数。对不同船型、不同大小泥舱(容积)而言,装船时间不一样,对同类船型而言,主要取决于所挖土质、耙头型式、泥泵参数及功率、吸管直径、挖深、泥舱几何形状、泥浆入舱方式、装载箱及溢流筒的使用效果以及泥舱设计容重等诸多方面,疏浚手的操耙经验也是影响因素之一,甚至挖泥现场的气象、水域环境条件都可能构成影响。仅挖深一项对装舱时间的影响就十分明显,以"新海龙"号为例:当挖深 35m 时装舱时间为 64min,而当挖深 45m 时需时 80min。通常在Ⅲ类土质情形下,大型耙吸船的装舱时间在 65 ~ 85min 范围内,较中型耙吸船所耗时间(约 45 ~ 65min)通常要多。

泥门卸泥时间——在冲水泵的配合作用下,除特别黏性泥土外,深水区开启泥门卸泥时速度相当快,8 ~ 10min 内即可全部排空。对开体耙吸船来说,由于泥舱内无任何障碍,开启卸泥时更为便捷。

抽舱排岸时间——抽舱排岸时,泥泵多处于高扬程、高转速、低排量、小管径、双泵串联(也可以是单泵运行)状态下工作,舱内泥浆在冲水泵稀释下,因排量相对较小,尤其是当排岸距离较大时所耗时间比装舱时间略大,"新海龙"号在 3000m 吹岸作业时排完一舱泥的时间是 79min。

泥彩虹喷排——喷排时,除了不接水陆管线外,泥泵所处的工况同排岸情形一样,因没有了陆上排距的要求,故喷排所耗的时间较排岸时略短。大型以上耙吸船的喷排距离多在百米之外(见图 3 - 52)。

3.2.9　泥舱"中央排放阀装卸系统"

LMG 公司的前身——原德国 O&K 公司 20 世纪 90 年代创导的泥舱"中央排放阀装卸系统"是对传统泥舱装卸系统设计的一项大胆革新,该系统的基本原理是:将传统带三角舱的泥舱底部(即常规带双列泥门的"W"型横断面)做成浅"V"型光滑平板式的双层底结构,采用(数量大大减少的)单列大通径圆锥形泥门,泥舱的中央部位设置排放阀系统:将常规的溢流筒装置和底部排口合为一体,并同时配置有高/低压冲水泵,排放阀做成分层控制的多节圆环,可根据泥舱液面高度类似溢流筒一样进行调控,使表层稀薄的泥水经圆环开启部位向排放阀内部溢出,直到泥舱装满(排放阀圆环升至近舱顶的最高溢流位置)为止;当泥门开启时,在稀释泵作用下,舱内泥砂能快捷地自平滑舱底卸出;而当抽舱排岸或首喷时,在稀释泵配合下,泥砂自中央排放阀经底部抽舱管系喷出船外。此时的中央排放阀(圆环)亦会根据泥舱内液面高低自上而下逐渐降低圆环溢流口高度。这一新概念系统于 1990 年首次应用于该公司为委内瑞拉建造的 7500m³ 耙吸挖泥船"Guayana"号获成功(见图 3 – 55、图 3 – 56),随后 1993 年又相继在为印度尼西亚建造的两艘 5000m³ 耙吸船"ARU – ll"号和"BALI – ll"号上装船使用。

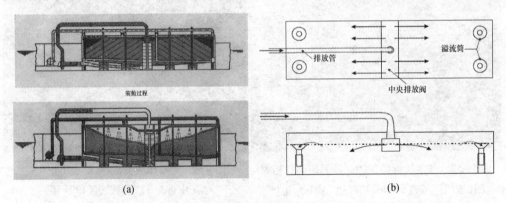

图 3 –55　"中央排放阀装卸系统"(a)作业原理图及(b)作业示意图

作者 1994 年随同用户前往德国考察时,曾随团前往斯德拉尔松的人民造船厂对 5000m³ 耙吸船"ARU – Ⅱ"号做过实船考察(见图 3 – 57、图 3 – 58),对 O&K 公司该项设计技术留有深刻印象。随后在长江航道局设计的 2000m³ 耙吸船上部分吸收、采用了这一新技术,获预期效果,并在随后批量建造的 900m³ 及其他产品中推广应用。

图 3-56　O&K 公司在"Gueeyana"号耙吸船上首次安装"中央排放阀装卸系统"（1990 年）

图 3-57　长江航道局 2000m³ 项目组前往德国人民造船厂考察 5000m³ 耙吸船"ARU-Ⅱ"号

图 3-58　考察团成员在 O&K 专家鲁道夫先生（中排左 3）家里做客（1994 年）

O&K 公司宣称：中央排放阀装卸系统具有以下优点：

（1）泥砂从泥舱的前后两端入舱，使动能降低，有利沉降；

（2）装舱时间缩短，泥砂能较合理地均布于泥舱中；

（3）可进一步降低溢流损失和二次污染；

（4）装舱/排泥效率高，据称可提高工作效率 10% 以上；

（5）泥舱内部系统及结构简化，泥门数量减少，降低初投资；

（6）泥门维修方便，可不进坞修理，维修成本低。

O&K 公司新设计理念的主体思想在 2000 年以后的大中型耙吸船的设计中广为应用,继"HAM318"号,几乎所有新建大中型耙吸船都采用了这种浅"V"型泥舱断面+大通径单列泥门的结构型式,顺应了深远海采砂作业需求。然而,此后国内在中小型耙吸船的设计建造中却疏于这一成果的推广应用,实感遗憾。

3.2.10　船桥技术及一体化

进入 21 世纪以来,以荷兰 IHC 公司和德国 LMG 公司为龙头的欧洲团队,在疏浚机具研制中不断取得新突破、新成就的同时,在相关显示及操控仪表的研究方面同样取得重大进展,自动化的程度越来越高;与此同时,疏浚作业与船舶操纵的计算机一体化操作也取得重大突破。

1) 日益完善的仪表显示——现代疏浚业各系统装备作业过程中参数的瞬息变化,必须通过仪表即时测量和显示,这是自动化的重要基础。耙吸挖泥船主要参数及显示仪表如下:

(1) 真空及压力测量指示;

(2) 浓度测量指示;

(3) 流速测量指示;

(4) 浓度/流速联合测量指示;

(5) 衬套耐磨材料/磨耗测量指示;

(6) 信号放大装置/产量测量指示;

(7) 沉积监视或沉淀测量指示;

(8) 耙管位置监视;

(9) 自动吃水和装载测量显示;

(10) 泥舱压力和容积测量显示;

(11) 耙头绞车状态控制显示;

(12) ALMO 或低浓度泥浆自动舷外排出和显示;

(13) 泥泵运行状态测量和显示;

(14) 管系作业状态控制与显示;

(15) 综合数据显示和控制等。

这一时期计算机技术的飞速发展,更为耙吸船自动化提供了强有力的保障,使得水下取土过程能及时、准确地显示在操作人员面前。各运行数据均被输入专用计算机系统,经程序处理后直接显示在操纵台上,操作者可以简便地(手/自动)发出指令,使其完成各项预定作业。

2）高效先进的 IMC 系统——VOSTA LMG 公司联合子承包商 SAM 与用户共同开发的集成监控及控制系统 IMC（Integrated Monitoring and Control System）在 VOSTA LMG 设计的多型大耙船中装船应用，为高效疏浚提供了上佳的服务。该系统由一个网络计算机系统组成，在挖泥控制台及驾驶台上设有操纵台及相应的触摸式显示屏，该系统将测得的各项数据完整地记录下来，用于监控、评估并作出产量报告，还可通过卫星传送至船东办公室。通过显示屏、各项数据可在多达 100 多个图型屏页上加以显示（耙管位置、产量数据等），IMC 软件可以实现优化的功率配置、耙管位置的自动调节、耙头罩壳的自动调位、溢流量的自动调节、底开泥门的开启及辅助设备的自动控制等等。

3）DP/DT 系统及 DTPS 系统的开发应用——IHC 公司牵头的的一项重要研究成果。随着大型耙吸船越来越推向深远海作业，作业环境较以往更加恶劣；与此同时，用户对工程项目的施工精度和进度的要求却越来越高。DP/DT（动态定位和动态跟踪）系统的开发研究在 20 世纪 90 年代中期开始装船应用并逐步走向完善，顺应了疏浚作业的这一发展需要。该系统由 IHC 公司工程设计院、lmtech 近海工程公司及比利时船东 DEME 公司联合开发，最初在超大型耙吸船"Pearl River"号上装船应用，技术更为成熟的 DP/DT（新型疏浚轨迹显示）系统 1999 年相继在"Nile River"号（见图 3-59）及"Lange Wapper"号上装船应用，准确性得到进一步验证。

图 3-59　DP/DT 系统使"Nile River"号耙吸船能在繁忙
的摩纳哥海上航道准确定位疏浚

DP/DT 系统是一个将疏浚与航行功能结合在一起的系统，主要处理如下操作：

（1）一般疏浚作业；

（2）海底管道掘沟及回填作业；

（3）除墩作业；

（4）抽舱排岸作业；

（5）泥泵独立首喷作业；

（6）向前及向后航行。

DTPS 系统也是在 DEME 集团的配合下开发成功的。它可以通过串行接口直接与各定位及测控系统以及 DP/DT 系统等相连接，并有大量的接口和软件驱动器可用于数据的输入与输出。此外，通过 DTPS 系统还可以实现承包商或业主直接在岸上的办公室进行实时监控和应答。

4）船桥一体化——概念中的一体化是将 DP/DT 展示版置于航行控制台的中心位置，把人工操作航行控制置于左边，而将测绘及挖泥系统置于右边，在人工控制的板面上仅设置舵、桨等极少量的杠杆、按钮及键盘。这意味着全部有关航行的资讯都能在 DP/DT 板前的屏幕上显示，从而实现挖泥装置与推进系统、操纵系统、导航系统的一体化设计。"Lange Wapper"号上装设的这种一体化系统能在仅约 2 倍船长的新航道上将该船准确定位。这种高度自动化的操作技术不仅大大改善了作业环境，减轻了劳动强度，而且减少了误操作（废方），提高了作业精度和效率，是现代高效大型耙吸船的重要表征。我国 2002 年引进的"新海龙"号船上同样装有这种动态定位和动态跟踪的一体化系统，该系统亦被称为拥有最新一代硬、软件设备的一体化船桥，为浚驾合一的一人化桥楼奠定了技术基础（图 3 - 60）。

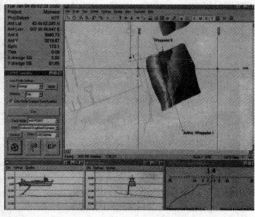

（a）   （b）

图 3 - 60 2002 年进口的"新海龙"号耙吸船的（a）一体化航行控制台及（b）荧屏显示

新一代大型耙吸挖泥船之所以能够在波涛起伏、气候恶劣的海洋环境下实施"海底绣花"精准作业,上述最新技术成果的应用功不可没。

3.3　作业方式

耙吸挖泥船在自行抵达作业水域后,将其航速(对地)降至3kn(1.5m/s)左右,再将耙管从一舷或两舷甲板吊放至舷外,直到弯管滑块位于吸口前方。而后继续放下耙管,当耙头吸口在到达海底以上几米时启动泥泵,进而将耙头放至海底,贴合泥层开始疏浚作业,视泥砂挖掘的难度考虑要否启动高压喷水泵。当舱内进入的泥水达到一定高度,也就是达到溢流筒最低限位时,舱内液面的余水开始沿溢流筒盆口向盆内溢流,溢流筒也将随着舱内液面的升高同步上升,直到泥砂装满泥舱,或是到达船舶最大允许吃水,方停止溢流,待吸泥管抽吸干净后关停泥泵,随之吊起耙管,同时加大航速驶向排泥区或吹填区,按预定程序卸除泥沙,卸泥完毕,驶返作业水域,再次挖泥开始(见图3-61)。

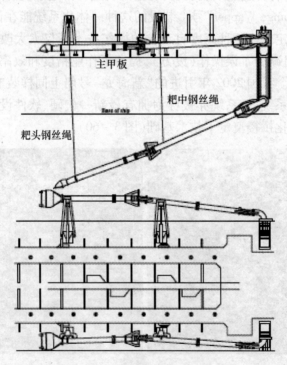

图3-61　耙吸船下耙作业示意图

3.4　生产能力

疏浚承包商或疏浚公司在购买一艘新的耙吸船之前通常会对新船所要求的生产能力进行市场调研和评估,以期在可望的使用年限内既能满足市场要求,又能为自身赢得预期收益,并规避风险。

生产能力通常以 m³/周、m³/月甚至 m³/年来表述。但这一数值和待挖泥土类型密切相关,并非一成不变。转换为船舶设计指标:

(1) 泥舱最大容积(m³);

(2) 泥舱的有效载重量(t);

(3) 推进比功率(kW/t×kn)。

挖泥船的实际生产能力,或者说生产效率的高低,往往同施工工艺的先进性以及施工方法的正确与否密不可分。耙吸挖泥船尤其如此,施工工艺的编制是一件技术性、专业性很强的工作,它涉及船舶自身性能的特殊性、外界环境、通航密度、疏浚土的特性及处置、潮汐潮位的变化、工期要求等多重因素,已超出本篇范围。

3.4.1　泥舱容积指标

泥舱容积 C 是耙吸挖泥船泥砂装载能力的重要表征之一,单位以立方米(m³)表示。其大小衡量指标通常以容积系数 $C/(L_p \times B \times D)$ 来表征。较大的容积系数,意味着同等主尺度的船载泥能力大,或相同装载能力的船,主尺度相对偏小,资源节约。现今大型、超大型耙吸船的容积系数普遍超出 0.30,最大数值已突破 0.34。

3.4.2　载重量指标

耙吸挖泥船总装载量(DWT)一般由泥舱内泥沙和全船燃油、淡水、食品和备品供应品两部分组成。对国外若干大型耙吸船船型资料统计数据的研究表明:通常泥砂的装载量占据全船总装载量的 93%~96%,油水备品等重量不足 7%。如"Queen of Penta Ocean"号总装载量为 31398t,油水备品装载量仅 1398t(仅 4.45% DWT),"新海龙"总装载量 20018t,其中载泥量为 18978t,油水备品装载量仅 1375t(6.88% DWT)。平均载泥量约占全船总装载量的 94%。显然,大的 DWT 可以获得更高的泥砂装载。DWT 大小的衡量指标通常以载重量系数来表征。国外大型以上耙吸船的载重量系数普遍超出 0.7,个别船甚至高达 0.78,如德米集团经典船型 12000m³ "Lange Wapper"号。同比,国产大型耙吸船的装载量或载泥量指标均难于同国外匹敌,即是说,目前在主要经济性能指标之一载泥量方面,我们同国外先进指标尚存一定差距。

3.4.3 能效指标——推进比功率

推进比功率(kW/(t×kn))亦称航行比功率或能效比(功率),首见于2008年中部疏浚协会布鲁塞尔"疏浚日"活动。该能效指标的基本含义:装船总功率同载泥量与航速乘积之比。这就是说,现今疏浚理念不再简单看一艘船单位时间内的产出,还将充分关注其单位产出的能耗,自然是能/效比越低越好,体现了可持续发展的理念。简言之,能效指标是关乎现代耙吸挖泥船设计技术、经济效益以及环境效果的一项综合性指标,已越来越受到用户的关注。

进入21世纪以来,国外新建造的大型以上耙吸船在能效指标上屡创新低,2009年以来最新打造的5型,共6艘30000m³以上级超巨型耙吸挖泥船中,推进比功率数值几乎都不超出0.03。

比功率概念的引入,对耙吸船的设计、建造乃至使用提出了更严苛的要求(见图3-62)。

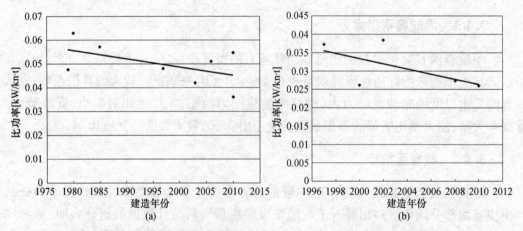

图3-62 2000~5000m³耙吸船的推进比功率(a)和超大型耙吸船之推进比功率(b)

3.4.4 挖深

挖深是耙吸船生产能力的另一个重要指标,按船型的规模挖深可以在10~160m之间加以选择,尤其是在深远海采砂、采矿作业,海底管线的敷设等对挖深都提出了更高要求。同等产量下,挖深越大,对泥泵的功率要求也越高。

3.5　应用范围

由于耙吸挖泥船具有自航能力、且带有泥舱,能在不需要任何其他辅助船舶和辅助措施配合的情形下独立完成耙、装、运、卸及至吹填等全过程作业,并自行转换场地,航道作业时也不影响其他过往船舶,因而具有良好的作业机动性,能在包括繁忙航道在内的广泛水域施工;不仅如此,耙吸船还更适合于近海条件下作业;同时对被挖土质亦具有广泛的适应性,能够适应于除了坚硬岩石以外的几乎各类土质,因而广受疏浚界青睐。当今耙吸船已主导着国际疏浚市场,尤其是大型、超大型耙吸船已然成为各大国际疏浚公司的中坚力量。四大公司各自耙吸船的装船功率都达到船队总装船功率的 60% 以上(见表 1 –1A/B)。

3.6　总体布置及船型特征

耙吸挖泥船总体布置因整船技术形态、动力方案、船东要求和使用习惯以及设计者的经验和风格等,在不同时期会呈现出不一样的特征或风貌。涉及布局的主要部位不外乎机舱、泵舱、泥舱、耙管数量及安装部位设置,甲板机械以及甲板室的形式等。

不管采取什么样的布置,对于耙吸船来说都必须确保其在不同装载状态下浮态的纵向平衡,减少不必要的压载水调节。即使空载状态下,纵倾也要受控,以免舷侧泥泵吸口及首侧推露出水面。

3.6.1　布置特点

有关泥舱布置在 3.2.6 节(泥舱)已有相关描述,本节仅针对机舱、泵舱、甲板室的布局以及首尾形状等加以叙述。

3.6.1.1　机舱布置

耙吸挖泥船与其他类挖泥船的显著区别就在于它具有全过程自航特征,并拥有装载泥舱,且大型以上耙吸船的泥舱长度几乎占据船长的 1/2,因此,除了早期少数双泥舱设置的耙吸船中偶有采用全电力驱动,机、泵舱置于前后泥舱之间的情形(见图 3 –38)外, 现今耙吸船普遍设置一个泥舱,而机舱几乎千篇一律地置于泥舱后部,即尾机型布置。即使已有少数耙吸船开始采用全电力驱动,出于全船布局的需要,机舱也还是位于泥舱之后。

对耙吸船来说,沿船舶纵向的布置往往比沿横向的布置要紧张得多,尤其现代耙吸船,其船型特征越来越趋向于肥大船型,长宽比甚至已接近4.0,这对于船宽方向上的布置来说,比较宽松;而在纵向布置上,往往出现机舱、泥舱和泵舱(甚至还有辅机舱)之间的相互挤压,一般而言,为确保获得尽可能大的泥舱长度,以赢得更理想的装载能力,总是力图把机舱沿纵向设置尽可能紧凑和向后推移,以免给泥舱布置带来困难。影响机舱长度的主要因素是动力配置型式、机型及推进方式,通常如果泥泵采用电力驱动,泵舱可以方便地设置于泥舱之前,这有利于泥舱整体向后推移及泥舱长度的增加,从而获得重量沿船长方向较理想的分布。图3-63A和图3-63B分别为泥泵设置于泥舱后和泥舱前的几种典型布置。

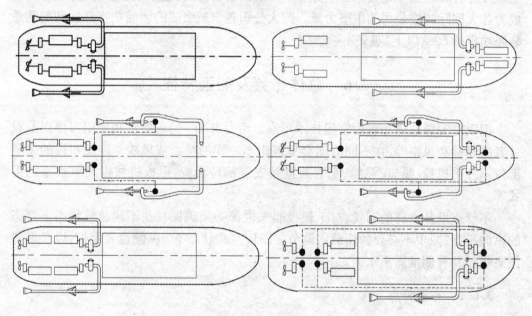

图3-63A　泥泵置于泥舱后的主要驱动方式　　图3-63B　泥泵置于泥舱前的主要驱动方式

另一方面,如果能将船舶尾段做得丰满一些,使机舱后壁向后推移,也能使泵舱和泥舱相应后移,获得理想的泥舱长度和浮态。近年来IHC公司研究并推出的一种"双尾鳍"船型,使得这一期待成其为现实,并被广为推崇。再一种途径便是力图使长轴变为短轴,甚至完全取消轴系:舵桨推进以及吊舱型推进便属于这类情形,2003年扬德努集团建造的两艘4400m³姐妹船就是采用的舵桨推进,不仅如此,该姐妹船也是耙吸船上少有的采用全电力驱动的船型之一。双全回转舵桨推进加上全电力驱动的配合,使该型船的泥舱长度达至船长的53%,取得立竿见影的效果,尽管目前这种推进形式的耙吸船还不多见。

至于吊舱推进(电动),据 IHC 公司的一项研究表明,该型船的尾部形状对于浅水适应性能较差、阻力偏大,目前为止在耙吸挖泥船设计中尚未走向实用。

3.6.1.2　泵舱布局及泥泵的主要驱动方式

泵舱布局同舱内泥泵的驱动方式以及机舱动力方案的布局关联密切。疏浚泥泵及其传动装置的布置型式有多种多样,早前中小型耙吸船的泥泵多采用独立的柴油机驱动或电力拖动,且一般均布置在泥舱前端,有利于重量、重心的纵向平衡。现今国外大中型耙吸船除极个别情形(如美国"Glenn Edwards"号)外几乎全都采用复合驱动,"复合"型式的多种多样,也决定了布置型式的多样性:

1)推进主机前出轴通过双速/三速齿轮箱直接驱动泥泵——这种配置在现今建造的大型、超大型耙吸船上用的很多,几近半数。如 33000m³ 的"Vasco da Gama"号、"Gerardus Mercator"号、"Pearl River"号、"Kaishuu"号、"新海龙"号等,泵舱均置于泥舱后,机舱前部位。"Vasco da Gama"号因为船特别大,辅助设备特多的缘故,在泥舱前的甲板室以下部位另加设了一个辅机舱,内置各种海水吸入柜及辅助设备,实际上也起到调节纵向平衡的作用。上述其他大型耙吸船也都采用了类似的设置方式,这就是所谓的主机"一拖三"驱动方式(Triple – use main engines)(见图 3 – 121)。

2)泥泵由泥泵柴油机直接驱动——考虑到纵倾平衡的需要,泵及泵机舱置于泥舱前端。不过这种独立驱动的设置只是在较早以前的中、小型耙吸船上有过,如 1975年由荷兰批量进口的 10 艘 1500m³ 耙吸船就属于这种情形(见图 3 – 64)。自 20 世纪90 年代以来不仅新建耙吸船上难以寻觅上述泥泵独立驱动情形,中、小型船上也极其少见,因为这种设置不利于功率的充分利用。

图 3 – 64　"防城"号在泥舱前设有柴油机驱动泥泵

3）推进主机前出轴驱动主发电机，泥泵采用电力驱动——理论上此时泥泵可以设在船上的任何部位，实际上为有利于纵向平衡，除极个别情形外泵舱均置于泥舱前端。在当今大型耙吸船上采用这种布置的情形较多，较典型的有"五洋女王"（"Queen of Penta Ocean"）号和"HAM318"号等。"Vox Terranova"号（单耙船）也属于这种情形，采用水下泵装舱，舱内泵排岸。泵舱置于泥舱前的另一个好处则是有利于大挖深耙管的甲板放置。这就是所谓主机"一拖二"的驱动方式（Double-use main engines），其疏浚系统采用变频控制（见图3－65）。

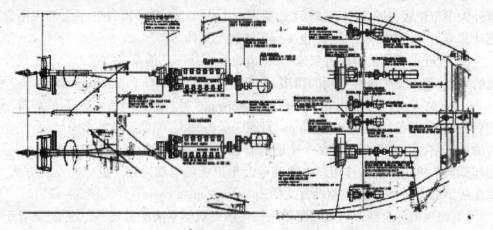

图3－65　20000m^3"五洋女王"号巨型耙吸船泥泵舱设置图

以上所述即为当前大型耙吸挖泥船上应用，最为普遍的两种动力驱动方式。目前来看"一拖三"的情形稍占多数，迄今国内新建造的近20艘大型耙吸船中除了个别船型外几乎全部采用"一拖三"——泥泵直接由推进主机前轴驱动的方案。这种布局的优点是对机、泵舱的集中管理比较方便（特别是当甲板室也后置时）。但是缺点也很明显，轻载和重载下重量的纵向分布均欠均衡，给纵向平衡的调整带来一定困难；另一个缺点是，与"一拖三"驱动相匹配的这种尾边耙的设置，当其作业时耙头正好处于船尾螺旋桨下部，混浊泥水（尤其是当浅水疏浚时）将给机舱海水冷却造成麻烦；还有，如若要增大挖深，舷侧吸口位置不得不向前推移，从而影响到泥舱布置的完整性。个别船如"Vasco da Gama"号，由于对挖深的特别要求，在泥舱的前后部位各设置一个滑槽和吸入口。

随着电力变频驱动技术的日益成熟，以及挖深要求的进一步增大，"一拖二"变频驱动方式的前景将会更为明朗，也更有利于泥舱载荷的提高。事实上，近年来采用"一拖二"的情形渐渐增多，我国新建的18000m^{3}和20000m^{3}两艘功能先进的耙吸挖泥船"通程"号和"通途"号也先后采用了变频驱动技术,缩小了同国外先进水平的差距(见图 3 - 66)。

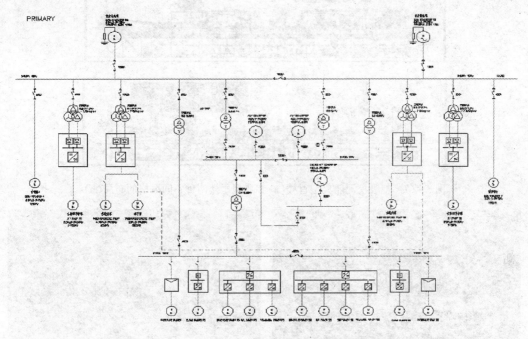

图 3 - 66　国产"通程"号巨型耙吸船疏浚系统首次采用变频驱动技术

3.6.1.3　甲板室布局

甲板室、上层建筑位置的确定,同驾驶/挖泥操作视线,重量沿船纵向的分布,船员生活舱室环境的舒适性(噪声、振动影响小) 以及船东的偏好等均紧密相关。

中、小型耙吸船因船体尺度和布置上(纵向平衡)的制约,甲板室通常不得不置于舯后,对驾驶室视线无大碍,对挖泥作业视线反有利,但不尽然(见图 3 - 53、图 3 - 54)。

大型耙吸船甲板室布置上的自由度相对中、小型船而言稍大。舯前布置的好处固然很多,如明显有利驾驶视线(作业视线则未必),居住舱室环境相对舒适,受机舱噪声、振动的影响更小,对重量的纵向平衡分布也偏有利。尽管如此,迄今为止仍有为数不少的大型耙吸船甲板室置于舯后,对迄今国外建造的近 60 艘大型耙吸船的统计表明:除了 1970 年前后约有 5 艘船的甲板室采用居中布置(见图 3 - 36)以外,尾楼型和首楼型的布置几乎各占 1/2,但近期新建的大型以上耙吸船中,首楼型相对偏多一些。甲板室位置的设定多半随船东的意向或风格而定,如扬德努集团船队的耙吸船全都是采用首楼设置,而波斯卡利斯则尽显尾楼风格(见图 3 - 67、图 3 - 68)。

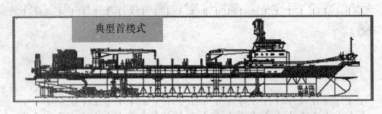

图 3-67　耙吸挖泥船典型首楼(a)和典型尾楼两种不同风格的布局(b)

图 3-68　首楼风格的德米集团"Breughel"号(a)及尾楼风格波卡公司"奋威"号耙吸船(b)

归根结底,甲板室的布局只是一个表象,从整体角度出发,它还得和主甲板以下的舱内布局协调一致,而在舱内布局中,泥舱居中的格局是无从改变的(极个别双泥舱设置情形例外),根本因素还是取决于机泵舱及动力系统的设置。进入 21 世纪以来,新建的大、中型耙吸挖泥船中,大体上可归结为两个类型的布局,可以用以下两个典型的侧视图加以概括。

图 3-67 概括表达了现阶段耙吸挖泥船中最具代表性的两种布局:

(1)典型首楼式:机舱→机泵舱(吸管及吊架系统后置);

泥舱→前置甲板室(甲板以下辅机舱)

(2)典型尾楼式:机舱→后置甲板室→泥舱→机泵舱(吸管及吊架系统前置)。

很显然,上述两种布局,均与动力系统的配置紧密相关。

在我国新建的 20 余艘大型耙吸船中,首楼占据绝对多数。

驾驶室通常设于甲板室的最高一层,其布局一定要使操作者能获得最佳视线——无论是航行驾驶还是挖泥操纵,力避因横向围壁的设置造成盲区;同时力求外观形状及外部涂饰的色彩和格调能鲜明地体现出船队所属公司的特征。实际上欧洲四大疏浚公司所有的耙吸船和绞吸船的驾驶室外观均有各自的格调,极易识别。

　　不同历史年代的耙吸挖泥船,其外貌特征差不多都能留下那个时代的印记。图3-69展示一组耙吸船的外观照片,在一定程度上反映出从20世纪70年代至21世纪初年,前后40年间耙吸船的技术水准和风格。相信读者即可识别彼此的差异。

图3-69　不同时期的外观形状见证了耙吸挖泥船的发展历程(1970—2000年)

3.6.1.4　单耙设置和双耙设置的优劣比较

　　现今耙吸船的建造中要么采用单耙,要么采用双耙,非此即彼。新造耙吸船中采用3耙设置的情形不曾有过,尾中耙设置也鲜见。

　　长期以来,在内河航道的疏浚中,为便于对左、右边坡实施单耙顶流维护性施工作业,使船体始终能处于航道深水一侧,一般要求双耙设置、单耙施工。耙吸挖泥船发展至今已有100余年,单耙和双耙始终兼收并蓄,迄今为止仍以双耙船居多。记得IHC公司的一位专家曾在一篇专题论文中表示:要对单耙船和双耙船"作一全面比较是不可能的"。此言有理,试想:即使理论上按同一规格,相同技术含量的装备,并由相同船厂建造出单、双耙各一艘,在实际使用过程中,由于种种边界条件(水域、土质、气象、挖掘深度、运距、人员素质、停工时间、设备运转时间等)很难整齐划一,两者之间的区别在分析比较中难以量化,因而也就难以得到精确而令人置信的比较结果,孰优孰劣唯有亲历亲为者承包商心知肚明。

　　从定性的概念说,单耙船和双耙船各自的优缺点具有互补性,例如,单耙船投资成本相对低、双耙则高；相形之下前者单方土疏浚成本也略低于后者，但前者产量较后者低（每年停工期要比双耙船多3周——上述 IHC 公司专家的论文称），且作业时因不对称关系偏航角较大。而双耙船因装船设备多，维修费较单耙船要高出30%左右。IHC 专题论文给出的结论则是：单耙船总的使用成本略低于双耙船。当然，两船使用的边界条件必须尽可能相近。上述结论（尽管是定性而非定量）是否可信，最终还得船东说了算。但如下事实足以引起人们对单耙船的关注，即1998～2007年的10年间，国外建造的17艘8500～16500m³大型耙吸船中，竟有8艘为单耙船，几近50%，甚至范奥德公司2009年建造的31200m³巨型耙吸船"Vox Maxima"号居然也采用了单耙设置（见图3－113）。由此可见，"在较小的耙吸船上安装单耙，而在较大的耙吸船上安装双耙"的结论或仅代表逝去的一个时期。

无论如何，从近年来大型耙吸船建造的这股"单耙"热中，可以看出船东对单耙船经济效益的取向，值得关注。这从近年来建造的中型耙吸船中也可以得到印证：仅2001～2004年新建的12艘中型耙吸船中，单耙船占了8艘（占66.6%），新近 IHC 公司对此所作的一份调查统计和上述数据也相当吻合。这一时期国内疏浚界对单耙船发展的关注再次形成反差，除了2004年改建的"新海狮"号是一艘单耙船外，很难再寻觅到单耙船。不知这是否与中国人或者中国文化的"伦理"有关。

进入21世纪以来，国外对单耙船及其大型化的追捧，一定程度上同采砂作业的"渐行渐远"以及伴随而来耙吸船"挖－运分离"作业方式不无关系，超巨型单边耙吸船"Vox Maxima"号的问世寄托了国际疏浚界对未来远海疏浚中"挖－运分离"的期许（见图3－70）。

图3－70 改造一新的范奥德公司6000m³单边耙吸船"Volvox Iberia"号
期待着装驳作业中小试锋芒

其实有关耙吸挖泥船的装驳作业,并非近年来的新事物,早前在内河耙吸船以及绞吸船上都曾有过装驳设施及相关业绩,随着近一个时期深海取砂作业的兴起,使得这一传统方式再度"发扬光大"(见图 3 - 71)。

图 3 - 71　早前带装驳设施的内河耙吸船"KANAB"号

3.6.2　结构强度

3.6.2.1　结构受力的特殊复杂性

耙吸挖泥船都有一个居舯设置的硕大泥舱,从它的承载及重量分布看,近乎一艘海洋运输船。但从其作业环境、结构及受力特性来看,远比一艘普通的运输船要复杂。在这个意义上可以说:一艘大型耙吸船远不是一般意义上的运输船,而实际上是一座一天 24h 不停地在复杂海况下作业的浮动工厂,而且也不像运输船舶那样可以频繁或有规则地停靠港口;再者,运输船往往一个装卸货周期是 10 天半月(一次停靠港口、货物还不一定卸光),而耙吸船一天 24h 之中这种装卸泥的往返作业周期(从装满泥砂到异地抛卸完毕返回再次挖泥)通常就有 8 ~ 10 次之多,且卸泥速度极快,往往发生于几分钟之内(底开门卸泥时)。显然,对于参与总纵弯曲的船体构件,反复经受中垂、中拱弯曲应力的频率要较运输船大得多,故对疲劳强度、刚度等要求明显较运输船高;其三,一般货物运输船货舱部位的长度要占到船长的 80% 左右,但耙吸船泥舱的相对长度如前所述通常还不到船长的 50%,显然,在同等船舶尺度、同样的装载重量下,船体所受到的弯曲应力大不一样,耙吸船的构件尺寸不得不加大,直接导致了钢材重量的增加;其四,即使大开口的散货船,不仅有数道横向舱壁隔断,船底部位(外板、构件)结构的连续性也有充分保证,而耙吸船不光是甲板面上有单个纵通的大开口(现代耙吸船几乎都采用开敞泥舱),底部还少不了众多的泥门开口:少则 10个8个、多则20余个(或圆形、或方形),不仅使得底部纵向构建的连续性难于保证、舯剖面上的剖面模数也断然降低。这些都构成了对耙吸船,尤其是对大型耙吸船结构设计的严重挑战。这也是为什么法国BV、英国LR、德国GL、挪威DNV以及中国CCS等船级社对耙吸挖泥船结构规范的要求更为严格的原因之一。

3.6.2.2　结构设计的优化

目前,国外耙吸挖泥船的结构设计主要地还是按照法国BV规范(第9章)有关规定来进行校核,为使复杂的结构设计更加优化,更加简便,主要挖泥船建造商IHC公司及VOSTA LMG公司等都采用了先进的有限元(FEM)分析法处理全船构件,并在某些特殊结构部位(如泥舱围壁)采用特种高强度钢,以获得最佳设计,使其在满足规范条件下具有尽可能轻的空船重量。在处理载重量60000t的巨型耙吸船"Vasco da Gama"号结构设计时,LMG/Thyssen联合建造集团会同法国BV船级社 对全船进行了详细的有限元分析,获得了满意的实船效果。尽管如此,事实上几乎所有的新船设计(包括结构)都少不了参照母型船(或近似船)的经验,如卓有成效的超浅吃水肥大型船"Lange Wapper"号就是在"Antigoon"号概念的基础上开发成功的,其泥舱容积却高出母船近2/3;而"刚果河"号超巨型耙吸船更是建立在5400m³ "Pallieter"系列和11000m³ "Brabo"系列船型成功的基础之上,除此之外,并无捷径(见图3-72、图3-73)。

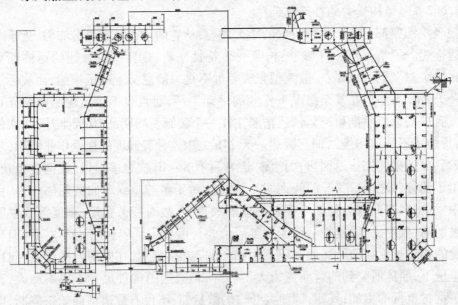

图3-72　某国产大型耙吸船横剖面结构图

图 3 – 73　46000m³ 耙吸船有限元运算结果

3.6.2.3　装载吃水

在近年来新建造的耙吸船的两舷都标有两个吃水标尺:夏季吃水载重线和疏浚吃水载重线,对应具有两个干舷干:夏季干舷和疏浚干舷。疏浚干舷亦被称之为半干舷或 1/3 干舷,是 21 世纪初年根据 DR67 文件(减少干舷)精神实施的,是设在国际满载水线与船舶主甲板顶部之间实际允许的装载吃水,但不允许进行国际航行。

疏浚干舷的新规使得挖泥船的装载能力得到明显提高(见图 3 – 74)。

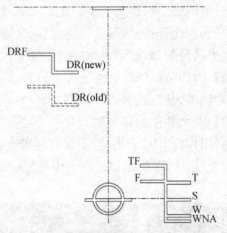

图 3 – 74　某耙吸船疏浚干舷标尺

3.6.3　快速性及操纵性

3.6.3.1　快速性

与同等排水量运输船或海工作业船相比,耙吸挖泥船的装船功率要高出许多,这是因为除却推进功率要求外,还需满足泥泵、高压冲水泵、水下泵、众多液压机械、起重机械、首侧推等多种装船设备的运行需要,因此有必要对各种工况下的功率需求加以平衡,合理设置,"复合驱动"是实现这种组合应用的有效途径。

尽管近年来大型以上耙吸船在航速方面有逐渐增高的趋势,但这方面的变化不是特别明显。迄今超大型耙吸船最大的航速也不过18kn,傅氏数一般不超过0.2,属低速船范围无疑。毕竟耙吸挖泥船大多数时候是在低速航行状态下进行疏浚作业,实际运载时间占少数,如若航速设计过高,作业时装船功率得不到充分、合理利用,将给该船经济效益带来重大影响,设计之初就得在两者之间取得平衡。

耙吸船中,小型船的航速大多为9～12kn,中型耙吸船航速为12～15kn,大型、超大型耙吸船的航速为15～18kn。个别船型例外,如长江航道局近年来新建的1000m³首冲耙吸船"长鲸3"号,其设计航速就高达22.5kn。以上航速皆指满载泥沙状态下的最大航速。

3.6.3.2 挖泥航速

耙吸船挖泥作业时一般处于2～3kn的对地航速,而当船处于满潮状态时,航速须相应增至4～5kn。

3.6.3.3 操纵性

多数耙吸船装有两只可调螺距螺旋桨。当船在2～3kn的低航速下挖泥作业时,能提供足够的拖力拖曳耙头和泥管;一旦泥舱装满泥砂,又能以尽可能高的航速往返于取砂区与卸泥区之间,为此目的,螺旋桨多被安装在导管内。由于耙吸船经常作业或穿行于港口与航道之间,因而对船的操纵性能要求较高,现代大型以上耙吸船不仅普遍安装有功率强大的首侧推,甚至还装有尾侧推(如"Vasco da Gama"号就分别设有两只首侧推和尾侧推)以及大角度的襟翼舵。

双尾鳍技术的开发利用首推IHC公司,它不仅有利于改善尾部流态,还有利于优化舱内布局,增大泥舱长度,进入21世纪以来在大中型耙吸船上已被广泛采用(见图3－75、图3－76)。

图3－75 双尾鳍结构有利改善尾部流态

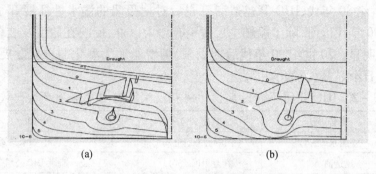

(a)　　　　　　　　　　　　　　(b)

图 3 - 76　尾部结构

(a)尾轴外露型;(b)为双尾鳍型。

全回转推进器、喷水推进器在国内外耙吸船上也有应用实例,1993 年,我国出境澳门的 1500m³ 耙吸船上就成功地采用了喷水推进。

3.6.4　肥大型船及其浅水适应性

3.6.4.1　实船比较中感受肥大型船优越性

耙吸挖泥船船型发展的前期阶段,其型线特征和普通客货运输船几无二至,大多采用倾斜式(或垂直)首柱和巡洋舰尾型,方形系数也很少达到 0.8 以上,泥舱装载能力低下,这种状态差不多持续到 20 世纪 80 年代。1960 年,前西德政府建造的两艘 2800m³ 沿海耙吸挖泥船"Rudoif Schmidt"和"Jahannes Gährs"(O&K 公司设计)可谓当时的经典船型,其首尾型线具有相当的代表性,这在我国 1970 年首建的 4500m³ 耙吸挖泥船上亦可得到印证(见图 3 - 77)。

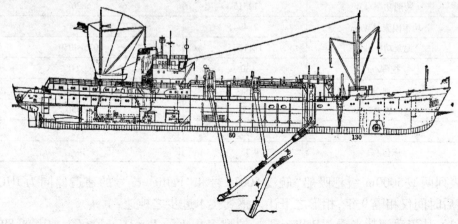

图 3 - 77　1960 年 O&K 设计的 2800m³ 姐妹耙吸船采用倾斜首柱和巡洋舰尾型

在 20 世纪 80 年代,IHC 等建造商已先后对耙吸船的浅水性征展开了研究和试验,但直到 90 年代以前,除了船舶主尺度稍有增大以外,反映在船型及装备技术方面的进步不甚明显。20 世纪 90 年代后期以来,随着船舶大型化的迅猛发展,肥大型船及其优越性日渐显露(见表 3 – 2)。

表 3 – 2　IHC 公司不同时期设计的耙吸挖泥船主要船型参数比较表

序号	船名	航浚 5001	Pallieter
1	船东	中国 上海航道局	比利时 德米集团
2	建造商	荷兰 IHC 公司	荷兰 IHC 公司
3	批量 /艘	3	4
4	首船交付时间/年	1995	2004
5	总长 L_0/m	112.7	97.5
6	船长 L_p/m	106.5	84.95
7	型宽 B/m	17.95	21.6
8	型深 D/m	8.2	7.6
9	$L_p \times B \times D$/m³	15676	13945
10	吃水/m	7.25	7.1(按疏浚吃水)
11	排水量/t	8105	约11200
12	装载/t	4328	8100(疏浚吃水下)
13	长宽比	5.933	3.93
14	船宽吃水比	2.476	3.04
15	泥舱容积/m³	5018	5400
16	舱容系数/$C/(L \times B \times D)$	0.320	0.387
17	装船功率/kW	12515	6826
18	功率因素/kW/m³	2.494	1.264
19	泥泵功率/kW	1×1275	2025/4050
20	挖深/m	30	33/60
21	航速/kn	13.7	12.8
22	侧推装置/kW	无	1×450
23	首吹功能	无	有
24	床位/只	45	14

表列两型 5000m³ 级耙吸船"航浚 5001"号和"Pallieter"号的建造商同为 IHC 公司,前后时间仅相隔 9 年,相形之下让人感到技术进步之神速:

(1)从资源消耗来看,"Pallieter"号的型容积 $L_p \times B \times D (\text{m}^3)$ 仅为前者的 89%,

意味着原材料和初投资的节省,符合现代发展理念;

(2)"Pallieter"号长宽比不到 4.0,船宽吃水比却超出 3.0,无论对于浅水的适应能力还是装载能力方面均大大优于"航浚 5001"号;

(3)"Pallieter"号所获得的装载量(采用疏浚吃水)竟高出前者近 90%,等同于前者的满载排水量;

(4)后者泥舱装载容积达 5400m³,高出前者 7.6%;

(5)"Pallieter'号采用了先进的复合驱动技术,能使装船功率获得更充分的利用,不仅总功率较前者大幅节省 40%,最大挖深反而超出 1 倍、达 60m(700mm 管径时),仅航速指标稍逊"航浚 5001"号;

(6)复合驱动的应用还使"Pallieter"号额外增加首吹及首侧推功能,优势明显。

两船主要性能指标的差异,充分反映出近年来耙吸船船型及装备技术的显著进步,这很大程度上得益于肥大型船船型技术的开发应用(见图 3-78)。

(a)   (b)

图 3-78　不同年代、同一建造商的产品技术水准也呈现出明显落差

(a)"航浚 5001"号(1995 年);(b)"Pallieter"号(2004 年)。

3.6.4.2　肥大型船的主要特征

肥大型船并非耙吸挖泥船所特有,较早以前在油船、货船等运输船中就有这方面的研究和实船应用。然而对于耙吸船来说,具有不寻常的意义和挑战,原因之一就是:耙吸船是惯常和浅水打交道的作业船。往往整个挖、运过程都处于浅水之中。

耙吸挖泥船造价不菲,对于大型船来说更是如此。然而早期的耙吸船经常性地遭遇浅水困扰,影响效益发挥,甚至不得不闲置,对船东说来这可是大忌;另一层面上,疏浚市场相互间竞争越演越烈,疏浚承包商对于新订购的装备要求也愈加严苛,不但追求单方土疏浚成本尽可能低廉、而且要求在浅水中能更有作为。

世纪之交的肥大型船就是在这一背景下发展起来的:肥大型船不仅可以使得在船舶尺度有限增加(即追加有限投资)的前提下,最大限度地增大装载能力,促使单方土成本进一步降低,并对船舶吃水给予更为严格地限制。"Pallieter"号船的开发成效十分明显,继德米公司之后,波斯卡利斯公司也跟进订购两艘,使该型船批量建造达致6艘,这在国外耙吸挖泥船的建造史中颇为罕见,该型船的成功因小见大。

早在2000年扬德努集团跨世纪之作——33000m³巨无霸耙吸船就已横空出世,该船长宽比 L_p/B 已从早前5.54(平均值)降至4.91,同时它为构建深远海大型取砂作业船船型做了十分有益的探索,这就是后来被广泛认定的超浅吃水肥大型船船型之一的高型深、全通甲板、"V"型泥舱配以单列泥门的肥大型船。该船采用硕大球鼻首,U型首、V型尾(剖面)以及沿中线设置的尾呆木、尾轴隧等举措,为其实施浅水航道的航行、作业带来便利:阻力降低、冲刷减少、螺旋桨亦获得良好流态,浅水航行性能得以改善,可以更加近岸获得油水补给和排岸作业。作为特大型耙吸船,这是一个十分大胆的跨越。图3-80所示为首次采用高型深配以"V"型泥舱、单列泥门的新型横断面设计,与传统泥舱断面成鲜明对照(见图3-79、图3-80),不仅有利于总强度,高干舷的设置还使其在远海航行中装载量得以增大。

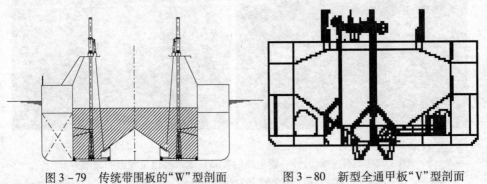

图3-79 传统带围板的"W"型剖面　　　　图3-80 新型全通甲板"V"型剖面

耙吸船的肥大型船发展进程前后经历了10余年的快速发展,目前基本上处于平稳阶段。衡量耙吸船肥大型特征的最主要船型参数不外是长宽比 L_p/B、船宽吃水比 B/d_m 和方型系数 C_b。

长宽比 L_p/B 从20世纪90年代中期前的平均值5.54一路下降,经4.91、4.4,近期个别船型已突破3.9;船宽吃水比 B/d_m 从20世纪90年代中期前的平均值2.14则一路攀升,经2.6、3.04、3.26,个别船型已突破3.43;方型系数 C_b 亦从20世纪90年代中期的0.86逐次增大:0.87、0.88、0.89,直逼0.90。德米公司2007年建造的11650m³耙吸船"Brabo"号普遍被看着这一时期肥大型船的经典之作,该船长宽比小至3.93,船宽吃水比高达3.29,而功率因数(kW/m³)仅0.947。同样是德米公司,2011年最新打造的超巨型耙吸船31900m³"刚果河"号长宽比4.03,船宽吃水比

3.13,方型系数 0.887,装载量系数达 0.745,功率因数(kW/m³)更是小至 0.798。从中不难看出肥大船型在大型、超大型耙吸船上的发展优势,这一成就显然是建立在中小型船"Pallieter"号成功的基础之上(见图 3-81)。

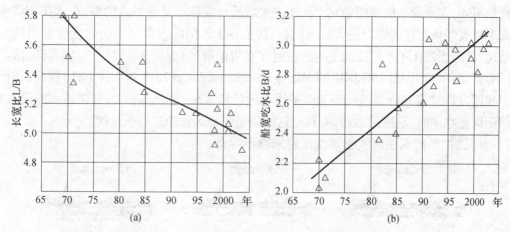

图 3-81　耙吸挖泥船长/宽 比的发展趋势(a)以及船宽吃水比的发展趋势(b)

过小的长宽比以及愈来愈大的方型系数,会给船体首尾型线的过度带来麻烦,尽管大的平行舯体对泥舱装载会带来莫大的好处。而长球首及双尾鳍的开发恰到好处地缓解了这一矛盾,尤其是长球首的采用,不仅大大改善了船首的进流和埋首现象,减小了船舶在浅水中的失速,而且有利于型线的过度和改善船舶纵向浮态;浅"V"型船尾 + 双尾鳍/襟翼舵的尾部型线具有良好的浅水动力特性及推进性能,有利于改善水流,对振动和浮态的改善也十分有利(见图 3-82)。

图 3-82　超长球首配合浅"V"型尾及双尾鳍的设置是现代耙吸船的重要特征

3.6.4.3　耙吸挖泥船的浅水性能
对于普通运输船来说,当其驾驶员开始感受到航速已在降低,这就是说船已行进到了浅水区,此时的水深大约已不足船舶吃水的10倍,当水深从10倍吃水降到5倍时,航速的降低可能在0.1kn左右,而当水深从5倍吃水降至3倍时,航速的下降将是0.5kn,此时船舶的操纵性能也将产生变化。可是对于现代肥大型耙吸船来说表现固然不同,在水深2倍于船舶吃水的疏浚水域航行或作业是很平常的事,通常在2倍水深下耙吸船依然还能够以最大航速航行,甚至在1.5倍水深度下仍然能够发出最大航速,只是当海床不平坦或海底为沙质时才有可能降速(见图3-83)。有例为证:据美国专业期刊《WORLD DREDGING Mining & Construction》(2010年2月1日)报道,扬德努集团设计航速16kn、舱容30500m³的巨型耙吸船"Charles Darwin"号在试航水深仅1.4倍于该船吃水时,航速仍达到14.1kn,这的确是一般运输船难以企及的。

可见耙吸挖泥船的浅吃水性征越来越不寻常。

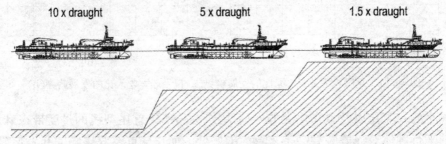

图3-83　耙吸挖泥船经常处在1.5倍吃水的浅水水域环境下施工作业

其实,"浅水"对于耙吸挖泥船的影响和其他自航船一样,都是客观存在的。主要表现在两个方面:一个是失速(具体表现为回流、尾墩及兴波的增高),另一个是操纵异常(如回转变慢)。IHC公司等挖泥船方面的专家会同使用方以及荷兰海事研究所等有关机构,针对浅水影响的种种因素,进行了反复的研究和试验,其中不少专项试验就是在实船上进行的,如"刚果河"号和"HAM318"号船,在近20年时间内,做了大量的工作,才达至浅吃水肥大型船今天这样的成就。

3.6.5　特殊形式的耙吸挖泥船

3.6.5.1　开体耙吸挖泥船(STSHD)

开体耙吸挖泥船是将其船体部分沿中线切分为两个半体,除泥舱部位以外,首尾其他部分甲板以下舱室左右分隔,两个半体通过液压油缸和铰链连接在一起,而甲板室及驾控台亦通过铰链分别与两侧甲板相连接,当两半船体开启排泥时,船的浮态及上层建筑甲板室依然保持平稳。而泥舱部位横断面则设计成浅"V"型,且舱内没有任何障碍物。紧挨泥舱前后壁,还分别设有液压油缸舱,它是用来启闭两个半体的关键动力,当船挖泥作业时,锁紧油缸,两半体泥舱处于闭合状态,一旦装满泥沙,即运行至抛卸水域,开启油缸,随着两半体的张开,舱内装载物得以迅速排放,且几无残留,因此很适合于抛投潜坝类作业。开体耙吸船的稳性和两半体强度计算均须满足相关规范要求(见图 3 - 84)。

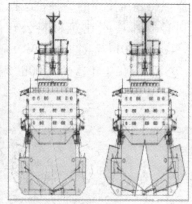

图 3 - 84　开体耙吸挖泥船泥舱启闭作业示意图

　　大型疏浚公司往往配备有开体耙吸船,以满足工程施工的多重需要。迄今为止,欧洲四大疏浚公司之一的扬德努集团就配备有多艘 3700m³ 的开体耙吸船和开体泥驳。1998 年我国也曾出口泰国一艘 800m³ 开体耙吸船(见图 3 - 85、图 3 - 86)。迄今为止,国内外开体耙吸船的舱容大都在 5000m³ 以下,泥砂装载一般也在 8000t 以下,数量也不是太多,但在某些特殊工程施工中仍不可或缺,即使在搁浅状态下它也能照样排放泥砂。据了解,近年来鹿特丹 Vuyk 工程公司正在着手开发系列自航开体泥驳投放市场,其最大方量将达 8000~10000m³,关键技术仍在于连接两半体的液压油缸和铰链组合的启闭系统方面。

图 3 - 85　3700m³ 开体耙吸船批量出口(2011 年)　　图 3 - 86　800m³ 开体耙吸船出口泰国(1998 年)

3.6.5.2　骨料疏浚船（AD）

骨料（Aggregate）是建筑中十分重要的原材料，是建筑混凝土的基本成分。所谓骨料疏浚船（砾石挖泥船），就是专门用以采集并筛选海底砂砾、砾石和卵石等材料装舱，然后利用船上拉斗、抓斗或斗轮等卸料设备将物料从泥舱输送到舷边的料斗，再经传送带将其传送上岸以供建筑使用的一种耙吸挖泥船。这类挖泥船目前还不是很多，较为典型的有：比利时德米集团建筑材料公司 2002 年建造的 5000m³ 耙吸船"Charlemagne"号及其姐妹船，2011 年建造的"Victor Horta"号（见图 3-87、图 3-88），法国 Cetra Grannlats 公司 2010 年建造的 2300m³ 耙吸船"Michel Dsr"号（见图 3-89）。

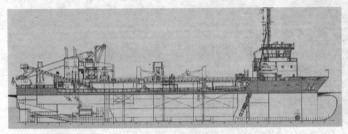 

图 3-87A　5000m³ 骨料疏浚船"Charlemagne"号　　图 3-87B　5000m³ 骨料疏浚船
　　　　侧视图（2002 年）　　　　　　　　　　　　　"Charlemagne"号在作业中

图 3-88　5000m³ 姐妹船"Victor Horta"号　　　图 3-89　法国采砂外贸协会 2300m³ 骨料
　　　传送骨料上岸情景（2011 年）　　　　　　　疏浚船"Michel Dsr"号（2010 年）

骨料疏浚船的基本特点是：单边耙臂设置，船的另一舷则用来设置可收放的机械传送带，并在相应位置设置一台可移动的挖掘机械（见图 3-90、图 3-91），诸如抓斗、铲斗或斗轮卸料机，以便在船靠码头后，将泥舱内的疏浚物料通过传送带传送上岸，这类挖掘机械是骨料疏浚船自卸系统的重要组成，可在泥舱的整个范围内抓起物料并喂进料斗;同时,在泥舱的底部还设有多个脱水阱及潜水泵疏排系统,以确保泥舱骨料得以干化传送岸;再一个特点便是,船型主尺度虽不大,但装载量(包括油水装载)、挖深以及疏浚系统功率则相应偏大,这和该类船使用目的相一致。骨料疏浚船的作业周期一般都比较长,主要是航程较长的缘故,实际疏浚时间在总周期中所占比重较小。骨料疏浚船的出现虽然较晚,但随着世界各地建筑市场的蓬勃发展,对原材料的需求量越来越大,加上未来海底采矿业的发展前景,今后这类挖泥船的市场需求值得期待。

图 3 - 90　骨料船泥舱内配置的斗轮卸料机　　图 3 - 91　骨料船泥舱内配置的抓斗卸料机

"Charlemagne"号由 IHC 公司的船厂建造,船体的一个重要特征便是球鼻首的设置。这一举措不仅有助于降低船舶在波浪下的起伏和俯仰,同时还将有效减少波浪引起的阻力;疏浚作业通过耙臂上的水下泵来实施,其功率为 1700kW,可在耙臂同水平面 60°夹角下实施 60m 挖深作业;泥舱底部设有 12 个大型脱水阱以及潜水泵抽吸系统,可使得挖掘物得以干化上岸;一台斗容 20m^3 的自动化抓斗机,专为传送带供料,生产量为 1500m^3/h。此外,舱内装载物除了由传送带干排上岸以外,还可以视其需要像普通耙吸挖泥船那样采取湿排和底开门排放,为此,该船设有功率 1491kW 的组合泥泵及连接管(用以泵岸)以及 6 只单列底开泥门,同时还设有一只 500kW、电力驱动的喷水泵,以期稀释泥舱装载物。主机采用两台 2700kW 的瓦锡兰主机。可见,"Charlemagne"号及其姐妹船除了专事骨料疏浚之外,也可以用于一般的疏浚工程,如填海及维护性工程,以期提高该船的使用效率。但不是所有骨料船都设有底开泥门和排岸系统的,毕竟这将额外增加初投资的费用。

法国 2300m^3 骨料疏浚船"Michel Dsr"号的船东系法国采砂承包外贸协会,该船由 Piriou 船厂建造,泥泵等疏浚机械设备由荷兰达门公司提供,2010 年 10 月交付。

上述两型船主要技术参数及性能汇于表 3 - 3。

表 3-3 骨料船"Charlemagne"号及"Michel Dsr"号主要技术参数

船名	Charlemagne	Michel Dsr
船东	比利时德米集团	法国采砂外贸协会
建造厂商	荷兰 IHC	法国 Piriou
装船功率/kW	5 876	
泥舱舱容/m³	5000	2300
装载能力/ton	10250	
总长/m	99.9	85.0
垂线长/m	92.5	—
型宽/m	20.8	15.85
吃水(型吃水/装载吃水)/m	7.15 /8.5	6.0
航速/kn	13.0	13.0
推进功率/kW		2×1920
吸管直径/mm	1×700	1×600
挖深(对应 60 度角)/m	60.0	40.0

从船型特征上看,德米集团的 5000m³ 骨料船较之法国 2300m³ 骨料船,除了大小差异之外,主要区别还在于:前者为首楼式,后者为尾楼式;前者为左耙设置,后者为右耙设置。其他设备的配置较为接近。

3.6.5.3 顶推作业的非自航耙吸驳船

每当说起耙吸挖泥船,人们会不假思索地联想起她的自航特性,而这里介绍的恰恰是难得一见的非自航耙吸驳船船型。

2000 年前后,美国大湖疏浚和船坞公司网站上有过一艘名为"Long Island"号的 12000m³ 大型耙吸挖泥船。虽然有关该船的信息寥寥,但仍可以得出如下判断:其一,这是当时美国为数不多的耙吸船中舱容最大的一艘;其二,仅有的船型图片(见图 3-92)显示,该船拟为旧货船或驳船改装而成,装船设备十分简单:开敞的泥舱及矩形泥门、舱内泵(2×4480kW)及双耙设置,以及船首的一个排岸接头(借助近岸设置的浮标 SCOTS 接管排岸);其三,该船自身无推进装置,仅由一艘顶推船通过安太堡(ATB)铰链连接的形式助其推进作业及运送泥土,这在以自航为重要特色的耙吸船队伍中实为罕见。几年以后,"Long Island"号悄然退出。近来同样在这家疏浚公司,一艘通过 ATB 铰接、全新设计的顶推耙吸驳船(见图 3-93)的建造计划再度出现在网站,引起业界关注。

图 3 – 92　大湖公司轮驳推进的 12000m³"Long Island"号顶推耙吸驳船(2002 年告退)　　图 3 – 93　大湖公司正在投产的 11400m³ 轮驳推进耙吸驳船方案示意图

据大湖公司网站发布信息:2012 年 8 月 3 日,大湖公司就一艘 11400m³ 舱容的耙吸挖泥驳船和一艘配套用 10335kW 顶推船的建造与有关公司签订了设计合同,上述拖船和耙吸驳船亦将通过 ATB 系统连为一体,实施耙吸作业和运送,这将使得该船取代曼松公司 2006 年建成的 9200m³ 耙吸船"Gleen Edwards"号再度成为全美国最大的耙吸船。大湖公司还将为该船设计申请专利,初步预计挖泥船总成本约为 9400 万美元,这显然比一艘 10000m³ 级自航耙吸船的造价便宜,同时也意味着它的使用成本——单方土的平均费用也将低于普通耙吸船,从而使得大湖公司得以"作为低成本供应商继续其在疏浚业的领导地位(该公司负责人语)。"因为大湖公司通过对"Long Island"号耙吸驳船多年使用的经验积累,充分掌握了 ATB 技术与之匹配的应用特点。上述新概念耙吸驳船主要参数如下:舱容 11400m³,吃水 8.54m,吸管直径 2 × 914mm,挖深 38m。该拖船和耙吸驳船船型设计还在荷兰 MARIN 船模试验池做了优化,并得到 MARIN 的积极评价。

大湖公司的这一创新模式,不免让我们同范奥德公司几年前在迪拜工程项目中成功实施的"挖 – 运分离"物流理念产生联想,两者在实现低成本运土的理念上好似孪生兄弟,况且早前大湖疏浚已有过这方面的操作经验,应该是成竹在胸。但转念一想,这种装船设备相当简单的耙吸驳船组合如果用在外海取砂作业,会不会有点"水土不服"？然而近期获悉,大湖公司信心满满的这一新船型建造计划竟一波三折,中途一度取消建造合同,留下种种悬念。

3.6.5.4　独特翘板式耙臂的耙吸挖泥船

2006 年交付的"Glenn Edwards"号耙吸船不仅是美国曼松建筑公司的旗舰,也是美国现今最大的耙吸挖泥船。该船泥舱容积 9200m³,在船型特征方面尽管和欧洲主流船型有不少接近的地方,例如,带球鼻首的浅吃水肥大船型、高干舷全通甲板、"V"型泥舱及单列泥门设置等,但在设计理念方面仍表现出它的诸多不同凡响之处,简述如下:

其一,在推进系统方面,该船采用了3台带有喷嘴的Z型驱动装置,分别由3台卡特柴油机(3×1920kW)独立驱动,可实现原地回转,确保港内作业的良好操纵性。

其二,该船动力均采用"一拖一"的独立驱动方式,大小装船柴油机累计达12台以上,包括两台耙臂泵柴油机(2×1720kW)、两台泥泵增速柴油机、3台船用柴油发电机组以及两台高压喷水泵柴油机。尽管一直不曾获得该船总功率的确切数据,但根据经验推算这12台柴油机的总功率当不小于15000kW,其功率因数(装船功率与泥舱容积之比)将达到惊人的1.63kW/m³,无论从节能、环保或是高效的角度看,和当今欧洲耙吸船的设计理念格格不入。如今发达国家即使中小型耙吸船也普遍采用"一拖二"、"一拖三"的驱动方式,装船柴油机最多不超过4台,功率因数(kW/m³)普遍接近甚至小于1,"Glenn Edwards"号耙吸船的动力配置不知为何重走老路,见图3 −94。

图3−94 9200m³"Glenn Edwards"号——迄今美国最大耙吸船(2006年)

其三,两根耙臂及耙臂泵的设置更是不同凡响:首先,在船体两侧已经没有了惯常的竖向滑槽设置,更没有滑槽底端与耙臂连接的舱内泥泵吸入口,耙臂泵也不是通常耙臂上安装的那种机−泵一体化、电力驱动的水下泵,从它的安装位置来看似乎也难得没入水下(见图3−95(a)、(b))。该船耙臂泵安装在耙臂上端接近甲板面上的转轴附近,泵的排管被连接到甲板上的泥舱进入管道,泵的驱动柴油机分别由装在两根耙臂顶端的卡特柴油机(模块)通过弯管和转动填料函直接驱动,当耙臂在甲板吊放装置的配合下绕其甲板转动轴入水作业时,耙臂顶端的柴油机则可与水面成50°夹角驱动耙臂泵自耙头吸入泥砂经由甲板管线排入泥舱。此时耙臂顶端的泥泵及柴油机与耙臂另一端的耙头则借助耙臂吊架的收放绕其甲板转动轴来回转动以调整挖深,这种往返运动有如一对特殊的"翘翘板"。这种奇特的设置和运作方式有什么特别的功效也耐人寻味。据了解翘板式耙臂在"Glenn Edwards"号上还不属首创,曼松公司早前的全开体"newport"号耙吸船上早已采用这种模式,但不知好处安在?

(a)   (b)

图3-95 "Glenn Edwards"号特殊的耙臂设置(a)及其近50°角入水作业情形(b)

其四,在该船耙头的设置上,还特别加装了防止海龟被吸入的防护装置,体现了美国上下对于生态环境的重视。

尤其是针对"翘板"式耙臂泵不同凡响的设计,难免有人会问如下问题:

1)这种难得入水的耙臂泵当耙管入水作业时,同常规水下泵相比,不免要损失将近12m以上水柱的扬程,同样泵功率下能达到水下泵一样的效果吗?或者说同样挖掘效果下,能耗不会增加吗?

2)与耙臂泵相连的卡特彼勒柴油机,更加处于耙臂的顶端,且经常性地与水平面处于45°~50°倾斜角度下工作,此时柴油机的工作特性和效率又将如何?

3)做出这种处置的目的何在?实际效果又如何?

作者怀着同样的心情期盼得到这方面的解析。

3.6.5.5 边抛耙吸船(BTSHD)

耙吸挖泥船虽然在航道治理、维护疏浚方面具有相对于绞吸船明显的优越性,但从耙吸船的作业特点来看,它往往是挖满一舱泥运至较远处的卸泥区或其他目的地倾倒之后,再回到原地按部就班挖取下一舱泥,一旦繁忙的航道因浅滩淤积或水深不足以容许装舱等因素遭遇堵塞,急待快速处置时,普通耙吸船就显得力不从心了。而带有边抛架系统的耙吸船恰好能够弥补这一不足,它如同快速反应部队,一旦航道需要紧急清障时,能够轻装上阵(泥舱处于空载状态,吃水最浅),在无需其他辅助船舶配合的情形下一边挖掘,同时泥砂不用入舱,而是借助边抛架上的泥管同步抛至挖槽外的非航道水流中,再利用水流将其冲走,从而在尽可能短的时间内处置完故障,恢复通航。

耙吸船上设置的这种边抛架系统,往往是将上层建筑甲板室尽可能靠近船首布置,在紧挨首楼后部甲板中线处设置转盘装置(回转动力或电动或液压),其上安装有硕长的边抛架,从舱内泥泵引出的排泥管线经闸阀进入边抛架,并沿边抛架一字展开,排口端部的喷嘴和现在耙吸船前端的首喷管形式类似,均为带仰角的喇叭口(以便其作抛物线状排泥),仰角的大小一般为30°至35°。边抛架的另一端设有重力平衡块,力求在边抛作业时,系统及船身在横向上能够维持平衡,不致产生过大的横倾。边抛架可以从左舷到右舷做180°的回转,视需要将泥沙排至舷外50~100m以远。

这种方法首先在委内瑞拉获得应用,在维护奥理诺科河河口的疏浚中成效显著;其后美国、日本、荷兰等国相继采用这一技术也取得预期的效果;再其后,这种边抛疏浚技术又在俄罗斯等国吸盘挖泥船上得以推广。

美国陆军工程兵部队的"Mcfarland"号是为数不多的早期边抛耙吸船之一(见图3-96),该船于1967年建造,舱容2400m³,长期担负密西西比河航道疏浚任务,至今仍在服役中。

图3-96　美国陆军工程兵2400m³边抛耙吸船"Mcfarland"号在边抛作业中(1967年)

国内方面,为加快长江口航道治理,上海航道局曾于1979年向日本订购了两艘6500m³带边抛架的耙吸船(见图3-97),该姐妹船除了设有巨大的边抛架装置外,泥舱内还和美国"惠勒"号一样设有中央阱耙(见图3-98);而图3-99也是美国较早时期建造的一艘带有边抛系统的耙吸船(详细资料无从考证)。不难想见,如此庞大的边抛架系统设置,不仅使得初投资本来就令人咋舌的耙吸船再度追加不菲的一笔费用,还将使得空船重量明显增加,导致泥舱装载能力的下降,其经济效益不仅无法抗衡其他同等规模的耙吸船,相对于吃水更浅、投资更省、无需设置泥舱的边抛吸盘船来说,更是自叹弗如了。这些因素也许正是边抛耙吸船难以为继的原因所在。人们即使还能看到"Mcfarland"号在密西西比河上边抛作业的奇特景观,对于时下年近"半百"的"Mcfarland"号来说已是来日不多了。而上海航道局的两艘 6500m³ 边抛耙吸船"航浚6001"号和"航浚6002"号却早在 2000 年前后被改装扩容为 9000m³ 耙吸船了,原有的边抛架功能以及阱耙设置也随着这次的改装一并拆除。新一代耙吸船更由于功率强大的首吹和首喷功能的装船应用,边抛系统设置也就更加难有立足之地了。边抛耙吸船或将成为历史的一页。

图 3-97　上海航道局 6500m³ 边抛耙吸船
"航浚6002"号在长江口作业(1979 年)

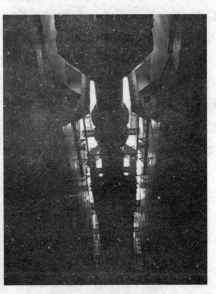

图 3-98　从"惠勒"号中央阱以下船
体部位向上看,耙头就在头顶上面

图 3-99　美国较早前建造的又一艘带边抛架的耙吸挖泥船

至于20世纪80年代中后期由芬兰建造的苏联"Jamal"号等4艘带有边抛架的吸盘/耙吸挖泥船,则是完全按照吸盘船的船型尺度来建造的。它配置的设备简单,且无泥舱设置,因而造价相对低廉,首要功能是作为吸盘疏浚,吃水特浅(1.96m),两只首边耙挖深也不到10m,明显处从属地位。

3.6.5.6 兼浮油回收耙吸挖泥船

利用耙吸挖泥船自航,机动性强及动力充裕等特点,在其基础上加装若干套浮油回收装置,便能在增加有限投资的情形下获得海上浮油回收的功能。第二次世界大战结束以后,因应世界经济发展的需要,海上油气开采发展迅猛,同时,海洋污染的矛盾也提上日程,如何处置溢油、漏油就是面临的一大课题,除了一些专业的浮油回收船以外,一种兼具浮油回收的耙吸挖泥船在20世纪70年代开始面世,由荷兰IHC公司开发、兼有油回收功能的"Slicktrail"号耙吸挖泥船就是这一时期的代表作。

这一时期,正是日本工业化发展迅猛的时期,面对日益严重的工业污染,日本曾为之艰难付出。1978年建造了一艘兼具浮油回收的双边耙吸挖泥船——"清龙丸"。该船舱容1700m³,船型虽不算大,但在油回收作业功能方面在亚洲已是首屈一指。该船平时从事挖泥作业,一旦接获港区漏油报告,便可即刻开赴事发地从事浮油回收作业。"清龙丸"具有下列优点:

(1)考虑到海上漏油概率,兼作两用,比造专用油回收船经济;

(2)利用泥舱两弦的空间,可保证有足够的容积作为回收油舱;

(3)因其本身为耙吸船,故能在一定波高(2~2.5 m)情况下进行浮油回收作业;

(4)动力充裕,不必为浮油回收装置另配动力源。

该船设置两型浮油回收装置共4台:

(1)"Cyclonet 200"型旋涡式浮油回收器两台;

(2)倾斜板式浮油回收器两台。

2005年,"清龙丸"的更新船型再次问世,"新清龙丸"较之1978年的"清龙丸",在船体主尺度上稍有放大,泥泵功率也明显增加,泥舱容积、航速和挖深等都不变,但在疏浚系统布局及功能上有了较大的变更:设计布局上一改原来双边耙的设置,采用带有7.2m宽耙头及耙架的尾中耙,尾中耙形式在耙吸挖泥船早期发展中是较为常见的一种形式,但现阶段极为少见,之所以做这样的调整,显然是为了更加有利于浮油回收作业的缘故;相对原来每个2m宽的双边耙耙头,新船采用尾中耙的耙头不仅大大加宽,而且被设计成性能更为先进的环保型耙头。据认为,一系列新技术的应用使得"新青龙丸"脱变为一艘多功能耙吸挖泥船,主要表现在如下3个方面:

其一,环保疏浚功能,它能实现"薄层"环保清淤,实现高精度平整疏浚,最大限度地减少遗留,超挖和不规则状条纹疏浚("清龙丸"只能从事传统而非环保疏浚),这在迄今欧洲最先进的耙吸挖泥船中也是难得一见的。

其二,溢油回收功能,能适用于从低到高黏度的各种油种,并能应对 2.5m 海况的海洋条件。

其三,灾害营救功能:具备快速部署的救援和灾害控制系统、直升机甲板、信息和电信系统以及其他危险的控制系统,方便快速展开危险救援及灾害控制。而直升机配置于耙吸挖泥船之上,这在时下世界挖泥船中亦不多见(见图 3-100～图 3-103)。

图 3-100　具有喷水收集浮油回收系统和
直升机平台的"新清龙丸"号耙吸船

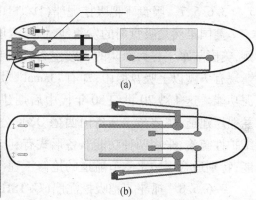

图 3-101　新旧"青龙丸"耙吸系统布置图
(a)尾中耙型新船;(b)旧船为双边耙。

图 3-102　荷兰 IHC 公司 1970 年代建造的
兼浮油回收耙吸作业船"Slicktrail"号

图 3-103　尾中耙设置的"新清龙丸"耙头
宽度达 7.2m 且具备薄层清淤

一系列的对比试验、试挖表明:"新清龙丸"较之"清龙丸"疏浚效率平均要高出35%。"新清龙丸"主要船型参数如表 3-4 所列:

表 3-4　"新清龙丸"主要船型及技术参数表

总长/m	104	总吨位/t	4792
垂线长/m	96.0	试航速度/kn	13.5
型宽/m	17.4	载重吨/t	3579
型深/m	7.5	泥舱容积/m³	1700
吃水/m	5.6	收集油箱容积/m³	1500

这期间日本还建造有类似"清龙丸"的油回收耙吸船"海翔丸"等。

3.6.5.7　吸盘 + 耙吸挖泥船（D/TSHD）

美国虽然是吸盘船的发源地,但至今吸盘兼顾耙吸挖泥船的情形在美国似无先例,美国陆军工程兵部队的 3 艘主力自航吸盘船中亦无兼顾耙吸的情形。而在俄罗斯现有 7 艘以上吸盘船中,却有"Jamal"号等 4 艘兼备耙吸功能,同时还具有边抛排泥功能。这 4 艘 20 世纪 80 年代中后期建造的吸盘 + 耙吸姐妹船均为自航船,由芬兰船厂建造,主要疏浚装备由西德 O&K 公司提供,在西北利亚地区的内河航道从事维护性疏浚,采用两种功能兼备形式有利于适应季节性水位的变化,增强作业机动性能,特别适合于枯水季节航道的抢修工程（见 2.2.4 节）。

3.6.5.8　抓斗 + 耙吸挖泥船（G/TSHD）

以机械类型的抓斗船和吸扬式的耙吸船两个不同类型的船型组合在一起而形成的抓斗 + 耙吸挖泥船,能够将各自的优势加以发挥,可望赢得更好的经济效益（见表 3-5）。在这类抓/耙组合的挖泥船中,较多采用绳索式抓斗,不仅在配合装舱上具有更大的灵活性,而且挖深亦较普通的液压硬臂抓斗要大。这类抓/耙组合船在世界各地并不鲜见（见图 3-104）,最近几年还不断有新船在建造中,总数可能超过 100 艘。新近达门公司承接俄罗斯的 4 艘耙吸挖泥船中,就有 3 艘是 1000m³ 泥舱的抓斗挖泥船。

表 3-5　典型抓斗 + 耙吸挖泥船船型参数表

参数 ＼ 船名	Omvac Diez	我国出口缅甸 300m³ 浅吃水抓斗 + 耙吸船
船东	Canlemar SL 西班牙	缅甸
建造时间/年	2011	2001
建造厂商	Nodosa, Pontevedra, 西班牙	708 所 + 新河船厂, 中国
船型	抓斗 + 耙吸组合船型	抓斗 + 耙吸组合船型
泥舱容积/m³	1200	300/342

（续）

船名 参数	Omvac Diez	我国出口缅甸 300m³ 浅吃水抓斗 + 耙吸船
总长/m	72.7	39.6
垂线长/m	64.3	38.0
型宽/m	12.9	10.2
型深/m	—	3.2
满载吃水/m	4.5	2.2 /1.25
航速/kn	10.5	7.2 /8.2
吸管直径/mm	1 ×500	
抓斗容积/m³	4.0	—
挖深/m	28.0	12(抓)/9(耙)
总装船功率/kW	—	574

　　2001 年我国首次自行建造 3 艘出口缅甸的浅吃水挖泥船中就有一艘 300m³ 抓/耙两用船型（见图 3 – 105），迄今为止使用情况良好。2011 年西班牙船东 Canlemar SL 还在本国订购了一艘尺度更大的抓斗 + 耙吸挖泥船（舱容 1200m³），总的来说这类船型规模一般不是很大大。

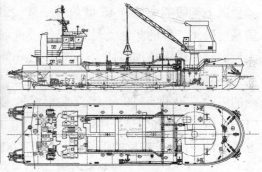

图 3 – 104　Rosmorport 公司抓斗 + 耙吸船　　　图 3 – 105　我国出口缅甸的 300m³ 浅吃水
"Ivan Cheremisinov"号（2002 年）　　　　　　抓斗 + 耙吸挖泥船（2001 年）

3.6.5.9　首冲 + 耙吸挖泥船

　　首冲 + 耙吸挖泥船是在耙吸挖泥船基础上，吸收长江中上游喷水疏浚作业船（亦称冲砂船）的功能特点而形成的一种特型耙吸船。由于该型船的船首特别设置有一套喷水冲砂装备，故而能在枯水季节有效应对长江中、上游航道大大小小的砂包阻塞,使该船整体性能得到更好地发挥。2004年首型300m³(舱容)的首冲+耙吸挖泥船交付长江航道局使用获得预期效果。2011年长江航道局在300m³首冲+耙吸成功应用的基础之上再次投建了1000m³首冲耙吸船"长鲸3"号,以扩大其在长江中、下游航道的冲砂使用范围。该船装船功率充裕(4475kW),首喷效果良好,挖深20m,配有简易边抛管,而航速高达22.5kn,有如快速反应部队,使得普通耙吸船难以企及。该船设计仍为中船708研究所,建造为南通港闸船厂(见图3-106)。

图3-106 长江航道局建造的"长鲸3"号1000m³首冲耙吸挖泥船(2011年)

3.6.5.10 货船改装耙吸船

20世纪90年代末,在中国香港赤腊角机场建设的高峰时期,世界上新建的18艘大型以上耙吸船中就有16艘前往助阵。21世纪初迪拜"棕榈岛"、"世界岛"等特大型系列疏浚工程的相继上马,更是推波助澜,使得世界疏浚市场对于具备吹填功能的大型耙吸船需求越加迫切,各大疏浚公司除一再追加装备建设投资、加大新船发展力度外,还通过已有耙吸船舶进行扩容改造,以期既快速满足市场需求而又力避装备过剩的风险。20世纪90年代以来相继改装扩容的大中型耙吸船就有"Seaway"号、"Pearl River"号和"HAM318"号(见图3-107)等10余艘,而"HAM318"号是其中舱容最大的一艘,扩容后的泥舱容积达37500m³。

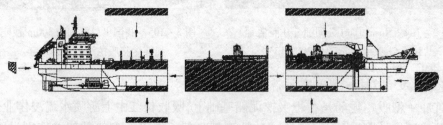

图3-107 范奥德公司"HAM318"号2008年在中远大连船厂实施扩容改造的方案示意图

　　对于中韩等亚洲国家来说还呈现出另一番景象,尤其是中国,市场需求与装备不足之间的矛盾更为突出,但要即刻建造高技术含量的大型耙吸挖泥船条件尚不成熟,更何况关键装船设备还得受制于人。于是一方面先行对上海航道局两艘 $6500m^3$ 耙吸船通过取消中央阱耙和边抛架等举措扩容改造,使其舱容一举达到 $9000m^3$ (见图 3 - 108),此举技术风险小,见效快;在此基础上,大胆实施了利用旧货船改装耙吸挖泥船的举措,并取得圆满成功。21 世纪初我国通过"货改耙"的途径先后改装成功"新海象"号等 $10000m^3$ 级大型耙吸挖泥船就有 5 艘之多,首制船 $12000m^3$ "新海象"号从开工到试航交船前后不到 10 个月,改装费用不到 9000 万人民币。这些改装的大型耙吸船大多一出厂就投入了长江口和洋山港的工程建设,发挥了预期效益。这是一个特殊年代的非凡印记,为我国自主建设大型高效耙吸船做了重要铺垫。

(a)　　　　　　　　　　　　　　　　(b)

(c)　　　　　　　　　　　　　　　　(d)

图 3 - 108　21 世纪初国内外经改装、改造的部分大型耙吸船:
(a)"航浚 9002"号;(b)"新海象"号;(c)"新海狮"号;(d)韩国的"Goryo 6"号(2003 年)

　　2001～2003 年间,韩国也实施了一艘"货改耙"(如图 3 - 108(d)所示),但该船系由欧洲船厂承建,主要系统装备亦由 IHC 公司提供,前后历时两年有余,改建后的"Goryo 6"号泥舱容积 $27000m^3$,挖深 60m。

　　此外,还有定点吸扬装舱耙吸船等特殊形式的耙吸船。定点装舱挖泥船为单桨推进,泥舱之后为泵舱,内设一台泥泵,由推进发动机直接驱动。具有耙吸船早期形态(见图 3 - 109)。

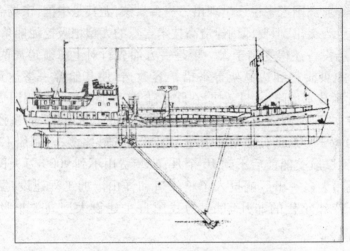

图 3 - 109　现已不多见的定点吸扬装舱耙吸船

3.7　船型及装备技术发展态势

3.7.1　耙吸挖泥船的发展沿革及大型化

迄今为止,耙吸挖泥船已迈过大约 130 年的历程,然而这 100 余年间,耙吸船的发展其实很不均衡,在 20 世纪 60 年代末之前,世界疏浚船队中占有主导地位的几乎一直是链斗挖泥船(在欧亚地区尤其明显),其次是抓斗、绞吸船。在我国直至 20 世纪 60 年代末都还不曾建造过一艘耙吸船,这也从一个侧面证实了时下耙吸船地位的式微。60 年代后期,第二次世界大战后的世界经济开始呈现发展新局面,海上贸易及能源开发的勃勃生机给耙吸船的发展赢得了大好机遇。

3.7.1.1　大型耙吸船的前期发展阶段(1968—1993 年)

1968 年首艘泥舱容积达 9000m³ 的大型耙吸船"荷兰王子"号面世,至 20 世纪 80 年代末的 20 余年间共建有 11300m³ 以下大耙船约 19 艘。

这一期间建造的大耙船,除了船型、舱容、装机功率以及挖深等较当时常规中型耙吸船偏大外,在整船技术形态方面,特别是疏浚系统技术方面,较中型船并无重大变化,不但现今普遍采用的如带高压喷水的高效耙头,复合型动力装置、DGPS 及 DP/DT 等高精度定位跟踪等技术在这一时期新建的大型耙吸船上均不见装船使用,就PLC 液压控制方式,具有优良密闭性能的液压锥型阀门、消能装载箱等这些在当今中小型耙吸船上都普遍得到应用的新技术、新设备,在前期发展阶段之初的大型耙吸船上也很难觅见。在 20 世纪 80 年代中期建造的大型耙吸船上,部分船的船型系数开始显露肥大型特征(如"Lelystad"号),首侧推及首吹装置也开始装船使用,泥泵效率也接近达到 80%。

总之,这一时期建造的大型耙吸船技术形态变化不大,技术性能指标不高。前期 19 艘大耙船中,仅一艘属韩国现代,即英国建造的"高丽"号(1970 年),其余分属欧洲各大疏浚公司。

3.7.1.2　大型超大型耙吸船的黄金发展期(1994—2010 年代)

20 世纪 90 年代初期,伴随亚洲经济的复苏,世界疏浚业进入了所谓的"黄金十年",大型耙吸挖泥船随之步入了极具辉煌的发展时期。在这一背景下,1994 年 IHC 公司大手笔建造成功世界上第一艘被称之为"Jumbo Hopper Dredger"的 17000m³ 超大型耙吸挖泥船"珠江"("Pearl River")号,从而揭开了世界疏浚业发展的一个新时代,引发了一系列超大型耙吸船和装备技术的迅猛发展。继"珠江"号以后,大型、超大型耙吸船的建造方兴未艾,新技术层出不穷,并日趋大型化、智能化、多功能化。泥舱容积从 18000m³、20000m³、23000m³、一直到 33000m³"Vasco da Gama"号(2000 年)问世,挖深直指 131m,使大型耙吸船的发展达到"空前"境地。1994 年至 2001 年短短 8 年间国外共建造舱容 17000m³ 以上超大型耙吸船达 11 艘,舱容总数近 24×10⁴m³,总装机功率达 29×10⁴kW。这 11 艘超大型船除 1 艘(20000m³)为日本五洋建设公司所有外,其余 10 艘均为欧洲四大疏浚公司所把持,成为各自挖泥船队的"核心"力量。期间各大公司还根据市场需求订购了一批 8500m³~16500m³ 之间的大型耙吸船约 20 艘。这批船除了船型尺度、舱容以及挖深方面较超大型耙吸船偏小外,在浅吃水肥大型船型特征,单位舱容的装机功率以及自动化水平等性能指标方面和超大型耙吸船几无差别,全面呈现新一代耙吸船的特征和初期建造的大型耙吸船比较,技术形态、经济效益上均有十分明显的进步。这些大耙船的近 70% 仍隶属欧洲四大疏浚公司,见表 3-6。

表 3-6　大型耙吸船不同发展阶段主要船型技术参数比较表

序号	1	2	3	4	5	6	7	8	9	10
发展阶段 /年	建造数量 /艘	舱容总数 /m³	平均单船舱容 /m³	长宽比 /L_p/B	船宽吃水比 /B/d_m	舱容系数 /$C/L×B×D$	总装机功率 /kW	单位舱容功率 /kW/m³	最大挖深 /m	平均航速 /kn
前期 1968—1993	19	16507	868	5.537	2.440	0.299	22484	1.362	75	14.15

（续）

序号	1	2	3	4	5	6	7	8	9	10
后续 1994 —2008	29	45229	1560	4.878	3.122	0.352	56454	1.248	141	15.77

3.7.2 直面超级巨无霸船新时代

按国际疏浚指南 2012 年推荐的耙吸挖泥船分级标准,凡属泥舱舱容 30000m³ 以上的耙吸船均被划分为耙吸船的最高等级,并冠以"超巨型耙吸挖泥船"。这一标准因应挖泥船近期发展而推荐。

3.7.2.1 市场催生更大等级耙吸船

（1）市场竞争日趋激烈 装备提升至为关键。

进入 21 世纪,从东亚到西亚,日趋繁荣的亚洲市场带动整个世界疏浚市场持续健康发展,疏浚界巨头们再次预测:世界疏浚将面临又一个"黄金十年",所幸又一次被言中。竞争的激烈程度还可以从以下情形窥见:自 2000 年扬德努集团的 33000m³ 巨无霸型耙吸船"Vasco da Cama"号面世以后,2002 年,波斯卡利斯公司旋即对才建成 5 年的"Fairway"号进行了接长改造,使舱容一跃达到 35508m³,挖深同步达到 140m,全面盖过"Vasco da Cama"号,跃居榜首位置;然而,"Fairway"号的宏大计划刚刚尘埃落定,"Vasco da Cama"号改造扩容的消息接踵而至:扬德努意在通过对该船的改造,使舱容加大到44000m³,挖深达160m,反超"Fairway"号,重居第一宝座(该项改造计划后被扬德努集团一项新的发展规划所替代而取消);紧接着范奥德公司也将新建不久的 23700m³ 巨型耙吸船 "HAM318"号接长扩容为 37500m³;而"Fairway"号于 2007 年天津港作业期间因与某外藉货轮发生碰撞事故不幸沉没之后,波斯卡利斯公司再次将同型船"荷兰女王"号改造一新、填补了"Fairway"号的核心地位……这一幕"冠位之争"一直延续到 2008 年以后,新一轮超巨型耙吸船的竞逐出台,一度成其为国际疏浚界的趣谈,从中不难看出新形势下超巨型耙吸船在一众承包商心目中的地位。

（2）大型以上耙吸船船型设计技术积淀日渐加深。

大型以上耙吸船尽管初投资高,但由于其技术形态更先进,装备设施更齐全,自动化程度更高以及应对海上恶劣气候的能力更强等优势而倍受推崇。在现今疏浚作业越来越走向深海、工程规模越来越大的情势下,更能显现出巨型、超巨型耙吸船的优势:降低疏浚成本、缩短工期和提高效率。无论建造商还是承包商都坦言:船越大,单方土的疏浚成本越低,回报更加丰厚。这是必然的,因为技术含量更高。但这类船如果自行远距离输送泥土则又另当别论。

　　21 世纪初,一连串大型以上耙吸船的建造为其更大规模发展积累了丰富经验,诸如"Vasco da Cama"号、"Brabo"号等经典船型更加令人鼓舞,这一时期在船舶主要尺度重大变革的同时,船体线型以及相关的首尾形状也伴随发生了明显变化,超长球鼻首及双尾鳍船型新技术的采用表现得尤为突出:这些船型新技术的推广应用不仅有利于减小兴波阻力,改善水动力特性和提高航速,还有利于泥舱装载的增加、浮态的改善、结构重量的减轻及纵倾平衡,因而在近年来新建的大型以上耙吸船中,超长球首 + 双尾鳍/襟翼舵的应用十分普遍。

　　全通型甲板(Full Deck)、"V"型泥舱和单列泥门结构型式在近年来新建大中型耙吸船上也频频亮相:继 2000 年 33000m³ 问世以后,"HAM318"号、"海舟"号、"荷兰王子"号、"AI – Idrisl"号等一大批大中型耙吸船也相继仿效该船船型,采用了全通甲板型式,其中多数船都配合了大型深的设置。该种船型不仅可以获得较大的剖面模数和较好的结构受力,通过"V"泥舱断面及单列泥门的实施,还可以大大简化泥门系统设置,节省投资,并提高装载能力。"V"型横断面船的建造已成为一股新浪潮。

　　自 20 世纪 90 年代中期以来,疏浚市场及其装备建设历经疏浚史上最为亮丽的10 年发展,无论在资金上还是技术上,都已形成深厚的积淀,为技术更复杂、更先进的 30000m³ 以上级超巨型耙吸船的发展夯实了基础,超巨型耙吸船呼之欲出。图 3 –110 真实记录了 20 世纪 90 年代中期以来国际上耙吸挖泥船迅猛发展的态势。

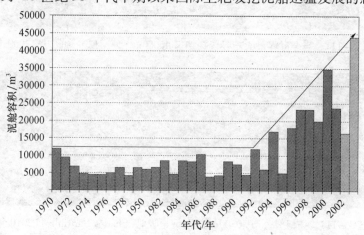

图 3 – 110　耙吸挖泥船泥舱容积随时间的发展变化图

3.7.2.2 超巨型耙吸船竞相出台

（1）扬德努集团两年平添3艘超巨型耙吸船。

实力超强的扬德努集团在2007—2011年的5年间制定了一项包括25艘各型疏浚船舶在内的大规模船队投资计划，其中包含两艘46000m³超级巨无霸耙吸船"Cristobal Colon"&"Leiv Eirksson"号（见图3-111）、一艘30500m³超巨型耙吸船"Charles Darwin"号（见图3-112），上述3艘超巨型耙吸船均在2008至2010年的3年时间内相继投产，3艘巨无霸耙吸船的建造商均为西班牙IZAR集团。由于自身实力超强，即使是上述超巨型船的设计，扬德努集团亦亲历亲为。为减少疏浚作业对社会和环境的影响，扬德努在整个计划的实施过程中始终注重"适宜技术"的贯彻执行，并对整个船队的碳排放提出了新的要求。

图3-111 当今世界最大耙吸船扬德努46000m³"Leiv Eiriksson"号（2000年）

图3-112 扬德努公司30500m³超巨型耙吸船"Charles Darwin"号（2010年）

当今世界泥舱容积最大的耙吸船——46000m³超巨型耙吸船在挖深和航速这两个重大指标上也相应有了突破：即最大挖深155m，最大航速18kn，较33000m³耙吸船整整高出 1.5kn;该船并未刻意紧缩吃水,出于船队的整体规划,当其确实遇到吃水矛盾时,同期建设的 30500m³ 超浅吃水船"Charles Darwin"号即可接应,以利优势互补;超长球鼻首和双尾鳍的有机配合,不仅有效改善了首部波浪阻力,增进泥舱装载,也利于空载、半载状态下的浮态调整;该船采用 9m 宽耙头,泥泵叶轮直径为 2.6m,亦非寻常之举。

对于 30500m³ 耙吸船"Charles Darwin"号来说,最突出的没过于泥舱相对长度(L_h接近 55%L_p)、功率因素(kW/m³ = 0.77)以及推进比功率(kW/t × kn = 0.0249)这几项设计指标,尤其推进比功率,在近年来新建的超巨型耙吸船中首屈一指。

(2) 范奥德公司出台世界最大单边耙吸船"Vox Maxima"号。

范奥德公司于 2009 年建成 31200m³ 超巨型耙吸船"Vox Maxima"号(见图 3 - 113A/B),该船最为显著的特点之一就是单耙设置(耙头重 50t,宽度 8m),吹岸作业由两台泥泵(一台舱内泵和一台甲板泵)串联运行。

图 3 - 113A　范奥德公司拥有世界最大的单边耙吸船——31200m³"Vox Maxima"号(2009 年)

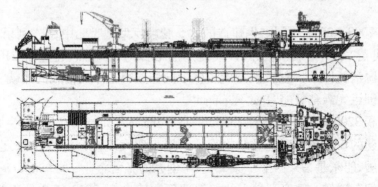

图 3 - 113B　31200m³ 单边耙吸船"Vox Maxima"号布置总图

21 世纪以来新建的大中型耙吸挖泥船中,单耙船逾半劈江山,而今超巨型耙吸船上也首现单耙船设置,令人瞩目。船东的用意显然是着眼于深远海疏浚,以方便采用"挖-运分离"的疏浚理念。该船建造商荷兰 IHC 公司。

(3) 德米集团新一代超巨型耙吸船"刚果河"("Congo River")号。

泥舱容积 30190m³ 的"刚果河"号(见图 3-114)专为船东德米集团定身打造,该船采用低干舷甲板(这与扬德努集团等新船形成对比),传统双列泥门设置,"刚果河"号具有显而易见的最小船体主尺度,船长仅 153.3m,型深 13.3m,同等功能下最小的型容积($L_p \times B \times D$ 值)意味着该船所耗资源最省;同时舱容系数($C/L_p \times B \times D = 0.39$)和方型系数(突破 0.88)均创耙吸船新高,显示其运载能力的不同凡响;挖泥吃水 12.15m 也接近同类船型中最小设计值,在超巨型耙吸船浅水适应性能以及人工智能化设计方面方面均有了新突破。

图 3-114　德米集团 30000m³ 级轻便型耙吸船"刚果河"号威力不减(2011 年)

在所有 2008~2013 年间密集建造的这 5 艘超巨型耙吸船中,唯"刚果河"号具有最小船体,可谓"小中见大",被称为"便捷型挖泥船"。很显然,建造商 IHC 公司在该型船最低资源消耗以及"便捷"船型的攻坚中同样取得了令人信服的成就。

(4) 亚洲巨无霸耙吸船"Inai Kenanga"号。

泥舱容积 32000m³(船东自称 33335m³)的"Inai Kenanga"号(见图 3-115)是近 5 年间国外新建的 6 艘超巨型耙吸船中唯一不属于四大疏浚公司的一艘,也是唯一属于亚洲的一艘,船东是马来西亚一家 1997 年创办的私营企业——Inai Kiara 公司。马来西亚人以拥有这样一艘亚洲最大的挖泥船而深感自豪,2013 年 8 月该船下水时马来西亚政府总理纳吉布亲临剪彩并发表感言。

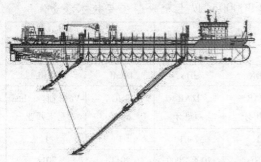

图 3 - 115　马来西亚 32000m³ 耙吸船"Inai Kenanga"号 2013 年 8 月下水中(右)

　　该船由荷兰鹿特丹 Vuyk 工程公司设计,在马来西亚马六甲海峡船舶工业集团公司旗下的 Sdn Bhd 船厂(SMSCSB)建造。其主要装备进口:两台主机为 MAN12V48/60B 发动机,额定功率为 2×13250kW,配备 6 只 MESLU 气动离合器,同时采用两台 3 速泥泵。该船采用低干舷型深,泥舱围板高 4m,舱室设计中还专门设有船员祈祷用的房间。造价近 10 亿吉林特,约合 3.05 亿美元。按理说"Inai Kenanga"号的建造成本无疑在所有这 7 艘船中最为便宜,因缺少其他船的相关造价数据而无从比较。迄今也没有"Inai Kenanga"号船正式交付使用的相关报道。

　　连同 2000 年率先登台的 33000m³"Vasco da Gama"号(见图 3 - 116)在内,国外疏浚界前后 13 年间一共建造有 6 个型号共 7 艘超巨型耙吸挖泥船(见表 3 - 7)。另有两艘系通过接长扩容而获致的超巨型耙吸船,分别为"HAM318"号(范奥德公司)和"荷兰女王"号(波斯卡利斯公司)(见图 3 - 117、图 3 - 118)。

图 3 - 116　世界上第一艘超巨型耙吸船 33000m³ 巨无霸船于 2000 年问世

表 3-7　跨入 21 世纪以来国外新建 30000m³ 以上耙吸船主要技术参数

船名	Vasco da Gama	Vox Maxima	Charles Darwin	Cristobal Colon Leiv Eiriksson	Congo River	Inai Kenanga
船东	JDN	Van Oord	JDN	JDN	DEME	Inai Kiara
建造商	KF/Thyssen 德国	IHC 荷兰	IZAR 西班牙	IZAR 西班牙	IHC 荷兰	Vuyk 荷兰/Inai 马来西亚
批量/艘	1	1	1	1+1	1	1
交付/年	2000	2009	2010	2008/2009	2011	2013
船型	长球首双鳍,高干舷全通甲板型	长球首双尾鳍全通甲板	长球首双尾鳍全通甲板	长球首双尾鳍全通甲板	长球首双尾鳍,便型	球首双尾鳍常规甲板
舱容/m³	33000	31200	30500	46000	30190	32000
载重量/t	60000	53839	41500	78000	47190	50000
船长/m	178	186	161.5	196	153.3	186
型宽/m	36.2	31	40.0	41	38.0	36.4
型深/m	19	17.5	17.5	20	13.3	14.9
夏季吃水/m	13.45	12.25	11	14.15	—	—
疏浚吃水/m	14.6	13.6/14.5	12.0/13.0	14.15/15.15	/12.15	12.3
舱容系数/ $C/(Lp \times B \times D)$	0.27	0.306	0.27	0.286	0.39	0.339
挖深/m	45/60/131	47/130	93.5	155	36 /56	95
满载航速/kn	16.3	17.0	16.0	18.0	16.6	17.5
推进功率/kW	2×14700	2×13400	2×10800	2×19200	2×10800	2×13250
装船功率/kW	36940	31272	23600	41500	25400	约30000(估)
功率因数/kW/m³	1.12	1.00	0.77	0.90	0.84	约0.938
推进比功率/ kW/(t×kn)	0.0301	0.0293	0.0249	0.0272	0.0275	0.0303

图 3-117　改装扩容后的"HAM318"号舱容一举达到 37500m³(2008 年)

图 3 – 118　改装扩容后的"荷兰女王"号舱容仍达到 35500m³(2009 年)

据悉国内也曾就 38000m³ 超巨型耙吸挖泥船的研制进行过专项课题研究,由中国船舶集团公司第 708 研究所牵头,会同用户(上海航道局)和建造厂(广州文冲造船厂)联合发力,并于 2014 年 11 月获工业信息化部主持的国内专家评审通过,其中型线设计还在国内外相关试验水池进行过模型试验,拥有充分的技术储备。

世界疏浚装备已进入巨无霸引领的新时代,未来世界疏浚业无疑将更加高效、更加环保并更加可持续发展。至于疏浚装备会否有更大型化发展的前景,目前难以预测。就作者看法,"大"总是有一定限度的,这里愿借扬德努集团一位技术高管的见解以飨读者:"先进的船舶不一定体型最大。我能想象到,未来更加智能化的系统将终止船只规模不断增大的趋势。""小即是美。"

智能化发展当是未来最闪亮的光明大道。

3.7.3　有限元法在设计上的广泛应用

在现今挖泥船的设计中,已普遍采用先进的有限元分析法(FEM)等先进手段处理全船构件。通过有限元方法手段可获得强固的船体结构,同时结构重量却相对减轻,以便获得更多的装载量。由于外海施工以及连续不断、快速交变的装卸过程,耙吸挖泥船的船体要经受各种周期性荷载。且耙吸船的泥舱长度较之多个货舱的运输船要短得多,通常不超过 50% L_{bp},这意味着荷载主要集中在船中部,导致较大的静弯矩和高剪切强度。此外,由于大功率挖掘设备的采用、甲板大开口以及泥舱底部众多泥门开口等不利因素,不可避免地要求船体采用大量不连续性构件。为优化船体结构计算,以及最大化船体细部结构的强度和疲劳寿命,有限元计算方法已成为最理想的帮手。

应用有限元计算法还可以最大限度地减少应力集中的出现,并提高疲劳寿命(见图 3 – 119 ~ 图 3 – 121)。

图 3 - 119　荷兰 MARIN 水池对 46000m³ 耙吸船的计算机有限元计算

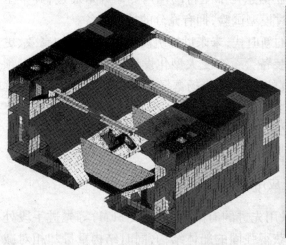

图 3 - 120　30500m³ "CharlesDarwin" 号
泥舱断面有限元运算模型

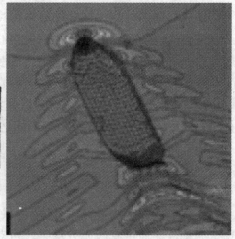

图 3 - 121　"刚果河" 号伴随船体
设计进行的系列模型试验

3.7.4　复合驱动全面推广一机多带成效斐然

耙吸挖泥船自 19 世纪中叶问世以来,在动力装置的发展和装船应用中同样经历了从蒸汽机——蒸汽透平——柴油机——柴油电动——柴油液压等其他船舶所经历的过程。迄今大型耙吸挖泥船主要采用的机型有曼恩机、B&W 机、瓦锡兰机、以及道依茨机等。

3.7.4.1　大耙船对功率的要求越来越高

20 世纪 90 年代以来,耙吸船由于不断推向外海、深海开展采砂作业,不仅对航速的要求已越来越高(由早前的 15kn、16kn 逐渐提升至 17kn、18kn);同时因舱容、挖深的不断增大,除导致舱内泵功率增加外,还得加装大功率潜水泵;而首吹排岸工况下泥泵功率往往较装舱工况要高出 1 倍左右;超大型船除了首侧推以外,还少不了要增加 1~2 个尾侧推装置……所有这些功能的升级都有赖于功率支撑。如按照传统的办法,耙吸船的装船功率,确切地说单方土所耗功率(kW/m³)得有成倍的增加才行,这显然有违承包商的心愿。

3.7.4.2 复合型驱动为耙吸船带来重大生机

事实上自 20 世纪 90 年代以来国外建造的大中型耙吸船中,平均单方舱容所耗功率即功率因数(kW/m³)不仅没有比前期增加,反而由前期的 1.36(平均值)降至 1.25 左右,降幅达 8%;而 21 世纪初年以来欧洲四大公司新建造的 10000m³ 级耙吸船中,功率因数普遍低于 1.20,个别经典船型如"Brabo"号甚至突破 1.0,降至 0.947;更甚者,近几年新建造的 5 型、共 6 艘(舱容 30000m³ 以上)超大型耙吸船的功率因数均在 1.0 及其以下(见表 3-7),其中"Charles Darwin"号的功率因数创下 0.77 的最低纪录。这一成就的取得,同"复合型"驱动技术的应用戚戚相关。

所谓"复合型"驱动,系指通过主机等动力源的"一机多带",合理配置,使得各种运行工况下能充分利用装船功率,减少动力设置,以尽可能小的能耗获取更大的功效。

耙吸船尽管工况多变,但在满载航行、挖泥作业及首吹排岸等主要工况下设备所耗的总功率大体上是接近的,通常做法是主机除了飞轮端驱动推进器外,还使其前轴自由端通过离合器,齿轮箱等在低速挖泥或排岸时直接驱动泥泵或加带冲水泵,同时主机还可以通过轴带发电机以电力驱动泥泵、高压冲水泵、首侧推等装备,以减小总装机功率的配置。相对于早前耙吸船上几乎清一色的"一机一带"传统驱动方式,除了减少装船设备,提高能效以外,还有助于空船重量的减轻和泥舱装载能力的提高。

复合驱动以主机"一拖三"和"一拖二"居多。针对不同船舶,不同使用要求,具体组合形式可以灵活设置,多种多样,既可以是左右对称的设置形式,也可以是不对称的设置形式,在单耙船的动力设置上体现得尤为灵活。

"一拖三"驱动主要有以下几种组合形式:

1) 桨/主发—主机—泥泵"一拖三"形式:代表船型有"珠江"号、"尼罗河"号、"Vasco da Gama"号、"Lange Wepper"号、"新海龙"号等,前一时期采用这种形式的船较多,我国自行研制的首艘大耙船"新海虎"号亦采用这种驱动;

2) 桨—主机—泥泵/主发"一拖三"形式:代表船型有"海舟"号及"Juan Sebastian

de Elcano"号等；

3）桨/轴发—主机—泥泵"一拖三"形式：国内新建10000m³级大型耙吸船采用这种设置的情形较多。

"一拖二"驱动主要有以下几种组合形式：

1）桨—主机—主发"一拖二"形式：代表船型有"W D Fariway"号、"Queen of the Netherland"号、"Rotterdam"号、"Ham318"号等，也是常用形式之一；

2）桨—主机—轴发"一拖二"形式：这种形式因船上机组设置较多，管理工作量较大，国外采用不多，国内也仅有个别船型采用。

此外不论双耙还是单耙船上，采用不对称设置的情形较多（如进口船3500m³"通坦"号），这种不对称设置，能更加切贴地体现用户的个性化要求，在国外颇受推崇（见图3－122～图3－124）。

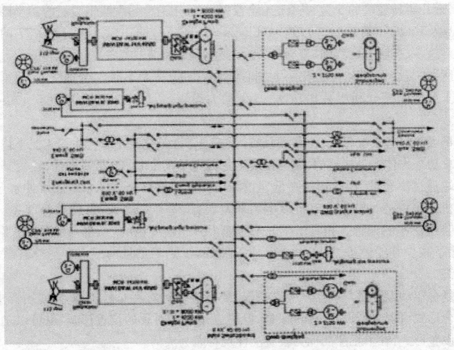

图3－122　33000m³耙吸船的"一拖三"驱动

全电动配置（见图3－125）虽然也是动力驱动的一种形式，但是在"电动"前提下的复合驱动，目前耙吸船上采用全电力驱动的情形仅属个例，但前景值得期待。

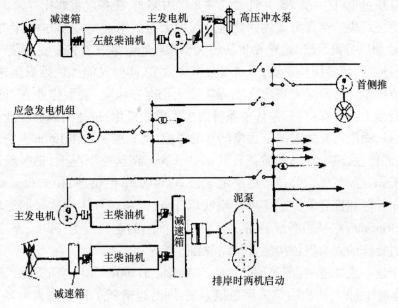

图 3 – 123 "Alexander"号单耙船复合驱动图

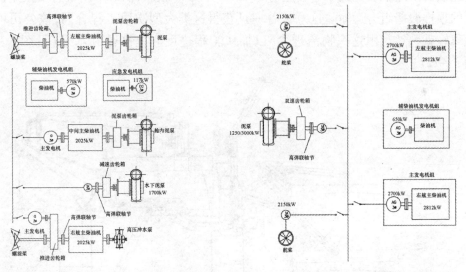

图 3 – 124 5600m³"Reynaert"号动力配置图　　图 3 – 125 "Taccola"号全电动动力配置图

3.7.5 耙吸挖泥船装驳作业——创新疏浚物流理念

2005 年,范奥德公司赢得了迪拜工程"黛拉棕榈岛"项目施工任务,此项工程的土石方总量超过 10 亿立方米,并且要求在 8 年内完成,任务之重非比寻常。

范奥德公司决定在深海疏浚的物流过程中大胆采用一项创新方式:将"取砂"和"输砂"作业加以分离,使得造价昂贵的超大型耙吸船专事取砂和装驳,而造价低廉的泥驳则专事运送,两者扬长避短,既可提高疏浚效率,同时又能加快砂石运送能力,还能降低疏浚成本。然而这一理念在工程实践上仍存在风险:装驳作业在以往的绞吸船甚至耙吸船上都曾有过,只是环境条件发生了重大变化:过往的装驳作业是在内河或港湾、河口,而眼前要面对的是远离陆基的洋面,耙吸船多处在 100m 左右水深下边航行,边取砂作业,疏浚现场的波高往往高达 3.5m,在这种海况下,耙吸船还得面临频繁离靠驳作业。范奥德公司最终决定采用 20000m³ 单耙船"Volvox Terranova"号和 3 艘 8000m³ 泥驳相配合来完成这项陆域吹填任务,而且仅用 3 艘这样的泥驳就可以使"Volvox Terranova"号的产量翻番。泥驳加顶推船的总长度为 140m,宽度为 26m。顶推船通过特殊的安太堡铰接装置与泥驳相连接。

有鉴于这一成功范例,范奥德公司随后在制定 31200m³ 超巨型耙吸船"Vox Maxima"号的建造计划时,再次决定采用单耙方案,同时也造就了该船成为世界上唯一超巨型单边耙吸船的地位。这艘船显然是着眼航程更远、更大型的采砂工程而建造。为此该公司还配套建造了 6 艘舱容 10000m³ 的运砂驳船,依旧采用带有安太堡铰接装置的顶推驳船组合运输。这意味着一旦获得这类大型吹填工程合同,该公司可以再次驾轻就熟地运用这一物流理念,以加快工程进度和提高盈利水平(见图 3-126、图 3-127)。

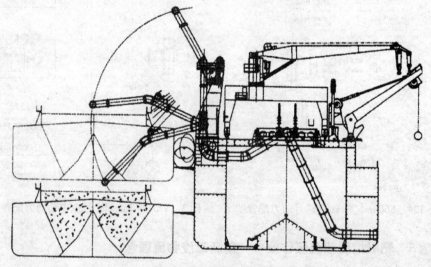

图 3-126 耙吸挖泥船装驳作业示意图

图 3-127 单耙船"Volvox Terranova"号装驳作业中:左为轻载状态,右为满载状态

范奥德公司的这一举措在国际疏浚界产生了一股强大的"跟风"效应。最近10来年来国外新建的大中型耙吸挖泥船中,几近65%为单耙船,其动机虽不能说都是冲着"挖－运分离"而来,但相当程度上应该是同这个市场前景分不开的。承包商比谁都明白:造价高昂的大型耙吸船如若作业过程中大部分时间都用在运送泥沙上面,显然将丧失自身优势;单耙船造价本来就比同等规模的双耙船要低,如能和造价低廉的泥驳相互配合、使其"挖－运分离",其效果当真是事半功倍。

2012年前后,我国长江口航道管理局向荷兰订购的两艘12000m³双边耙吸船,也不同凡响地加装了装驳设施,并根据其拖带能力等方面的计算,拟定选配7000m³泥驳作为"搭档"。前面我们介绍到的耙吸船装驳通常是针对单耙船而言:即在不设耙管的一舷安装装驳管设施。既如此,双耙船又如何能加装装驳实施,继而装驳的呢?这个问题还是留给读者来回答的好,当你看了"长江口01"或是"长江口02"号的实船图片以及简要船型介绍以后,相信答案尽在其中(见图3-128)。而图3-129则展示了单边耙吸船"新海狮"号同泥驳匹配装驳的布置图,"新海狮"号船挖深达70m,虽是货船改装,而设计之初就是为洋山深水港建设定制的。

图 3-128 同样右舷带有装驳设施的双边耙吸船"长江口02"号(2012年)

225

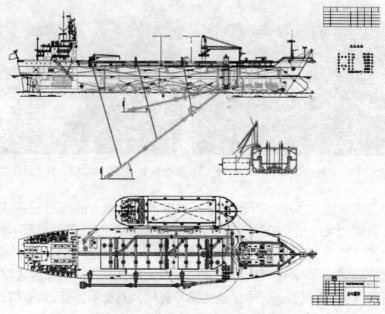

图 3 - 129　13000m³ "新海狮" 号单边耙吸船装驳图示

3.7.6　疏浚作业的高度自动化一体化

自 20 世纪 90 年代后期以来, 国内外耙吸挖泥船在操作自动化, 一体化方面均获得重大进展。

最新交付的便捷型挖泥船 "刚果河" 号在人工智能化设计利用方面又有了新的发展, 即一旦环境条件发生改变, 可使得给定条件下的设定点能得到及时有效的更改, 从而获得稳固的优化效果 (见图 3 - 130)。

在国内, 综合平台管理系统也在最新研制的 20000m³ 耙吸挖泥船上成功装船应用 (见图 3 - 131)。所谓综合平台管理系统, 就是通过计算机技术、控制技术、信息技术和系统集成技术, 将原来相互独立的若干子系统整合成一个平台、一个综合的数字化控制与监视系统。该系统通过网络结构实现数据共享, 为操作人员提供必要的控制功能和监控信息。这也是近年来国内在挖泥船自动化操作管理水平方面的一个重大进步。

3.7.7　注重 "适宜技术" 设计理念

"适宜技术" ——被称为特别考虑其社会和环境后果的技术或工程。当今发达国

图 3 – 130　"刚果河"号驾控台上航行与疏浚一体化的操作面板

图 3 – 131　国内自行开发的综合平台管理系统已被用在国产大型耙吸挖泥船上

家"适宜技术"的理念已和挖泥船发展的"可持续性"及"经济效益"目标融为一体,它不仅关乎疏浚装备的设计和建造,还涉及船队全生命周期内的使用和管理。扬德努集团于 2007 年—2011 年实施的一项涉及 25 艘疏浚船舶的大规模投资计划中,宣称从设计、建造、使用、以致船队管理全方位推行"适宜技术",以减少疏浚作业对社会和环境造成的影响,并对整个船队的碳排放提出了更为严苛的要求。

"适宜技术"并非空洞口号,在新船设计的一些重要技术经济指标中都有着具体体现:如载重量与空船重量之比、推进比功率以及空船重量和船舶型容积之比等,都体现出"适宜技术"与设计的戚戚相关。有关统计资料显示:载重量与空船重量之比已呈逐年增大之势,而推进比功率和船舶型容积之比以及空船重量和船舶型容积之比则呈现逐年减小之势;同时,一系列严格的规定和措施不仅使得疏浚浓度进一步提高、污染排放严格受控,还使得船舶的工作环境更加安全,更加受欢迎。

这些变化既是挖泥船设计技术不断进步的体现,也是不断强化贯彻"适宜技术"理念的结果,互为影响。在近年来最新开发的大型以上耙吸挖泥船上体现得尤为明显。全面推进"适宜技术",意味着挖泥船建造所耗费的资源逐年减小;另一方面,低能耗、低排放也降低了对环境的影响,改善了生态效应(见图3-132)。

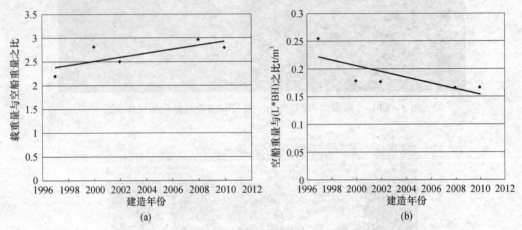

图3-132 超大型耙吸船载重量与空船重量之比(a)以及空船重量与型容积之比(b)

说到底,"适宜技术"关系到全社会的可持续发展——既满足当代人的发展需要,又不损及后代人满足其需要(1987年)。挖泥船从建造到使用全过程将越来越顾及对社会和环境的影响,推行可持续发展的绿色疏浚理念符合全人类的利益(见图3-133)。

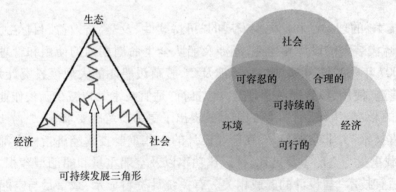

图3-133 中部疏浚协会积极推行可持续发展的绿色疏浚理念

3.7.8 耙吸挖泥船的全电力驱动及其发展趋势

目前世界上船舶动力技术(无论民用、海洋工程或军用)采用电力系统综合集成的发展趋势已越来越明显。船舶动力的这种电力系统综合集成即是将船上动力机械能源全部转换成电力,同时提供给推进用电和全船其他作业工况及日用设备用电,实现能源综合利用与统一管理。这是普遍认同的一种高效、灵活、节能、环保的能源供应系统,在不少需要低速航行下作业的工程船(如铺管船、打捞船、布缆船、起重船)以及调查船科考船、破冰船等船舶中早已获得成功应用。

电力驱动除却初投资略高、技术复杂外,装船功率能得到综合利用,且系统噪声低,布置方便,推进轴系短(甚至无需轴系),有利于装载能力的提高等诸多好处。

耙吸挖泥船是挖泥船队中的主力船型,近一个时期以来无论国内或国外,耙吸船船型及装备技术的发展十分迅猛,但在综合集成全电力驱动技术的开发应用方面却难有大的突破,即便国外亦是如此。

3.7.8.1　耙吸挖泥船的动力型式

耙吸挖泥船的动力型式有如下几种:

(1) 单机传动型式——也就是通常所说的"一机一带"的传动方式,装船设备多,设备利用率低下,能耗高,在发达国家几无踪迹。

(2) 复合传动型式——前已介绍,这是一种"一机多带"的传动方式,装船设备少、设备利用率高,主要是围绕推进主机前后出轴、根据作业需要施以灵活配置,既可"一拖二",也可"一拖三"。该种驱动形式在国外耙吸船上已被广泛采用,国内目前仅大耙船上有所应用。

(3) 电力推进型式——实质上就是在"电能"形式下的一机多带,届时,可以方便地将大量的电能转移到其他用电设备上去,将给用户带来更多的便利。

3.7.8.2　耙吸挖泥船实施电力驱动确有难度

目前电力驱动技术在豪华邮轮、超大型集装箱船以及大型 LNG 船上也已不同程度得到应用,然而获得应用的耙吸船至今仍寥寥无几,要么技术形态简单的耙吸船,要么小型耙吸船,总共不到 7 ~ 8 艘。这与高技术含量的耙吸船实难相称。

由于耙吸船作业工况多变,系统设置繁复以及对于浅水作业适应性的特殊要求,使得该型船在电力驱动的开发应用方面难度非比寻常。国际知名挖泥船制造商 IHC 公司曾为此展开过相关水动力试验研究,鉴于耙吸挖泥船经常性的浅水作业特点,IHC 公司在这一特定研究中,除了常规型船尾以外,特针对 3 种不同形式的船尾(即裸轴型、双尾鳍型、吊舱型)进行了浅水航行试验对比,其吊舱型结构被认为是最适合电力驱动的船尾结构,但这项研究结论恰恰表明:"采用机桨一体化的吊舱型结构对于浅水的适应性较其他两型船尾差,且成本较高,对于挖泥船来说,目前难以形成实用方案,尚需作进一步的探索。"

IHC 公司的上述论断基于实船和模型研究,而且浅水又是耙吸船必须面对的现实,但如何权衡浅水阻力和全电力驱动诸多优势之间的利弊,则是仁者见仁、智者见智的问题。几乎在 IHC 公司进行该项水动力试验的同时,扬德努集团对拟建的4400m³姐妹耙吸船进行了全电力驱动的首试并取得成功。

3.7.8.3 全电力驱动耙吸船面面观

伴随着耙吸挖泥船早期的发展应用,其驱动技术也不断取得新成就,20 世纪 50年代前后,欧美国家就曾先后建成多艘全电力驱动的耙吸挖泥船,图 3 - 134A/B 所示为欧洲两艘由柴油发电机组构成的全电力驱动耙吸挖泥船。同期,美国工程兵部队的"Essayons"号还采用了更新式的两台透平发电机组(1949 年),该船舱容 6100m³,载泥量 12050t,装船总功率 5900kW,双螺旋桨采用透平电动机驱动,航速 16.5kn。那个时期对耙吸船的浅水适应性能不可能像今天的要求这么高。

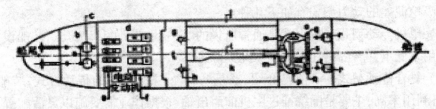

图 3 - 134A "M. O. P. 225 - C"号耙吸船的电力驱动:设有 7 台柴油发电机组(1949 年)

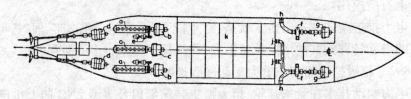

图 3 - 134B "Pierre Durepaire"号姐妹船:设置 3 台柴油发电机组(1950 年)

尽管全电力驱动技术在耙吸挖泥船上的开发应用不尽如人意,作为"挖泥船摇篮"的欧洲,在这方面仍然不无建树:

1)8500m³全电力驱动耙吸船"Samuel de Champlai"号

图 3 - 135 所示的"Samuel de Champlai"号耙吸船,船东为法国疏港(Dragages Porots)公司,2002 年建造,设计和建造分别为德国 LMG 公司和西班牙 Izar 旗下的 Gijon船厂,该船采用单耙设置,无舱内泵,亦无首吹设施,而泥舱内仍设置单列 7 只泥门(唯一的卸泥方式),两台主柴油机全额用来驱动主发电机,推进和水下泵疏浚均采用电力驱动,挖深也只有 26m,主要用于港内维护疏浚。

2)4400m³全电动姐妹耙吸船"Francesco Di Glorgi"号和"Taccola"号

该姐妹船船型虽较前者偏小,但功能设置齐全,优势明显:单耙、单水下泵配置使

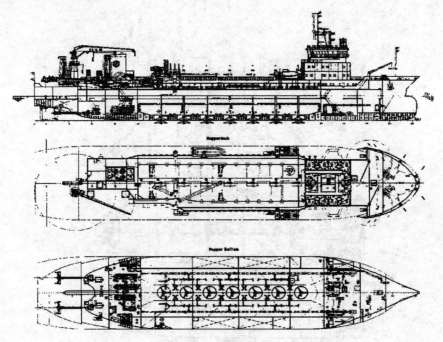

图 3 – 135　法国疏港公司全电动 8500m³ 单边耙吸船

它省却泵舱设置,将仅有的一个泥泵置于机舱右侧,使机、泵舱合二为一;全回转电力推进进而省却了长轴系,优化了动力配置,更方便了泥舱设置,既有利于泥舱装载能力的提高,还有利于减小静水弯矩,减轻结构重量,通常小型耙吸船很难达到这一境地。该姐妹船亦由西班牙 IZAR 旗下的船厂建造,2003 年交付(见图 3 – 136)。

3) 3400m³ 全电动姐妹耙吸挖泥船 "Alvar Nunez Cabeca De Vaca" 号和 "Sebastiano Caboto" 号

继两艘 4400m³ 耙吸船之后,扬德努集团一鼓作气、又建造了两艘 3400m³ 全电力驱动的耙吸船,建造商则是我国新河船厂,这两艘船还是扬德努集团 2007—2011 年一揽子 25 艘疏浚船舶发展计划的组成部分。

3400m³ 全电动船技术形态类似于上述 4400m³ 姐妹船,该船的全电力驱动设置较之多台变速运行的单柴油机机械传动运行稳定,同时,Z 型定距桨的配备更使得该型船在调速及初投资方面具有明显的优势。两船分别于 2011 年 7 月和 9 月交付使用。

4) 2300m³ 全电力驱动耙吸船 "UKD ORCA" 号

该船为双耙、单泵设置,内河航道及河口实施单耙作业和维护性疏浚的全电动耙吸船,由荷兰 Barkmeijer 船厂建造,2010 年 6 月交付,船东为英国疏浚公司(UKD)(见

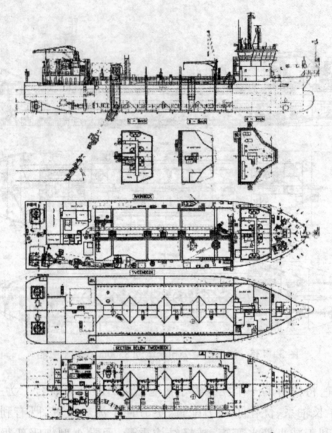

图 3 – 136　全电力驱动单边耙吸船 4400m³
"Francesco di Giorgio"号布置图(2003 年)

图 3 – 137)。船上共设 3 台柴油发电机组(3×1200kW),这种柴油电力装置的主要优点在于:可在低转速状态下获得高转矩,从而获得低速运行状态下良好的操纵性;空载及压载状态下调遣航行时,只需启动一台机组,最大航速可达 10kn,具有良好的燃油经济性;疏浚作业时采用二台机组,第三台备用,使装船动力资源得到充分共享;同时,航速仅和有效功率大小相关,不再受制于主机最大转速;考虑到船舶惯常处于浑浊泥水中作业,易于遭受磨损,故未设置可调桨,初投资得以降低。

　　因内河航道作业的缘故,该船不设首吹,船舶尺度规模及总功率设置相当接近于我国长江中游的 900m³ 耙吸船,但无论疏浚能力、功率因数还是推进比功率等重要技术经济指标均明显优于上述 900m³ 船(见表 3 – 8)。表列 2000m³、900m³ 耙吸船系长江航道局 20 世纪 90 年代后期引进技术和设备批量建造的升级换代产品,技术性能

图 3 - 137 英国全电动内河耙吸船 2300m³ "UKD ORCA" 号

优于同期国产耙吸船。但透过表列数据不难看出,该船同世纪初年国外建造的上述全电力驱动产品相比,后者优势明显。

实现中小型耙吸船的全电力驱动,目前国内应该基本具备条件。

表 3 - 8 国外三型电力驱动耙吸船同国产耙吸船主要参数比较表

船名	航浚 15 (共 3 艘) 900m³	航浚 10 (共 6 艘) 2000m³	UKD ORCA 2300m³	Sebastiano Caboto 3400m³	Taccola 姐妹船 4400m³
船东	长江 航道局	长江 航道局	英国 疏浚公司	比利时 扬德努	比利时 扬德努
建造厂	中国 文冲船厂	中国 中华船厂	Barkmeijer 荷兰船厂	中国 新河船厂	西班牙 Gijon, Izar
建造年代	1999	1996	2010	2011	2003
总长/m	72.8	85.0	78	93.25	95.3
垂线长/m	69	79.8	75.95	—	84.7
型宽/m	14.0	15	15.85	19.8	21.0
型深/m	5.2	5.5	6.35	—	8.5
吃水/m	3.5/3.2	5.0/4.5	5.6/4.5	5.0	7.2/6.5
航速/kn	11	11.6	12	11.5	12.3
舱容/m³	500/900	1500/1991	2373	3400	4400
挖深/m	12	18	25	26.5	25.0
载重量/t	800	约 2750	3270	4800	8180
管径/mm	2 ×	2 ×	2 × 700	1 × 800	1 × 900/800
总功率/kW	3310	4339	3740	4100	6365

（续）

船名	航浚 15 （共 3 艘） 900m³	航浚 10 （共 6 艘） 2000m³	UKD ORCA 2300m³	Sebastiano Caboto 3400m³	Taccola 姐妹船 4400m³
推进功率/kW	2×1200	2×1320	舵桨 2×1500	2×1000	舵桨 2×2150
泵功率/kW	1×640	1×600	1×850	1×1250/2000	1×1250/3000
首侧推	泥泵喷水	泥泵喷水	1×500	—	1×550
首吹设置	设转动喷管	设转动喷管	无	有	有
泥舱泥门（只）	单列 /3	单列 /4	V 型 单列 /6	单列	V 型 单列 /4
定员（人）	32	40	12	14	17
功率因数/(kW/m³)	3.68	2.18	1.58	1.21	1.45
推进比功率/ kW/(t·kn)	0.273	0.083	0.076	0.036	0.043
驱动方式	一拖一 机械传动	一拖一 机械传动	全柴油电动， 原动机 3×1200 瓦锡兰 6L20 型	全柴油电动， 原动机 3×1360	全柴油电动

3.8　创新船型及其研究

3.8.1　顶推耙吸驳船

关于顶推耙吸驳船的由来及发展已在 3.6.5.3 节中做过介绍，这里仅从创新物流理念的角度加以简述。

范奥德公司开创了"挖-运分离"的一种高效疏浚、低成本运输新理念，给越来越走向深海的疏浚工程赋予新的生命力。而美国大湖公司则是通过安太堡顶推耙吸驳船的另一种创新作业方式，同样实现低成本运作，如果成效显著，未来建造费用昂贵的耙吸挖泥船甚至都将被其取代。何况大湖公司声称在这种低成本疏浚方式的运作上已经拥有多年经验。

问题是：这种设施配置简单的连体式耙吸驳船，在相对恶劣海况下是否能与功能先进的耙吸挖泥船相匹敌？换句话说，这种船型是否适合深远海海况下作业？看来的确值得关注。

有关顶推耙吸驳船的内容见 3.6.5.3 节。

3.8.2　"RO – RO 深海疏浚系统"新概念

除了范奥德公司创导的"挖–运分离"疏浚模式外,为进一步简化作业流程,降低疏浚单价和提高疏浚设备的利用率,开创耙吸船新型作业方式,国内外疏浚界同仁一直在求索之中。近年来荷兰达门疏浚设备公司(DAMEN)开发的"RO – RO 深海疏浚系统"就其中一例。

正在深度开发中的"RO – RO 深海疏浚系统"是一套全新构想的疏浚装备,为以前不能进行疏浚的水域以及为海上石油开采业和深海采矿业提供了疏浚作业的可能性。此方法由安放在具有可用甲板空间的任意一艘船上的模块化疏浚设备所组成,所依托的船舶甚至可以是有可利用甲板空间的闲置船舶或二手船,通过船上模块化疏浚设备,可连续不断地将泥砂装入与挖泥船并排航行的驳船内。疏浚设备由一个与软管相连接的水下疏浚单元组成,通过船上吊架的钢缆悬挂于水中,疏浚水深不受耙管长度的限制,因此也不受船长的限制,这显然不同于常规耙吸船。据介绍,这种方法对离岸很远,且水深在 100m 以上的深海疏浚较为有效(见图 3 – 138、图 3 – 139)。

图 3 – 138　左图为在 MARIN 进行的并排航行作业试验,右图为"RO – RO"深海疏浚系统平台供应船

图 3 – 139　"RO – RO 深海疏浚系统"设备配置图

超大型耙吸挖泥船在 100m 以上的深海进行疏浚时成本费用相当高,而"RO－RO 深海疏浚系统"所需投资小,而且这种设备可以连续使用、闲置时间短、能较好地利用投资,因此疏浚物的单方成本较低。运沙的驳船和拖轮可以从当地市场上临时租赁,从而降低了直接投资的成本。

目前该方案仍在深化和试验中,尚未见有正式投产使用的实例。关键是离岸水域条件下,上述简易疏浚设备如何能够确保连续稳定的疏浚产量,而又不易受到风浪流的干扰。人们难免产生类似"顶推耙吸驳船"一样的疑虑。

以上设想的应用或许有待时日。

3.8.3　无泥舱双体耙吸船＋自航泥驳创意组合

继荷兰范奥德和达门两家公司在深海疏浚"挖－运分离"技术方面所做出的努力之后,在 2013 年布鲁塞尔第 20 届世界疏浚大会上,中国疏浚协会时任秘书长杨尊伟先生以论文宣读的形式,向出席本届大会的各成员国代表介绍了我国近期在疏浚土"挖－运分离"技术的研究方面所取得的一项初步成果,引发与会代表的关注和兴趣。论文题目是:《无泥舱双体耙吸挖泥船组合疏浚系统方案探讨》,该项研究由中国疏浚协会牵头,会同中船 708 研究所、中交上海航道局等单位进行了前期研究。

3.8.3.1　系统基本组成及特点

"无泥舱双体耙吸挖泥船与自航泥驳组合疏浚系统"(简称"双体耙吸船创意组合")是在疏浚土"挖－运分离"技术应用方面构建的一个全新概念,方案特点是:开创一种新型无泥舱的双体耙吸船,在两舷外侧分别设置耙臂,并将所挖泥砂借助装驳系统装入两片体间的泥驳,待装满后泥驳自行退出并航行至设定吹填处所,后续待装泥驳依次鱼贯而入。整个作业过程中"取"和"运"分别由两种装备完成,作为耙吸挖泥船必备的泥舱以及与泥舱装载相关联的许多装备(如泥门、舱内泥泵、消能装载箱、溢流装置、抽舱及排岸系统)在该方案里均被减缩,仅此,挖泥船大大瘦身,单船造价亦大幅下降,从而降低疏浚土成本。

作业时,配套用泥驳系于双体船两片体之间,故可启用双耙同时装驳,这是双体船呈现的又一优势,工效明显高于单耙装驳;对驳船而言,以驳运取代耙吸船输送,不仅可以降低运输成本,工程进度也将加快(见图 3－140A)。

组合系统主要特点:

(1)可有效发挥双体船性能的诸多优越性,如吃水浅、兴波阻力小、操纵性能好等;

(2)作为疏浚主船,因专事取砂作业,其船体尺度、装船设备以及造价可大幅

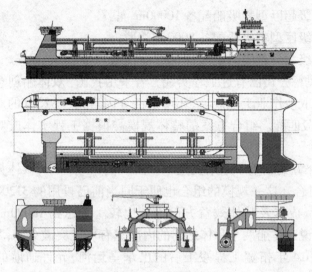

图 3 - 140A "双体耙吸船创意组合"方案系统效果图

缩减;

（3）装驳时泥驳始终处于两片体之间,整体抗风浪性能可望增强;

（4）能同时实施双耙装驳,装驳速度快,且冗余度高;

（5）尤其是在长距离运砂时,工程进度和单方土成本较同等级耙吸船优势明显（见图 3 - 140B）。

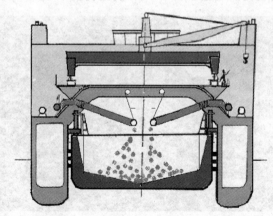

图 3 - 140B "双体耙吸船创意组合"方案于两片体间泥驳装驳作业示意图

3.8.3.2 方案船型规模及主要技术形态

范奥德公司现有耙吸船与泥驳匹配的既有形式如下:

（1）30000m³ 级超巨型耙吸船配备 10000m³ 泥驳；

（2）20000m³ 级巨型耙吸船配备 8000m³ 泥驳；

（3）10000m³ 级大型耙吸船则配备 6000m³ 泥驳。

后两项在范奥德公司已有过工程实践。若采用我国"双体船创意组合"方案，考虑到深海、远距离取沙作业工程规模、环境条件等因素，较小尺度的双体船设计至少应能与 6000m³ 泥驳匹配。组合方案的整体规模需根据工程实体或对市场预期判断进行策划。

上述论文推介方案侧重于未来大型取砂工程的市场需求，双体耙吸船拟定位于同 10000m³ 泥驳组合。这一规模的组合也便于同当前已投用的 31200m³ 耙吸船"Vox Maxima"号在产量、成本及整体效益方面进行比较。考虑到 10000m³ 泥驳的船宽在 26m 左右，也就是说双体船两个片体之间的内净宽有可能突破 29m，其总宽有望控制在 48m 以内，而 2014 年拓宽工程竣工后的巴拿马运河，允许通航的最大船宽将达 49m，不影响该船的通过。而对在建的尼加拉瓜运河来说，该双体船的通过更加没有问题。

该双体船方案的船体自重轻、满载排水量亦可控制在 10000t 以下；最大结构吃水约 7.0m 与 30000m³ 级超巨型耙吸船相比，具有良好的调遣及作业灵活性；装船功率亦可控制在 10000kW 左右，这就是说，功率因数（kW/m³）有望控制在 1.0 左右，切合当今耙吸船发展理念；正常挖深 60m，最大挖深可达 100m。无疑单船建造费用将大幅下降。中国疏浚协会为此特意制作了一尊模型（见图 3–141）。

图 3–141　"双体耙吸船创意组合"方案设计模型制作图

3.8.3.3　泥驳的选配

迄今与耙吸船配套使用的泥驳多采用自航驳或非自航顶推轮–驳。本案选配的

10000m³自航驳,除了在主尺度、排水量吨位(尤其是船宽和吃水)等方面须与双体母船相吻合外,为确保泥驳安全便捷进出槽位,泥驳拟设首侧推,卸泥则可采用开体(待开发),或底开泥门形式,其舱容、装载量、航速、续航力等要素将随工程总量、工期、运距的变化而定,以取得同双体耙吸船配合的最佳经济效益,亦可考虑市场租用,以降低成本(见图3-142)。

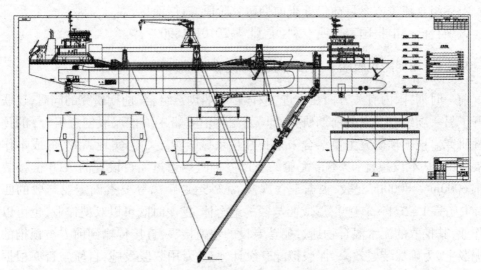

图 3-142　"双体耙吸船创意组合"方案设计侧视图

3.8.3.4　主要技术风险及经济可行性分析研究

如前所述,本方案是基于双体船船型技术、常规耙吸挖泥船采用的疏浚装备技术以及自航驳等基础上形成的一个疏浚组合体,属集成性技术创新,总体上说不存在重大技术风险。但这种带有大跨度、小片体的双体船结构,可谓迄今为止世界上尺度最大的无限航区双体作业船,要在较高的海况下进行频繁的靠驳作业,相关水池试验及局部应力计算有待详细策划。

组合疏浚系统概念能否成立,除了技术可行外,经济效益决定成败。为此,该方案研究同30000m³级"Vox Maxima"号在相同海区等约定条件下进行了产出比较,不同运距下的产量比较以及单方土成本比较等,结果表明:在短运距(35n mile 以内)时,本组合方案不具备对于"Vox Maxima"号的优势,当运距超出35n mile 时,开始呈现效益优势;而当运距达到50n mile 以上时,本方案无论在工程进度、单方土成本还是总效益方面均有望领先30000m³级"Vox Maxima"号。目前条件下这种比较难于进一步细化。

3.8.3.5　结论

初步研究结果表明,在运距达到一定范围时(35n mile 以上),相对于超巨型耙吸挖泥船而言,无泥舱双体耙吸船同自航驳的组合方案不仅有望大幅缩短工程进度,还可望缩减初投资和降低单方土疏浚成本,减小资源消耗,且随着运距的增大,优势愈加明显。

上述组合疏浚方案目前仍处于前期研究阶段,有待深化。

该项目已经申报国家发明专利(专利号:201010189097)。

3.8.4　无泥舱耙吸船 + 顶推泥驳创意组合

前一时期,国内有关方面在推进"双体耙吸船创意组合"前期研究的同时,还联合展开了另一项组合方案的前期研究,即《无泥舱耙吸船 + 顶推泥驳创意组合》的预可行性研究。该项预研究主要结合未来长江口水域疏浚土如何实现高效、低成本作业而展开的,基本设想是:以不带泥舱的小尺度耙吸船通过船首设置的 ATB 链接装置顶推 6000m³ ~ 8000m³ 泥驳,根据工程规模、泥砂运送距离等要素确定船与驳的匹配(1 + 1 还是 1 + 2、1 + 3、…),形成船与驳的组合体,挖泥时既可以双耙作业、也可以单耙作业,其挖取的泥水混合物通过船首专设的快速接头,直接传输到前方被顶推的配套泥驳上,为确保装驳效果,泥驳拟配套设计,配备专用装驳设施,自航与否亦根据工程规模及搬运距离等环境因素,通过经济分析加以确定,灵活处置。在挖深要求不高的前提下,该组合方案的明显好处在于:可以省却造价昂贵的大型耙吸船,同时,相对大型以上耙吸船而言,该组合的吃水亦具有相当的灵活性,最大吃水可控制在 8m 以内,技术上不应存在重大难题(见图 3 - 143)。据了解,欧洲同行对类似的研究也颇感兴趣,有的公司还为此申请多项设想专利。

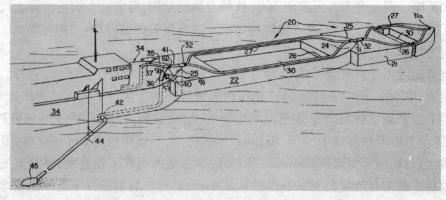

图 3 - 143　无泥舱耙吸船 + 顶推泥驳作业示意图

该方案设想和 3.6.5.3 节、3.8.1 节(美国)顶推耙吸驳船相比,都着眼于简约挖泥船昂贵的建造成本,可谓"异曲同工"。

3.9　耙吸挖泥船的分级与经典船型介绍

3.9.1　早前采用的分级标准

挖泥船的分级,对于挖泥船的建造、使用、管理以及发展规划等均有一定的指导作用。较长一个时期来,国内外疏浚界多沿用荷兰 IHC 公司推荐的分级标准。包括根据泥舱容积大小制定的耙吸挖泥船分级标准,以及根据装船功率大小而制定的绞吸挖泥船分级标准。这类标准随着发展年代的变化也相应发生变更。

自 20 世纪 90 年代初开始,IHC 公司对耙吸挖泥船采用了四级分类标准:

小型耙吸挖泥船:500 ~ 4000m³

中型耙吸挖泥船:4000 ~ 9000m³

大型耙吸挖泥船:9000 ~ 17000m³

超大型耙吸挖泥船:17000m³ 以上

自 20 世纪末以来,世界各大疏浚公司为确保在大型疏浚工程中处于重要参与者的地位,特别注重耙吸挖泥船船型的发展,进入 21 世纪初年以来,这一发展趋势更为迅猛,目前全世界拥有 10000m³ 以上耙吸挖泥船已逾 70 艘(仅新建 30000m³ 以上耙吸船就有 7 艘),10000m³ 以下至 5000m³ 方的耙吸船更在 100 艘以上,这些大中型船中超过半数为近 20 年内建造,迄今这一发展势头仍未止步。

很显然,原有分级标准有必要根据这一新的发展变化作出调整。

3.9.2　国际疏浚指南推荐的分级标准

鉴于耙吸挖泥船在大型化方面的历史性发展,国际疏浚指南在 2012 年 8 月出版的《疏浚与港口建设》(HIS Dredging and Port Construction)杂志上对耙吸船作了如下分级规定:

小型耙吸挖泥船:4000m³ 以下

中型耙吸挖泥船:4000 ~ 8000m³

大型耙吸挖泥船:8000 ~ 15000m³

巨型耙吸挖泥船:15000 ~ 30000m³

超巨型耙吸挖泥船:30000m³ 以上

新的分级标准将原有的 4 个等级升格为 5 级。

3.9.3 各级船型概况及代表船型简介

3.9.3.1 超巨型耙吸挖泥船(30000m³ 以上级)

迄今为止,国外新建 30000m³ 以上大型耙吸挖泥船计有 6 个型号共 7 艘船,计及改装扩容耙吸船"HAM318"号和"荷兰女王"号,一共 9 艘。这个级别的耙吸挖泥船除了一艘为亚洲国家(马来西亚)拥有外,其余均在欧洲四大疏浚公司旗下居于核心地位。这几艘超巨型耙吸船都称得上是精心打造的经典船型,是当代耙吸挖泥船最新设计建造技术的集大成者,且各具特色,难分伯仲。

按时间先后相继问世的 7 艘超巨型耙吸船如下(见表 3 - 7):

(1) 33000m³ 耙吸船　　"Vasco da Gama"号　　2000 年交付

(2) 46000m³ 耙吸船　　"Cristobal Colon"号　　2008 年交付

(3) 46000m³ 耙吸船　　"Leiv Eiriksson"号　　2009 年交付

(4) 31200m³ 耙吸船　　"Vox Maxima"号　　2009 年交付

(5) 30500m³ 耙吸船　　"Charles Darwin"号　　2010 年交付

(6) 30000m³ 耙吸船　　"Congo River"号　　2011 年交付

(7) 32000m³ 耙吸船　　"Inai Kenanga"号　　(2013 年 8 月下水)

限于篇幅,仅摘其中部分超巨型耙吸挖泥船简介与读者分享。

代表船型 1——33000m³ 耙吸挖泥船"Vasco da Gama"号

世界首艘巨无霸型耙吸挖泥船在千禧之年带给人们无限惊喜和振奋的同时,也给整个疏浚界同仁带来满满信心与祝福。

该船首航就去了新加坡,赶上了当时世界上最大的吹填工程。

该型船于 1998 年由德国 KF 公司船舶技术部和德国 TNSW 公司(恩登)签约联合承造,KF 负责提供基本设计和疏浚设备,TNSW 则负责在恩登的船厂里建造船体,1999 年 11 月下水,次年 6 月初交付比利时杨德鲁公司。该船被命名为"Vasco da Gama"号,以纪念葡萄牙航海家瓦斯科·达·伽马(1460—1524 年)。主要性能参数如下:

总长约 201m,两柱间长 178.0m,型宽 36.2m,型深 19m,吃水(夏季)13.45m,(挖泥)14.60m,泥舱容量 33000m³,载重量 60000t,吨位(总吨)36567GT(净吨)10970NT,吸管直径 1400mm,泥泵 2 × 4500 × 8000kW,冲水泵(高压)2 × 1600kW、(低压)1150kW,水下泵 5500kW,挖深 45/131m,航速 16.5kn,主柴油机 2 × 14700kW,辅柴油机 7660kW,轴发电机 2 × 12500kVA,总装机功率 36700kW,定员 40 人。

该船系按法国 BV 船级社相关规范建造。

作业——"Vasco da Gama"号能以最可能低廉的价格从海底取砂作长距离运送和排岸作业。此外该船还适于作预扫海、挖沟埋管、倾卸石料,以及其他疏浚作业。该船设计具有如下主要功能:

(1)通过两个 45～60m 挖深的边耙管挖泥装舱。

(2)以 16.5kn 的航速运载泥砂,这已是当时最大的运载速度。

(3)通过沿船舶中心线排成一列的 6 付底开门倾倒泥沙。

(4)经由浮管 + 岸管自行排泥。

(5)经由首喷管自行排泥。

(6)加装 5500kW 水下泵以实施 135m 深水疏浚(见图 3 – 144)。

图 3 – 144 33000m³ 耙吸船进行海底装备埋设

船体形式——挖泥船常常要求靠近海岸或航道较浅的水域施工作业,因此,该船在设计时特别设计成在浅水航道中具有良好性能,高航速和低冲刷作用。对于具有如此巨大的船宽和肥大船型的船来说,这是不容易实现的。该船采用 U 型船首、V 型船尾,型线图由 KF 和 HSVA 联合开发,并在荷兰海事研究所(MARIN)进行船模试验期间作了优化处理。

挖泥设备——耙吸船的核心部分是挖泥装置,即两台 KF/GIW44 ×51MHD 泥泵,分别由主柴油机经 3 速齿轮箱驱动。KF/GIW 泥泵由 KF 公司同美国 GIW 公司联合开发,并装设了仅需在泥泵轴端进行水封的特殊密封装置。船上两台泥泵 可在每台

8000kW 功率下串连工作以进行自排(岸)作业,此时第二台泵的最大压力为 20bar。挖泥作业时,两台泥泵则经由直径为 1400mm 的两根边耙管在约 4500kW 功率驱动下抽吸泥砂。

两台泥泵还可以经由泥舱底部的两条自排空管道作抽舱排岸用。

第二艘超巨型耙吸船"Cristobal Colon"相隔整整 8 年才面世。

代表船型 2——30190m³ 耙吸船"刚果河"号

"刚果河"号是一艘多功能超巨型耙吸挖泥船,也是比利时德米集团自 2007 年起实施的全部 9 艘耙吸船建造计划中的最大一艘,也是其中唯一的一艘采用双耙设置的耙吸船,由 IHC 公司于 2011 年 6 月交付。该型船是在早前 5600m³ 级(4 艘)、11000m³ 级(3 艘)两个系列成功建造的基础上发展起来的,这些耙吸船享有共同的设计理念:高效率、多功能、自动化以及可持续性,且隶属于同一世系。尤其是在浅吃水、肥大型船的开发设计上,"刚果河"号恰是这一设计理念的升级版,继承和弘扬了这两型船的技术优势。

"刚果河"号外形结构在德米集团内被归结为"最大灵便型"。这意味着该型船能够在"最大灵便型"货船出没的水域,即全球大多数港口中进行作业。长宽比以及船体外形仍然和这个家族中较小的挖泥船一脉相承,构成体系。和"Pallieter"号以及"Brabo"号系列情形一样,"刚果河"号也采用了在水流特性方面相当高效的具有球鼻首和"双尾鳍"型尾的船体设计。但其尾部形状并非仅仅是"Brabo"系列船的简单放大,同时融入了新的创意。

"刚果河"号装有两台功率各为 11600kW 的主柴油机,其型号为瓦锡兰 16V38。螺旋桨及舱内泥泵均由柴油机直接驱动——即"一拖三"驱动方式:每台借助一只定做的齿轮箱,以恒定速度驱动一只螺旋桨。两台高效双壳泥泵,型号为 HRMD262 - 56 - 130,各由一台主柴油机(前轴)借助一只 3 速齿轮箱驱动,每台泵功率 8000kW,用于排岸,这也是 IHC 在耙吸挖泥船上最大功率的泥泵。

该船主要技术性能参数已在 3.7.2 节有所介绍(见图 3 - 145、图 3 - 146)。

图 3 - 145 由 IHC 公司供货的两台泥泵以及消能箱在运送途中,即将在"刚果河"号进行安装

图 3-146　新一代"便捷型耙吸挖泥船""刚果河"号在满载试航中

3.9.3.2　巨型耙吸挖泥船(15000m³ 至 30000m³ 级)

1994 年世界首艘舱容 17000m³ 的巨型耙吸挖泥船"Pear River"号建造成功,其时适逢亚洲经济复苏,此后 10 年间,国外仅 15000m³ 至 30000m³ 级巨型耙吸船猛增 14 艘,连同近几年国内建造的 16888m³"新海凤"号,18374m³"通程"以及 20000m³"通途"号共计达到 17 艘之多。其间国外的 14 艘巨型船中转眼之间又有 3 艘被接长改造。这 14 艘船中除了两艘隶属日本疏浚公司外,其余 12 艘全集中在欧洲四大疏浚公司旗下,建造商均为欧洲知名厂商,船型及装备技术先进。这 14 艘船分别为:17000m³"Pearl River"号、18292m³"Utrecht"号、18292m³"Gerardus Mercator"号、23425m³"奋威"号、23425m³"荷兰女王"号、20015m³"Volvox Terranova"号、20000m³"五洋女王"号、17000m³"尼罗河"号、23700m³"HAM318"号、21500m³"鹿特丹"号、15900m³"Oranje"及姐妹船"荷兰王子"号、16500m³"Juan Sebastian de Elcano"号及姐妹船"海舟"号(见表 3-9)。

表 3-9　国内外 15000m³ 至 30000m³ 耙吸船主要参数表(截止 2011 年)

序	船名	建造年代	厂商	船东	舱容 /m³	$L_p \times B \times D$ /m³	装船功率 /kW	工率因数 /kW/m³
1	珠江	1994	IHC	德米/比	17000/24124	135.7×28×11.9	19061	1.121
2	Utrecht	1996	De Merwede	范奥德/荷	18292	141.6×28×11.85	23642	1.292
3	Gerardus Mercator	1997	IHC	扬德努/比	18292	142.3×29×13.1	21992	1.202
4	奋威	1997	VSH	波卡/荷	23425/35508	155×32×13.1	27567	1.177
5	荷兰女王	1998	VSH	波卡/荷	23425	155×32×13.1	27567	1.177
6	Volvox Terranova	1998	IHC	范奥德/荷	20015	154×29×12.8	29563	1.477

（续）

序	船名	建造年代	厂商	船东	舱容/m³	$L_p \times B \times D$ /m³	装船功率/kW	工率因数/kW·m³
7	五羊女王	1999	IHC/VSH	五洋建设/日	20000	$160 \times 31 \times 12.5$	26622	1.331
8	尼罗河	1999	IHC	德米/比	17000	$135.9 \times 28 \times 11.9$	19890	1.170
9	HAM318	2001	IHC/VSH	范奥德/荷	23700/37500	$159 \times 32 \times 17.12$	28500	1.203
10	鹿特丹	2001	IHC/VSH	范奥德/荷	21500	$172.5 \times 31 \times 12.5$	27500	1.279
11	Oranje	2004	IHC	波卡/荷	15850	$136 \times 28 \times 15$	19500	1.23
12	荷兰王子	2004	IHC	波卡/荷	15850	$136 \times 28 \times 15$	19500	1.23
13	Juan Sebastian de Elcano	2002	Izar	扬德努/比	16500	$140 \times 27.8 \times 15.5$	17918	1.086
14	海舟	2002	Izar	日本	16500	$140 \times 27.8 \times 15.5$	17068	1.034
15	新海凤	2008	708/文冲	上航局	16888	$151.4 \times 27 \times 11.8$	23200	1.373
16	通程	2010	708/文冲	天航局	18374	$149.8 \times 28.5 \times 11$	19650	1.069
17	通途	2011	708/文冲	天航局	20467	$146.4 \times 30 \times 15$	21150	1.034

代表船型 1——21000m³ 耙吸船"Rotterdam"号

"Rotterdam"号和"HAM318"同属范奥德公司,设计中以跨世纪面目展现了多重技术创新,2001年同期交付,技术形态方面除了"HAM318"采用高干舷型深、航速偏高、更趋向于深远海作业外,两者其余船型特征、设备规格等都相当接近,都采用了新技术的"V"型泥舱剖面及单列8个大通径泥门形式,推进主机功率、型号以及驱动方式也一应趋同。也许正是因为"HAM318"的高干舷型深的缘故,2008年被接长改造为更具深远海作业特色的37500m³超巨型耙吸船(见图3-147)。

图3-147 21000m³耙吸船"Rotterdam"号在试航作业中(2001年)

"Rotterdam"号主要技术性能参数如下：总长 180.4m，垂线长 172.5m，型宽 31.0m，型深 12.5m，疏浚吃水 11.36m，泥舱容积 21500m³，载重量 37000t，吸/排管径 2×1200mm/1100mm，挖深 40/60m，泥泵功率 2×3000kW(装舱)、2×6000kW(排岸)，喷水泵 2×2500kW，泥舱内设有单列 8 个矩型泥门，主机 2×12600kW、采用"一拖二"驱动：主机除了驱动可变螺距螺旋桨外，前轴通过传动比为 1∶1.8 的齿轮箱以 900r/min 的转速直接驱动两台 11275kW 发电机，推进功率 2×9000kW，首侧推 2×1100kW，总装船功率 27470kW，功率因数 1.28kW/m³，航速 15.9kn，定员 39 人。

因泥泵采用电动缘故，两台舱内泵均设在船首。首侧推以及高压冲水泵均由电动机驱动。

"Rotterdam"号推进功率为 2×9000kW，螺旋桨直径为 4700mm，重载航速 15.9kn，装舱疏浚土密度为 1.72t/m³。

建造商 Van der Giessen – deNoord/IHC Holland。

代表船型 2——国产 20000m³ 耙吸挖泥船"通途"号

"通途"号是迄今国内泥舱舱容最大、挖深最大、综合技术指标最先进的一艘耙吸挖泥船，是继 2010 年巨型耙吸挖泥船 18000m³ "通程"号研制成功后的又一次跨越。该船于 2012 年如期交付使用，用户天津航道局。

"通途"号主要特征为双桨、双机复合驱动、双耙带水下泵、全通甲板、尾楼型的船体设计在国内耙吸船中也属首创。主要用于沿海港口、航道疏浚和吹填作业，兼作海岸维护工程，无限航区调遣。该船多项指标领先于国内其他耙吸挖泥船，部分指标达到同期国际先进水平，同时还具备节能环保等技术优势。

"通途"号总长 160.3m，垂线间长 146.4m，型宽 30m，型深 15m，设计吃水 9.5m，挖泥吃水 11.3m。该船载重量 30861t，满载自由航速 15.5kn，总装机功率 21150kW。主要技术经济及能效指标航行比功率 0.0364，接近国际先进水平，国内领先。基本设置及功能如下：

疏浚方式：双耙作业使用 2 台舱内泵(挖泥功率 2700kW /排岸功率 6000kW)或左舱内泵和右水下泵(4500kW)；单耙作业使用水下泵或右水下泵和右舱内泵串联；卸泥通过两列锥形泥门或首吹或首喷排出。动力配置设置 2 台 8700kW 主柴油机，采用"一拖二"驱动方式：飞轮端通过减速齿轮箱驱动带导管的可调螺距螺旋桨；自由端各驱动 1 台 8000kW 交流轴带发电机，再通过变频电机向泥泵、水下泵、高压冲水泵等疏浚设备供电；另设置有 3 台 1250kW 主发电机，向除疏浚系统之外的全船设备供电(见图 3 – 148)。

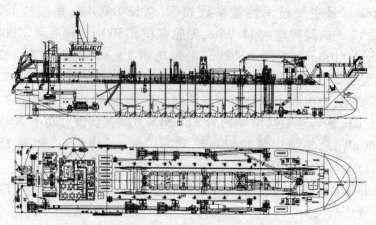

图 3-148　国产 20000m³ 耙吸挖泥船"通途"号布置总图

3.9.3.3　大型耙吸挖泥船（8000～15000m³）

1968—1993 年的 26 年间国外先后建造有 8000～15000m³ 大型耙吸船计约 19 艘，限于当年技术条件，这个时期建造的大型耙吸船无论船型还是装船设备总体技术含量不高；自 1994 年到目前阶段，近 20 年的时间内，国外新建 8000～15000m³ 大型耙吸船计约 20 艘，这批船的浅水性能、装载能力、自动化程度、能效指标等普遍有了大幅度提高，同等舱容下装船功率有了较大幅度下降，而且更加注重可持续发展。而从 2001 年到目前为止的近 15 年时间内，国内利用旧船改造（多数为货船改装）的 8000～13000m³ 大型耙吸船约 7 艘，新建 8000～15000m³ 的耙吸挖泥船难有精确统计，约 16～20 艘，就是说国内外大型耙吸船的总数大约在 60～70 艘之间，从国外建造的近 40 艘大型船来看，有超过 80% 仍处于四大疏浚公司的管辖之下，是其中的一支活跃力量。其中 11650m³ 系列三型船亮点颇多。

代表船型 1——11650m³ 单边耙吸船

德米公司 11650m³ 耙吸船系列共建造有 3 艘，全为单耙设置，首船"Brabo"号于 2007 年交付，第三艘"Breughel"号也于 2011 年底交付。这也是继 5600m³ 系列以后德米公司新拥有更大级别的系列船型。

该船总长 121.50m，垂线长 110m，船宽 28.00m，型深 9.80m，夏季池水 8.15m，疏浚吃水 9.10m，舱容 11650m³（平均容重 1.5tf/m³），载重量为 18710t，设双列底开矩形泥门 2×5 只，预泄泥门 2 只，航速 15.9kn，左舷设有直径 1200mm 的耙管（无水下泵），挖深 28/43m，舱内泵功率 1×3200/1×6000kW，首侧推 2×450kW，推进主机采用两种不同型号的瓦锡兰主机：左机 6000kW（推进＋泥泵用），右机 4000kW（推进＋

高压冲水 + 发电机用),轴带发电机功率为 1700kW,辅发电机功率为 724kW。单耙船的这种动力不对称设置的情形较多,定员 14 人。

　　该型船是典型宽体、浅吃水的高效耙吸船,主要特点是自重轻、装载能力大、疏浚工效高,突出表现在不仅装船总功率小,功率因数(kW/m³)也突破 1.0、达 0.947,推进比功率 0.027 更创下迄今大型耙吸船的最低记录,凸显可持续发展理念(见图 3 - 149)。

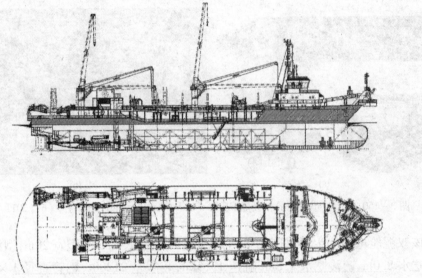

图 3 - 149　优秀设计的万方级单边耙吸船"Brabo"号布置总图

　　这艘高科技含量的挖泥船结合了德米公司在疏浚技术方面所有创新与发展,并安装有直接泵岸的装置和用于艏吹的喷嘴。"Breuchel"号的单人驾驶台配备了最新、最先进的控制台,疏浚和航行功能合为一体。

　　船型方面,大型球首的设置不仅有利于浮力的增加,还有助于航速的改善。

　　该船由于在设计上注重于最少二氧化碳排放,称得上具有"同级别船中最佳二氧化碳排放—立方米比",获"绿色证书"。

　　代表船型 2——12000m³ 双泥舱姐妹耙吸船

　　波斯卡利斯公司舱容 12000m³ 姐妹耙吸船"Gateway"号和"Willem Van Oranje"号于 2010 年前后相继交付,该型船采用双泥舱设置,与以往的双泥舱船相比具有鲜明的时代特色,是 IHC 公司近年来又一不同凡响的业绩。

　　以往为数不多的双泥舱耙吸船其甲板室多为居中布置,而该船甲板室已置于船首,且首端配置了具有现代标志的首吹装置和长球鼻首。甲板室及长球首的设置有利于纵倾调节。两个泥舱的间隔设置,更加有利于浮态的纵向平衡,尤其有利于浅水状态下的作业(约 11m)。而泥泵舱在两个 6000m³ 泥舱之间居中布置,为船舶中部恰到好处地提供了附加浮力,有利于减缓弯矩应力集中,减轻结构重量。泥舱开口结构以及装舱系统均较早前的双泥舱有了不少改进。如图 3-150 所示,该船右舷设有一根带水下泵的耙臂,用于挖泥装舱,另一只舱内泵则用以抽舱排岸或首喷。同时还设有底开泥门卸泥。

(a)   (b)

图 3-150   12000m³ 双泥舱耙吸船"Willem Van Oranje"号在喷排作业中(b)(2011 年)

该双泥舱耙吸船主要尺度如下:总长 137m,垂线长 125m,型宽 28m,型深 13.8m,夏季吃水 8.0m,疏浚吃水 9.8m,航速 15.5kn,装载量 21200t,耙管直径 1×1200mm,泥泵排岸功率 17500kW,喷水泵 2×1250kW,推进功率 2×6000kW,首侧推 2×700kW,挖深 62m,总装机功率 13812kW,功率因数 1.151kW/m³。

3.9.3.4   中型耙吸挖泥船(4000~8000m³级)

即使是在世界级的大型疏浚公司里,也不乏配备这类中等规模乃至小型耙吸挖泥船。在德米公司,4000~5000m³ 级的耙吸船就占有相当比重,如前面介绍过的 5400m³ "Pallieter" 系列耙吸船,该公司就有 4 艘,扬德努船队中连 2000~4000m³ 的小型船也配有好几艘。疏浚工程施工中大中见小,不可不备。

21 世纪以来的 10 余年间,由于世界性疏浚市场的持续发展,国外中型耙吸船的建造数量亦不在少,同比较 20 世纪 90 年代亦有大幅度增加,但无论用户还是建造商都不像大型以上耙吸船那样高度集中,如 2012 年韩国釜山为扬德努集团建造的 7500m³ 姐妹耙吸船、2001 年 LMG 为美国大湖疏浚公司设计(美国国内建造)的 5000m³ 耙吸船、2006 年 IHC 公司为巴基斯坦用户建造的 6000m³ 耙吸船、2003 年西班牙 Izar 集团为扬德努建造的 4400m³ 全电动姐妹耙吸船、2004 年 VOSTA LMG 公司和 708 所联合设计、沪东中华造船集团建造的 5800m³ 耙吸船以及 2014 年由 708 所设计、浙江增洲造船厂建造、出口伊拉克的 6000m³ 姐妹耙吸船等,这些船的建造地域较为广泛,船型及设备技术也参差不一,但从整体上来看均较 1990 年代以前有了明显提升:在浅水性能、动力复合驱动、单人桥楼、DP/DT 系统设置、首吹功能、人工智能化以及绿色疏浚理念等方面都呈现出不同程度的进步,单耙船需求的比例也较早前要高。建造数量大约在 50 艘上下,较为典型的仍然要算 IHC 公司为德米集团及 BOKA 公司建造的 5600m³ 系列耙吸船(同型共 6 艘),堪称这一级别的典范。扬德努 7500m³ "Al – ldrisl"号及全电动 4400m³ 姐妹船也很有特色。

同期国内中型船的建造数量难有精确统计,估计应在 40 艘上下,除少量出口外,均满足国内市场需求。相对于大型耙吸船而言,近一个时期国内中小型耙吸船的技术水平(除个别船型外)整体成色不高,突出表现在:截止 2013 年,几乎所有国产耙吸船都没能采用"复合驱动"技术,致使装船功率与国外形成明显反差,为国外诟病。

代表船型 1——5400m³ 耙吸船"Pallieter"号及其后续系列

德米集团 2004 年建造的 5400m³ 耙吸挖泥船采用了 IHC 公司近年来对耙吸挖泥船的最新研究成果。该船总长 97.5m,垂线间长 84.95m,型宽 21.6m,型深 7.6m,疏浚吃水 7.1m,$L/B = 3.93$,$B/T = 3.04$,极具浅水肥大船型特征,在船长收紧的同时,船宽和方型系数进一步增大。疏浚干舷仅为夏季干舷的 1/3,使最大吃水增加了 0.24m,使载重量增加了 5%。吃水 7.1m 时的载重量为 8100t(见图 3 – 151、图 3 – 152)。

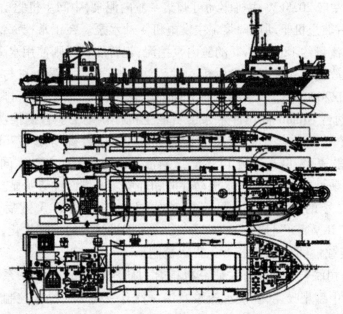

图 3 – 151　浅吃水肥大船型从"Pallieter"号系列船型逐渐发展开来

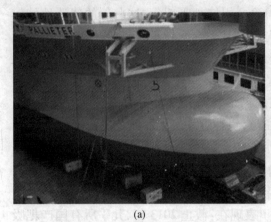 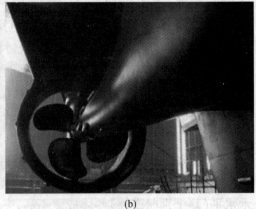

(a) (b)

图 3 – 152 为改善水动力性能"Pallieter"号采用长球首(a)和双尾稽船尾(b)

"Pallieter"号为单耙船,正常挖深情况下使用直径为 1000mm 的耙臂;挖深超过33m 后换用直径为 700mm 的耙臂,并使用功率为 1700kW 的水下泵。泥舱采用"V"型结构;船尾采用双尾鳍的形式,有利于加长泥舱、降低船体的弯矩并节省钢材重量;泥舱向后延长还有利于船舶浮态的调控,可降低波浪阻力。此外,船首采用特殊的球鼻首,可大大改善航行条件,提高航速。全船安装 3 台 Wartsila 主机(3 × 2025kW;1000r/min)。左舷 2025kW 主机驱动可调桨 + 舱内泥泵,中间主机驱动舱内泥泵 + 水下泵发电机;右舷主机驱动可调桨 + 主发电机 + 冲水泵。在正常挖深情况下,由中间一台主机驱动流量约 18000m³/h 的舱内泵挖泥;耙臂加长后则使用水下泵挖泥,此时中间一台主机改为驱动水下泵发电机。进行首吹排岸时,左舷主机与中间主机通过一台 FlenderGJZ2600 双输入轴和单输出轴的齿轮箱驱动舱内泥泵,排岸时的总功率为 4050kW。两台 Nijhuis 高压冲水泵由右舷主机提供动力。首侧推功率为 450kW。辅发电机一台 570kW;停泊兼应急发电机 131kW;总装机功率 6776kW,推进功率4050kW,重载航速 12.8kn,定员 14 人。该船推进比功率为 0.037,在同等规模的耙吸船上具有显而易见的先进性,浅水机动性能和环境友好方面优势明显。

"Pallieter"号的成功设计,驱使德米公司一连订购了 3 艘后续姐妹船,即"Marieke"号、"Reynaert"号和"Artevelde"号。由于设计上的不断优化,后续船在舱容(5600m³)和装载量(8336t)等指标上再次被刷新。

由 IHC 公司联合用户及有关研究机构合力研制成功的 5400m³ 系列耙吸船被认为是革命性的中型耙吸船,在浅水疏浚及浚—驾合一的单人操作控制台方面实现了创造性发展,在环境友好及生态效应方面也取得新成效。该系列船所取得的成就也为大型耙吸船的发展集聚了经验。从 $10000m^3$ 级"Brabo"号耙吸船系列到 $30000m^3$ 级的"刚果河"号超巨型耙吸船,从中不难看到"Pallieter"系列耙吸船的身影。

通过德米集团最近 10 余年间在系列耙吸船上所取得的成就,再次说明一个道理:"罗马不是一日建成的。"

代表船型 2——$7500m^3$ 姐妹船"Al – Idrisi"号及"Vitus Bering"号

该型姐妹船为扬德努公司所有,由荷兰鹿特丹 Vuyk 工程公司提供基本设计图纸,委托韩国釜山 Heun Woo Steel Co. 建造,"Al – Idrisi"号为首艘,2008 年交付。该船采用高型深甲板、"V"型泥舱断面、单列 4 只矩型泥门设置,在中型船系列中所见不多,另一个特点是,推进系统采用两只全回转舵桨,这在耙吸船上也不多见。"Al – Idrisi"号姐妹船采用单耙(右耙)、长球首设置(见图 3 – 153)。

图 3 – 153　扬德努 $7500m^3$ "Vitus Bering"号

"Al – Idrisi"号船主要参数如下:总长 119.1m,船长 104.3m,型宽 23.0m,型深 10.75m,夏季吃水 6.45m,疏浚吃水 8.5m,泥泵功率 2000 kW /4000kW,推进功率 2 × 4000kW,航速 14kn,吸管直径 1 × 1000mm,挖深 46.4m,功率因数 1.20,推进比功率 0.0484。

3.9.3.5　小型耙吸挖泥船($4000m^3$ 以下级)

$4000m^3$ 以下的耙吸挖泥船,无论是作为世界级的疏浚承包商,还是著名挖泥船供应商,近一个时期中的增长势头不甚明显。从四大疏浚集团的业绩来看,扬德努在小型船装备的发展方面也未曾止步,近年来和我国新河船厂密切合作在生产多艘3700m³开体泥驳和开体耙吸船之后,再次同其签约建造了2艘3400m³柴油电力驱动、带首吹的单边耙吸船。这2艘小型耙吸船也是扬德努2007～2011年间一揽子"适宜技术"船舶发展计划的组成部分。

总体上说,小型挖泥船的建造及用户分布情形比较分散,大多数这类挖泥船都由中小型疏浚公司所拥有,服务水域也大多是在内河航道或河口、港湾一带,要比较精确地统计它们的建造数量不太容易,仅就国内市场而言,进入21世纪以来的这10多年正是我国挖泥船市场最为火红的年代,其间仅长江航道局一家就先后投建小型耙吸挖泥船10余艘(见图3-154)。近两年来新建挖泥船已趋缓。10余年间国内建造的4000m³以下耙吸船大约在60～80艘的光景。

3-154 交通部长江航道局新一代2000m³耙吸挖泥船设计合同签字仪式
在中船708研究所隆重举行(1992年、批量6艘)

代表船型——IHC公司小型泥舱式耙吸挖泥船

IHC公司业已推出的小型号系列标准耙吸挖泥船主要有两种形式:

1) IHC公司小型廉价泥舱式耙吸挖泥船Easydredge

Easydredge为应对全球对小型挖泥船日益增长的需求推出。标准化的部件和智能生产选择使Easydredge挖泥船成为一艘具有交付期短、符合成本效益的概念船。

Easydredge系列耙吸挖泥船现有3种规格(Easydredge 1300、2300和3300),可用于优化维护性挖泥、填海和挖掘沙石。Easydredge具有更加修长的船体,驾驶台位于船尾。该系列还可用于安装骨料开采设备和干卸载,对于这种用途的挖泥船具有比较大的载重量。

2) IHC 公司小猎犬耙吸挖泥船系列标准

该系列包括 3 种型号:2000m³ 的"小猎犬 2"号、4000m³ 的"小猎犬 4"号和 8000m³ 的"小猎犬 8"号。IHC 公司小猎犬耙吸挖泥船具有 IHC 典型的船体形状,配备全回转舵桨,驾驶台与舱室位于船首,每种型号的基本点立足于浅水维护疏浚,通过选项可以扩展其功能,例如,具有排岸能力、安装除气装置和其他设备(见图 3 – 155)。

(a)　　　　　　　　　　　　　(b)

图 3 – 155　IHC 公司小型泥舱式挖泥船(a)"Easydredge"
系列廉价标准耙吸船,(b)小猎犬系列耙吸挖泥船

第4章
绞吸挖泥船

4.1 概　述

　　绞吸挖泥船于19世纪80年代初期在英国、美国、荷兰等国家率先得到开发使用，但在其后的相当一个时期绞吸挖泥船在欧洲发展较为缓慢，欧洲人依然崇尚链斗挖泥船。

　　据有关记载：1884年前后，美国加利福尼亚的奥克兰港，已有了带圆柱状绞刀的绞吸挖泥船投入使用，而1896年美国就建成了时下最大的绞吸挖泥船"Beta"号，该船具有两个独立的泥泵，且吸入管径达850mm。

　　自此以来美国用户对于绞吸船情有独钟，自19世纪末至20世纪初，绞吸挖泥船在美国发展很快，在大小疏浚工程中一跃而成为主力船型，至今仍不减雄风。绞吸挖泥船在日本的推广应用比较晚，资料显示，1906年日本神户港等突堤填筑工程中始见有绞吸船的身影，而且，这类绞吸船均不带绞刀，排距也不超过400～500m，可见技术形态之低下，当时，日本主要采用的还是链斗挖泥船。第二次世界大战结束以后，绞吸船在日本有了快速发展，据统计：1961年日本全国挖泥船总数787艘，绞吸船就有319艘，占了四成以上，这也代表了时下亚洲的水平。

　　和耙吸挖泥船一样，在作用原理上绞吸挖泥船同属于水力式挖泥船，即通过离心式水泵吸入水底泥沙，并借助水力排入充填处所（见图4-1、图4-2）。

　　图4-2为1893年秋季由美国Bucyrus Steam Shovel公司建造的绞吸挖泥船"RAM"号，用于密西西比河下游航道疏浚。该图显示：美国绞吸船不仅很早就配备有旋转绞刀，部分船的船后还装有转动明轮，使其具有一定的机动调遣能力，但早期桥架及吊放系统的结构显然比较简单，这也意味着当时的绞吸船只能应对淤泥和软土。

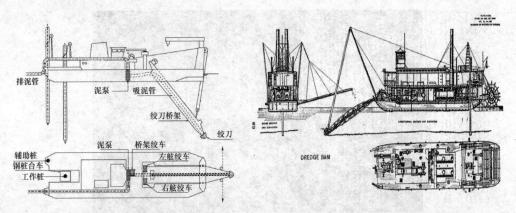

图 4-1　带台车绞吸挖泥船的主要系统组成　　图 4-2　美国早期带明轮的绞吸挖泥船"RAM"号

绞吸挖泥船的船型比较简单,绝大多数为非自航船、方箱型船体,其主要类型有:

① 按照切削工具分:绞刀式和斗轮式两大类(20 世纪 70 年代)。为确保不同泥质情形下的疏浚效率,绞刀又有卧式、立式、开式、闭式等多种形式,斗轮亦有单斗轮、双斗轮之分;

② 按照船型分:整体式和组合(拼装)式,自航和非自航;

③ 按照驱动方式分:蒸汽动力(早期)、柴油机动力、柴油电动、全电动(岸电或是柴油发电机组)以及柴油—电动—液压等;

④ 按照移船方式分:常规定位桩、液压台车定位桩以及圣诞树;

⑤ 按照泥泵安装位置分:舱内泵、水下泵、舱内泵 + 水下泵、舱内泵 + 甲板泵 + 水下泵、舱内泵 + 岸泵;

⑥ 按照泥沙输送方式分:经排泥管泵送或装驳运送等。

自 20 世纪 60 ~ 70 年代以来,随着社会经济的发展和技术上的进步。绞吸挖泥船在标准化、大型化、自航化和智能化方面取得长足的进步,早前几乎由耙吸挖泥船一统天下的海洋疏浚,而今新一代巨型、超巨型绞吸船挖泥也开始涉足其间(见图 4-3)。

现今绞吸挖泥船已遍布世界各地疏浚市场,是现有各类挖泥船上使用最为广泛的一种,较长一段时间以来,绞吸挖泥船在美国、日本等部分国家居于统治地位;在欧洲四大疏浚公司中,绞吸船和耙吸船的装船总功率已超过四大公司全部疏浚装备装船功率的 80%;就数量而言,在世界各色挖泥船中,绞吸船几近占据半劈江山。据 IHC 公司本世纪初的统计,其一家所建造的大、小型绞吸船累计已超过 1000 艘。

绞吸挖泥船的主要优势大致归纳如下:

图 4 - 3　21 世纪初年超巨型自航绞吸挖泥船应运而生大踏步走向海洋

（1）船型简单，建造及疏浚成本低廉，具有市场竞争优势；

（2）吃水浅，且中小型船的组装结构便利陆运调遣，适用水域范围广泛；

（3）随着泥泵、绞刀等装备技术和机械性能的不断完善，对包括岩石在内的各类土质具有广泛适应性；

（4）定位桩台车及自动化、智能化技术的装船应用，使现代绞吸船非生产性移船时间相对减少、吸入浓度和产量相应提高。

（5）大型以上自航绞吸船的逐渐增多大大便利了海上调遣和抗风浪性能，为其跻身大型海上疏浚工程赢得机遇。

尽管如此，绞吸挖泥船依然存在短板：诸如挖深浅（通常不超过 35～36m），作业时不同程度依赖辅助船只的配合以及抗风浪能力差，主航道作业时有碍其他船只过往。正因为如此，在迄今大型国际疏浚工程（如迪拜系列填海筑岛项目）中，绞吸船同耙吸船往往总是如影随形，优势互补，其他船型参与配合的程度就很少了。大、中型疏浚公司在制定装备发展计划时，对耙吸船和绞吸船的孰重孰轻，往往要通盘考虑，从四大公司 21 世纪初年以来的装备发展进程中，更加可以看到这两型船在船队中相辅相存的核心地位。

4.2　绞吸挖泥船主要系统组成

传统绞吸挖泥船疏浚系统主要由以下部分组成（见图 4 - 1）：

（1）绞刀及其驱动系统；

（2）桥架、A 字架及其吊放系统；

（3）泥泵及其驱动系统；

（4）高压喷水泵及其驱动系统；

（5）横移锚绞车系统；

（6）定位桩/定位桩台车系统；

（7）驾控台操作系统。

早期绞吸船没有定位桩台车，老式定位桩及其吊架分置于船尾两侧。而现代绞吸船除了舱内泥泵外，往往还配置有甲板泵、水下泵（亦称桥架泵）。

对自航绞吸船而言，推进系统也构成重要部分组成。

4.2.1　绞刀

绞刀是绞吸挖泥船的关键组成部分，绞吸船和一般直吸式挖泥船的重要差别之一就在于绞刀的设置。绞刀设于绞刀架的前端，可随绞刀架作上下或横移运动。作为切削部件，绞刀在动力（液压或电动）驱动下，绕其自身轴高速转动，并借助横移锚绞车的张力，使其贴近泥面连续不断地（左、右）切削泥层，每次切削厚度视泥质特性、设置功率的大小等因素而定，大致一倍于绞刀直径。被切削泥沙沿着刀片的螺旋走向汇集于吸口附近的腔内，形成的泥水混合物被泥泵经由吸管吸入，并通过水陆排泥管排至卸泥区域。

绞刀的形式、尺寸、转速以及切削功率的大小，和绞吸船的生产量有着直接的关系。

4.2.1.1　绞刀型式和构造

绞刀一般由 5～6 个刀片组成，采用 7 片或 8 片的情形不多，早期也曾有过 3 片 4 片的绞刀。刀片一般呈螺旋状。绞刀的外观形式通常有开式和闭式之分，开式绞刀的螺旋角比闭式要大，送土效率偏低，闭式绞刀螺旋角可根据设计要求确定，以提高送土效率。

早期绞吸船普遍采用开式绞刀，仅日本是个例外。图 4-4 所示为美国早期较常使用的若干绞刀形式；图 4-5 所示即为早期"盖达洛·魁伯克"号绞吸挖泥船上使用过的一种带螺旋切片的重型绞刀，重量达 40t，据称能有效挖掘带 70cm 石块的黏土；还有一种转盘式绞刀如图 4-6 所示（有垂向轴和水平轴之分），挖曹比较平整，但近来已难寻觅。

现代绞吸船除个别情形外，几乎都采用闭式绞刀。为增强破土能力、有效对付黏性土，现今高效绞刀除了类似于耙头那样普遍装有高压喷水装置外、在刀片上还加装有带插座、方便拆换的刀齿(见图4-7)。

图4-4 早前美国普遍采用的开式绞刀 螺旋式、带齿螺旋式及蜘蛛网式(从左到右)

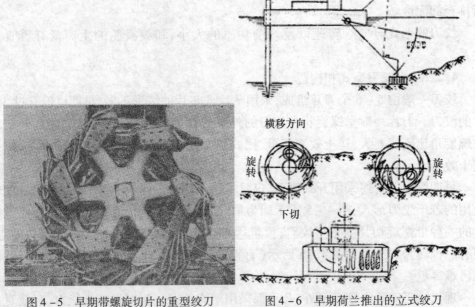

图4-5 早期带螺旋切片的重型绞刀　　图4-6 早期荷兰推出的立式绞刀

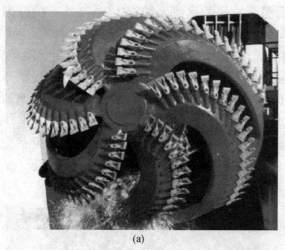

(a)   (b)

图 4 - 7 现代装有刀齿和高压喷嘴的高效绞刀

(a)为适合黏土的绞刀;(b)为适合岩石的绞刀。

绞刀的生产能力不仅受切削功率、横移绞车功率和速度的影响,也同绞刀尺寸不无关系:在横移绞车拉力、速度和扭矩不受限制的前提下,产量有望通过增加切削厚度、前移距离以及加大绞刀尺寸得以提高;而当挖掘岩石等硬质土时,需采用较大的功率和转速,相应采用较小的绞刀直径;而当进行大挖深采掘时,亦采用较短的绞刀。可见,面对不同泥质对象,甚至不同挖深时,应寻求与之相匹配的绞刀。事实上,绞刀有着各种各样的的技术规格和尺寸,以满足不同用户或者说不同土质的要求。像IHC、VOSTA LMG、ELLICOTT 等知名品牌供应商也都形成有各自的绞刀系列。

绞刀与各类不同土质的匹配情形大致如下:

(1) 对淤泥、泥炭、中密度砂等松软土质,宜选用前端直径较大的冠型平刃绞刀;

(2) 对黏土、亚黏土类,宜选用方形齿绞刀;

(3) 对于坚硬土质,宜选用直径较小的尖齿绞刀;

(4) 对岩石,宜采用可快速换齿的岩石绞刀(配高压喷水)。

迄今为止,能自如应对各类土质的万能型绞刀还不存在。

4.2.1.2 绞刀功率

绞刀功率的确定同挖掘土质、绞刀转速、生产能力、横移速度、挖深、排距等多重因素密切相关,其中任意一个因素的变异都会导致对功率要求发生变化。

根据作者早些时候对以往一个时期非自航绞吸挖泥船绞刀功率的粗略统计,其绞刀功率占装船总功率的百分比大约在 9% ~20% 区间;另据日本《工程船舶设计基准》(1971 年)的统计数据,绞刀功率同泥泵功率的比值大约在 1/3 ~ 1/5.5 的范围内,基于大小不同的船舶、不同土壤类型等条件,绞刀功率取值范围幅度较大。

然而,近一个时期以来在部分新建的大型或专用绞吸船上,绞刀功率有明显加大的趋势,占装船功率的百分比从 22% ~ 29% 皆有之,扬德努公司 2010 年间新建的"郑和"号等 4 艘超大型自航姐妹船就是明显见证,该姐妹船绞刀功率占到装船总功率的28.7%,创造了绞吸船绞刀功率设置的极值。

刀齿及其上的喷水系统是现阶段新型高效绞刀的重要表征,而第三代刀齿系统主要特点就是更加安全、更便于更换、齿上装有高压喷水管、且齿座寿命更长(见图 4 – 8 ~ 图 4 – 10)。

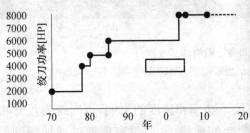

图 4 – 8　20 世纪 70 年代以来绞刀功率随
时间逐年增大的发展趋势

图 4 – 9　更加安全且便于更换的第三代刀
齿——齿上加有高压喷水管且齿座寿命更长

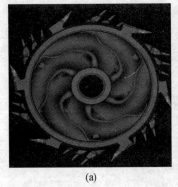

(a)

(b)

(c)

图 4 – 10　美国 ESCO 公司新型 Vortex 绞刀头设计可降低疏浚物的溢出量,提高施工效率

4.2.1.3　绞刀驱动装置

绞刀驱动装置既可以采用电力驱动,也可以采用液压驱动,液压驱动在现今绞吸挖泥船上应用十分普遍。

当驱动装置贴近绞刀一侧(处于水下)布设时,能更好地调整绞刀轴的方向,使其达到所需要的角度,尤其是在浅水作业时。液压驱动装置具有完全密封和(无需齿轮箱)直接驱动绞刀的优点。当驱动装置位于水面情形时,该装置和齿轮箱经常是靠近耳轴安装,此时因轴系较长,区间需设置若干桥架轴承,故轴系往往偏重。

4.2.2　绞刀架及其起落绞车

绞刀架亦称桥架,是用以安装绞刀、绞刀驱动装置、吸泥管线以及左右横移锚导索滑轮等设备的结构组件,设置于船首开槽之中,桥架的根部通过耳轴与开槽端壁相连接,形成一个绞点,而末端(即靠近绞刀部位)则借助桥架绞车的钢索及滑轮悬吊于A字架上。随着滑轮的向下移动,桥架绕其耳轴转动,没入水下,直至绞刀接触泥面,并在横移绞车的配合下开始挖泥作业。

当绞吸船调遣、靠泊时,桥架借助桥架绞车抬出水面,作业时放入水下,视挖深需要可调整其与水面的夹角,通常设计最大夹角为45°。现代国外先进绞吸船桥架与水面的夹角一般都可以达到50°甚至55°,以获得更理想的挖深。

4.2.2.1　作业时的受力及尺寸取向

当船舶处于作业状态时,受力情形较为复杂,除了作用在绞刀上的轴向力、径向力以及切向力以外,还将受到横移绞车钢索横向力的作用以及风力、水流阻力等影响。作用在绞吸挖泥船上的力,如图4-11所示。如同船体结构一样,绞刀架的构件尺寸也需通过受力分析计算或参照相关经验公式计算来确定。

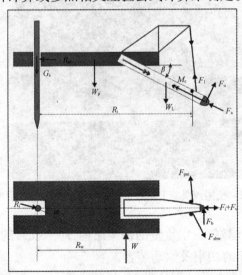

图4-11　绞吸挖泥船受力示意图

桥架的长度主要取决于挖深以及挖槽宽度等需要,往往得伸出首开槽以外达一倍以上开槽长度。过往经验数据显示:长宽比 $L_J/B_J = 5 \sim 6$。而长度与高度的比值范围也多在 $14 \sim 15$ 之间。

因为桥架及其绞刀伸出船外的缘故,出乎安全,当船调遣时需采取倒拖方式。

4.2.2.2　桥架的主要功能和结构形式

桥架用以布置泥泵吸管、绞刀及其驱动装置、桥架泵及其传动轴、高压喷水泵的输送管道、横移绞车的出索装置等。桥架的根部通过铰链与主浮箱的前端壁相连,是一个经常绕其绞点上下转动的部件。因其处于船首部位,桥架及其所承载的重量对船泊的纵向浮心的影响敏感。根据船舶吃水及纵向平衡的需要,绞刀架可设计为浮箱式(提供浮力以减小首部吃水)或桁架式(见图 4-12)。

图 4-12　美国绞吸船上带有水下泥泵及潜水电机的重型桥架

桥架重量并非越轻越好,一定重量的桥架结构,对于绞刀的稳定作业很有必要。

4.2.2.3　桥架绞车的功率及驱动装置

当需要绞吸挖泥船全自动挖掘边坡时,桥架绞车的速度必须与横移绞车的额定转速保持一致。如无此要求,绞车速度可任意选择,但必须顾及产量:当刀齿频繁更换时,得多次提升桥架,为此,过低的速度设置对产量不利。一般就中型绞吸船来说,常用绞车速度通常为 10m/min,而滑轮组在起吊桥架时,垂线上的速度通常为 2m ~ 3m/min。绞车所需功率取决于桥架的重量,以及当绞刀以向上切削模式挖掘边坡时的垂直反作用力。

绞刀的入水深度通过桥架绞车的操作来实现,因此桥架驱动装置应便于调节。

4.2.3　横移绞车系统

4.2.3.1　横移绞车驱动装置

横移绞车同绞刀及桥架绞车一样,既可为液压驱动,也可以电力驱动,但不一定非得同步,现代挖泥船上液压绞车的应用已相当普遍。横移绞车驱动装置所需功率通常较绞刀驱动装置功率要小。

为克服绞刀切削阻力、水流阻力以及作用于船身风压,横移绞车必须具有足够的牵引力。通常牵引速度对小型船而言在 10m/min 左右;对中型船而言在 20m/min 左右;而对大型及其以上挖泥船来说,其速度往往达到 30m/min 以上。针对不同的挖掘对象,横移绞车的速度表现出较大的差异:当其挖掘石头时钢索最大速度为 20 ~ 25m/min,较挖砂时的最大速度 30 ~ 35m/min 有明显下降,这应该不难理解。

4.2.3.2　横移锚缆

当船收紧一侧锚缆的同时,松开另一侧锚缆,同步实施使绞刀沿整个挖槽宽度内往返挖泥作业。左右横移锚缆自横移锚绞车经导向滑轮与锚相连。滑轮和锚的位置(方位角)不仅决定锚缆的拉力,而且还决定绞刀移动的速度。

锚缆绞车可以设置在桥架上也可以设置在船首甲板,甚至操纵台前沿的平台之上。对有绳槽的卷筒来说,可以容纳的钢缆长度足以满足挖泥船在整个挖槽宽度内摆动的需要。

4.2.3.3　吊锚杆

国外绞吸船上普遍设有吊锚杆(左、右设置),而国内早前自行建造的绞吸船(无论船型大小)往往不设吊锚杆,通过另行配备带有起重吊钩的自航抛锚艇抛锚作业。原因之一可能是使用习惯问题,另一方面也许是因为以往国内建造的绞吸船普遍较小且船员舱室设置较多的原故。现在国产绞吸船也普遍加装了吊锚杆。

为了尽量减少移锚次数,应尽可能将锚抛在远离挖泥船的地方。借助吊锚杆的操作,能使船长在不需要外界的帮助下移锚。吊锚杆可以借助固定在吊锚杆端部并经过一系列滑轮后通往起锚绞车的锚缆绕旋转结构转动(见图 4 - 13 及图 4 - 95 双吊锚杆抛锚作业)。

图 4 – 13   11000kW 绞吸船"Al Mirfa"号吊锚作业

4.2.4　泥泵

现代泥泵从离心式水泵发展而来,但却表现出和普通水泵很不一样的特性,它必须适合输送泥水混合物而不是水。从内部结构来说,泥泵和水泵其特性上的最大差别在于它的内径大,叶片数较少以及因其耐磨性能的特别要求而采用更厚的边壁。

绞吸挖泥船的泥泵既不同于通用泥泵,也不同于耙吸挖泥船所用的泥泵。绞吸船总产量不可避免地要受到泥泵球形通道和吸入能力的影响,所有这些需在设计中仔细加以考虑,逐一解决。

对于近期推出的绞吸挖泥船高效专用泥泵而言,需重点解决的是尽可能形成大的球形通道和良好的吸入能力,要求泥泵在球形通道和吸入能力限制条件下使效率达到最大化。对于专为输送岩石而设计的泥泵来说,球形间隙是最重要的设计参数。

荷兰 IHC 在绞吸挖泥船专用泵的设计方面不断取得新的成就:他们不仅推出了球型通道的创新设计,经验表明:球形通道至少得等于吸口直径的50% ,尽量减小不平衡的力,并使球形物能够通过叶轮吸口排放,而通道最小处位于叶片通道的入口处。下面列出了影响球形通道或受球形通道影响的参数。更大的球形通道可通过以下几点实现(见图 4 – 14A):

(1) 减少叶片的重叠(见图 4 – 14A(1));

(2) 减少叶片的数目(见图 4 – 14A(2));

(3) 增加叶片的进口角度(见图 4 – 14A(1));

(4) 增加叶轮内部的宽度;

(5) 向后切割叶片入口的边缘(见图 4 – 14A(2));

（6）采用更薄的叶片。

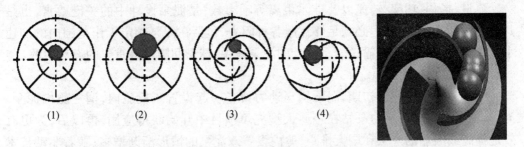

（1）　　　（2）　　　（3）　　　（4）

图 4-14A　绞吸船泥泵叶片设计对球形通道的影响(右图为球体通过叶轮通道的效果图)
(1)叶片交叉;(2)叶片收缩;(3)曲面叶片;(4)减少叶片。

图 4-14B 所示为 IHC 高效绞吸船专用泥泵及其结构特性图。

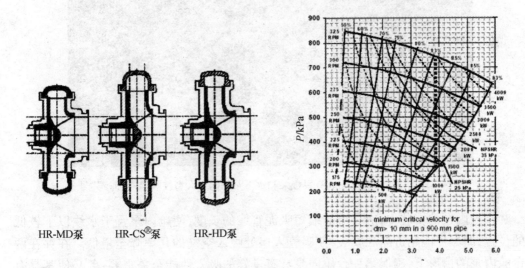

HR-MD泵　　　HR-CS®泵　　　HR-HD泵

图 4-14B　IHC 公司高效绞吸船专用泥泵及其结构特性曲线图

　　如今泥泵无论是材质的耐磨特性、内部构造、过流能力等诸多方面较早前的泥泵都有了重大改进,至使泥泵效率显著提高。20 世纪 70 年代,中、小型挖泥船上泥泵效率普遍只有 50% ~ 60%,大型船上也不过 70%。现今国外著名挖泥船建造商 IHC、VOSTA LMG、ELLICOTT 以及 GIW 等公司所生产的泥泵,其效率普遍达到 85% 以上,IHC 公司安装在特大型以上绞吸船上的泥泵效率几近达到 90%。

　　和所有水力式挖泥船一样,泥泵对于绞吸挖泥船来说,同样处于核心位置,尤其是在采用排泥管线输送泥沙的情形下,泥泵在挖泥作业(挖、运、卸)全过程中,都处于连续不断地运转之中,一旦泥泵发生故障,整个生产作业都不得不因此而停顿。

流量、扬程、功率/转速以及排泥距离等项参数,是泥泵设计中的关键要素,也是其重要性能指标,其扬程必须足够克服各种阻力,包括在泥泵额定工作范围内的加速水头和高差。对于专为输送岩石设计的泥泵来说,球形间隙是最重要的设计参数。

4.2.4.1 舱内泥泵

绞吸挖泥船在发展初期,泥泵均与动力设备一起设置于机舱内,谓之舱内泥泵。为了增大排泥距离,接力泵站在一些大型充填项目中开始获得应用;再以后,为更有效地提高绞吸船的产量和增大排距,舱内设置双泥泵的情形渐渐增多;随着驱动技术的提高,除了舱内泵以外,以电轴驱动的甲板泵也陆续投入使用,近年来国内大、中型绞吸船和斗轮船上不乏有甲板泵的装船使用(见图4-15)。

图4-15　甲板室前壁安装有甲板泵和水下泵的国产大型绞吸船"新海鳄"号

在舱内泵的安装中,应尽可能缩短吸泥管线的长度,使舱内泵置于水线以下较低的位置,即尽可能贴近船底安装,使吸管入口处吸入空气的几率降至最低。在存在两台舱内泵的情形下,确保第一台舱内泵具有良好的吸入性能至关重要;务必使其具有较高的真空极限值及/或较低的气蚀余量。

所有装船泥泵均需有检查舱口,以便对泵和叶轮进行检查,必要时清除杂物。

4.2.4.2 水下泵

据有关文献记载,1959年荷兰教授Jande Koning取得了水下泵应用的专利,次年着手在耙吸船上的推广应用,以期增大挖深和提高产量。然而在当时的技术条件下,无论是水下泵的外形尺寸还是整体重量都使得水下泵的应用在耙吸挖泥船上难于达到预期目标。单根耙管会因为笨重的水下泵附着而弯得"直不起腰来"。

20世纪70年代初,德国O&K公司在绞吸挖泥船"SRULERVI"号上装设水下泵的尝试终获成功。该水下泵装在桥架位于水下的 16m 深处,泵的总压头为 22m 水柱,使该船最终挖深达 40m。随后,荷兰在"三角洲计划"的施工中再次采用 O&K 公司的水下泵,结果进一步表明:在泥砂含量为 50% 时,挖深反增至 50m。尽管当时水下泵的重量依然不轻,但承载水下泵的不是单根耙管,而是刚度比耙管要强得多的绞刀架,致使水下泵在绞吸船上的应用迅速得到推广,并在提高产量和节省功率等方面双双获利。同期,美国也进行了类似的试验并获得成功(见图 4 - 16)。

图 4 - 16　美国早前桥架上装有水下泵的新建绞吸船"Iuinois"号盛装庆典中

现今,绞吸船上所采用的水下泵与耙吸船上采用的水下泵实际上并非一回事,鉴于前面所述的原因,目前耙吸船上采用的是机/泵一体化、体积小且重量轻的电驱动水下泵,造价相对昂贵。而绞吸船水下泵和驱动系统是相对独立的两个部分,驱动系统大多设在水面以上,但也有采用潜水电动机于桥架上的驱动形式,终究由两部分构成。

4.2.4.3　泥泵驱动装置

柴油机直接驱动泥泵是绞吸船上最常见的,也是最实用的的一种驱动方式,尤其舱内泵。现今有些小型绞吸/斗轮船的水下泵也采用柴油机经枢轴齿轮箱驱动的,如我国长江航道局 2001 年建造的 1600kW 斗轮挖泥船上,其进口自美国 ELLICOTT 公司的水下泵就是采用的这种驱动形式。

在使用柴油机直接驱动时调速器的类型非常重要,现代调速器在低转速时通过限制喷油量可避免燃油的不充分燃烧。这些调速器提高了柴油机的速度控制范围。

泥泵的电力驱动,在现代挖泥船中的应用也相当普遍,即使水下泵也不乏采用电力驱动。

4.2.4.4　泥泵功率在绞吸船中所占比重

无论是自航还是非自航绞吸船,泥泵作业时所耗功率通常都要占据全船功率的

1/2 以上,这就是说,和耙吸船作业时的情形一样,绞吸船的泥泵亦是该船的能耗大户。大量实船数据显示,泥泵功率在绞吸船装船总功率中所占比重大约在 0.52 ~ 0.63 之间,而大型以上自航绞的泥泵功率所占比重多居于上限。

4.2.5 高压喷水泵

21 世纪伊始,在国外新建的大中型绞吸船中,为增大绞刀挖掘石头的能力,促进混合物的形成而装有高压喷水泵,该技术的应用源于比利时国际疏浚公司的一项研究成果。

在世纪交替的年代里,受高压射流技术在众多工业领域获得广泛应用的鼓舞,比利时国际疏浚公司开始对绞刀头的尖齿与高压射流水共同作用的效果开展了卓有成效的试验研究,结果表明:利用从单个尖齿喷出的高压水在水下切割岩石时非常有效,绞刀轴的的扭矩及刀齿的磨损均有所下降,既提高了产量,也延长了刀齿的寿命。根据这一结果,国际疏浚公司决定在绞吸船"Rubens"号上安装这种利用流体作用进行疏浚与切割的系统,即 DRACULA 系统。这导致一个全新技术的绞刀头(见图 4 - 17),在这个新型刀头的刀臂和齿座上都安装了高压水管,和耙头上安装有带高压喷嘴耙齿的情形一样,绞刀技术的这一新成果在绞吸船上得到推广应用,同时也成就了高压喷水泵在绞吸挖泥船上的装船应用。

图 4 - 17 装有高压喷水系统的新型带齿绞刀

高压喷水泵常用柴油机或异步交流电动机驱动。速度控制对它来说不如泥泵来得重要,因为管线布置几乎固定而且流体密度保持不变。

高压喷水泵的压力和功率的选配需结合用户使用经验由设计者做出确定,经验数据表明:除个别情形以外,高压喷水泵的功率和绞刀功率的比值大致在 0.55 ~ 0.75 之间。

4.2.6　定位桩系统

定位桩或定位钢桩,顾名思义是用来锁定船身位置,配合挖泥作业的装备。桩的大小尺寸和船体主尺度、挖掘深度以及受力情况等相关联。桩体内部通常注入水泥等重物,以降低重心和增大插入泥层时的惯量,桩脚部位呈尖状,亦有利插入泥层。定位桩主要承受弯曲应力的作用,有如一根悬臂梁,壁厚主要根据应力计算加以确定。

定位桩是该系统的主要组成部分,除了两根桩腿外,其余组成部分主要是桩的提升机构、桩架以及倒桩机,依各地区的使用习惯呈现多种样式。现今绞吸船上最常用到的是:传统的固定桩腿定位桩和台车式定位桩。

船上通常设有 3 根定位桩:一根工作桩,一根辅助桩以及一根备用桩。当船处于调遣状态下,主、辅桩必需放倒并平行搁置于机舱棚顶部两侧。

4.2.6.1　传统定位桩及其提升系统

传统钢桩亦称固定钢桩系统,其工作桩、辅助桩以及收放系统对称布置于船尾两侧,两桩与船的中心线等距离设置。之所以被称为固定钢桩,是因为钢桩在船尾设定位置上只能够沿桩架上下运动,交替插入泥层使船步进,而始终不能水平行走。

为了移动挖泥船,必须提升钢桩,以下即为早期较常用的几种钢桩提升方式(见图 4 – 18)

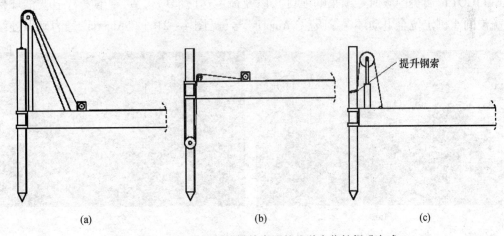

图 4 – 18　绞吸挖泥船较早前常用的几种定位桩提升方式

操作步骤——当船开始前移或开始左右摆动进行切泥作业时,使船偏离中心线一个角度,随后放下辅桩,同时提升工作桩,使船摆动至与中心线对称的(另一侧)位置,并在该处再次换桩(见图4-19)。在每一个左右摆动后下放桥架,使绞刀达至一个新的深度,重复以上动作,直至达到最终深度。显然,这种固定钢桩作业时,由于每一个来回摆动之后均得停止挖泥(此时泥泵空转)进行换桩,因而影响生产效率,这也是绞吸船的明显缺陷。

提升机构——定位桩的尺寸和重量都很大,对传统定位桩而言,无论拔桩还是倒桩,都得借助专用系统装备。钢桩的提升机构有多种方式,使用较普遍、较便利的一种即是:通过一根钢索和一只液压油缸来提升钢桩,钢索的一端紧紧缠绕于钢桩上,然后该钢索经过液压油缸顶部的滑轮折返向下固定于甲板上,钢桩则

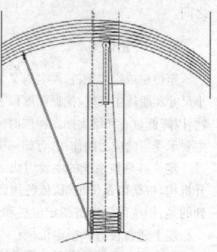

图4-19 定位桩配合移船作业示意图

随着油缸的顶升而缓缓抬起,直至抬出泥面。这种提升系统结构紧凑,且钢桩可以自由落下,其缺点是提升高度有限。此外,采用定位桩架,通过定位桩绞车和钢索进行吊放的情形在早前的绞吸船上也较常见(见图4-20)。传统定位桩中,除了船尾设置两个桩的情形以外,近年来部分绞吸船上还出现有3桩、甚至4桩定位的情形,如美国ELLICOTT公司2011年前后批量投建的3桩定位小型环保绞吸船(制造商ELLICOTT,属美国政府专项采购项目),以及荷兰达门船厂建造,专事安特卫普港环保疏浚的4桩定位全电动环保绞吸船"Amoris"号(见图4-21)。"Amoris"号为确保连续

(a)

(b)

图4-20 早前绞吸船尾部定位桩大多都带有高耸的桩架用以固定和提升钢桩

平滑地疏浚,特别配备了 4 根定位钢桩,其中两根工作桩分别位于前后两个台车内,同时还配有一个带两只大功率液压油缸的摆动式桥架,使其作业时既不必使用锚缆,船身也不必左右摆动(保持平直前进)。随船泥驳将通过装驳设施装满的污染泥源源不断送往专项处置工场处理。

(a)　　　　　　　　　　　　(b)

图 4 - 21　美国 3 桩定位绞吸船(a)以及比利时的 4 桩定位电动环保绞吸船"Amoris"号(b)

4.2.6.2　台车式定位桩系统

台车式定位桩是近现代出现的一种先进的定位形式,一种带有定位桩行走机构的液压台车,它被装设于船尾中间开槽部位,工作桩位于台车之上,由位于轨道上的 4 个滚轮所支承以承受垂直力,并由导轮承受横向力。在液压油缸推动下,桩腿能实施沿中心线的步进,油缸行程通常在 4 ~ 6m 范围内,现在大型以上绞吸船中,最大行程已达至 9m。辅桩依然设于船尾一侧(见图 4 - 22)。

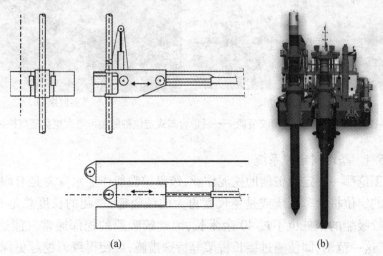

(a)　　　　　　　　　　　(b)

图 4 - 22　高效定位桩台车的作用原理(a)及实船图片(b)

新一代自航绞吸船上的液压定位桩台车不仅能够自行倒桩,而且还具有可挠性——即可变刚度,尤其是在面对海浪和涌的恶劣海况下,这一突出优点使海上作业的大型绞吸船性能增色不少,是现时代创新的绞吸挖泥船重要特征之一。

对两艘具有相同尺度和功率,而定位桩形式各异的绞吸挖泥船,在给定作业边界条件下进行对比,结果表明:采用定位桩抬车的绞吸船,较之采用固定桩的绞吸船能赢得更多的有效挖泥时间;有关国外统计资料还表明:新型台车的应用虽然使得初投资增加大约15%,但由于换桩时间缩短,导致有效生产率的提高达20%之多。这就不难理解为何新型定位桩台车广受欢迎。

4.2.6.3　独立刚桩台车单元——定位桩驳船的设置

台车式定位桩除了通常设于船后中间开槽位置外,也还可以处理成独立浮体的的钢桩台车单元:作为一个独立浮体,通过刚性连接固定于绞吸船的尾端,这种方式有望提高台车系统的工作效率,拟或增大挖宽,这种形式在国外(尤其美国)较为常见,图4-23所示为美国颇为常见的一种定位桩单元,它几乎具备和绞吸船同等大小的尺度,在需要的场所,刚性连接在绞吸船后,这种装备被称为定位桩驳船,其好处是作业时能借此获得更大的挖宽和挖掘效率,前提是作业水域必须足够宽敞。2002年我国在出口越南的1500m³/h绞吸挖泥船的设计上,就采用了这种船后加接的定位桩台车(见图4-23、图4-24)。

实船照片(a)

实船照片(b)

图4-23　不同凡响的美国绞吸船——后带台车式定位桩驳船可增大挖宽提高挖掘效率

4.2.6.4　圣诞树定位系统

采用无论哪一类定位桩辅助挖泥作业,绞吸挖泥船作业水深总是有限度的,即使采用先进的定位桩台车系统或是主尺度再大的绞吸船,桩腿的长度总是有限的。当今超巨型绞吸船的钢桩也不过40余米长,因此绞吸船的挖深通常只能达到35m左右,超出了这一范围,即使通过接长桥架等特殊措施,可使得绞刀挖起更深的泥土,定

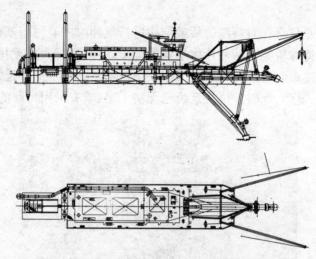

图 4-24　独立钢桩台车接于船后应用实例——
2002 年我国出口越南的 1500m³/h 绞吸船

位桩系统此时不再能为船的稳定性提供保证;更何况,海上作业(即使浅海)一旦遇上恶劣天气、波浪或涌浪对钢桩的作用力过大时,亦很难采用定位桩作业。以上情形下只能改用钢缆作业——即所谓圣诞树定位系统(见图 4-25)。

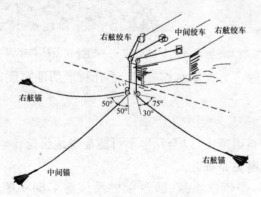

图 4-25　圣诞树锚泊定位系统

　　圣诞树定位系统,是将一棵"圣诞树",即具有导缆装置的结构物固定在钢桩台车上,通过该装置使锚缆交会于船体下方的一点。但是,为了使绞刀在整个摆动过程中完全进入切削面,圣诞树两侧的锚须尽可能置于前方,其结果使得移锚过于频繁,为此常用一个首锚。该系统优点之一就是方便了深水作业,这仅仅是特殊情形下的一种应对措施。

此类深水作业只有在对特殊的桥架结构进行延伸时才有可行实施。图4-26所示恰恰就是利用特殊桥架及两侧片体结构的同步延伸,进行大深度挖掘的情形:采用多节拼装边浮箱逐级向首延伸,并类似耙吸船耙管接长的形式来延处的桥架及吸管段,以加大挖深。显然,此时定位桩系统已无济于事,唯有采用特殊的锚缆定位。

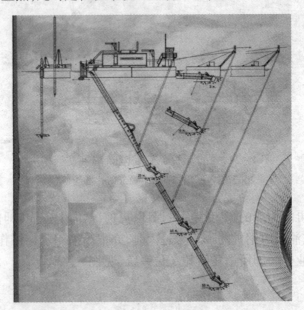

图4-26 绞吸船超大挖深设计的特殊处置——边浮箱及桥架逐级接长延伸(拼装)

锚缆作业的优点除了方便深水作业外,还有利于切削宽度的增加。但缺点也显而易见:

(1)工作量大,必须移动至少3个锚;

(2)船身运动的自由度大,以至几乎不可能准确地施挖;

(3)在挖掘硬土时更是如此。

此外,还有所谓行走钢桩系统、转盘钢桩系统等早期移船作业方式,现已很少见到。

4.2.7 吸排泥管

4.2.7.1 吸管

泥泵吸入管段的吸口安装在绞刀端部轴承的下方,吸口截面积通常为吸管截面积的1.1~1.3倍。吸管就是从该吸口端经由直管、弯管且在桥架根部转动耳轴处以挠性橡胶管替代,由此穿过浮箱首端壁进入舱内,进而从泥泵端口经泥泵吸入、并排将出去。

吸口处会伴随吸入大的石块、树根等杂物,为避免这些杂物直接进入泥泵,在泥泵的正前方有必要设置带人孔盖的沉石箱。

此外,安装在桥架上的吸管须方便换件。

4.2.7.2　排管

排泥管线自机泵舱顶部穿出甲板,并沿着棚顶径直通往船尾,在接近水面附近与浮管相连接的处所装有适当高度的转动填料函(见图4－27)。

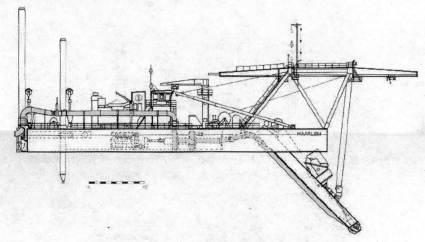

图4－27　排泥管线在绞吸挖泥船上的走向图

多数船上采用球形接头来代替转轴部位的橡皮管。

4.2.8　装驳系统

现今已有的绞吸挖泥船上安装装驳系统的情形并不多。根据使命要求,部分绞吸挖泥船上设有装驳系统,当船舶可能遇到的挖掘对象是粒径较大的石料,或类似的不易形成泥水混合物的物料,或是需要特别集中处置的污染类底泥,不宜采用排管输送时,就有必要设置装驳系统,采取边挖、边装入系于船边的泥驳,经泥驳运至指定泥场后或由底开泥门卸放,或由专设泵站予以排空。

现代大型海上作业自航绞吸船上大多配备装驳系统。该系统需按照在涌浪和波浪条件下作业的要求进行设计,且在绞吸挖泥船舷侧安装有效的护舷系统,使大型驳船即使在恶劣的天气条件下也能安全靠泊和驶离绞吸挖泥船,护舷系统对挖泥船和泥驳双双起到保护作用。系泊绞车拟采用自拉紧的形式,可以使驳船保持不动。装驳管上通常还装有回转接头,可将装驳管调整到最佳位置。

对于绞吸挖泥船来说,装驳系统可单边设置,也可两边同时设置,这和耙吸挖泥船的情形有所不同(见图4-28A/B)。

超巨型船"J. F. J. de Nul"号仅护舷系统的重量就超过220t。

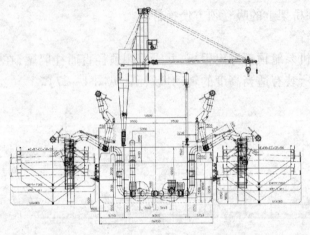

图4-28A 大型绞吸船"J. F. J. de Nul"号向左右两舷泥驳装驳作业示意图

图4-28B "J. F. J. de Nul"号绞吸船与3700m³开体泥驳的组合装驳作业

4.3 绞吸挖泥船基本特点和作业方式

4.3.1 基本特点

迄今为止,绝大多数的绞吸挖泥船为非自航船,即使自1977年以来相继建造了若干艘大型以上的自航绞吸船,其"自航"的概念与耙吸挖泥船之间存在明显差异:绞吸挖泥船推进装置只用于调遣,挖泥时依然采用定位桩辅以左右横移锚移船作业。

这和耙吸挖泥船借助低速航行、连续直进式挖泥作业的运作方式廻然不同。这也就是说,绞吸挖泥船在作业时用于推进的功率将被全部用到挖泥方面来(供泥泵、绞刀等使用)。

如上所述:绞吸挖泥船的重要挖泥装备是装设于绞刀架前端的切削绞刀,当船进入作业水域后,需按规定操作程序抛设好左右横移锚,同时插上主桩,如果现场水域存在水流,船应当采取逆水行进方式,并增设首锚。然后放下桥架,待绞刀接近底泥前启动泥泵,通过收放两根横移锚缆,使船绕定位钢桩左右移动,绞刀来回切泥,并在泥泵真空吸力作用下,泥水混合物自绞刀下部吸口吸入泥泵,经由排泥管线排至泥场。在大多数情形下,疏浚物均采用这种水力输送方式。某些个特定场所则采用装驳作业,此时泥驳系于船的一侧或两侧。

绞吸挖泥船因为是通过收放两根边锚绕钢桩来回摆动进行作业的,故可以比较稳定地挖掘各种类型的底泥。

这种绕定位桩来回摆动的挖泥方式也是绞吸挖泥船与一般的直吸挖泥船的主要区别所在,因为后者不设绞刀,不存在绞切力,因此一般而言不必要设置钢桩,纯采用锚缆作业。

现行绞刀功率范围自 50～7000kW 不等,视工程规模及土壤类型而定。而扬德努集团正在建造的一艘超级巨无霸绞吸船(计划 2017 年交付),其绞刀功率再次达到创纪录的 8500kW。仅从绞刀功率的变化不难见证绞吸挖泥船近一个时期的发展势头:20 世纪 80 年代末,绞刀的最大功率才 4400kW,2003 年一举突破 6000kW,7 年之后的 2010 年,"郑和"号等 4 艘姐妹船又将绞刀功率提升至 7100kW,而这一次相隔又是 7 年,绞刀的功率竟一跃突破 8500kW,升幅高达 21.4%,和耙吸船近一个时期的发展情形遥呼相应,领衔者又是大名赫赫的扬德努集团(见图 4-29)。

图 4-29　"郑和"号绞刀功率创时下 7100kW 新高(2010 年)

1977 年,荷兰建造商 De Merwede 为船东 Zanen – Verstoep(今波斯卡利斯公司前身)建造了世界上第一艘大型自航绞吸挖泥船。这艘名为"Aquarius"号的绞吸挖泥船,其总装机功率接近 13000kW。采用旋转绞刀、借助定位桩和横移锚移船作业。

4.3.2 作业方式

绞吸挖泥船在进入作业水域施工以前,需制定好施工计划。

船在进入施工水域,抛设好左右横移锚并落下主桩后,通过桥架绞车将桥架放入水下,相继启动泥泵和绞刀,随后继续将桥架下放至水底。再通过收放左右舷锚缆使船绕钢桩运动,泥水混合物则自吸口经吸管吸入泥泵,并通过排泥管线连续不断地排至泥场。

锚缆穿过设在绞刀附近的滑轮与绞车相连接,实施收缆的绞车称为牵引绞车,此时另一舷绞车需同步进行松缆。

除了土壤类型外,横移锚绞车所需牵引力还取决于如下因素:

(1)绞刀旋转方向与船摆动的方向一致与否:与摆动方向一致时,土壤对于绞刀的反作用力会带动挖泥船,因此边锚绞车的牵引力会小于反向旋转时的力,此时还必须确保缆绳的正确预张力(见图 4 - 30)。

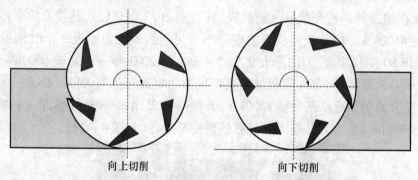

向上切削　　　　　　　　　向下切削

图 4 - 30　绞刀旋转方向不变情形下左右横移时导致旋转方式的改变

(2)锚的位置对船摆动所需牵引力的大小关系甚大:绞刀横移轨迹与横移锚缆的夹角越小,所需的牵引力越小。因此为获取尽可能小的牵引力,锚的移动次数会增加。

(3)风、浪和流等外界因素对边锚绞车的牵引力也构成影响。

一次摆动所能清除的土层厚度取决于绞刀的直径和土壤的类型。当一次摆动结束尚未到达所要求的挖深时,继续下放桥架,并使船反向摆动。

现今越来越多的绞吸船都安装有定位桩台车。工作桩设在台车上,辅桩设在中心线外、即船尾的一侧。台车由液压缸驱动,油缸行程视船的大小而定,一般在 4~9m 之间。因钢桩被竖插水底,当向着船尾方向顶推台车时就可使船向前移动。

绞刀的尺寸和土壤的硬度决定了船的"前移"距离,每前移一次后在摆动结束时,将桥架往下放一个切削厚度就可将工作面上的一层或多层底质挖去。每前移一次绞刀相应绕钢桩划一个同心圆的弧线,其半径随前移步长增加。当液压缸的行程到底时必须移动钢桩。但在此之前,需将绞刀移动到挖槽中心线的位置,然后将辅桩下放到水底,提升工作钢桩和前移钢桩台车。完成上述动作后下放工作桩和提升辅桩,挖泥船将重复以上动作继续作业(见图 4 – 31)。

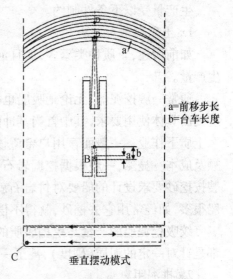

a=前移步长
b=台车长度

垂直摆动模式

图 4 – 31　绞刀绕钢桩弧形
摆动挖泥作业示意图

4.4　生产能力

事实上当一艘绞吸挖泥船被建造完毕时,它的生产能力或产量就已经被设计所确定,尽管因应不同泥质、不同挖深以及不同水域环境时会引起产量的变化,通常总是针对某一主要类型泥土而设计的。

生产能力主要系指以下方面。

4.4.1　产量

单位时间内挖取的泥砂量被称为产量或生产量、挖泥量。产量是用来表示挖泥船生产能力的主要指标之一。在一些疏浚部门的统计表中,产量除了以 m^3/h 表示以外,还经常用到 $m^3/周$、$m^3/月$、$m^3/年$,甚至 m^3/min、m^3/s 等单位。

相当一个时期以来,绞吸挖泥船的产量都是按泥泵清水流量 $Q(m^3/h)$ 的 10% 来计量的,称为公称挖泥量。然而,自 20 世纪 90 年代后期以来,随着泥泵、绞刀技术的快速发展,吸入浓度有了显著提高,现在绞吸挖泥船的产量按 15%~20% 的泥泵清水流量计算已不少见。可见产量和泥泵的流量有着直接的关系,在很多场合下,泥泵流量也就成为产量的代名词。

生产量受以下条件制约。

1. 土质类型

如前所述,土质种类繁多,而且河床自然状态的地形也很复杂,这将直接影响到生产量。

通常一艘挖泥船、无论耙吸船也好、绞吸船也好,订购前,用户往往会根据市场预期提出具体使用要求,其中首当其冲的是土质方面的要求,即明确该船将经常处于什么土质下作业。一般而言用户希望该船能有尽可能广泛的土质适应性,但又不能不顾及成本。显然,一艘根据挖掘岩石条件设计的挖泥船,肯定可以用来挖砂,反之一艘按挖砂要求设计的船要对付岩石就勉为其难了:挖岩石的船建造成本会高出挖砂船很多,如经常用它去挖砂,就得不偿失了。

绞吸挖泥船的产量与挖掘底质的硬度以及颗粒直径有关,我们通常所说的产量,都是针对一定的泥质(硬度),甚至一定排距而言。

2. 排泥距离

排泥距离也是影响绞吸挖泥船产量的主要要素之一。

在给定条件下,泥泵的流量随着排送距离的远近而变化。同时,排管弯曲多或排高大者,排出扬程增大,流量减小,产量随之下降。

绞吸挖泥船有两种排泥方式:管道输送及装驳运输,现今绞吸挖泥船大多数情形下仍采用排泥管线输泥。一定的输送距离对泥泵的功率或是所需要的运输驳船数量有所要求。当排泥距离增大时,管内摩擦损耗相应增加,要么增加泥泵功率,以维持生产量不受影响;要么通过减小管径来提高管内流速,以满足排距要求,但产量因此而减小。当采用驳船运送时,驳船的装载能力、配置数量等同绞吸挖泥船的产量及运距等应有经济、合理的匹配。

通常当输泥距离比较远,而工程量又不大的时候,采用排泥管线输泥显然是不经济的,这时应考虑采用泥驳运送。

3. 挖深大小

挖深也是挖泥船重要疏浚性能指标之一。挖泥作业时泥泵处于一定的负压下运转,同一土质下,挖深越大,吸入的泥水混合物中含泥率越低,产量随之下降。且当深度增大时,桥架的入水角也增大,以定位桩为中心的挖泥船回转半径变小,挖宽也随之减小,从而效率下降;反之,挖深浅则效率高。传统经验告诉我们:当桥架处在 $15° \sim 35°$ 倾角下作业时,操作最为方便,挖泥效果好。通常情况下对新船产量指标进行考核时,桥架多半也是处于这一角度范围;如在 $45°$ 左右,挖掘时的反作用力对船体的影响增大,运转困难,且效率降低。简言之,大挖深下的产量肯定是低的。

设计绞吸挖泥船时必须考虑最大和最小的挖深,因为这两者都影响挖泥船效益的发挥,但都有着实际需要。

4. 疏浚土层厚度与挖槽宽度

由于换桩时不挖泥,只排清水,挖泥量因换桩时间和次数而有所不同。如果绞刀疏浚土层薄,必然会换装频繁,影响产量;如土层太厚则容易造成堵塞,因此适当规划好切削土层厚度很有必要。

最小挖槽宽度及最大切削宽度也同船的产量相关。最小挖槽宽度的大小取决于与浮箱的前端同绞刀轮廓曲面,或与边锚绞车滑轮最外端的连线。为降低挖槽的最小宽度,普遍的做法是对浮箱前端的两侧进行倒角。如图4-32及图4-33所示,这种做法在我国非自航船上也相当普遍,美国和日本的挖泥船亦如此。从中不难看出,绞刀伸出浮箱前端越多,挖槽的最小宽度就越小。事实上,除了前端两侧被切斜外,相应的底部部位也同时切斜,这不仅有利于最小挖槽宽度,亦有利于挖掘边坡和防止船体遭受损伤。

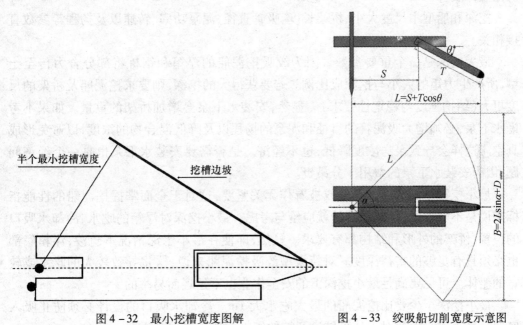

图4-32 最小挖槽宽度图解　　　　图4-33 绞吸船切削宽度示意图

最大切削宽度则由绞刀与钢桩之间的距离(L)决定。为了保证横移绞车的效率,最大摆角拟限于45°,L的长度取决于水深和钢桩的位置。从产量角度考虑,挖宽大一些的好,因为这样每立方米产量中前移、抛锚以及其他作业的停工时间比较少。但是长度大的绞吸挖泥船其最小挖槽宽度也较大,因此需权衡利弊,合理选取。

泥泵启动运转的时间称为运转时间,包括移桩、打清水时间在内;而对应于绞刀切削、泥泵排泥的时间则称为挖泥时间。泥泵挖泥时间约占运转时间的近90%。显然,在给定产量的前提下,台车定位桩系统较之传统固定式定位桩系统运转时间肯定要短,在这方面将占有优势。

5. 操作技术

操作技术的熟练程度对挖泥产量的影响显而易见。要使得泥泵保持稳定运行,排泥管不致发生堵塞,必须使绞刀切入泥砂量、绞刀转速、横移速度、定位桩前移距离等都要恰到好处;即使是熟练竣工手,遇到新的挖泥船或新来到作业现场,若要习惯掌握新装备,熟悉新环境也还需要一定时间。

4.4.2 挖深

挖深是绞吸挖泥船主要疏浚性能指标之一,通常所说的挖深多指能够达到的最大挖掘深度。

挖深和船型主尺度大小、桥架长度、吸管直径、泥泵功率、转速以及扬程等参数直接相关。

最大挖深是一个重要参数。因为绞吸挖泥船的浮箱和钢桩将部分合力传至土壤,所产生力矩的大小与挖深成比例。若要获得大的挖深,则要求挖泥船及桥架的尺度更大(结构强度与稳定性要求)。显然,安装水下泵会增加桥架的重量。如果不考虑水下泵,必须增大吸泥管的直径和泥泵的扬程以及降低混合物的浓度,以避免形成真空。这样会导致泵送浓度降低,也不经济。是否需要安装水下泵也是一个经济问题,因为安装水下泵的费用十分昂贵。

最小挖深指标往往被忽略或被看作无关紧要,这对于全面掌握挖泥船的性能指标来说是不完整的,从设计开始就应给与考虑。最小挖深对浮箱的吃水、冷却水吸口的位置、桥架的外形和结构都有要求。显然,即使在最小水深情况下疏浚,浮箱底部也必须具有足够的富裕深度。对特大型绞吸挖泥船来说,这将导致较大的吃水或较宽的船体。可见要满足最小挖深下的安全作业也不是轻而易举的。

最小挖深至少要比挖泥船的最大吃水大1m。冷却水吸口的设计必须防止吸入底质。最小挖深指标对于从事航道开挖的绞吸挖船来说尤其重要。

4.4.3 排泥距离及排管直径

现代大型海上充填工程的不断涌现,使得排泥距离"渐行渐远",接力泵站,大功率泥泵以及舱内泵,水下泵的多泵组合作业方式助推了远距离排泥作业。20 世纪 70 年代大型绞吸船的最大公称排泥距离也不过 7000m 左右,现在已突破 12000m 以上,可谓突飞猛进了。

排泥管径的确定是绞吸挖泥船设计中的重要环节,在其主要性能指标中不容忽视。当泥泵功率和排泥距离确定以后,管径和流速才得以任意选定。

绞吸挖泥船的吸管直径大多数情况下为排管直径的 1.1 ~ 1.2 倍,部分中小型绞吸船的吸、排管径完全相等。

4.4.4 装船功率

装船功率通常被看着绞吸挖泥船生产能力的一个概括性、形象性表征,成为其生产能力的一个统一标识符。国际上在对主要疏浚装备生产能力的概括统计中,绞吸挖泥船多以装船功率来表示,耙吸挖泥船则以泥舱容积和装船功率两个指标来表示,让人一目了然(见表 1 - 1A/B)。

现今绞吸挖泥船除了船型规模呈大型化趋势外,装船功率增大趋势亦十分明显:一个体现在泥泵和绞刀自身功能的增强、性能的提高上(诸如应对岩石能力、排泥距离的增大),再一个体现在装船泥泵数量的增加上,过去几乎都是单一的泥泵,而今不仅有两台舱内泵情形,还有甲板泵、水下泵等各种组合形式,自然功率也随之上去。近年来,国内在绞吸船的发展方面,上述特点表现得亦为明显。

4.5 应用范围

如上所述,在所有挖泥船种类中,绞吸挖泥船是应用最为广泛的一类。绞吸挖泥船不仅在港口与航道的疏浚中应用普遍,在现代大型吹填工程中也获得广泛应用,只是在挖泥区与抛泥区之间的距离上通常小于耙吸挖泥船的担当,耙吸挖泥船因为自航的缘故在这方面占有优势。而当疏浚剖面需要精确挖掘时,绞吸船则显露出自身优势,它几乎可以挖掘包括岩石在内的各种类型的土壤,这在很大程度上取决于绞刀功率和绞刀性能。绞吸挖泥船的大小和类型繁多,绞刀的功率范围可以在 50 ~ 7000kW 的范围之内提供选择,但在挖掘深度方面难有大的施展余地,目前为止,超大型绞吸挖泥船的最大挖深也只有 35m 左右。人们有理由期待:扬德努公司在建的巨无霸绞吸船(JDN8069)能在各主要性能指标上有一个新的突破。

20 世纪 70 年代末,日本三菱公司曾为 Gulf Cobla 公司建造过一艘半潜式绞吸船 "All Wassl Bay"号(见图 2 - 34A),计划用于迪拜 Jebel Ali 港进港航道的疏浚,以期利用潜水船型的优势达到绞吸船大深度疏浚的目的。这显然是一项富有创意的举措,然而事与愿违,两年后"All Wassl Bay"号竟被出售和报废,据说原因之一是过于专业化而不经济,令人扼腕。

最近一个时期以来,大型以上自航绞吸挖泥船的频频出现,为绞吸船跻身大型海上充填工程增添了活力。再加上绞吸挖泥船成本费用相对低廉和挖掘岩石方面的特别优势,在未来海上疏浚工程中,耙吸船一统天下的局面恐难形成。即便如此,在近海有波浪或涌浪的条件下作业时,绞吸挖泥船终究比耙吸挖泥船具有更多的局限性。

在众多的港航疏浚工程中,中、小型绞吸挖泥船因具有造价低廉和便利陆路运输等优越性,其市场竞争中的优势地位也是难以动摇的。

此外,中、小型绞吸船在铺设路基或为建筑业挖掘砂或砾石、拟或水下采矿等场所依然有着广泛的应用。

4.6　主要船型特征及布置

绞吸挖泥船和其他挖泥船型一样,也有自航和非自航船之分。尽管自航绞吸挖泥船的出现较晚,而且迄今数量也未超过其总量的 4%,但由于自航绞吸挖泥船技术密集、体量超大、且功效超强,实际生产能力约要占到绞吸挖泥船的 20% 左右。

在大量非自航绞吸挖泥船中又有整体式和分体(组合)式之分,相当数量的小型绞吸挖泥船为便于陆地运输以及小型航道调遣的缘故,往往被做成可拆卸的分体形式,以便运抵施工水域后可方便地在岸边甚至水上进行组装。

第一艘自航绞吸挖泥船于 1977 年问世,自航绞吸挖泥船立足于较大的船体主尺度,并采用整体建造,具有优良线型,无论抗风浪能力还是机动性能都得到显著提高,同时,因应海洋施工作业的各类疏浚装备技术性能大大提高,因而使得绞吸挖泥船的应用领域渐渐从河口、港湾走向海洋,得以在大型海上充填工程中扮演竞争角色。然而大型以上的自航绞吸挖泥船无论造价,还是技术风险同普通非自航挖泥船不可同日而语,至今国外这类自航绞吸挖泥船也不过区区 30 来艘,国内更是凤毛麟角。

无论自航绞吸船还是非自航绞吸,在基本系统组成和挖泥方式上一如前述,至今没有重大变化。即使技术含量相当高的超大型自航绞吸挖泥船,作业时的基本模式依然是:采用桥架绞刀,在横移绞车的拉力作用下,通过绕台车定位桩的来回摆动过程实施挖泥作业。

4.6.1　船型特征

绞吸挖泥船从19世纪80年代相继在欧美问世时起,至20世纪70年代中期接近100年的时间内,获得广泛的发展和应用,几乎遍布世界各地,无论挖泥船的总数还是疏浚土的总量均稳居各类挖泥船型之首。原因之一就在于该型船的船型及其技术相对简单、造价低廉、操作简便。直到1977年首艘自航绞吸挖泥船出现以前,所有绞吸挖泥船都是非自航形态。早期美国的绞吸挖泥船(其中也有吸盘挖泥船)虽然部分装有明轮(见图4-2),那也不过是装船泥泵在非挖泥时段的一种"复合利用"(喷水),只能方便短距离场地间的调遣之用。

无论整体还是组装形式,非自航绞吸挖泥船的船体一般都做成方箱型,因为挖泥作业的缘故,通常都具有较大的船宽,稳性明显要高于普通船舶,仅在首尾端做些简单的处置(两边及底部切斜),以便挖掘边坡和减小拖带阻力。没有型线要求的箱形船体,给制造和陆上运输带来许多便利,建造费用也会要便宜许多;一些主要的挖泥船建造商诸如ELLICOTT、VASTO LMG以及IHC公司等在该类船型和设备配套方面大多都形成自己的标准和系列,且产品技术成熟,配套、维修以及换件相对便利,也有利于建造成本的进一步控制。据IHC公司宣称,仅"海狸"系列绞吸挖泥船迄今为止建造总数就超过500艘。

绞吸挖泥船的另一个特点就是对切削土壤的适应性强:绞刀在水下作业时能够凭借强大的绞刀功率和特殊的绞刀形式,并在横移绞车的拉力作用下有效地挖掘土层,即使是比较坚硬的岩石也能被挖掘(只是此时产量大约将降至一般土质的大约1/5),而耙吸挖泥船的耙头本身不具备功率,尽管迄今采取了多种改进措施,至少在对付岩石和黏性土的能力上仍难以和绞刀匹敌。

绞吸挖泥船因其自身作业的特点,绞刀、泥泵等挖泥机具的磨耗往往非常严重,吸口堵塞等故障也较多,因而,通常要求绞吸挖泥船具有更加可靠便利的吊装、维修和换件能力,这在设计中就要加以充分考虑。

4.6.2　布置特点

因为绞吸挖泥船有自航与非自航两种不同的形式,在布置方面存在明显的差异,分别叙述如下。

4.6.2.1　非自航绞吸挖泥船的布置

非自航绞吸挖泥船亦有整体式和组装式两种类型,部分中小型绞吸船视其运输需要,被建造成若干个单元体浮箱,以方便陆路运输或小型航道拖带,在抵达作业水

域后,再以专用螺栓螺帽等拼装总成。无论整体式还是组合式,船体视定位钢桩的形式可以有如下两种格局:

(1)当采用传统的固定钢桩时,船体呈浅凹型,桥架装于船首开槽内,而两根钢桩分别置于船尾端壁的两边;

(2)当采用定位桩台车时,船体呈浅H型,桥架和台车系统分别装于船的前、后开槽内。

整体式和组合式的布置形式分别介绍如下:

整体式浮箱——即整个船体部分由一个(带有开槽的)方箱型浮体构成。浮箱长、宽、吃水等尺寸必须按照有关设计建造规范的要求选取,以满足相应作业航区稳性和强度的要求,同时还需满足内部和甲板布置上的要求。

船体内部通常由首开槽延伸进来的两道纵向隔壁加以分隔,辅以若干横隔壁。中间部位用以设置机舱、泵舱或机泵舱,相关设备控制室也设置在一旁;对小型船,限于条件不得不合二为一做成一个机泵舱。一般来说不希望这么做,因为泥泵经常要拆开来检查,舱内渗水的情形时有发生;两边舱通常设置储物舱、油水装载舱、首尾压载水舱以及浮力舱等;甲板上部设有机舱棚、操纵室、作业绞车、卷筒、吊锚杆、起重吊以及系缆装置;尺度较大的绞吸挖泥船上,还设有船员卧室、厨、卫、餐厅以及值班室等,尽可能设在甲板面上,主尺度较大的船上也有把船员舱设在主甲板以下的情形。船首开槽部位上、下分别设置有简易A字吊架及桥架;船尾设置定位钢桩,如果是定位桩台车,则设于尾部开槽中(见图4-34A、图4-34B)。

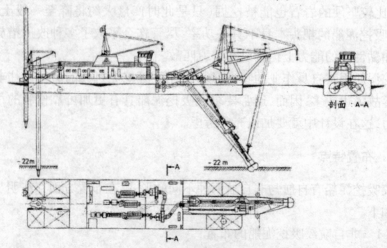

图4-34A　舱内设置双泥泵的整体式绞吸挖泥船

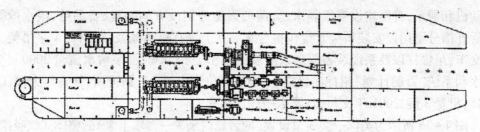

图 4 - 34B　仅设有一个舱内泵的整体式绞吸挖泥船(两舷均设有浮力舱)

图 4 - 34A 及图 4 - 34B 所及两型绞吸挖泥船的船体均为整体式,同时船后也都设置有开槽以及定位桩台车,第三个共性是泥泵舱和机舱前后分隔(从安全角度出发,泥泵舱同机舱之间以水密舱壁分隔相当有必要),再一个共通之处便是两船的长宽比均较大,尽管没有尺度数据显示,但从图中即可判定,两船的长宽比(L/B)都差不多在4.2 以上。对于非自航的绞吸船来说,这个比值偏于上限,相应的船宽吃水比(B/D)亦应处于较高的范围才是;不一样的地方是,两船甲板以下舱室划分格局不同,前者具有宽敞的机泵舱空间,操作、检修便利,后者机、泵舱空间显得紧张,但边舱的设置有利于一舱不沉。前者设有两个串联的舱内泵、3 台主柴油机设置(中间一台为主发电机组),后者机舱内设置两台主柴油机,而发电机组置于比邻的右边舱,有利于主机散热。

图 4 - 35 所示为一艘小型整体式 350m³/h 斗轮挖泥船:浮箱的中间段用以安装

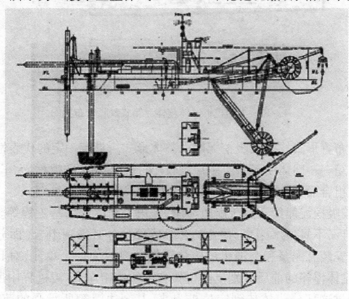

图 4 - 35　"百船工程"招标项目 350m³/h 斗轮挖泥船

发动机和泥泵,首尾均设有压载水舱,两舷边舱分别设有储物舱、备品舱、淡水舱等,前后开槽分别用以安装桥架及定位桩台车。其上设有机舱棚及驾控台,A 字吊架,作业交车,吊锚杆以及系缆装备等。该船装船功率为 637kW,泥泵清水流量 2000m³/h,为水利系统"百船计划"招标项目之一,中标单位为中船 708 研究所,建造厂为镇江船舶厂,批量 3 艘,2001 年交付,技术水平国内领先。

图 4 – 36 所示为美国一艘 3 泵设置(两台舱内泵＋一台水下泵)的整体式绞吸挖泥船,其甲板平面呈"楔"状,颇不多见,这多半是根据重量重心与浮心首尾平衡的需要而"量体裁衣"。该船建造年代不详,但从它定位桩台车的设置不难推断,应该不是早前设计的产品。美国绞吸船船首通常不设置首部大开槽的特点在该船上再次得到印证。

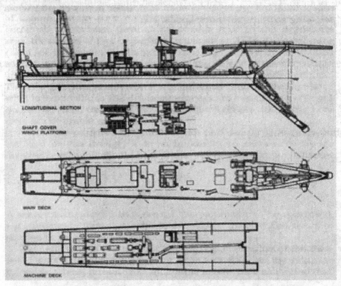

图 4 – 36　美国楔形船体整体浮箱式绞吸船布置图

以上几种布置形式均为绞吸挖泥船的整体形式。具有一定的代表性。

组合式浮箱——船体由若干个主尺度较小、便于陆路(平板车、火车或集装箱)运输的浮体结构组合而成,一般针对 4000kW 以下中、小船而言。

中、小型绞吸挖泥船广泛用于航道清淤、农田水利以及路基工程等。针对无条件就近建造,而且又不具备水路直达的情形,船体部分务必采用组合(即分体)结构,并使得船中部位安装有泥泵和柴油机的主体浮箱独自成为一个单元,对其结构给予足够加强,因为主体浮箱的前后分别要同桥架和定位桩相连,疏浚过程中所产生的部分反作用力会通过这部分船体传到定位桩上来,其余边浮箱所承受的荷载相对有限。当采用陆运时,浮箱的最大尺寸和重量不得超出陆路集装箱运输所允许的范围。为满足小型航道的拖带运输,带有泥泵和柴油机的主体浮箱还必须具备正浮能力,以免发生倾覆。对小型挖泥船,其浮箱可以按40ft或20ft集装箱大小的要求来确定尺寸,而其他部件的尺寸应能装入集装箱内进行运输。

组合式挖泥船的泵舱和机舱(对小型船而言,仅设机泵舱)分别设置在主浮箱内的前后部分,压载水箱和储藏室设在边浮箱内。IHC公司"海狸"系列绞吸挖泥船的船体亦多采用组合形式,使用水域十分广泛,迄今"海狸"系列绞吸挖泥船已建造近600艘,海狸600、1600、3300、4600以及新近开发的7025^{MP}/8527^{MP}等诸多系列在我国均有引进。我国20世纪50年代以来自行建造的60m³/h、80m³/h、120m³/h、200m³/h等多种型号组合式绞吸挖泥船也广泛获得应用,如黄河上使用的80m³/h全液压拼装绞吸船、广东沿海地区的200m³/h拼装绞吸船,大多为航道清淤及农田水利建设服务。

图例1——巨人海狸4600型

1970年代初,为实现"3年改变港口面貌"的目标,我国政府先后自荷兰、日本引进多种型号先进的挖泥船,其中包括有16艘IHC公司海狸4600型。该船设备采用双机双泵(串联),装船功率1691.5×2kW,泥泵功率1270×2kW,绞刀功率480kW,排距4000m,同时还配备有6台液压油泵和6台相关绞车;船体采用组合形式:中间部位并排设置两个主体浮箱,每个主浮箱内均设有一台柴油机和一台泥泵,右泵与左泵串联,主浮箱采用强力结构,以承受绞刀切泥作业时通过绞刀架传来的作用力,并传递给定位钢桩。两侧分别设有前后两个边浮箱,一共由6个浮箱构成一个凹字形,首开槽部位装设桥架,尾部设置两根固定式定位钢桩(见图4-37)。

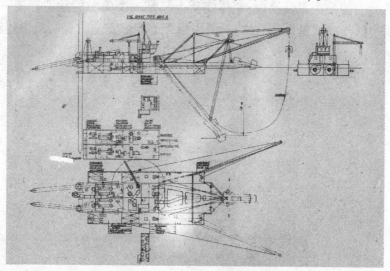

图4-37 海狸4600组合式绞吸船共设有6个浮箱

图例2——大挖深要求下的特殊组合形式

图4-38所示是一种较为特别的分体形式,该型船船体尺度不大,装机功率不过1200kW,亦在小型船范畴内,但由于挖深的不寻常要求(对绞吸挖泥船而言,40m挖深实为罕见,对小型绞吸挖泥船而言更加可想而知),设计上不得不采取特别措施:将通常的首尾开槽处理成前后惯通形式,同时分别接长两边浮箱(3×2只)和桥架,并安装水下泵,以达到超大挖深的要求。很显然,这种情形下已无法使用定位桩,只能采用锚泊定位。

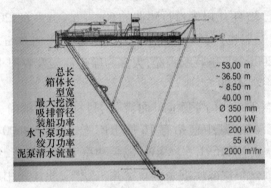

总长	~53.00 m
箱体长	~36.50 m
型宽	~8.50 m
最大挖深	40.00 m
吸排管径	Ø 350 mm
装船功率	1200 kW
水下泵功率	200 kW
绞刀功率	55 kW
泥泵清水流量	2000 m³/hr

图4-38 小型组合式绞吸船的大挖深举措作业图示

图例3——设备模块化装船作业

还有一种模块化的挖泥船,挖泥作业全由一只集装箱模块构成。此时,泥泵和发动机位于舱面上的一个集装箱内,船体实质上只是一个简单的承载浮箱。采用两台集装箱泵组串联作业的情形亦有之,只要甲板面上能够安全放置两只集装箱即可,如图4-39所示。

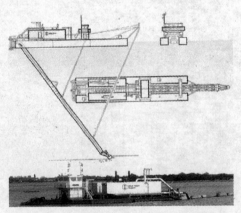

图4-39 装船设备模块化的绞吸挖泥船

非自航船主要尺度的经验数据——提供两个方面数据供参考：

（1）《工程船舶设计基准》（日）根据若干船型资料曲线得出如下结论：

① f/D 为 0.4 左右最为安全；

② KG/D >1.3 时，需详细检验；

③ B/D 为 4.0 左右最安全，3.5 左右时 f 和 KG 的数值要特别注意。

式中：B——型宽；

D——型深；

f——干舷；

KG——重心高度。

（2）《钢质内河船舶入级与建造规范》（1996）中对船长 100m 以下的绞吸类挖泥船尺度比作了如下规定（内河 A、B、C 级）：

$L/D \leqslant 18$；

$B/D \leqslant 5.5$。

以上经验数据及规范要求均针对非自航箱型绞吸挖泥船而言，仅供参考。

4.6.2.2　自航绞吸挖泥船主要布置特点

从 1977 年开始，世界上才有了第一艘自航绞吸挖泥船。迄今为止，自航绞吸挖泥船呈现两个发展阶段：从 1977—1986 年为前期阶段，这个阶段的发展时间跨度不长，一共 10 年，发展相对平缓，共建造有自航绞吸挖泥船 10 余艘，比较有影响力的有 3~4 艘，除了船型尺度、装机功率等大型化以及自航特征外，在装备及技术创新方面亮点不是太多；自 2003 年至目前，为当前阶段，这阶段共建造自航绞吸挖泥船大约也是 10 余艘，这批船不仅在船型和装船功率规模方面更趋大型、超大型化，技术创新方面也呈现诸多亮点，2010 年甚至被戏称为"绞吸年"，时至今日仍未消退，至目前为止，国内外疏浚界总共建造有自航绞吸挖泥船接近 30 艘。

自航绞吸挖泥船具有疏浚与航行两种完全不同的运行模式和系统。和非自航绞吸船一样，桥架系统及定位桩台车系统与航行系统各自独立、互为存在，这就是说船舶的首、尾端开槽一个也不能因为有自航要求而减少，作为自航绞吸船，这在型线设计、推进阻力、推进设备的安装以及整体布局方面都会带来相当大的难度，不言而喻，其布置较非自航绞吸挖泥船要复杂得多。

自航绞吸挖泥船结合首尾开槽的特点，其总体布局大致呈现两种格局：即以绞进作业前进方向（桥架一端）为航行方向的布局，以及以拖带调遣方向（定位桩台车一端）为航行方向的布局。（这和第二章中介绍到的自航链斗挖泥船极为相似）分述如下：

1）以定位桩台车一端为船首的总体布局及特点

从 1977 年诞生的第一艘自航绞吸挖泥船"DCI Dredge Aquarius"号（见图 4 – 40）到"Taurus"号、"Marco Polo"号、"Leonardo da Vinci"号（"达·芬奇"）号、"Athena"号、"J. F. J. de Nul"号以及 2010 年前后扬德努集团批量建造的"郑和"号等 4 艘姐妹船均采用了以台车定位桩一端为船首的布置形式。

图 4 – 40　1983 年荷兰建成的 24600kW 自航绞吸船"Taurusll"号以定位桩为船首

这种布置形式的特点（优势）之一是，为弥补首端因台车部位开槽给航行带来不便，专门配置了两块与船首线型吻合的活动导板（类似于登陆舰或是车客渡船船首可开启的活动门），航行时由液压油缸将其推下，使原本开槽部位得以弥合，阻力得到减缓。这种处置办法在后一种布置形式中，由于航行时桥架伸出船体以外而无法实施（见图 4 – 41）。

(a) 　　　　　　　　　　　　　　　　　(b)

图 4 – 41　"Artemis"号（a）及"郑和"号（b）均设置可翻转的船首挡板

2）以桥架一端为船首的总体布局及特点

"Ursa"号、"Nordland"号、"Batang Anai"号、"D'Artagnan"号、"Ambiorix"号等均

采用以桥架端为船首的布置形式。

在这种布局中,挖泥船航行时桥架位于前方,船的左舷与右舷无论在航行时还是疏浚时均保持一致;同时螺旋桨因靠近主机舱可以直接由主机驱动。这在第一种情况下也是不可能做到的,此时螺旋桨只能由电动机驱动。从以下给出的"Ursa"号布置图中正好表明这种情形(见图4-42)。

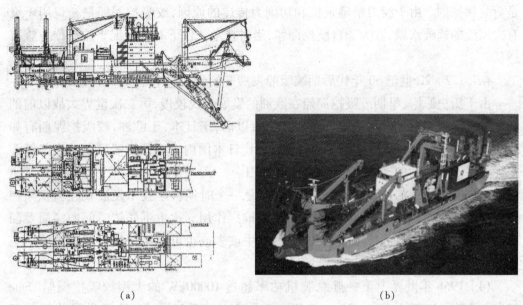

| (a) | (b) |

图 4-42　主机直接驱动螺旋桨的"Ursa"号布置图(a)及航行中的"D·Artagnan"号(b)均以桥架端为船首

重型、超重型自航绞吸船的甲板室驾控台一般都接近布置在船的中间部位,以便对航行、疏浚作业以及其他可能出现的甲板作业能够统筹兼顾。少数情形下也有在首、尾两端分别布置操纵台的。这类船上行走式起重机的安装使用较为普遍,以照顾到首、尾甲板机械的维修、换件作业。

4.7　船型及装备技术发展趋势

4.7.1　发展沿革

4.7.1.1　早期绞吸挖泥船的发展状况

绞吸挖泥船问世以后,在北美等地发展迅猛,并逐渐发展成为他们的主要疏浚船型。然而欧洲较长一个时期依然崇尚链斗挖泥船,直到1950年代,占据欧洲以及苏联疏浚市场主导地位的依然是链斗挖泥船。20世纪50年代以后,欧洲也逐渐推广应用了绞吸挖泥船,并不断努力改进设计提高其性能。在欧洲及至世界,较长时期以来一直都是以荷兰和比利时的疏浚公司和船厂为主在进行创新。更早一段时期,英国的挖泥船(尤其是绞吸和链斗挖泥船)制造业一度表现活跃。据《天津航道局史》披露,我国最早(可追朔到19世纪70年代)向西方引进挖泥船的国家当属英国,之后才是荷兰和德国。由于绞刀精确定位和切削力传递的原因,绞吸挖泥船最初仅用于没有大风浪的遮蔽水域,皆为非自航挖泥船,当时技术条件下对在海况下施工作业难有适从。

4.7.1.2 20世纪60年代后期绞吸船发展开始步入快车道

由于历史原因,早期绞吸挖泥船在欧洲的发展步伐较慢,第二次世界大战以前的日本也不曾得到广泛应用。第二次大战结束以后,于日本、于欧洲,绞吸挖泥船有如脱缰之马,发展十分迅速,尤其日本,1960年代日本国内绞吸挖泥船已上升到与抓斗挖泥船平起平坐的的地位,接近占据半劈江山。

不同时期涌现的高端绞吸挖泥船产品,是一个时期科学技术发展及经验积累在该型船上的集中体现,同时也起到了传播和推广作用。这里不妨依时间顺序简要回顾一下若干经典船型的技术特色及背景,从中或多或少可以见证绞吸船发展的历史进程。

(1)1968年世界上第一艘总装机功率超过10000kW的大型绞吸挖泥船"Sete 32"号问世。该船由荷兰 Merwede Shipyard 建造。而1968年,恰逢世界首艘舱容9000m³的大型耙吸挖泥船"Prins der Nederlanden"("荷兰王子")号问世,该船装机功率首达14809kW,建造商为荷兰 IHC 公司。同一年度诞生耙、绞两个型号的重量级船型或许并非偶然巧合。

(2)1972年,日本首次建成亚洲最大功率的汽轮机/电动绞吸挖泥船"第三菱和丸",仅泥泵功率就达到约6185kW(9200HP)。

(3)1972年日本建成功率12000kW非自航绞吸船"若筑丸",挖深达35m。

(4)1972年,日本建成"第八东开丸",并率先采用电子设备,据称提高效率3%~10%。

(5)20世纪70年代初,西德率先在"Srulervi"号绞吸船上装设水下泵,泵的总压头为22m水柱高,挖深一举达40m,为水下泵的开发应用提供了经验;而同期,美国同行也在水下泵开发方面做出成效。

(6)1974年,荷兰首次建成一艘双体绞吸/吸扬两用挖泥船"Gravelines"号。

（7）1977 年,荷兰 Merwede Shipyard 建成世界上首艘大型自航绞吸挖泥船"A-quarius"号,该船总装机功率突破 13000kW,接近 40 年光景,现仍在服役中,用户为荷兰 BOKA 公司。

（8）20 世纪 70 年代末,日本三菱公司为迪拜 Gulf Cobla 公司开创性地建造一艘旨在用于近海、大深度挖泥作业的半潜式绞吸船"All Wassl Bay"号,但未能达到预期效果。

（9）1978 年,非自航绞吸船装船功率再次突破,15800kW"Phoenix 1"号（原名"Oranje"号,2007 年更名）号诞生（见图 4 - 43、图 4 - 44）。建造商荷兰 Merwede,现用户 BOKA 公司。

图 4 - 43　1978 年建造 15800kW "Phoenix 1"　　图 4 - 44　10000kW 的"Sarangani Bay"（1984 年）

（10）1986 年,扬德努集团建成世界上第一艘超大型自航绞吸挖泥船"达·芬奇"号,总装机功率突破 20230kW,该船供应商为荷兰 IHC 公司。

（11）1996 年,IHC 公司建造了一艘功率 22795kW 的巨型非自航绞吸挖泥船,该船名为"Mashhour"号,船东苏伊士运河管理局。

（12）2003 年,扬德努集团建造了 27240kW 时下最大功率的超巨型自航绞吸挖泥船"J. F. J. de Nul"号,其规模超过以往任何一艘自航绞吸船,仅绞刀功率就达到 6000kW,被誉为"新一代自航绞吸挖泥船",建造商为荷兰 IHC 公司。

（13）2005 年,比利时德米集团一艘装船功率更大（28200kW）、呈现更多新技术特色的"D'Artagnan"号自航绞吸船问世,建造商仍为 IHC 公司。

（14）2010/2011 年,扬德努集团一举订购 4 艘同一型号、装船功率同为 23520kW 的超巨型自航绞吸船:"Ibn Battuta"号、"Zheng He"（"郑和"）号、"Fern de Magalhs"号以及"Nicollo Machinavelli"号,均由克罗地亚船厂建造。

（15）2009 年,中国首次建成功率 19600kW 的巨型自航绞吸挖泥船"天鲸"号。

（16）2012年,中国江苏九州造船公司建成国内最大装船功率22209kW的绞吸挖泥船"华航浚"号,用户为扬州华航疏浚公司;2015年,中国浙江再次建成一艘22000kW级绞吸船,皆为国内之最(见图4-45)。

（17）据讯,目前国内又有两艘装船总功率达25500kW的自航绞吸船已在建造中,该型船由中船708研究所设计,其中一艘用户仍为天津航道局,建造商为振华重工集团,可望于2017年交付使用。

图4-45　江苏首建国内最大装船功率的22209kW绞吸船"华航浚"号(2012)

世界挖泥船队中装船功率10000kW以上的大型绞吸挖泥船迄今已逾60艘,其中超过30%为自航绞吸挖泥船,平均船龄不超过15年(其中,中国船均为新建,平均船龄在8年以下)。

以上船型只能是绞吸挖泥船100余年来发展历程中的一个缩影,亦如一颗颗璀璨的明珠,薪火相传,推动着绞吸挖泥船跨入近现代建设。

这些经典型绞吸挖泥船堪称绞吸挖泥船发展史上的一座座丰碑!

4.7.1.3　绞吸船大型化大功率化发展的前期阶段

如何提高绞吸挖泥船的挖掘效率,尤其是确保绞吸船在切削高密度土质,甚至在挖掘如石灰岩石和薄层硬岩石方面的成效,一直以来是绞吸船发展的重要课题。类似这些课题离不开大型化和大功率化。

作为大型化、大功率化发展的初级阶段,最初主要地还是体现在非自航大型绞吸船的发展上。从20世纪60年代后期起,装船功率10000kW以上的高新技术大型非自航绞吸船陆续问世,如:

1968年荷兰Merwede建造的第一艘总装机功率超过10000kW的大型绞吸挖泥船"Sete 32"号;1972年日本首次建成亚洲最大功率汽轮机——电动绞吸挖泥船"第

三菱和丸";20 世纪 70 年代初德国 O&K 率先在"Srulervi"号绞吸船上装设潜水泵获得成功,使挖深一举达 40m;1974 年荷兰首次建成双体绞吸/吸扬两用挖泥船"Gravelines"号等。这些绞吸挖泥船建设的新成就,为其后绞吸挖泥船大功率化、自航化的纵深发展夯实了技术基础。

1977 年,世界首艘自航绞吸挖泥船"DCI Aquarius"号由荷兰 De Merwede 建造成功。该船船东为印度 DCI 公司,绞刀功率 1990kW,泥泵总功率 7365kW,航速 11.5kn,总装机功率为 12904kW(见图 4 - 46)。

图 4 - 46　世界首艘 12904kW 的自航绞吸挖泥船"DCI Aquarius"号(1977 年)

自此,在传统绞吸船装备中开创了一种能面对海上风浪,承接大型疏浚工程的新型挖泥船。

次年,同型船"Cyrusll"(原名"Libra")号相继建造成功,装船功率 12904kW;同年,还有一艘规模接近的自航绞吸挖泥船"Vlaanderen XIX"号被建造成功,该船装船功率为 11728kW,绞刀功率 1766kW,航速 7kn,船东德米集团,建造商 IHC Smit。紧接其后 1979 年"马可·波罗"号建成投产,该船装船功率 14772kW,船东扬德努集团(见图 4 - 47)。

图 4 - 47　14772kW 的自航绞吸船"马可·波罗"号(1979 年)

相隔4年之后的1983年，又一艘自航绞吸挖泥船"Taurus"（现名"TaurusⅡ"）号问世，该船绞刀功率一举增大85%，总装机功率达15600kW；1986年扬德努集团的"Leonardo da Vinci"号（"达·芬奇"）惊艳登场，使前一时期自航绞吸挖泥船的建设攀登上一个新的高峰：该船是截止20世纪末最大的自航绞吸挖泥船，不仅排水量明显增大，绞刀功率达4400kW，泥泵总功率也首次突破10000kW，达11705kW，总装机功率也突破20000kW、达到20250kW（见图4-48）。"达·芬奇"号建造商为荷兰IHC公司。

图4-48　创新的自航绞吸船"Leonardo da Vinci"号（1986年）

1986年内还同时建成另一艘自航绞吸船"Ursa"号（曾用名"Bilberg1"号），该船系由德国知名建造商O&K公司建造，用户为荷兰波斯卡利斯（BOKA）公司。"Ursa"号在规模上不及"达·芬奇"号。

4.7.1.4　新一代自航绞吸挖泥船伴随新世纪的到来破茧而出

"达·芬奇"号是截止20世纪末最大的自航绞吸挖泥船，总装机功率为20250kW，航速11kn，建造商荷兰IHC公司。自1986年"达·芬奇"号建成，到1994年为止，虽然也相继投产过3艘左右规模较小的自航绞吸挖泥船，如功率15680kW的"Ursa"号、6454kW的"Nordland"号以及12533kW的"Batang Anai"号，但其规模和功能皆无法与"达·芬奇"号相比。

2003年，"J. F. J. de Nul"号的横空出世，给国际疏浚界带来一个重大惊喜，前后相隔17年。这里不妨同"达·芬奇"号（可视为自航绞吸挖泥船前一发展时期的"标杆"）做一个简单的比较：首当其冲的特征便是"J. F. J. de Nul"号的规模强大，该船装船功率达27150kW，较"达·芬奇"号猛超35%，航速高出近15%，绞刀功率高出36%，3台泥泵系统总功率（15800kW）高出36%，船舶总规模大踏步超出"达·芬奇"

号 37%（单桥架系统就有 1550t）；其次，是各系统功能，包括定位桩系统的提升和卧倒，环境影响，电能系统等高新技术的开发应用，这是基于 1986 年"达·芬奇"号交付使用后，围绕如何进一步提高绞吸挖泥船功效方面的一项综合研究成果，涵盖新技术、新材料和新的自动化水平。"J. F. J. de Nul"号的研究设计过程主要围绕以下 3 个方面：即产量（含绞刀、泥泵、锚缆及钢桩系统），绞刀的精确定位（桥架及定位系统）以及切割力的传递（桥架、绞刀及定位系统等）。

为了稳固该船的定位，采用了破纪录的 230 吨定位桩和 20 吨的边锚，台车的行程也一举增大到 9m。该船在各系统集成方面的成果应用更加令人印象深刻：即全部采用了柴油发电机驱动的概念和自动化系统的全集成。尤其是柴油发电机驱动的概念堪称这类船舶的一大创新，因为该船设计是这一概念的首次运用，由 3 台主柴油发电机驱动 3 台发电机向全船用电设备供电，包括推进、绞刀、泥泵、绞车、液压电源组及其他设备，这一成果的开发应用对疏浚领域，尤其绞吸船额未来发展影响深远，而电力推进对于采用定位桩一端作为自航船船首的绞吸挖泥船来说，莫过于如虎添翼。而这一力作又一次轮到了惯于创造惊喜的 IHC Merwede 公司。

近一个时期以来，几乎伴随所有新船的交付，在环境友好方面都呈现出新奉献，该船自不待说：其定位桩台车内的复合轴承是免维修的，无需润滑；而绞刀轴需润滑的轴承也安装有专门的回收系统，严防造成新的环境污染。

有鉴于"J. F. J. de Nul"号所呈现出的一系列新特点、新变化，疏浚界广泛认同：自"J. F. J. de Nul"号开始，21 世纪以来所建造的自航绞吸挖泥船为"新一代自航绞吸挖泥船"或"创新一代自航绞吸挖泥船。"（见图 4－49）

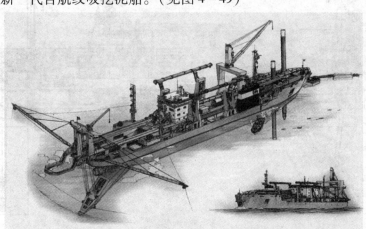

图 4－49　新一代自航绞吸船"J. F. J. de Nul"号效果图

2003 年之后，紧接着"J. F. J. de Nul"号而出现的新船接二连三：DEME 集团一艘同等规模的超大型自航绞吸挖泥船"D'Artagnan"号于 2005 年问世，前后相隔仅两年时间。"D'Artagnan"号的装船功率甚至更大，总装机功率为 28200kW，成为时下最强大的绞吸挖泥船。该船同样采用 3 台泥泵，但每台泥泵均具有可变速度的驱动装置，且可以按不同的组合方式操作；该船设计组合了强大的绞刀和泥泵功率以及抵御海洋大涌浪的能力，使得开挖岩石和海砂时效率大大提高。在环境友好方面的创新亦表现在：其绞刀轴所有轴承完全采用水润滑。"D'Artagnan"号大通量泥泵的设计使其产量骤然提高 35%，挖砂时的产量可达 7000~8000m³/h，当挖掘岩石时，其产量也可达 200~1000m³/h。

该船的另一项突出成果表现在绞刀头的更换方面：当采用专项设备时，只需 4h 即可完成按传统方法需要一天时间的更换，无异于生产效率的显著提高。2011 年，DEME 集团再接再厉，继"D'Artagnan"号之后，又一艘 26100kW 自航绞吸挖泥船"Ambiorix"号交付使用，该船与"D'Artagnan"号船型技术参数十分接近，供应商仍为 IHC Merwede。

在 2010/2011 前后两年的时间内，扬德努集团一举建成"郑和"号等 4 艘重型自航绞吸挖泥船，每艘船的总装机功率都是 23520kW，其绞刀功率的设置达到 7000kW，航速高达 13kn(见图 4-50)。

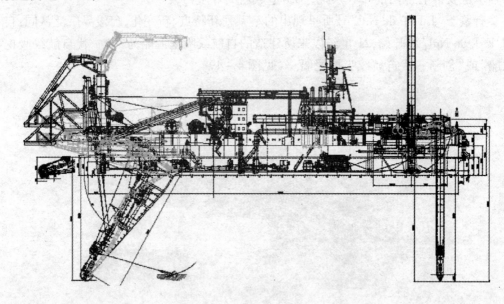

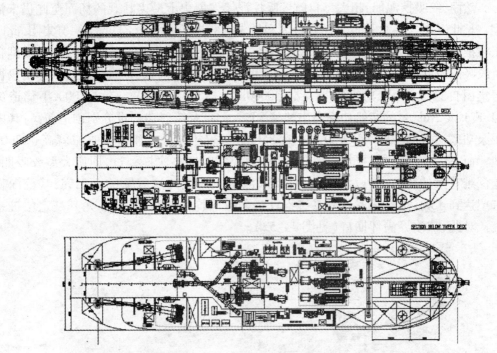

图 4-50　扬德努 23520kW 自航绞吸挖泥船"Ibn Battuta"号布置总图

与此同时,2011/2013 年间,Van Oord 集团也不失时机地建造了 2 艘 24702kW 的超巨型自航姐妹绞吸挖泥船"雅典娜"("Athena")号及"Artemis"号,单绞刀功率就达到 7100kW(占装船功率的 28.7%),航速高达 12kn,这也是 Van Oord 迄今为止拥有的最大自航绞吸挖泥船,和扬德努、德米新建的绞吸船相比毫不逊色(见图 4-51)。

图 4-51　范奥德 24700kW 超巨型绞吸船"Artemis"号(2012 年)

然而,绞吸挖泥船,超大型自航绞吸挖泥船发展史上最为壮观的场面至此仍未消停。长此以来,以"总是想要拥有最大和最先进的挖泥船而闻名"的扬德努集团,此时正在推动一项更为宏大的发展计划,建造一艘比目前规模还要大得多的巨无霸型自航绞吸挖泥船。据扬德努集团2015年3月7日发布的消息:该巨无霸绞吸船由扬德努集团自行设计,总功率一举突破40000kW,达到40975kW,较之2003年建造的"J. F. J. de Nul"号的装船功率高出整整50%,泥泵及绞刀功率也分别创造新高:其中泥泵功率达3×8500kW,绞刀功率达8500kW,仅桥架一个组件的重量就高达2000吨。而它的挖深指标,更加令人振奋,前面我们曾经多次提到过,即使大型绞吸船,挖深难有大的突破,一般均不超出36m,但正在建造的这艘新的巨无霸,其挖深将有望达到45m,这意味着该船系统设计诸多方面均面临重大挑战,尤其是定位桩系统。对此,疏浚界满怀期待(见图4-52)。

图4-52 在建世界最大绞吸挖泥船船厂号"JDN—8069"(2017年交付)

该船计划于2016/2017年建成,建造商仍旧为克罗地亚普拉Uljanik Brodogradiliste船厂。该船主要参数如下:

总长151.3m,型宽36.0m,吃水5.8m,航速12.0kn,装船功率40975kW,绞刀功率8500kW,泥泵功率3×8500kW,吸管直径1×1100mm,挖深45.0m。

以上数据表明:该船在未来挖掘坚硬岩石方面将难有敌手。

2009年上海交通大学船舶设计所联合深圳招商重工,首次为用户天津航道局建造了一艘20000kW级的大型自航绞吸挖泥船"天鲸"号,是为国内首创(见图4-53A/B)。

图 4 – 53A　我国首艘 20000kW 级自航绞吸挖泥船"天鲸"号(2009 年)

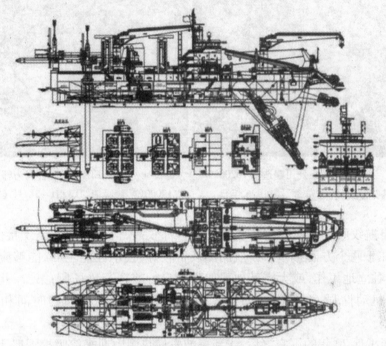

图 4 – 53B　我国首艘 20000kW 级自航绞吸挖泥船"天鲸"号布置总图

　　就在大型以上自航绞吸挖泥船如火如荼地发展之时,非自航船的大型化发展依旧红火,即使在东北亚地区发展也十分强劲:早在 1983 年,美国 ELLICOTT 公司为韩国现代集团建造了一艘装船功率达 12500kW 的超级巨龙绞吸挖泥船,号称时下世界三大非自航绞吸船之一;1996 年,德国 Krupp 也和韩国联合建造了一艘时下亚洲最大的绞吸挖泥船"韩进先锋"("Han Jin Young Jong")号,装船功率 16200kW;同年 IHC 公司为埃及苏伊士运河管理局建造的"Mashhour"号非自航船,装船功率创造了 22669kW 的最高记录;1999 年 IHC 公司再次为中东地区的阿联酋建造一艘装船功率 20200kW 的非自航绞吸挖泥船"AL Ssdr"号,用于波斯湾。中东地区以及东北亚地区

305

之所以并不十分热衷于"自航绞吸挖泥船",据认为主要地还是这一时期该地区疏浚市场相对稳定的缘故。2010年,我国民营企业江苏泰州华夏公司号称5000m³/h的巨型绞吸船"华夏重工1"号也相继建造成功(该船非自航,实际装船功率不及"天鲸"号)。截止2015年,国内大型(9000kW)以上非自航绞吸挖泥船的建造已接近达到50艘,这一数据已大大超出同期国外同类型船,这一发展速度不仅令国际,也令国内人士感到惊讶(见图4-54A/B)。

图4-54A　WOSTA LMG 公司建造的 16200kW
非自航斗轮船"韩进先锋"号(1996 年)　　　　图4-54B　ELLICOTT 公司为韩国建造
12000kW 绞吸船"DWPD-5"号 (1993 年)

　　尽管自航绞吸挖泥船的建造和使用成本都较高,但人们依然乐于接受它,选择它。原因在于两个方面:第一,自航船舶装备较好、技术性能全面,能够应对大的风浪,并完全独立地工作,或无需其他船舶帮助自行前往避风场所;第二,此类大型船舶数量少,机动性强,面对广阔的世界疏浚市场,调遣和调离的时间和费用显著降低。

　　在经历了近20年的沉寂之后,于新一波发展热潮中迎来绞吸挖泥船历史上最为壮观的发展局面,从中折射出疏浚承包商对市场的期待和信心。

　　为便于比较,现将1977年首次建成自航绞吸挖泥船"Aquarius"号以来世界各地所建造的自航绞吸挖泥船汇集于表4-1。从表4-1中不难看出,即使将自航绞吸挖泥船发展的前期阶段推延到1994年(而非1986年),总共17年时间内,建有自航绞吸挖泥船9艘(较小船难免有遗漏),平均每两年左右一艘,总装船功率122211kW,平均单船功率13579kW,最大绞刀功率4400kW;而在后一个发展阶段,从2003年截至2014年的一共11年间,先后建成12000kW以上的自航绞吸挖泥船竟达14艘之多,平均不到一年就有一艘投产;更为显著的是,这14艘船的装船总功率为312314kW,相当于前一阶段装船总功率的2.5倍,而平均单船功率(22308kW)较前一时期增加了 64% 以上;最大绞刀功率 7100kW,较前期 4400kW 也提高了 60% 以上。仅从装船功率的发展演变不难看出自航绞吸挖泥船最近 10 余年来发展速度之快。

纵览 1977 年以来、近 40 年间自航绞吸挖泥船的发展(即使计及可能的遗漏),自航绞吸船数量总共不超过 25 艘,仅从数字看这个发展速度并不算快,但如若按前后两个时期的发展来比较,最近这个 10 余年的发展,无论在大型化的规模上,还是技术变化上,自航绞吸挖泥船的进步有目共睹,随着疏浚不断走向蓝海,自航绞吸船发展的前景仍值得期待,但从整体需求看,即使今后相当一个时期内,非自航船仍将占据主体成分。

表 4-1 现有国内外主要型号自航绞吸挖泥船一览表(截止 2015 年)

序	船名	船东	建造商	年代	主尺度 L * B * D/m	装船功率/kW	绞刀功率/kW	航速 kn
1	Aquarius	印度 DCI	Merwede	1977	84.7 * 19 * 4.85	12512	1990	11.5
2	Cyrusll(Libra)	BOKA	Merwede	1978	84.7 * 19 * 4.85	12512	1990	11.5
3	Vlaanderen XIX	DEME	IHC Smit	1978	74.9 * 18.5 * 4.8	11728	1766	7.0
4	马可波罗	JDN	IHC	1979	96.2 * 19 * 4.86	14772	2940	10.6
5	Taurusll(Taurus)	BOKA		1983	90.3 * 19 * 4.9	15600	3680	11.0
6	达·芬奇	JDN	IHC	1986	11.3 * 22.4 * 5.13	20230	4400	11.5
7	Ursa(Bilberg1)	BOKA	O&K	1986	104 * 20 * 4.9	15870	3960	12.0
8	Nordland	BOKA	Krupp	1990	55.1 * 11.4 * 2.6	6454	400	4.0
9	Batang Anai(现名 Batang Hari30)	印尼 PT Pengerukan	Krupp	1994	75 * 18.5 * 5	12533	1800	12.0
(以下为进入 21 世纪以来新建造的自航绞吸挖泥船)								
10	J. F. J. de Nul	JDN	IHC	2003	123.5 * 27.8 * 6.5	27190	6000	11.5
11	D' Artagnan	DEME	IHC	2005	104.4 * 25.2 * 5.5	28200	6000	
12	Ambiorix	DEME	IHC	2013	105.9 * 25.2 * 6.2	26100	6000	12.5
13	Athena	Van Oord	IHC	2011	135.8 * 27.8 * 6.5	24702	7100	12
14	Artemis	Van Oord	IHC	2013	135.8 * 27.8 * 6.5	24702	7100	12
15	Ibn Battuta	JDN	克罗地亚拉普船厂	2010	110.5 * 26 * 5.5	23520	7000	13
16	Zheng He	JDN	同上	2010	110.5 * 26 * 5.5	23520	7000	13
17	Fernao de Magelbaes	JDN	同上	2010	110.5 * 26 * 5.5	23520	7000	13
18	Nicollo Machinavelli	JDN	同上	2011	110.5 * 26 * 5.5	23520	7000	13
19	Al Jarraf	DEME	LMG/ASL	2010	83.6 * 21 * 4.3	12610	2500	9.0

（续）

序	船名	船东	建造商	年代	主尺度 L * B * D/m	装船功率/kW	绞刀功率/kW	航速 kn
20	Amazone（同上型）	DEME	LMG/ASL	2012	83.6 * 21 * 4.3	12610	2500	9.0
21	天鲸号	中国天津 航道局	上海交大 深圳招商 重工	2009	97.22 * 23 * 5.48	19360	4200	12
22	Cassiopeia V	五洋建设 日	ASL Marine	2014	123.2 * 23 * 5.0	19215	3000	10.8
23	AI Bahar c/d Huta 12	Huta	IHC	2014	122.5 * 21.7 * 5	23545	3500	9.0

注：① 扬德努集团装船功率 40975kW 的自航绞吸挖泥船尚在建中,计划在 2016/2017 年交付;
② 较小自航绞吸船难免有所遗漏

为了在理念上有所不同,相互竞争的疏浚承包商希望为今后新建造的绞吸挖泥船寻找最具有竞争性的设计。虽然一艘挖泥船应该具有通用性,能在今后许多未知的疏浚工程中具有良好的性能,但是该船也必须在某一个经充分选定的特殊设计点具有最佳的性能。所有这些要求最终导致范围很广的不同设计的技术规格。也令疏浚装备的未来竞争更趋激烈。

一艘大型绞吸挖泥船在概念设计阶段的技术规格通常涉及如下方面:

① 与土壤和施工区域的类型有关的设计问题;

② 挖深与生产能力;

③ 自给自足度,自航或非自航;

④ 如果自航,绞刀桥架设在船首还是船尾;

⑤ 航行状态下的适航能力,自航疏浚能力;

⑥ 定位桩台车的类型与行程(是否需要挠性);

⑦ 定位桩的操作和提升系统;

⑧ 绞刀的类型、直径、转速和功率;

⑨ 泥泵特性;

⑩ 柴油机直接驱动或柴油机—电力驱动;

⑪ 与噪音和振动(包括结构疲劳)有关的要求;

⑫ 自治度。

毫无疑问,所有这些方面都是相互联系的,并且需要加以协调。此外,很多新的研究成果不断涌现,对其优缺点也必须仔细加以平衡。不用说,所有解决方法和方案都会对造价和使用成本产生影响。

最近10年间,在材料、柴油发动机、数值计算、设计技术、制造技术和自动化等方面都取得了很大的进展。在市场需求的驱动下,耙吸挖泥船是从这些发展中获益的第一类挖泥船。耙吸挖泥船的主尺度已经有了显著增长,其顶点就是超巨型耙吸挖泥船。在今后10年绞吸挖泥船能否出现同样的奇迹?恐怕一时难以预测。

4.7.2 创新一代自航绞吸挖泥船的基本特征

创新一代挖泥船最显著的特征就是规模扩大,主要地表现在船型规模、设备规模和装船功率方面。这些观念构成了一艘新船的设计和建造目标,在自航绞吸挖泥船的技术形态方面进步尤为明显(见图4-55A/B)。

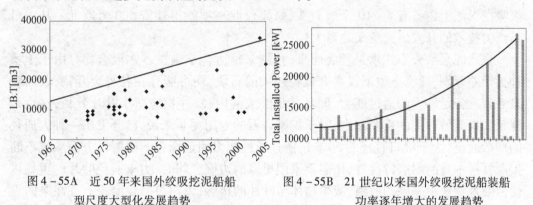

图4-55A 近50年来国外绞吸挖泥船船 型尺度大型化发展趋势　　图4-55B 21世纪以来国外绞吸挖泥船装船 功率逐年增大的发展趋势

4.7.2.1 具备越来越高的独立承揽疏浚作业能力

通常,绞吸挖泥船的作业,首先面临的一个问题就是调遣。因其自身不具备航行能力,不论前往作业场地还是紧急情形下驶离避风,都得需要被拖带;作业时也得辅助船舶配合,包括油水补给、移锚等。

现今新一代自航绞吸挖泥船依仗强大的功率设置,因而表现出极高的独立承揽疏浚作业的能力,作业性能超越了以往任何类型的绞吸挖泥船,并大大提高了海洋条件下的作业效率。在迪拜以及其他大型海上疏浚工程中,扬德努、德米等疏浚公司凭借自身新一代绞吸装备的优势,创造了绞吸船疏浚史上的多项惊人业绩。

4.7.2.2 绞刀和泥泵对各类泥土的适应性能显著提高

首先,绞刀和泥泵等关键装备功率得到大幅度提高。对于巨型、超巨型自航绞吸挖泥船来说,为增强应对岩石的能力,绞刀功率已普遍增至6000kW以上,部分已达到7100kW;巨型自航绞吸挖泥船的装船泥泵往往采用(舱内泵+水下泵)3泵串联使用,使泥泵总功率达到 15000kW 以上。至于未来超巨型绞吸船上会否出现 4 泵甚至 5 泵串联的情形,作者认为:这样的可能性不是很大,关键在于更大功率泥泵的开发 应用。最有说服力的就是扬德努公司正在建造中的 40975kW 巨无霸绞吸船。该船 仍计划采用 3×8500kW 的新型泥泵,而非 4 台 6000kW 的泥泵。很显然,更大功率的 泥泵(包括水下泵)正在紧锣密鼓地开发中。

同时,为提高挖掘岩石的能力,具备最新专利技术的各型绞刀获得应用,仅以更 换绞刀的时间来说,过去要一整天时间,而今仅 4 小时便可完成。这意味着有效作业 时间的大幅提高。绞吸挖泥船在挖掘岩石的工程施工中,其绞刀头和刀齿部位受损 最为严重,据扬德努集团提供的一份资料显示,该集团 21 世纪初年在迪拜的工程施 工中,一艘船在一天之内需换刀 2~3 次,而换齿数量则高达 500 个之巨,故通常一艘 绞吸挖泥船上需备有 8~10 个绞刀头,每年仅此一项就得耗资 500 万欧元。从中可 见绞刀技术的开发研究意义之重大!

现代泥泵从离心式水泵发展而来,并越来越适合于输送砂水混合物。由于土壤 种类千差万别,疏浚土中不仅含有粒径较大的石块,还可能存在各种废弃物,因而泥 泵必须具备足够大的通过能力,即具备足够大的内径,并相应减小叶片数目,这也是 泥泵和水泵特性上的重要差别,对于挖掘岩石的专用泥泵来说,已开发出一种大通径 的球形通道(大于吸口直径的 50%),使其通过能力明显增强。耐磨性方面除了不断 提高材料本身的耐磨特性外,还需要采用更厚的边壁。同时,力求避免叶片的重叠以 便使混合物获得平顺的通道,减少物体与叶片的接触,以尽量减少磨损。在泥泵的设 计中还综合了一些特性,包括叶轮两侧的密封水冲洗,吸口密封圈,为增加耐磨性应 用的特殊合金以及为了增加安全性、使工作压力和使用寿命最大化而应用的双层泵 壳(见图 4-56~图 4-60)。

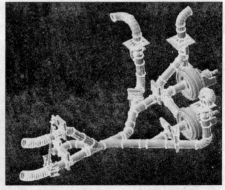

图 4-56　扬德努公司 23530kW 姐妹自航绞吸挖泥船舱内泥泵(左图)及管路布置图

图 4 - 57　WOSTA LMG 公司批量建造 14510kW"ASAN HO"级绞吸船(1994 年)

图 4 - 58　IHC 公司为苏伊士运河建造的 22699kW 巨型非自航船"Mashhour"号(1996 年)

图 4 - 59　1999 年 IHC 公司建造的 20200kW 大型非自航绞吸船"Al Sadr"号

图 4 - 60　IHC 公司为 Huta 公司建造超巨型自航绞吸船"Al Bahar C/D Huta 12"号(2014 年)

近一个时期以来,IHC 公司还开发了系列高效泥泵(HR),包括额定水头约 275kPa 的低压泵(LD)、550kPa 的中压泵(MD)以及 850kPa 的高压泵,新一代绞吸船的泥泵效率普遍达到 86% ~ 90%。

4.7.2.3　改善了船舶对于波浪及涌浪的适应能力

对于这类巨型以上的自航绞吸挖泥船,由于船舶尺度的明显增大(包括桥架重量的增加),定位桩的主尺寸也得到相应放大和明显加强,以及在桥架和定位桩提升钢缆上加装波浪补偿装置的缘故,从而改善了船舶对于波浪及涌浪的适应能力,进而改善船舶在涌浪条件下的疏浚性能,提高生产效率(见图 4 - 61)。

4.7.2.4　可变刚度定位桩台车的采用

"D'Artagnan"号的设计不仅在主尺度和装船功率方面有了新的突破,而且在定位桩台车的设置上获得更大成果:由于船舶经常处在 1.5m ~ 2m 涌浪的海况下作业,船体通过定位桩台车会给定位桩造成相当大的作用力,经常处在这种冲击力作用之

图 4 - 61　新一代绞吸船钢缆系统提供纵向挠性并在船体和定位桩之间传递定位桩的力矩

下,船体以及定位桩结构容易受到损坏。假如船体和定位桩之间的连接能具有一定的挠性,所产生的作用力就会下降或得以缓冲。基于这种设计理念,在"D'Artagnan"号的设计中已经大胆付诸实践,该船成功地安装了一台全缓冲定位桩台车,并使得这种纵向缓冲作用具有可变的刚度:在波浪较小时具有较大的刚度,而在恶劣波浪条件下又具有一定的挠性。这就使得该船可以根据海况来调节其柔性锚碇系统。这种钢缆系统也在定位桩台车和船体之间传递定位桩的反作用力(见图 4 - 62)。有关文献

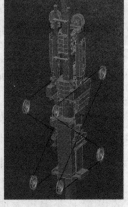

图 4 - 62　创新技术柔性定位桩系统大大提高了绞吸船涌浪下的作业效率

披露,安装有可变刚度定位桩台车系统的绞吸挖泥船,较不具备这种系统的绞吸船有望增加 30% ~50% 的工作时间,足见可变刚度定位桩台车系统这一新技术所产生的革命性效果。

4.7.2.5 全柴油—发电机驱动理念及自动化系统的全集成

在"J. F. J. de Nul"号全电动绞吸船动力系统的设计中,开创性地采用了全柴油发电机驱动的概念和自动化系统的全集成。

全柴油发电机驱动的概念是针对大型自航绞吸挖泥船的一大创新,而"J. F. J. de Nul"号是第一艘运用这一原则设计的自航绞吸挖泥船。该船 3 台主柴油发动机驱动 3 台发电机向所有的用电设备供电,包括绞刀电动机、泥泵电动机、绞车电动机、液压电源组及所有其他设备。这对船舶设计产生的影响巨大,全电力驱动一方面使得平面布置有更多的自由,另一方面设计必须考虑大量的高压电缆、变压器和变频器。同时,为方便设备的维修和更换,设计中做了必要的考虑:将用于绞刀、推进器和水下泥泵的电动机做成同一型号,从而在发生事故时减少停工时间。

该船自动化的程度在世界上也是领先的,可以与当前超巨型耙吸挖泥船所具有的高标准相媲美。所有的报警系统均集成到一个控制系统。通过遍布在全船上的几个工作站可以监视和控制所有的子系统。电子海图系统还可以提供疏浚现场的资料。此外该船还安装了以前只有在耙吸挖泥船上使用的动力管理系统来调整供给各个设备的动力。

4.7.2.6 两套耳轴的设置增强了开挖岩石的能力

新一代自航绞吸挖泥船"J. F. J. de Nul"号的绞刀桥架重 1550t,为了能够在 6.5 ~35m 的水深下作业,特别安装了高、低耳轴轴承座,两个耳轴的作业方式有助于大、小两个挖深状态下产量的正常发挥,使开挖岩石的能力得到加强。该船耳轴轴销的直径为 1300mm,并具有青铜轴承衬套。在轴承衬套内覆有铬镍铁合金层,以提供一个光滑而无腐蚀的工作表面。在其中部添加了一个平放点。"J. F. J. de Nul"号自航绞吸船可以自行在两个支点之间转换绞刀架。2010 年前后,扬德努集团在批量建造的 4 艘功率 23520kW 的新一代姐妹绞吸挖泥船中也采用了上、下两套耳轴的设计技术,使该项技术得以推广应用(见图 4 - 63)。

"J. F. J. de Nul"号绞吸船在设计和制造中还采取了专门的措施防止振动、应力集中和疲劳破坏。

4.7.2.7 新一代自航绞吸挖泥船的高度自动化智能化

高度智能化是现代挖泥船越来越凸显的特征之一,主要是指挖泥船作业的仪表化和高度自动化。由于疏浚作业时取土过程均发生在水下,随着高科技的推广应用,

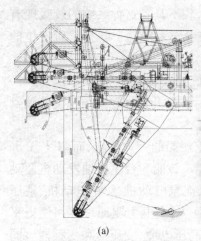
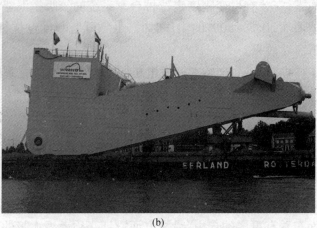

(a)　　　　　　　　　　　　　　　(b)

图 4 - 63　桥架上下耳轴的设置(a)以及装运中的桥架构件(b)

通过现代计算机技术和仪表技术的有机结合,将这个不可见的水下取土过程及时、准确地显示在操作人员面前,可大大简化操作程序,提高效率,进而提高经济性。在操作智能化方面的投入一般只占到总投资的 5% ~ 10% ,却可以使得挖泥总效率提高 5% ~ 10% ,可见回报十分明显(见图 4 - 64)。

　　为使绞吸船产量达到最大值,采用了复杂的疏浚自动化系统和最先进的绞刀头控制系统。这些系统在很大程度上得到设在岸上的绞吸挖泥船培训仿真器对浚工长进行培训工作的支持。这套培训仿真器是对实船疏浚控制操纵台的复制(见图 4 - 65)。在与疏浚控制操纵台完全连接的监控与数据采集系统(SCADA)中设置了特殊的报警功能。在不需要考虑何处可能发生何种问题的情况下,只要揿下按纽,在屏幕上就会显示有关页面。随后就可以据此采取准确措施。

图 4 - 64　先进的自动化操控技术和装备在　　　图 4 - 65　中国客户在 IHC7025MP 系列
　　　　驾控台上日益发挥作用　　　　　　　标准绞吸船专用模拟器现场参观学习

4.7.2.8 环境友好方面率先垂范

无论在欧洲、美国,政府针对挖泥船疏浚作业方面可能造成的环境污染都专门制定有严苛的法律条令。挖泥船从设计、制造到施工管理都必须符合环境友好及可持续发展等理念。这方面的要求在进入 21 世纪以来欧美各大疏浚公司新装备的各色挖泥船上体现得相当具体,例如,在美国,挖泥船设计中还必须采取相应措施、确保作业时海龟(Turtles)等珍稀动物不得受到伤害(见图 3-11)。

新一代绞吸船上都不难看到类似这方面的成果,如时下最大绞吸挖泥船"D'Artagnan"号,为最大程度地减少润滑油的使用,在疏浚系统大量机械部件的设计中,力图使其在不使用或尽可能少用润滑油的情形下进行运转,其成果之一是定位桩台车内的复合轴承已实现免维护,不需要润滑;而对有些个必需润滑的轴承,则安装有专门的润滑油回收系统,收集所有废油;在绞刀设计上,更能体现出环境友好方面的创新:该船绞刀轴所有轴承(主轴承和中间轴承)完全采用水润滑。

欧美国家在新设计的挖泥船上,已普遍遵照"绿色护照"所要求的条款进行设计。在装船动力上采用"双燃料"发动机和"LNG"储罐,这是面向未来和可持续发展理念所采取的步骤,因为这种发动机无论在柴油或"LNG"的运行下都会将排放降至最低限度。

在有关振动和噪声的处置方面,也已经通过一系列措施获得理想结果,如通过主机和许多其他甲板设备的挠性安装降低振动,通过采用挠性连接降低齿轮箱和绞车的噪声,还有设备周围大量使用隔音材料。通过设计绞车在 1m 距离处发散的最大噪声仅为 83dB(A)。

4.7.2.9 高度自治性及可维修性

高度自治性——自治性越高意味着该型船的独立自给性越强,换言之,处于水域施工的挖泥船对所在地区提供设备及备件等条件的依赖性就越小,应变能力愈强。

新一代自航绞吸挖泥船普遍具备如下特点:

① 自航(在调遣方面不需要依赖第三方);

② 具有抛锚杆可以自行移锚;

③ 每根定位桩具有倒桩设备,方便倒桩和固定作业位置;

④ 具有专用区域进行维修保养;

⑤ 具有可起吊和运输重件的甲板吊机,便利更换吸口等作业;

⑥ 具有大量的储备和各种备件;

⑦ 具有可供分配的船员舱室。

可维修性——绞吸挖泥船作业中会频繁遭遇岩石等疏浚物料,极易给绞刀、吸口、泥泵等设备和部件带来不期而遇的损伤,修理和换件惯常发生。扬德努集团在迪拜的一项工程施工中,曾遭遇极其难挖的岩石,一天之内就得换刀2~3次,由于工程浩大、工期长,除了每艘船尽可能备足备品备件外(仅绞刀就得备上8~10个),作为船队施工,还必须就近安排有一定规模的后勤维修保障基地,至少扬德努是这样做的。

对于易损设备,要求检查和维修时容易拆卸(见图4-66),以降低船的停工时间。对于新一代绞吸船这样的大型装备来说,往往一个小时以上的叶轮更换时间,就会因产量减少而损失数千欧元(扬德努公司感言)。为此要求:

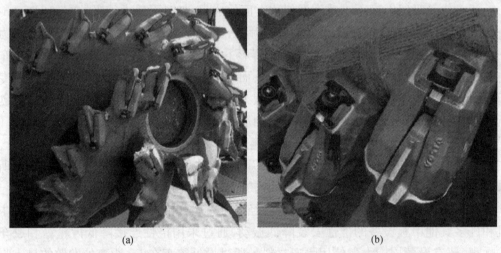

(a)   (b)

图4-66   VOSTA-LMG公司第三代挖掘岩石的刀齿不仅重量轻且更耐磨更可靠

① 具有专用区域可进行维修保养作业;
② 具有可起吊和运输重件的甲板吊机(甚至可以利用船上的设备很方便地更换吸口)(见图4-67、图4-68);

图4-67   甲板行走吊能首尾兼顾运行作业   图4-68   甲板前后分设的固定起重吊确保吊装全复盖

③ 具有大量的储备和各种备件,以减小停工修理的时间;

④ 甲板行走吊机应尽可能在挖泥船的全长范围内移动,以便实施全方位的维修保养;

⑤ 对于挖掘岩石的专用绞吸挖泥船,尤其必要设置专用绞刀工作平台,该平台专为绞刀头的拆装而设计,可以借助很短的吊放钢缆将绞刀头快速安装在绞刀轴上(见图4-69、图4-70);

图4-69　扬德努新建自航船绞刀工作平台　　　图4-70　"达·芬奇"号绞刀工作平台

⑥ 使用专用设备只需4h就能完成绞刀头的更换,而用传统方法则需要一天时间;而使用 VOSTA LMG 公司研制的绞刀齿和专用的气动工具,平均只需20秒钟就能完成一个绞刀齿的更换。

绞吸挖泥船上经常需要更换的部件主要有:绞刀的刀刃、刀齿、刀轴、泥泵的叶轮以及浮管接头等。通常绞吸船上都有相当储备,在大型疏浚工程中往往还得就近建立后勤维修基地。

4.8　特殊形式的绞吸挖泥船

4.8.1　斗轮挖泥船

4.8.1.1　斗轮挖泥船的产生

斗轮挖泥船是在绞吸挖泥船作用原理基础上,于20世纪70年代中期前后派生出来的一种新船型,通常视其为改进型的绞吸挖泥船。因此,初期在不少场合有将斗轮称之为"斗式绞刀"的。之所以普遍认同斗轮挖泥船类属于绞吸挖泥船范畴,是因为除了切削泥土的机具由绞刀改换成了斗轮以外,船上其余各主要系统组成基本不产生变化。为更好地满足使用要求,欧美主要挖泥船制造商如美国 ELLICOTT 公司、荷兰 IHC 公司、德国 O&K 公司等仿照当时露天采矿用的大型轮式采掘设备,先后开发成功斗轮挖泥船,并且很快获得用户青睐,在阿根廷、澳大利亚、加拿大、荷兰和美国等国家推广应用尤为广泛(见图 4-71)。其后 ELLICOTT 公司成套"巨龙"系列斗轮挖泥船还被美国陆军工程兵部队大量采用。截止 1988 年,ELLICOTT 公司已交付用户 60 余台斗轮挖掘机,多销往中南美洲用于水下采矿,据认为,其业绩超过当时其他制造商的总和(见图 4-72)。

4.8.1.2　斗轮挖泥船的应用特点

斗轮挖泥船增加产量的主要因素在于旋转斗轮的设计,它可以将很大的挖掘力集中在很小的面积上,使之产生更为理想的挖掘效果,同时,由于泥斗的布设紧密,斗刃切削性能较普通的绞刀要提高一倍左右,又由于鼓轮上装有刮刀,且无斗底,产量因之得到提高,表现在对黏性、塑性类土质方面具有更好的适应能力。相对于绞刀而言,斗轮的最大优势还在

图 4-71　IHC 公司的单斗轮
外观结构图

于:其结构左右对称,且挖泥运转中斗轮作横轴式(而非绞刀的纵轴式)转动,使其在左右横移挖掘过程中不仅受力均衡、挖掘效率平稳,挖槽也更趋平整。这也是它与采用不对称螺旋绞刀及纵轴式运转的绞吸船的重要不同之处。正是这些优势,使得斗轮船问世以来,在世界各地发展迅速(见图 4-73)。经验还表明,斗轮挖泥船用于采掘食盐时效率提高甚为显著,据记载:就在斗轮挖泥船投入应用不久,某矿藏公司曾购买 12 英寸 ELLICOTT 公司的"巨龙"系列挖掘机部件装在本公司旧船"BigJulic"号上用来采掘食盐,产量竟由原来的 40~50t/h 一下子提高到 100~125t/h。自此以后,有更多的斗轮船用来从事食盐以及芒硝等采掘,连我国新疆盐场也不例外。

图 4 - 72　ELLICOTT 公司交付大功率矿用斗轮船　　图 4 - 73　IHC 公司早期开发的"海狸"系列斗轮船

4.8.1.3　不同流派斗轮挖泥船面面观

现有大小斗轮挖泥船,尽管在欧洲和北美存在一定差异,如单排斗和双排斗,带齿斗和不带齿的斗、开式斗和闭式斗以及斗的个数上的差别(IHC 公司采用 14 斗、ELLICOTT 公司则采用 10 斗),并呈现不同的流派及系列。但上述斗轮的基本特征及内部构造大致相同。ELLICOTT 公司生产的斗轮装备自成体系,出口规模除了传统的中南美洲市场以外,还几乎遍及亚非。在进入 21 世纪之前,其出口的斗轮装备数量据称已逾 500 台套,技术上具备一定优势。

德国斗轮挖泥船则自成体系,多以水下刀轮形态出现,即在轮毂两侧安装有密实的刀具,轮毂较一般单斗轮明显加宽(见图 4 - 75),图 4 - 74 所示为德国 O&K 早期开发的单斗轮船,与图 4 - 75 的水下刀轮成为明显对照。

(a)　　　　　　　　　　　　　　　　　　　　　　(b)

图 4 - 74　20 世纪 70 年代 O&K 开发的单斗轮系列挖泥船图(b)为斗轮放大图

4.8.1.4　斗轮挖泥船在我国的发展和应用

20 世纪 80 年代中期,由上海 708 研究所开发设计、益阳船舶厂建造的 $280m^3/h$

全液压小型斗轮挖泥船首获成功（见图4-76）。该型斗轮直径2500mm，其后，国产斗轮船相继在江苏、安徽等地得到发展，并逐渐做大。

图4-75 2002年常德达门船舶公司引进德国技术自行建造的400型刀轮挖泥船　图4-76 我国自行开发的首艘斗轮挖泥船280m³/h斗轮挖泥船（1986年）

2001年，一艘技术形态更为先进，同时装有水下泵和定位桩台车的800m³/h斗轮挖泥船开发成功，首船于2002年交付用户长江航道局，后续姐妹船于2006年交付，该姐妹斗轮船已成为长江航道疏浚的主力船型之一。21世纪初，江苏船舶设计所、镇江船厂、益阳中海船舶厂以及浙江方圆造船有限公司等单位在斗轮挖泥船的系列化开发设计、建造以及出口方面均做出了新贡献，国内目前装船功率3500kW的斗轮挖泥船已建成多艘。

现有国内开发的斗轮挖泥船几乎清一色都采用单（列）斗，斗数均为14斗，斗刃处也很少带齿，和IHC单列斗轮的构造比较接近。

我国迄今进口斗轮挖泥船不多，1998年中船708研究所为新疆盐场设计过一艘斗轮船，并据用户要求引进了ELLICOTT公司提供的双斗轮装备，用于采芒硝作业；2001年708所中标"百船项目"350m³/h斗轮挖泥船为之批量建造3艘；2002年湖南常德也通过LMG公司引进生产了一艘小型带齿的双刀轮挖泥船。从此以后国内斗轮船建设逐渐推广开来，并出口国外。

代表船型1——1600kW斗轮挖泥船

该型船是在20世纪末根据交通部"立足国内设计、关键技术设备引进"的建设方针自行开发的创新型产品。该项目船东为交通部长江航道局，由中船708研究所开发设计，武昌造船厂建造，2001年交付使用，后续第二艘船于2006年交付（见图4-77）。

该船是当时国内配备功率最大、技术先进、具有一定前瞻性的创新船型，配备有

图 4-77　我国自行开发 1600kW 斗轮船配置了美国斗轮装备(2001 年)

水下泵和舱内泵,可水下泵单泵作业,也可以两泵串联作业,关键装备斗轮及驱动系统从 ELLICOTT 公司引进。

该船主要尺度参数如下:总长(桥架吊起)约 51.00m,浮体长 39.60m,型宽 10.60m,型深 2.75m,设计吃水(调遣时)1.65m,排水量(设计吃水时)约 545t,肋骨间距 0.55m,梁拱 0.15m,最大挖深 16m,最小挖深 2m,吸/排泥管内径 0.50m/0.50m,装船总功率 1600kW,生产量(2000m 输远)约 800m³/h。

动力装置配置:选用 SKL 柴油机 3 台:两台 8VD24/16AL、638kW、1000r/min,分别用于驱动水下泥泵和舱内泥泵;一台 8VD18/16AL、400kW、1500r/min,用于驱动液压油泵和 64kW 主发电机。

定位桩系统:该船采用台车式定位桩,定位桩的提升液压油缸行程 2.6m,每次可提升定位桩 3.1m;定位桩直径 0.82m,长度 21.70m,最大壁厚 34mm,并采用屈服点 360N/mm² 的高强度钢。

泥泵设置:水下泥泵和舱内泥泵采用相同型号柴油机驱动,方便维修、保养。水下泥泵流量 3800m³/h,扬程 37.10m 水柱,转速 402.40r/min,轴功率 480kW。舱内泥泵流量 3800m³/h,扬程 39.70m 水柱,转速 413.70r/min,轴功率 480kW。可以通过 φ250mm 球状物。既可双泵串联作业,也可单泵作业,以便适应不同的排远要求。

斗轮设置:斗轮选用 ELLICOTT 公司 DWE120 型、直径 3,317mm 的双斗轮,转速 13r/min,轴功率 186kW,总切削力 10t,由液压电动机驱动。双斗轮可在左右两个方向以相同的效率工作,无论挖泥船向左或向右摆动时,均能连续不断高效工作,从而提高了产量,在挖边坡时更具优势。

代表船型 2——江苏 3500m³/h 斗轮挖泥船

由江苏船舶设计院设计建造的 JY9159 型 3500m³/h 斗轮挖泥船主要船型尺度如下:总长 104m,船长 79.1m,型宽 18.2m,型深 5.2m,设计吃水 3.5m,设计排水量 4300t,挖深 17m,吸排管径 850/800mm,舱内泥泵 12000m³/h×60m,水下泵 12000m³/h×35m,斗轮直径 5400mm,斗轮功率 1000kW,2007 年建造(见图 4-78)。

图 4-78　2007 年前后江苏船舶设计所设计的某型 2500m³/h 斗轮挖泥船

4.8.2　爬猫挖泥船

爬猫绞吸挖泥船是一种可供灌溉渠道维护、基础工程施工的水陆两用绞吸挖泥船。标准爬猫绞吸挖泥船有机械输出功率为 298kW(400hp)和 446kW(600hp)两种型号。与普通绞吸挖泥船相比有以下区别:具有 4 根带液压驱动履带,可独立调整高度的履带立柱。具有可准确控制、可调速液压驱动绞刀的摆动式绞刀桥架。重柴油机冷却采用独立的水冷系统。上述特点使得这种挖泥船能够连续不间断,且十分平稳地开挖,并能在一定范围内保持恒定挖深而不受潮汐和风力的影响。绞刀桥架和绞刀可以单动或连动,整个挖泥操作可由一人在驾驶室内控制。必要的设备都安装在主浮箱内和主浮箱上面,以求最大限度地减少挖泥船运输时需要拆卸部件数量。所有部件尺寸均能满足水、陆运输要求。

4.8.3　水陆两栖兼备的小型多功能清淤船

20 世纪 80 年代前后,芬兰开发成功一种被喻之为"水王"号("Watermaster")的小型多功能环保挖泥船。该型船适合于池塘、小河道和小沟渠等浅而小的水域环境从事环保疏浚,既可水上施工,也可以陆上开挖。20 世纪 90 年代以来,该型产品在我国湖南等地亦有少量引进,它可采用公路车辆运输,其运输重量仅为17t。可据用户需要提供具有反铲、绞吸、抓斗疏浚乃至打桩等多种功能的产品(见图4-79)。

(a) (b)

图4-79 芬兰小型清淤船:(a)水陆两栖清淤船(b)国内引进350m³/h绞/铲两用船

此外,美国W&S挖泥船制造厂也开发出水陆两栖绞吸挖泥船。其浮箱下部配置24组轮胎,可用小型越野车拖动送到池塘等处施工。

4.8.4　新型潜水斗轮挖泥船

这里既有IHC公司近年来开发的一种三脚式深水斗轮挖泥船,还有一种由TMT(Tornado Motion Tecknologies)公司开发的水下环保疏浚装备。该水下挖泥设备不需要绞吸头即可疏浚高浓度泥土,而且它是两栖型的,可在陆上或船上进行遥控,不会造成水下污染。主要船型参数为:总高2.25m(7.5ft),总长5.4m(18ft),总宽2.4m(8ft),总重17120kg(40000lb)、水下电机功率298kW(400hp)、采用6×8′涡流泵(见图4-80、图4-81)。

图4-80 IHC公司开发的深水斗轮式挖泥船　　图4-81 TMT公司开发的水下环保疏浚装备

4.8.5 超大挖深要求的绞吸挖泥船

从最初介绍有关绞吸挖泥船的结构特点不难知道,由于绞刀桥架和定位桩等主要系统功能设置的缘故,常规绞吸船的最大挖深不过 36m。一旦遇到有更大挖深的特殊要求(而又没有其他有效装备时)——譬如 40m 甚至 50m 超常挖深时,常规整体式绞吸船尤显力不从心,但对于某些组合式绞吸船来说,仍可以通过"搭积木"的办法得以应对:即利用组合箱体结构的特点,使其两边的片体(浮箱)视需要依次接长,同时相应接长位于中间开槽内的桥架(见图 4-25),在不用特别费力的情形下使挖深得到适度增加。很显然,此时因水深太大,定位桩已无法效力,只能采用锚泊定位的方式,并且必须视海况条件允许,一般在湖泊或库区内作业问题不大。荷兰内湖采砂作业中就不乏这种先例。

除此以外,其他几种组合接长,加大挖深的形式,前面已有过介绍,此不累述。

4.8.6 采用岸电动力的绞吸挖泥船

在具有条件连接岸线,采用岸电驱动的水域环境,船上可免设柴油机动力,直接采用岸电,既经济又环保,尤其对类似自来水厂蓄水库等水域环境,采用岸电往往成为必须条件,这类情形并不少见,如比利时安特卫普港区的小型环保绞吸船"Amoris"号的环保清污作业从一开始就考虑了采用岸电动力;1991 年前后,我国郑州花园口水厂订购的一艘 250m³/h 绞吸挖泥船也是以岸电为动力的,该船由 708 研究所设计,天津新河船厂建造。

图 4-82 所示为美国 ELLICOTT 建造的 1 艘岸电绞吸挖泥船。

图 4-82　ELLICOTT 公司建造以岸电为动力的绞吸船

4.8.7 复式绞刀型绞吸挖泥船

图 4-83 所示为 20 世纪 50 年代于荷兰问世的一艘多刀头设置的特殊型式绞吸

船,该船并列设有 3 个不寻常的首部开槽以及相应的 3 个绞刀桥架,每个桥架前端设有 2 只平面形的绞刀,同时采用自航、双桨推进,航速 9.7kn,船上共配置 5 台蒸汽机,总功率 1970kW,设计生产量 2130m³/h。该型船仅能实施直进式疏挖,而不是通常的(左、右)扇形挖泥,因而每个进程挖宽也只能大约等于船宽大小(和吸盘挖泥船相似),同类型船曾建造过几艘,实际效果未见有评述。

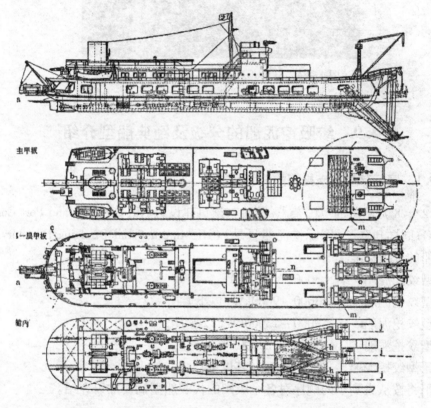

图 4 - 83 采用复式绞刀的自航绞吸挖泥船"Aminul - Bahr"号,
船首平行配置有 3 个桥架及 6 只平面型绞刀(1953 年)

4.8.8 大型浮动泵站

不少大型疏浚公司配备有大型浮动式泵站,即在大型甲板驳上根据工程需要配备 1~2 台大功率泥泵,1 台高压喷水泵以及相应的驱动动力,以便从泥驳吹送泥浆至指定处所,供围筑堤堰使用,因此它也被称为吹泥船(见图 4 - 84)。

图 4 - 84　ELLICOTT 公司建造的大型浮动泵站

4.9　绞吸挖泥船的分级及经典船型介绍

4.9.1　国际疏浚指南推荐的分级标准

2012 年 8 月出版的英国杂志《疏浚与港口建设》(HIS Dredging and Port Construction,DPC)同样刊登了《国际挖泥船目录》(HIS International Dredging Directory)对绞吸挖泥船的分级标准:

小型绞挖泥船　　　3000kW(以下)

中型绞挖泥船　　　3000~9000kW(以下)

大型绞挖泥船　　　9000~13000kW(以下)

巨型绞挖泥船　　　13000~23000kW(以下)

超巨型绞挖泥船　　23000kW 及其以上

以下将按从大到小的顺序对各个级别的代表船型摘要加以介绍。

4.9.2　各级船型概况及代表船型简介

4.9.2.1　超巨型绞吸挖泥船

装船功率 23000kW 以上的绞吸船被定义为超巨型绞吸挖泥船。

迄今为止,国际上已建成 23000kW 以上超巨型绞吸挖泥船一共 6 个型号共 10 艘,除一艘("Taurusll"号)为 1983 年建造,2011 年改扩建外,其余 9 艘全部为 21 世纪以来建造的新一代自航绞吸船。首船"J. F. J. de Nul"号于 2003 年建造,装船功率达创纪录的 27240kW;10 艘超巨型船中功率最大的是 2005 年面世的"D' Artagnan"号,总装船功率为 28200kW;其中 9 艘新建船全在 2003—2013 年的 10 年之内建成投产,并全在欧洲 3 家顶级疏浚公司旗下(见表 4 - 2),成为各自的主力船型,其中有超过一半的 5 艘船为扬德努公司把持。如再加上即将交付的 40975kW 超级巨无霸绞吸船,扬德努将坐拥 10 艘超巨型绞吸船中的 5 艘,加上其在耙吸挖泥船上的明显优势,其四大疏浚公司中的"老大"位置,一时间更加无人可撼。

表 4 - 2　国外现有 23000kW 以上超巨型自航绞吸挖泥船一览表

序	船名	建造年代/年	装船功率/kW	航速/kn	所属公司
1	J. F. J. de Nul	2003	27190	11.5	扬德努
2	D'Artagnan	2005	28200	12.5	德米
3	Ambiorix	2013	26100	12.5	德米
4	Athena	2011	24702	12	范奥德
5	Artemis	2013	24702	12	范奥德
6	Ibn Battuta	2010	23520	13	扬德努
7	Zheng He	2010	23520	13	扬德努
8	Fernao de Magelbaes	2010	23520	13	扬德努
9	Nicollo Machinavelli	2011	23520	13	扬德努
10	Taurus II	1983/2011	24610	11	波斯卡利斯

时至 2011 年,欧洲四大疏浚公司全都坐拥超巨型绞吸挖泥船。

代表船型 1——"J. F. J. de Nul"号

21 世纪初年,装船功率首次突破 27000kW 的超巨型绞吸船"J. F. J. de Nul"号由荷兰 IHC 公司建造,主要目标围绕海洋条件下绞吸挖泥船如何高效作业的要求倾力打造,被誉为"新一代绞吸船"(见图 4 - 85)。

图 4 - 85　"J. F. J. de Nul"号下水瞬间(2003 年)

该型船首先凸显的是规模的扩大:仅在装船功率方面就较17年前建造的时下最大绞吸船"达芬奇"号一举高出35%,绞刀功率更高出其36%,航速也高出后者1.2kn,而船体主尺度较"达芬奇"号则猛增37%,这些努力带来的一个直接变化便是疏浚硬质土的能力大大增强。

该船总长124.4m,宽27.8m,吃水6.51m,航速12.5kn,总装机功率27150kW,其中绞刀功率6000kW,总泥泵功率15800kW,绞刀架重1450t(有利于开挖岩石),挖深范围从6.5~35m;该船的另一个显著特点便是:绞刀架装有两套耳轴,有利于砂土、黏土和岩石的开挖。疏浚土可直接通过管径1m的浮管吹岸,也可以通过4艘3700m³开体泥驳卸泥;在动力设置方面它采用柴油—发电机组的驱动方式:主柴油机驱动3台发电机,供电至所有用电部位包括绞刀电动机、泵电动机、绞车电动机等,定员60人。

"J. F. J. de Nul"号之所以"一鸣惊人",取得非凡成功,其中一个重要的原因就是:设计立足于成功船型的基础之上。具体地说,早前先后建造、并且至今还在使用的两艘巨型自航绞吸挖泥船:1986年的"达·芬奇"号(总装船功率20260kW)以及1979年的"马可·波罗"号(总装船功率14772kW),在上述两艘船成功的基础上设计了该船。主要的追求是海上作业性能,船员居住及作业条件的法规要求,技术改进和适应大功率及大重量。为此该船设计特别注重3个方面:生产率、绞吸头的精确定位和挖掘力的传递。从市场观点来看,建造巨型绞吸挖泥船投资巨大,需要赢得足够的任务来回报高额投资。巨型绞吸挖泥船的技术和经济寿命均很长,许多以前的船目前仍在使用,服务期通常在20年以上(因这种船的使用率一般不会很高,有足够时间来对它维护和修理)。绞吸挖泥船的静载荷比耙绞吸挖泥船要低,而在绞切岩石时的动载荷、振动和冲击对各部件影响则很大,像绞刀齿和绞刀,然而这些可与更换。

"J. F. J. de Nul"号船无疑会以其35m的疏浚深度、海上的适航能力及绞刀的强大功率等优势去占有市场份额。"J. F. J. de Nul"号的设计是在"马可·波罗"号和"达·芬奇"号的基础上进一步增加新的要求,对那些原本运转良好的组成部分和系统只需按照现代的标准加以设计即可。这类船舶20多年的使用中所积累的实践经验,在研发和确定该船技术规格的过程中起到了重要作用。为提高在海洋条件下的作业效率和适应性,除增大绞刀和泥泵功率外,通过提高船舶的主尺度和重量来改善对波浪和涌浪的适应能力。例如,绞刀桥架的重量增加到1550吨。此外,还特别重视其细部设计,从而提高了该船的整体性能。

代表船型2——"D'Artagnan"号

装船功率28200kW的自航绞吸挖泥船"D'Artagnan"号是迄今最大装船功率的自航绞吸挖泥船(见图4-86),该船船东为比利时德米集团,供应商荷兰IHC公司。

图4-86 自航绞吸挖泥船"D'Artagnan"号作业透视图

2005年建造的这艘"D'Artagnan"号绞吸挖泥船,其主要技术指标如下:总长124m,船长104.4m,型宽25.2m,型深8.2m,设计吃水5.5m,最大吃水6.15m,总装船功率28200kW,绞刀功率6000kW,3台泥泵的总功率为15400kW,推进功率2×6000kW,航速12.5kn,挖深36m,为迄今为止功率最强大的绞吸挖泥船。

"D'Artagnan"号的设计组合了强大的绞刀和泥泵功率以及抵御海上大涌浪的能力,适合承担之前被认为是过于困难或成本太大且耗费时间的作业,使其在开挖岩石和海砂时效率大大提高。该船设计应用了多种创新技术,这些新技术或许被未来几代挖泥船所采用。

据讯,2005年当"D'Artagnan"号刚建成投用时,面对一处强度达65MPa的航道岩石区,该岩石区一度被其他船舶视为"硬骨头",但该船仅用了两个星期,便将这5万立方米的石头清除完毕,其非凡的能力得到有力证实。

据介绍,"D'Artagnan"号特别过人之处还在于:大胆设计并成功安装了一台全缓冲定位桩台车,并使得其纵向缓冲作用具有可变的刚度,即在波浪较小时具有较大的刚度,而在恶劣波浪条件下又具有一定的挠性。这就使得该船可以根据海况来调节其柔性锚碇系统。可变刚度定位桩台车系统的安装,较不具备这种系统的绞吸船有望增加30%~50%的工作小时,生产效率明显得到提高。除此以外,该船无论在泥泵的过流量方面、环境友好方面还是自制度的水平方面都给人留下深刻的印象,创新力度不在"J. F. J. de Nul"号之下。

4.9.2.2 巨型绞吸挖泥船

装船功率在13000~23000kW(以下)范围时,被定义为巨型绞吸挖泥船。

国外已建绞吸挖泥船中,功率处在这一区间的自航、非自航绞吸船也不是很多,总数大约在30艘上下,其中自航船仅4艘,即"马可·波罗"号、"Taurus Ⅱ"号、"达

·芬奇"号和"Ursa"号(见表 4 - 1)。这类挖泥船普遍具有强大的装船功率,泥泵和绞刀也都有强劲的功率设置,整体技术及设备配套完善,故其中大多数皆为四大疏浚公司所拥有,成其骨干力量。少数船舶虽不在四大公司名下,基本上也处在其他地区以上大型疏浚公司的编制以内。例如,日本五洋建设公司旗下的"Cassiopeia V"号自航绞吸挖泥船(装船功率达 19215kW)、美国大湖疏浚及船坞公司拥有的"Texas"号绞吸挖泥船(装船功率 15233kW)、沙特阿拉伯湖塔海事公司(Huta Marine Works)拥有的"Al Sakab"号绞吸挖泥船(装船功率 16500kW),都成为这些公司的"镇海之宝"。

事实上,从 21 世纪初年开始到目前为止的 10 余年时间内,由于我国国内疏浚业发展迅猛,驱使大中小各类挖泥装备的井喷式增长,以绞吸式挖泥船的增长为最,从 2005 ~ 2015 年的这个 10 年间,据不完全统计,国内自主建造 13000 ~ 22000kW 的巨型绞吸挖泥船,诸如"长鳄"号、"长鲛"号、"天牛"号等接近达到 20 艘,其中包括 19600kW 的自航绞吸挖泥船"天鲸"号(2009 年),而更大功率的 22209kW 非自航绞吸船"华航浚"号于 2012 年建成(用户江苏扬州华航浚公司),新建巨型绞吸挖泥船用户以国营大型疏浚公司为主体。连同这一期间中国水电以及天津港海疏浚公司等用船部门引进的大约 10 艘 13000kW 绞吸船在内,使我国现有功率 13000kW 以上巨型绞吸挖泥船总数达到 25 艘以上,它们已在国内外疏浚工程中彰显实力。短短 10 年间我国巨型绞吸挖泥船不仅从无到有,实现零的突破,而且与世界巨型绞吸船三分天下,鼎足而立,不能不谓之奇迹。

如计入我国国内近年来拥有的这些巨型绞吸船,国际上实际拥有的 13000 ~ 23000kW 的巨型绞吸挖泥船接近达到 70 艘,而不是早前有关资料中所述及的 40 艘。中国所占份额显然不再能被轻易忽略。

代表船型 1——20260kW 自航绞吸船"达·芬奇"号

"达·芬奇"号被认为是 20 世纪后叶建造的功率最为强大、技术形态最好的自航绞吸挖泥船。该船船东为扬德努集团,建造商为 IHC 公司,1986 年交付使用。该船是继"马可·波罗"号后扬德努集团拥有的第二艘,也是时下最强大的一艘自航绞吸挖泥船。直到 2003 年,功率更强大,技术更先进的"J. F. J. de Nul"号建成投产,"达·芬奇"号在国际疏浚界引领绞吸挖泥船达 17 年之久(见图 4 - 87)。

"达·芬奇"号主要船型参数为:总长 129.7m,型宽 22.4m,型深 8.8m,吃水 5.2m,水下泵功率 2740kW,舱内泵功率 2×4485kW,绞刀功率 4400kW,推进功率 2×2740kW,航速 11.3kn,总装船功率 20260kW,挖深 33.4m,吸排管径 900/900mm,交付 1986 年。

代表船型 2——19215kW 的自航绞吸船"Cassiopeia V"号

"Cassiopeia V"号船的船东为日本五洋建设株式会社。德、荷合资的 VOSTA

图 4-87　"达·芬奇"号巨型绞吸挖泥船自 1986 年起引领世界绞吸挖泥船近 20 年

LMG 公司提供该船的基本设计和详细设计,并提供疏浚系统技术和装备;建造方为新加坡的 ASL Marine 船厂。该船主要参数为:总长 123.2m,型宽 23m,吃水 5m,航速 10.8kn,吸/排管直径 1×900×850mm,挖深 32m,绞刀功率 3000kW,装船功率 19215kW,船上装有 3 台泥泵,采用柔性定位桩台车系统以及柴油电力驱动系统,配以两台全方位舵桨,2013 年下水,2014 年交付使用。五洋建设株式会社是日本最大疏浚公司之一,其装备亚洲一流。"Cassiopeia V"号在亚洲也是唯一和"天鲸"号旗鼓相当的的自航绞吸挖泥船(见图 4-88)。

图 4-88　日本五洋公司正待下水的巨型绞吸挖泥船"CassiopeiaV"号(2013 年)

代表船型 3——22669kW 非自航绞吸挖泥船"Mashhour"号

"Mashhour"号是迄今为止世界上装机功率最大的非自航绞吸船。

"Mashhour"号船东为埃及苏伊士运河管理局,1996 年建造,主要参数为:总长 140.3m,型宽 22.4m,型深 7.2m,吃水 4.95m,舱内泵功率 2×5485kW,水下泵功率 2400kW,绞刀功率 3000kW,总装船功率 22669kW,挖深 35m,吸排管径 1000/900mm, 船员 73 人。该船建造商为荷兰 IHC 公司(见图 4-89)。

图 4-89   迄今最大装船功率的非自航绞吸船 Mashhour 号(1996)

代表船型 4——18938kW 非自航绞吸挖泥船"弗罗里达"号

图 4-90 所示"弗罗里达"号巨型绞吸船为当今美国最大疏浚公司大湖疏浚及 船坞公司(Great Lakes Dredge&Dock Company)拥有,也是该公司乃至全美国装船功率 最大的绞吸挖泥船,建造商及建造时间不详。该船主要船型参数如下:总长 159.7m, 浮体长 57.9m,型宽 18.3m,吃水 4.3m,装船功率 18938kW,绞刀功率 2237kW,吸/排 管径 940/914mm,挖深 29m。

代表船型 5——IHC8527^{MP}绞吸船"港海浚 576"号

IHC8527[MP]和后面述及的 IHC7025[MP]等均为 IHC"海狸"系列标准设计船型,是原 "海狸"系列标准绞吸船的新发展。近年来销往我国的该型产品已逾 10 艘,用户多为 水电部门。IHC8527[MP]的总装船功率为 13551kW,总长 83.3m,型宽 18.2m,型深 5m, 吃水 3.4m,挖深 27m,吸管直径 8500mm,绞刀功率 1100kW,水下泵功率 2000kW,舱 内泵功率 2×3700kW,产量 4300m³/h(5000m 排距)、3000m³/h(12000m 排距),生产 效率与我国现行自主建造的同类品牌相比仍占有优势。天津港海疏浚公司共引进 IHC8527[MP]同型绞吸船共 6 艘(见图 4-91)。

图 4-90　GLDD 公司最大绞吸挖泥船"弗罗里达"号　　图 4-91　国内引进 8527^{MP}绞吸船"港海浚 576"号

代表船型 6——14576kW 绞吸船"新海鳄"号

"新海鳄"是国内最早启动兴建的巨型绞吸挖泥船之一,该船由 708 研究所开发设计,南通港闸船厂建造,用户为中交上海航道局有限公司,2006 年交付使用。该船为非自航、整体式、方箱型绞吸挖泥船,船上设有两台舱内泵和一台水下泵;同时设置 3 台液压变幅回转起重机用于维修,台车定位桩行程为 6m,水下泵从 VOSTA LMG 公司进口,水下泵柴油发电机以及舱内泵柴油机和液压驱动柴油机均从美国卡特彼勒公司进口,是时下国内装机功率最大、配备最先进的绞吸挖泥船,也是国内首次装有 3 台泥泵的国产大型绞吸船。

"新海鳄"船主要船型参数为:总长 97.8m,箱体长 74.59m,型宽 17.2m,型深 5.0m,满载吃水 3.67m,吸/排管径 900/850mm,装船功率 14576kW,绞刀功率 1280kW,舱内泵 2×3700kW,水下泵 1×900kW,挖深 25m,生产量 3500m³/h,排距 6000m,定员 30 人。其后建造的同类型船还有"新海鲛"、"新海鲲"等(见图 4-92~图 4-94)。

图 4-92　国内首建采用 2 个舱内泵 + 1 个　　图 4-93　三菱重工为苏伊士运河管理局建造
水下泵的巨型绞吸船"新海鳄"号(2006 年)　　的 14200kW 绞吸挖泥船(1980 年)

图 4 - 94　上航局新建巨型绞吸船 13916kW"新海鲛"号(2008 年)

上海交通大学船舶设计所同期也开发多种型号的大型绞吸船提供国内用户。

4.9.2.3　大型绞吸挖泥船

装船功率在 9000～13000kW(以下)范围内的自航、非自航绞吸挖泥船被称为大型绞吸挖泥船。国外在这个范围之内的大型绞吸船未曾有过确切统计,估计在 30 艘左右,但国内近年来在这一范围内新建的大型绞吸挖泥船也将近达到 30 艘。如计及近年来引进 IHC 公司标准建造的新船、或国外购买二手船在内,无疑将超出 30 艘,直至 40 艘亦未可知。这类船大多参与大型基础设施项目施工。

在跨入 21 世纪之前我国 9000kW 以上大型绞吸船仍为空白。

代表船型 1——12610kW 自航绞吸挖泥船"Al Jarraf"号

"Al Jarraf"号及其姐妹船"Amazone"号均在德米集团旗下的 Dredging Environmental and Marine Engineering N. V. 公司营运,于 2010/2012 年建造,设计方为 VOSTA LMG,由新加坡 ASL 船厂承造。

该姐妹船的主要船型参数为:船长 83.6m,型宽 21m,吃水 4.3m,装船功率12610kW,绞刀功率 2500kW,航速 9kn(见图 4 -95)。

图 4 - 95　大型自航绞吸挖泥船"Al Jarraf"号(2010 年)

代表船型 2——12720kW 非自航绞吸挖泥船"天牛"号

本船为非自航绞吸挖泥船,配有一台水下泵、两台舱内泵,绞刀采用液压电动机驱动,同时采用钢桩台车定位。设计方为上海交大船舶设计研究所,船东为天津航道局,于 2006 年交船。稍后,IHC 给巴拿马运河管理局建造了一艘同等规模的绞吸船(见图 4-96、图 4-97)。

图 4-96　上海交大设计 12720kW 大型绞吸船
"天牛"号(2007 年)

图 4-97　IHC 为巴拿马运河建造的
12000kW 绞吸船(2011 年)

代表船型 3——12000kW 非自航绞吸挖泥船"若筑丸"

这是 20 世纪 70 年代初,日本建造的时下最大绞吸挖泥船之一。从该船主要性能指标可以得知,"若筑丸"在当时已跻身世界绞吸挖泥船的先进行列,历经 40 余年沧桑,而今仍然坚守在岗位上(见图 4-98)。该船主要参数如下:

总长 120m,船长 75.6m,船宽 20m,型深 5.3m,吃水 3.7 m,最大挖深 35m,最小挖深 6.5m,设计排距 5000m,最大排距 10000m,挖砂产量 1500m³/h,泥泵功率 6815kW,吸排管径 860/760 mm,装船功率 12000kW。

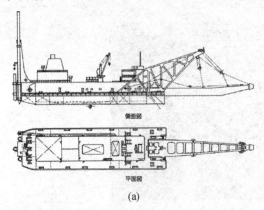

(a)

(b)

图 4-98　1972 年日本建造的 12000kW 非自航绞吸船"若筑丸"(a)为布置图,(b)为作业实况

代表船型 4——11728kW 自航绞吸船"Vlaanderen XIX"号

"Vlaanderen XIX"号是德米集团 1978 年建造的的一艘自航绞吸挖泥船,也是继 1977 年首艘自航船以后的第三艘自航绞吸船,建造商为 IHC Smit,目前仍在服役中。该船主要参数如下:

总长 99.9m,船长 74.9m,型宽 18.5m,吃水 4.8m,吸管直径 900mm,挖深 30m,绞刀功率 1766kW,装船总功率 11728kW(见图 4-99)。

图 4-99　德米集团自航绞吸船"Vlaanderen XIX"号两个吊锚杆同步吊锚作业瞬间

4.9.2.4　中型绞吸挖泥船

中型绞吸挖泥船的功率范围在 3000~9000kW 之间。这一功率范围内,无论国外还是国内,投建的数量较多,国内方面国营民营均有相当投入,从内河到沿海分布范围广大,少数船型亦有出口。

代表船型 1——8610kW 非自航绞吸挖泥船"天骏"号

该船配有一台水下泵,一台舱内泵,水下泵和绞刀均采用液压马达驱动,作业时采用 3 缆定位。设计方为上海交大船舶设计研究所,船东为浙江涌津疏浚工程有限公司,2007 年交船(见图 4-100)。

图 4-100　上海交大设计的 8610kW 绞吸船"天骏"号(2007 年)

代表船型2——7823kW非自航绞吸挖泥船"福岷9"号

本船初步设计及疏浚设备详细设计由荷兰 IHC 公司承担,广州文冲船厂有限责任公司承担生产设计及满足规范要求的电气系统和部分轮机辅助系统的送审设计。本船能在沿海 20n mile 水域进行绞吸挖泥,进行维护、整治和吹填作业,近海拖运调遣,于 2004 年交船,其主要参数为:总长 119.4m,船长 88.2m,型宽 18.2m,吃水 3.2m,吸管直径 750mm,挖深 25m,绞刀功率 1000kW,装船总功率 7823kW。船东为海南龙湾集团(见图 4 – 101)。

图 4 – 101 IHC 公司/文冲船厂为龙湾集团建造 7823kW 绞吸船"福岷9"号(2004 年)

代表船型3——IHC7025^{MP}标准系列非自航绞吸挖泥船

2010 年前后,IHC 公司再次向我国水电部门提供两艘功率 6155kW 的 7025 型绞吸挖泥船,船名分别为"中国水电 06"号、"中国水电 07"号,其主要参数为:总长 100m,垂线长 64.4m,型宽 15.4m,吃水 2.6m,吸管直径 1 × 700mm,挖深 25m,绞刀功率 750kW,由 IHC 大连船厂建造,就地销售有望降低该型产品的生产成本,增强同中国厂商的竞争实力(见图 4 – 102)。

图 4 – 102 IHC 公司投建的 7025 型绞吸船(2010 年)

代表船型4——6454kW 自航绞吸挖泥船"Nordland"

"Nordland"号是1990年德国 Krupp 公司为本国船东 Heinrich Hirdes Gmbh 建造的一艘迄今最小型号(迷你型)的自航绞吸船,总装机功率仅6454kW(见图4-103)。该船主要参数为:总长69.5m,垂线长55.1m,型宽11.4m,型深3.4m,吃水2.6m,挖深24m,绞刀功率400kW,排管直径650mm,航速4kn。

图4-103 迷你型自航绞吸船"Nordland"号

代表船型5——3844kW 非自航绞吸船(出口越南)

该型绞吸船系由中船708研究所设计,越南海防船厂建造,部分设备由国内提供,装船功率3844kW,名义生产能力1500m³/h,2002年交付(见图4-104)。

图4-104 出口越南的3844kW绞吸挖泥船

4.9.2.5 小型绞吸挖泥船

装船功率在3000kW以下的绞吸挖泥船称之为小型绞吸挖泥船。这类船型遍布世界各地江河湖泊以及沿海遮蔽水域施工作业,船舶类型参差不齐。在我国,多集中于水电部门,从事农田水利建设。

代表船型 1——2900kW 绞吸挖泥船"CSD650"型

该船型为跨世纪前后我国水利部门实施的"百船计划"中,由德国 Krupp 公司中标的 5 个国外招标项目之一,批量 4 艘,天津新河船厂中标建造,用户单位均为水利系统。与同等功率国产绞吸挖泥船相比较,该船生产效率高。其主要参数为:总长 47m,船长 36m,型宽 10.5m,型深 2.4m,吃水 1.6m,主机功率 1908kW,辅机功率 954kW,绞刀功率 450kW,定位桩直径 800mm,交付时间 2002 年前后(见图 4 - 105)。

图 4 - 105　VOSTA LMG 交付的 CSD650 江河型 2847kW 绞吸船首船(2001 年)

代表船型 2——1470kW 非自航沿海绞吸挖泥船

这是国内方面由中船 708 研究所开发的一型旨在从事沿海疏浚的绞吸挖泥船,用户为天津盐场,生产量 120m³/h,由青岛船厂建造,1993 年交付(见图 4 - 106)。

图 4 - 106　708 所设计青岛船厂建造的 1470kW 沿海绞吸挖泥船(1993 年)

代表船型 3——IHC"海狸"系列"6518C"绞吸挖泥船

"Beaver 6518 C"是 IHC"海狸"系列挖泥船船型之一,主浮箱为两片体形式,两片体之上设有甲板室以安放机舱设备。在绞刀架上配备单壳高压水下泵,由柴油机直接驱动,用户为我国水电部门(见图4-107)。

图4-107 "海狸"系列6518C双体拼装绞吸挖泥船

代表船型4——1800kVA全电动环保绞吸挖泥船"Amoris"

该船船东为比利时SeReAnt(德米/扬德努)股份有限公司,建造商荷兰达门(DDE),2010年交付。该船是带有装驳设备的小型全电动非自航环保绞吸挖泥船,主要参数为:总长64.4m,箱体长34m,型宽9.5m,吃水1.3m,吸管直径450mm,挖深18m,电力设置1800kVA。该船专门针对安特卫普港污染底泥的清除而设计,采取多种环保措施,以防水体污染;同时采用大功率液压油缸驱动的自行摇摆式桥架和4桩定位,并带有装驳设施,作业时不碍航(见图4-108)。

图4-108 4桩定位的小型全电动环保绞吸挖泥船"Amoris"号

在小功率范围内的绞吸挖泥船中,包含有多种类似"Amoris"号的特殊用途绞吸船,难以一一尽述。

代表船型 5——国产 350m³/h 液压绞吸挖泥船"新广东 3"号

20 世纪 80 年代初期,对外改革开放伊始,当时产挖泥船船型虽然不大,但技术形态开始展现积极向上的水平。由 708 所设计,广东新中国船厂建造的 1470kW、350m³/h 绞吸挖泥船(见图 4 - 109,时下国内最大绞吸船)1987 年荣获广东省优秀新产品二等奖。

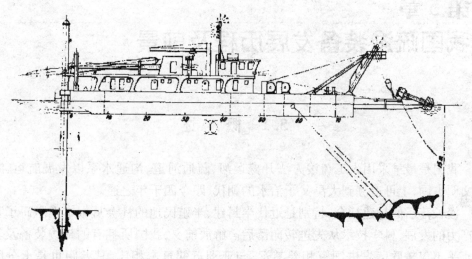

图 4 - 109 708 所设计 350m³/h 液压绞吸挖泥船"新广东 3"号侧视图(1985 年)

第5章
我国疏浚装备发展历程及前景

5.1 概　述

我国是最早采用人工疏浚方法开挖运河、疏通河道、沟通水系以发展航运、灌溉的文明古国，上可追溯到大禹父子治水的朝代，距今四千年之遥。

漫长落后的封建社会，特别是近代半封建、半殖民地的社会从根本上阻碍了我国生产力的发展，科学技术从先进转向落后。解放前夕，我国所拥有的疏浚装备及其技术水平不仅较欧美先进国家相差甚远，与亚洲近邻日本相比，其差距也是十分明显的。较长一段时间以来，日本也是我国疏浚装备的重要来源地。

疏浚产业是为人类造福的产业，是高技术、高附加值服务性产业；疏浚产业不但关系到经济发展、社会进步，而且和水生生态系统的恢复密切相关。

自20世纪90年代初开始，伴随亚洲经济的复苏，国际疏浚市场出现了重大转机，迎来了首个"黄金10年"，一大批大型以上耙吸挖泥船纷纷面世；跨入新世纪以来，国内外疏浚市场再次迎来了新的发展机遇，被视为疏浚市场晴雨表的大型国际疏浚承包商都不失时机地扩充装备，应对新的挑战。2007年扬德努集团还实施了一项包括26艘大小挖泥船的大规模投资计划，为此，该集团一次性投入20亿欧元巨资，46000m³超巨型姐妹耙吸挖泥船以及装机功率达23500kW的4艘超巨型自航绞吸挖泥船均赫然在列。该集团还对这批投建项目全面采用了"适宜技术"——特别考虑其社会和环境后果的技术，以实现疏浚的可持续发展。

在进入21世纪以来的10多年间，国内如火如荼的疏浚工程建设更为我国挖泥船市场带来前所未有的发展机遇，尤其最近10年，我国不仅自行研制成功具有自主知识产权的高效、大型耙吸挖泥船和绞吸挖泥船，填补了高技术领域的这一空白；其余各类挖泥船以及配套设备建设也取得重大进展，新建和改装耙吸、绞吸、斗轮等挖泥船逾 300 艘,年疏浚能力在 20 世纪末期 5 亿立方米基础上,足足翻了一番。而今我国已名副其实地成为世界第一疏浚大国,发展速度超过历史上任何一个时期。

然而,我国离世界疏浚强国仍有不可小视的差距,尤其是在关键技术和装备方面(包括基础研究和试验)。中国疏浚协会曾就我国疏浚业发展总体战略目标提出要求:"在 2020 年建立起以世界先进技术装备的,高效节能环保的,具有国际竞争力的疏浚系统,以满足社会进步、经济发展、环境保护和人民生活水平提高的需要,实现从疏浚大国向疏浚强国的跨越。"

高技术、高附加值挖泥船制造业是我国造船业的重要链接,实现上述规划和发展目标,离不开造船业的整体繁荣和进步。

5.2　新中国成立以前疏浚装备的发展状况

中国疏浚业及其装备建设开始形成规模是 20 世纪 20 ~ 30 年代的事,早期的发展则可以追溯到 19 世纪的 70 年代。

中国曾经是世界造船和航海业十分发达的泱泱大国。早在 600 年前,郑和曾先后 7 次率领中国自己建造的大型船队出使西洋,在繁荣对外经贸往来的同时,还沟通了同各国人民间的文化交流。

自清朝中期以来,由于朝廷的日益腐败和闭关自守,近代中国屡受西方列强的侵扰,1840 年鸦片战争的失败,迫使中英签订"南京条约",上海等 5 个沿海港口相继被辟为通商口岸。此后,西方列强不断向中国政府威逼,要求尽快疏通上述口岸,上海、天津两港首当其冲。在这样的背景下,清政府虽然囊中羞涩却不得不引进"机船",以疏通口岸。

5.2.1　疏浚业百年史话

世界上第一艘用于疏浚作业的机械装备——铁制链斗挖泥船 1770 年在荷兰问世。而据有关史料考证,1882 年前后我国第一艘"挖河船"试制成功。即使从这个时候算起我国疏浚设备制造业较西方国家也晚了 110 余年。

天津港作为清朝北京政府的门户,是中国近代疏浚业起步和设立疏浚机构最早的港口;而上海港则是近代中国乃至远东地区最有影响力的大港。因此,两大港口疏浚业及其装备的发展历程是我国近代疏浚业及其装备发展的一个缩影。

5.2.1.1　海河工程局的成立及海河水系初期治理

1)天津机器局与我国首建"铁制挖河船"

说起我国早期挖泥船的发展,同晚清重臣李鸿章不无关系。时下李鸿章在天津开有一家新兴产业——天津机器局,而天津作为京城门户,由于对海河水系的治理无方,屡遇水患,朝廷甚是不悦。兴许是李总督国外考察较多、见多识广,决意在自己开办的厂子里造出一艘机器挖河船来。据有关文献资料记载,中国最早问世的这艘挖泥船正是由李鸿章创办的天津机器局建造的,冠名为"直棣挖河船",可惜至今未能留下它的靓影。在清人张涛著述的《津门杂记》中对该船曾有过形象的记载:"其状如舟","以铁为之,底有机器,上为机架,形如人臂,能挖起河底之泥,重在万斤,置之岸上,旋转最灵,较人工费省而工速。"且"颇著成效"。该书初刻于清朝光绪 10 年(1884 年),据此推断,早在光绪初年(1882 年前后),我国已具备制造挖泥船的能力,"直棣挖河船"成为我国有文字记载以来建造最早的疏浚装备。然而,天津机器局未能继步前进,终成憾事。

2)清政府迫于压力向国外订购挖泥船

迫于内外压力,1887 年清政府耗资 6400 英镑向英国订购了一艘链斗挖泥船,次年运抵大沽,命名"导河"号,时任直隶总督李鸿章亲命通判宋春陶为该船管带(船长),并要求全部由中国船员自己操作。1888 年,李鸿章还在关于购买西方先进疏浚装备的奏折中直书"非西国新式挖泥船不可奏效"。奏折还历述 10 数年前购置的两艘挖泥船因为"非新式,出土难于运送,只能傍堤挖淤"的教训。他所述及"10 数年前购置的两艘挖泥船"应是我国最早引进的挖泥船了,遗憾的是,有关这两艘船的具体经由亦疏于文献记载。

1895 年清政再次向荷兰购买了一艘链斗挖泥船(见图 2 - 48)用于海河疏挖,这也是荷兰向中国出售的第一艘挖泥船,被命名为"CHINA"("中国")号,该船以蒸汽机为动力。

早期挖泥船以蒸汽机为动力,且多带有泥泵输泥和溜泥槽输泥两套系统。

3)海河工程局的成立及海河航道的初期治理

作为帝都门户的天津,同时也是北方第一大港,但在港航建设以及水利整治方面经年难有建树,连几处弯道"取直"的计划都无从实施,更为紧迫的是,从 1890 ~ 1900 年的 10 年间竟有 9 年爆发洪水,海河流域又因多年淤积,每遇洪水,必成泽国。在这一严酷背景下,1897 年(光绪 23 年),时任直隶总督王文韶经与相关外国领事团体、商会等会商,协议成立了海河工程局(Hai - Ho Conservancy Board)(见图 5 - 1)。

海河工程局是我国最早建立的航道管理机构,成立至今已近 120 年。协议组建的海河工程局采取委员制,其成员包括:天津海关道台、总督提名的两位中国官员、天津海关税务司、航运界代表、外国租界代表、洋商总会代表以及顾问林德(英国)。从

图 5-1 时任总督王文韶(左)和成立伊始的天津海河工程局机构(1897 年)

成员组成看,这个涉及国家主权的机构似有"旁落"之嫌,但时下洋人在这方面确实比国人有经验。

海河工程局创建伊始,便着手大规模装备建设和航道整治。首先面临的是经费问题,工程局治理用的经费主要来自以下 3 个方面:经常费用(总督拨款)、公债、征收捐税以及挖泥和吹填造地项目中的收入费。其中耗费最大的是疏浚工程的支出;其次是挖泥船等疏浚装备的添置费用。总督拨款在经费来源中所占份额不大。为弥补工程经费不足,海河工程局自成立次年始,以每年征收的河捐税及船税为担保,先后 9 次发行了数额甚巨的公债,传为一段佳话(见图 5-2)。

(1)挖泥船的建造与购置

1902 年海河工程局首次向荷兰购进 $180m^3/h$ 链斗挖泥船"北河"号,以后又陆续购进了"新河"号、"燕云"号、"中华"号、"西河"号、"高林"号等挖泥船。从 1902 年至 1924 年的 20 余年间,工程局先后向英国、荷兰、日本等购买了 20 余艘挖泥船和泥驳,用于疏浚海河及大沽沙。其中

图 5-2 海河工程局发行的债券

500m³/h 自航链斗挖泥船"新河"号 1910 年由荷兰引进、500m³ 耙吸挖泥船"快利"号（见图 5 – 3）1921 年由英国布莱尼兹引进，700m³ 耙吸挖泥船"浚利"号于 1943 年向日本英岛船厂引进。这些新引进的疏浚装备无论技术水准还是实际功效时下当属先进，如"新河"号就带有泥泵及输泥槽两套排泥系统，这种配置在当时也是很"时尚"的。而"快利"号则是海河工程局最早引进的耙吸挖泥船，该船装机功率 1100kW，舱容 500m³，挖深 9.45m，航速 8kn，设置一个尾中耙。这些装备为我国早期航道疏浚做出了贡献（见图 5 – 4）。

图 5 – 3　我国最早引进的耙吸船"快利"号（1921 年）　　　图 5 – 4　早期海河工程局自荷兰买进的挖泥船

　　在大举购进挖泥装备的同时，工程局还着手兴建和购买船厂，以便实施挖泥船的自行建造和修理，包括小孙庄船厂和新河船厂。

　　（2）海河航道等工程整治

　　工程局成立的次年便兴建了三座水闸，以及相关的导流坝和护岸工程；1901 ~ 1923 年，工程局先后对海河航道进行了 6 次裁弯（见图 5 – 5），这也是工程局早期最大的一项整治工程，海河的裁弯取直，不仅缩短了航道，增加了纳潮量，同时便利了航行、安全也有了保障，更为其后的航道整治积累了经验。

　　再其后，工程局还进行了大沽沙整治及万国桥建造等，直到抗日战争爆发。近 40 年间，海河工程局对天津港以及天津城市的繁荣和发展、对人民生命财产的安全做出

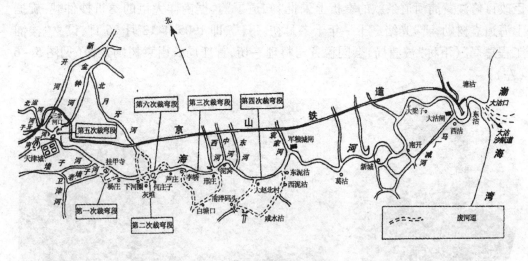

图 5 – 5　海河航道 6 次截弯取直工程图解

了贡献。后由于长达 8 年的抗日战争及 3 年解放战争的影响,直到解放前夕,天津港的疏浚装备及工程建设不但没有得到应有的发展,而且饱受摧残。

5.2.1.2　浚浦工程总局的成立及黄浦江航道初期治理

上海作为最具影响力的开放口岸,其经济和军事地位更为显要,备受西方国家关注自不待说。

1)吴淞港内驶进首艘机械挖泥船"安定"号

自从上海对外开埠以后,外国商船吨位不断提高,迫于航道水深不足,西方列强日益关注黄浦江航道的治理,为此向清政府步步进逼,即使不乏良好愿望,清政府进退维谷,在外强一再威逼之下,不得不于 1882 年向英国格拉斯哥购买了一艘双引擎自航链斗挖泥船——150m³/h"安定"号,该船船长约 50m,吃水 3.66m,航速 7kn,于次年 5 月运抵上海,投入吴淞港内的泥砂挖掘。由于施工技术、配套设施、拟或政治、军事等因素的影响,该船疏挖效果甚微。至 1891 年,吴淞港的开挖不得不偃旗息鼓。清政府苦于没有良策抵御外国军舰的逼近,奢望凭借黄浦江上的泥沙权作"屏障",这种僵持自然难以持久。1895 年中日甲午战争后,西方列强再次企图通过《马关条约》的签订得到黄浦江航道疏浚权,虽然这一次仍未能得逞,1901 年(光绪二十七年),清政府最终还是不得不全盘接受了列强们的蛮横要求,将抓紧浚治黄浦江航道的条款列入了"辛丑和约"。

2)上海浚浦工程总局成立 吴淞江航道建设开创新局面

时隔 4 年,1905 年 10 月 5 日(光绪三十一年九月初六),大清光绪皇帝在南洋大臣改订修浚黄浦河道条款的奏折上朱批"知道了"。据南洋大臣的奏折抄件载：旋据上海道袁树勋，于"光绪三十一年十二月初一日"、即 1905 年 12 月 26 日，设立"浚浦工程总局"（下称"浚浦局"）会同税务司料理一切，首任局长由袁树勋兼任（见图 5 – 6（左））。

图 5 – 6　浚浦工程总局首任局长袁树勋（左）及早期买进的"海虎"号链斗挖泥船

　　浚浦工程总局的机构设置由清政府官方督办，并在江海关道暨税务司直接管理、监督下进行，初设址于上海九江路 1 号。

　　浚浦局亦即上海航道局的前身。浚浦局比海河局晚成立 8 年，成立后的 30 多年间，总工程师一职均由西方国家专业人士担任，直到民国 26 年（1937 年），才首次任用中国专家薛卓斌（时下为浚浦局高级助理工程师），薛有幸成为该局有史以来第一位任总工程师的中国人。

　　围绕黄浦江航道整治以及浚浦工程总局机构的设立，这原本是不平等条约的产物，但客观上顺应了上海港乃至我国航道建设事业发展的需要。随着航路的开通，西方先进的科学技术和设备也伴随而来，黄浦江等水域航道建设开始步入有效治理的轨道。

　　3）黄浦江航道步入有效治理

　　（1）治理前黄浦江航道状况：水情较为紊乱，航道宽窄、深浅不一，水流分散，水深不足，大船难以通行；

　　（2）区分轻重缓急，确定工程先后：吴淞内外沙因阻碍大轮进出港口，被确定为重点工程施工，先后开筑吴淞导堤，建高桥新航道；

　　（3）在浚浦工程总局积极筹备下，根据该局聘用的首任总工程师——荷兰籍专

家奈格(J. Derike)制订的方案,3 艘挖泥船投入了高桥新航道和吴淞导流堤开挖,初见成效;

(4) 截至 1911 年,历经 4 年整治,黄浦江下游新航道水深由 0.6 ~ 0.9m(2 – 3ft)增深到 5.8m(19ft),治理取得预期成效,有例为证:1909 年英国一艘吃水 5.8m 的 4000 吨级"公平女神"("Astnaea Channel")号快船第一次全速驶过了被整治过的航道。

此次黄浦江整治对上海港的航运、贸易均产生了积极影响,这一时期无论进出口净值还是出口总值都增长了一倍以上。

5.2.2　初创时期装备发展状况

5.2.2.1　装备建设初具规模

面对一个摇摇欲坠的大清王朝或是一个政局动乱的民国政府,对处于初创时期的我国疏浚业来说,确实有点生不逢时。天津、上海两个工程局主要地还是依靠自身努力及市场化运作来筹措资金发展疏浚产业。

天津海河工程局和上海浚浦工程总局的相继成立,南北呼应、加快了我国近代疏浚业的发展步伐。从 1902 ~ 1924 年的 20 余年间,仅海河工程局就先后向英国、荷兰、日本等购买了 20 余艘挖泥船和泥驳,用于疏浚海河及大沽沙。与此同时还配套开发了新河船厂等修造船基地(北方区)。期间江南造船厂还为海河工程局建造了 6 艘破冰船。

从民国元(1912 年)年开始,上海浚浦工程总局更名为上海浚浦局。1916 ~ 1937 年的 20 年间,同样也是上海浚浦局装备建设的重要发展时期:其间共建成各类大、中、小型挖泥船及配套船只 73 艘,形成了以"龙、虎、鲸、象"为主体的疏浚船队。主要装备仍从英、荷、日、德等疏浚制造业发达国家购入,其中"海龙"号(1916 年)、"海虎"号(1923 年,见图 5 – 6)为链斗船,"海鲸"号(1916 年)为吹泥船,上述三船均为日本建造。"海象"号(1922 年)为吹泥船,由上海耶松船厂仿造。上海求新造船厂自行建造的第一艘 1.2m³ 抓斗挖泥船"海鹏"号于 1920 年面世。在发展疏浚装备的同时,浚浦局还着手修船基地的建设,20 世纪 30 年代在张华浜(东海船厂前身)兴建的修船工场已初具规模,相应的工程船舶建造厂在上海还有立新、立丰、求新、中华、上海等造船厂,多具备有挖泥船、泥驳的建造或维修能力,而江南造船厂(史称"江南制造局")则是上海创办最早(1865 年)、综合能力最强的一家大型造船企业。这些船厂的相继创办,不仅适应了当时装备建设的需要,也为解放以后我国工程船舶、挖泥船舶的发展创造了必要的条件。

这一时期可谓中国疏浚设备制造业的初创时期。天津和上海所拥有的主要疏浚装备中,除了少数为国内仿造或组装外,大约80%的挖泥船均由国外购置。1935年从德国买进的自航耙吸挖泥船——舱容3250m³的"建设"号堪称"远东第一"(见图5-7)。

图5-7　1935年上海浚浦局向德国购买的3250m³耙吸挖泥船"建设"号

自上海浚浦局成立以来,黄浦江航道得以有效治理,在清末取得初步成效基础上,复经民国初期20多年治理,先后经荷兰专家奈格及中国工程技术人员连续多年的实地勘测,实施了行之有效的治理方案,终使黄浦江航道得以通畅,1931年随着黄浦江通航能力的明显改善,上海港一跃成为世界第七大港和远东工业、金融、贸易中心。

5.2.2.2　八年战乱损失惨重

20世纪20~30年代,我国港航疏浚及装备建设正处在一个相对稳定的发展阶段。然而,历经初创阶段的艰辛,以天津、上海为基地发展起来的这一亚洲颇具规模的疏浚船队,在抗日战争的烽火岁月里,也饱受日本帝国主义的摧残,日本侵略者置黄浦江航道的维护和整治而不顾,扣留并强行"租"用大批挖泥船去日本。据1938年10月28日上海《申报》披露:"上海浚浦局被日方所扣挖泥技术船,计有建设、海马、海龙、海虎、测量船等大小10艘。""黄浦水流及航路均已引起重大影响,淤泥日积,致河床日狭。"而作为"远东第一耙"的"建设"号更难幸免,被掳租后,直到1947年(日本投降两年之后)才由日本回归上海港。上海解放以后接收浚浦局时,原有近百艘挖泥船的疏浚船队只剩下了区区13艘(见表5-1),且散泊于沿海各港;天津港的遭遇更是惨烈:1949年海河工程局被人民政府接管时,全局上下仅有挖泥船加吹泥船9艘。

以上为我国疏浚装备建设从萌芽到初创时期的一段历史回顾。

表 5 – 1　1949 年接收浚浦局挖泥船名录

序号	船舶类型	船名	建造年份	建造国/建造厂	总吨位/t	主机马力/HP①
1	3200m³耙吸船	建设	1935	德国		5300
2	500m³链斗船	海龙	1931	上海江南造船厂	458.76	400
3	500m³链斗船	海虎	1923	日本大阪铁工厂	451.77	400
4	100m³链斗船	海狸	1923	上海求新造船厂	55.99	75
5	100m³链斗船	海豹	1931	上海江南造船厂	53.99	55
6	10m³链斗船	海马	1932	德国		10
7	1.2m³抓斗船	海蝎	1922	上海求新造船厂	134.13	85
8	1.2m³抓斗船	海鹏	1920	上海求新造船厂	148.55	85
9	1.5m³抓斗船	海鲲	1936	上海英联造船厂	163.01	145
10	1.5m³抓斗船	海鳄	1937	上海恒昌造船厂	148.55	120
11	50m³绞吸船	海蛟	1935	上海恒昌造船厂		150
12	1000m³吹泥船	海鲸	1916	日本大阪铁工厂	373.35	800
13	1000m³吹泥船	海象	1922	上海耶松造船厂	381.15	750

① 1HP = 0.735kW

5.3　建国初期挖泥船制造业的恢复和发展

5.3.1　概况

我国近代疏浚业以及疏浚装备建设尽管起步甚晚,在 20 世纪 20 年代~30 年代终于迎来一个相对繁荣稳定的发展时期,无论在黄浦江航道疏通还是海河工程治理方面都取得初步成效,促进了工农业、交通运输业以及对外贸易的发展。然而随着卢沟桥枪声骤起,疏浚界仁人志士所有的愿景一夜之间变成了泡影,直到 1949 年新中国的诞生。

解放前,我国疏浚业处于相对稳定的那段发展时期,也就是 20 世纪 30 年代前后的大约 20 年的光景,当时全国上下挖泥船、吹呢船的总数逾百艘之众,虽然从全国疏浚需求来说乃捉襟见肘,但能应对沿海主要港口、航道的整治需求已属不易。这些挖泥船除少数为国内船厂仿造或组装外,大多以重金国外买进。确切地说,那一时期国内谈不上有规模以上的挖泥船制造业。

解放以后,我国挖泥船设计制造业从测绘、设计仿造到自主研制,经几代人半个多世纪的努力,从无到有、从小到大、从品种单一、技术简单的设计到多品种、高技术含量的技术创新,实现了快速发展。截至目前,先后设计建造、改装各类挖泥船近千艘,加上 20 世纪 60 年代以来陆续从荷兰、日本、德国进口的近 200 艘中高端挖泥船,所有这些挖泥船中除却一小部分年代久远、高能耗挖泥船退役或报废外,现拥有挖泥船的总数仍在千艘左右,超过 80% 为国内自行设计建造,摆脱了对国外的依赖局面。尤其是在进入 21 世纪以来的 10 多年间,随着我国经济建设总量以及大型疏浚工程项目的骤增,挖泥船建设几成井喷式增长,一大批具有自主知识产权、大型以上高技术高附加值挖泥船相继问世,填补了国内多项空白,不仅基本满足了国内需求,并在出口方面做出了新成效,而高效大型耙吸挖泥船及大型自航绞吸挖泥船的自主研制成功是一系列成就的最新体现。

以下简要回顾建国以来我国挖泥船事业的成长历程

5.3.2 20 世纪 50 年代~60 年代——处于"设计仿造"阶段

20 世纪 50 年代~60 年代,正值新中国成立初期,可谓举步维艰。当时国内既没有专业化的挖泥船设计队伍,也难找到一家设备完好的挖泥船建造厂家,为应对国家和军队建设的紧急需要,首当其冲的是将解放以前残留下来、业已支离破碎的这部分疏浚装备尽可能聚集、调用起来,同时还根据线索积极打捞沉船和抢修一批废旧船舶,最终好不容易凑成一支 30 余艘的老、旧船队,这支挖泥船队在解放以后的一段时期内,仍为我国航道建设发挥了积极作用。

然而,单靠上述力量远远不够,上海、天津、武汉等尚有一定造船基础的城市不得不临时组织力量,冒着严寒和酷暑,深入作业现场,对早期进口并遗留下来的部分小型链斗和绞吸船等进行测绘、仿造,中华造船厂的"水工一"号、武昌造船厂的"洞庭"号都属于这一类型。以武昌造船厂为例:早在 1953 年因部队急需,该厂就为海军部队建造了一艘 $50m^3/h$ 绳索抓斗船"华东"号以及两艘 $280m^3$ 开底泥驳,其后还仿效设计、建造有 $61m^3/h$ 绞吸船、$46m^3/h$ 蟹钳船、$50m^3/h$ 和 $120m^3/h$ 抓斗船、$80m^3/h$ 链斗船,这些船舶排水量在 $90~300$ 吨之间,采用蒸汽机动力,它们在极端困难的条件下被建造出来,直到 20 世纪 50 年代末一批专业设计院所陆续组建以后,国内挖泥船才开始逐步走上专业化设计阶段。

20 世纪 60 年代初期,在物质条件十分匮乏的情况下,由于六机部(上级主管单位)领导的高度重视,国内第一个挖泥船技术试验室——前第六机械工业部第七研究院第708研究所(简称708研究所)属下的八三室特种挖泥机具试验室建成投用。该试验室规模虽小,但装备配置来之不易,还配有一个小型试验水池,在将近30年中,经由该试验室先后研发成功40余型各种规格的泥泵、泥斗、绞刀、抓斗、吸盘头及耙头等挖泥机具,支持了各地疏浚用户,同时为配合多种新船型的机具开发作了积极的铺垫,为我国挖泥船建设做出了贡献(见图5-8)。

耙头系列　　　　　　泥泵系列　　　　　　斗轮系列

液压泵站　　　　　　锥阀泥门　　　　　　水下监视仪

液压闸阀　　　　泥舱内液流装置　　　　耙头吊架系统

图5-8　组图708研究所在挖泥机具试验室配合下开发的部分配套系列产品

20世纪60年代,一大批60~120m³/h绞吸、链斗及抓斗挖泥船等被设计建造了出来,如武昌造船厂建造的120m³/h链斗挖泥船(8艘);708研究所设计的60m³/h、120m³/h拼装绞吸船、150m³/h链斗船和为海军部队专门研制的500m³/h链斗挖泥船(荣获全国科学大会奖,见图5-9)、150m³/h采金船;哈尔滨船厂建造的150m³/h链斗船和350m³/h双抓斗挖泥船。这一时期挖泥船的驱动方式也普遍由蒸汽机驱动更新为柴油机(电)驱动。尽管这期间的产品总体说来技术较粗糙,品种也较单一,一定程度上还留有"仿制"的印记，但普遍能满足用户要求，其中不乏优质产品，图 5-9 所示供部队使用的 500m³/h 链斗挖泥船就是其中之一。重要的是跨出了"国造"的第一步，从设计、配套直到建造均不必再仰仗洋人，从而缓解了部队和地方建设的紧迫需求。

图 5-9 708 所/沪东船厂首型研制供部队使用的 500m³/h 链斗船荣获全国科学大会奖(1965 年)

直到 20 世纪 60 年代末，处于恢复时期的我国挖泥船制造业当处于仿制阶段。这一时期国内建造的挖泥船现在基本上都已退役。

关于"仿制"(现代词语亦称"效仿"或"复制")的概念，这里不妨引述荷兰权威挖泥船专家("Innovative self - propelled jumbo cutter suction huedger"一文的作者)的表述："效仿法则是指一旦新一代的设备得到了验证，其余的所有人都会效仿。"这就是说受其启发、效仿其经验，使之尽快发扬光大，原本是一道共通的"法则"。依笔者观念，毫无必要绕过或回避这一发展历程。正如"V"型泥舱和单列泥门技术，其实较早于 20 世纪 90 年代初期在德国 O&K 公司就已开发应用，刚开始不曾觉得怎么先进，可到了 21 世纪初，一下子大家伙都"效仿"了起来，显然，这有利于生产力的发展和社会进步。

5.3.3 20 世纪 70 年代~80 年代——步入独立设计阶段

20 世纪 70~80 年代，中船 708 研究所、上海船舶设计院等国内一批专业化的工程船设计队伍逐渐走向成熟，工程船建造厂及设备配套厂也初具规模，并开发出一大批国内急需、具有较高技术水准的船型：诸如供黄河清淤用的 80m³/h 全液压绞吸船，200m³/h 液压绞吸船，1470kW 沿海绞吸船，260 定位桩台车斗轮船，280m³/h 斗轮挖泥船，供海防建设用的洞库船，300m³ 石驳，供葛洲坝水利工程施工用的 250m³/h 链斗采石船(批量 7 艘，荣获国防工业科技成果奖)，供海军使用的 500m³/h 自航链斗船，4m³ 抓斗船，气力泵船，800m³、1000m³、1500m³ 耙吸船，4500m³ 耙吸船(荣获全国科学大会奖)以及与其配套的各型泥石驳等。这期间所建造的挖泥船无论在数量、品种以及技术含量上都较 70 年代以前的产品有了明显的进步,部分产品开始显露出国产挖泥船的特色,一支专业化水平的设计院所开始走向成熟(见图 5 - 10)。

图 5 - 10　组图 1970 ~ 1980 年代国内开发产品掠影:依次为耙吸、绞吸、斗轮和链斗挖泥船

就当时国际水平来说,液压技术、劲马泵技术、斗轮装备技术以及台车定位桩技术等开发应用,都还是比较前沿的技术,但在国内很快就组织力量公关,并获得成功应用。而耙吸挖泥船一直以来被看着是高技术、高附加值产品,1960 年代末期国外耙吸挖泥船也只有荷兰、德国、美国、日本等少数国家拥有这方面的技术优势。1968 年荷兰 IHC 建造的 8000m³ 耙吸船"荷兰王子"号,被看着是整个国际疏浚界的"王子"。而在我国,因当时上海港航道建设的紧急需要,在极端困难的条件下,仅用了 3 年左右时间便建造成功 4500m³ 姐妹耙吸挖泥船"劲松"号和"险峰"号,引起国内外疏浚界瞩目。

典型产品——4500m³ 耙吸挖泥船"劲松"号和"险峰"号

1968 年,我国政治社会仍处在一个非常时期,由于长江口航道建设的紧急需要,在上海市政府有关部门的部署下,由江南造船厂、上海航道局、六机部 708 研究所组成的联合研制小组,用不到 3 年的时间,于 1970 年成功地研制出时下国内领先、接近国际水平的首型 4500m³ 耙吸船"劲松"号,同型船"险峰"号也于 1971 年初建成投产(后相继更名为"航浚 4001"号和"航浚 4002"号),该型船为国内首创,对于中国疏浚界来说,这的确是一个了不起的成就,即使在当时的中国造船界也引为骄傲,中国人民邮政总局还为"险峰"号特别制作了一枚纪念邮票(见图 5 - 11)。日本业界有关技术人员在建造同类型船时还组团前来上海观摩。

图5-11　中国人民邮政总局特为4500m³"险峰"号制作的纪念邮票(右图为实船图片)

　　限于当时社会环境及技术条件,首型4500m³耙吸船全部设备皆由国内配套,这在一定程度上影响了该船性能的发挥。经其后多次技术改造,设备得以更新,至今仍有一艘在运营中。和现今新一代耙吸挖泥船相比,不难看出新老耙吸船之间的许多差异,留下的是时代的烙印。即使是四年以后由IHC进口的一批4500m³耙吸船(见图5-12),也难同今天新一代耙吸船的技术水准相提并论。这里不妨将"劲松"号同1960年德国建造的一型耙吸船相对照做一比较,从中可进一步了解到:当时条件下国内这一成就的来之不易。1978年该船荣获全国科学大会奖。

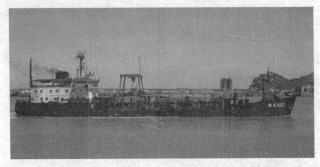

图5-12　从IHC公司进口的"航浚4003"号(1974)

　　1960年前后在德国(原西德)汉堡也曾建造过两艘姐妹耙吸船,一艘名为"Rudolf Schmidt"号,另一艘为"Johannes Gahrs"号(见图5-13),而且船型尺度和"劲松"号、"险峰"号姐妹船十分接近,但泥舱容积仅2900m³,最大舱容也只有3130m³,仅国产4500m³的2/3左右。该两艘德国船皆被冠之以"海洋耙吸挖泥船",无论设计还是建造均师出有名:设计系汉堡水运管理局中央船舶设计室,前一艘由德国O&K及合作伙伴承造,后者则由荷兰IHC所属船厂承造,满足德国挖泥船规范要求。为便于对照,现将该型耙吸船与我国首建的 4500m³ 耙吸挖泥船以及随后(1975 年)从 IHC 公司买进的 4500m³ 耙吸船的主要船型技术参数汇列于表 5 - 2 中。

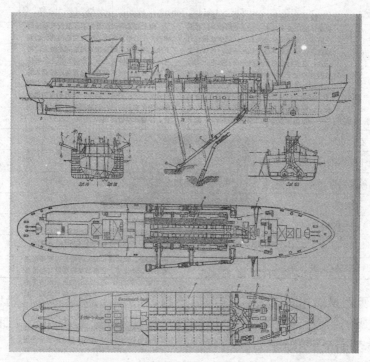

图 5 - 13 德国汉堡港 2900m³ 耙吸船"Rudolf Schmidt"号(1960 年)

表 5 - 2 我国首建 4500m³ 耙吸船与国外同类型船主要参数比较表

序号	船名 / 主要参数	2900m³ Rudolf Schmidt& Johannes Gahrs	4500m³ "劲松"号/"险峰"号	4500m³ (4 艘)
1	建造年代	1960	1970/1971	1974 /1975
2	船东	德国 汉堡港	中国 上航局	中国上航局 等
3	设计	汉堡水运管理局	708 所上船院	荷兰 IHC
4	建造商	O&K、IHC	江南造船厂	荷兰 IHC
5	批量	2	2	4
6	总长/m	113.0	115.0	100.5
7	垂线长/m	104.0	107.0	94.8
8	型宽/m	18.0	18.4	17.2
9	型深 /m	——	9.0	8.9

（续）

序号	主要参数 船名	2900m³ Rudolf Schmidt& Johannes Gahrs	4500m³ "劲松"号/"险峰"号	4500m³ （4 艘）
10	设计吃水 /m	5.90	4.2 /7.23	4.0/7.08
11	设计排水量 /t	8352	11700	9760
12	方形系数 C_B	0.731	0.822	0.813
13	泥舱容积 C/m^3	3130	4500	4500
14	单位排水量泥舱容积/（m³/t）	0.375	0.383	0.461
15	装船功率/kW	约 6222	7907.5	6538
16	单方土功率/（kW/m³）	1.988	1.757	1.453
17	泥泵功率/kW	2×675	2×992	2×895
18	挖深/m	21.5	25	26
19	航速/kn	12 /14	12	12
20	泥门/套	2×9 扇形泥门	2×10×Φ2900	2×11 矩型
21	定员/人	39	79	64

　　上述 3 型船虽然相隔年代不长（前后不超过 15 年），但透过各自船型参数，依然不难看出耙吸船船型和技术发展变化的趋势，尽管外观上看去和同时期普通运输船差别不大（3 型船全采用倾斜首柱）：

　　（1）相同排水量情形下，泥舱容积呈增大趋势；

　　（2）单方土所耗功率下行趋势明显；

　　（3）方形系数增大，开始跨入 0.8；

　　（4）从船员编制不难看出，国产 4500m³ 耙吸挖泥在操作自动化以及船员素质水平方面同国外尚存实际差距，这也是客观反映；

　　（5）挖深也在增大。

　　当然还可以归纳一些，但这些足以表明，国内首创耙吸船的可圈可点，"劲松"号同"险峰"号不愧是这一阶段国内成功之作，代表之作。图 5-14 所示"Nordsee"号是一艘大小、外形和建造年代均与"劲松"号较为接近的耙吸船，也是采用封闭泥舱，该船由德国 O&K 建造，同属 20 世纪 70 年代产品，这一时期耙吸船的船型和当时的运输船看上去没有明显的区别，上层建筑采用居中布置的情形也不少，直到 90 年代以后才逐渐发展成为耙吸船特有的风格。

　　值得说明的是，上面引述的两艘德国名船即 2900m³ "Rudolf Schmidt" 号和姐妹船" Johannes Gahrs"号的船型资料，在"劲松"号和"险峰"号研制阶段根本无法寻觅。

图 5 – 14 1978 年 O&K 建造的 5300m³ 耙吸船 "Nordsee" 号

5.3.4 20 世纪 90 年代起——进入高起点快速发展阶段

5.3.4.1 高技术创新产品相继问世

从 20 世纪 90 年代初起,我国挖泥船制造业伴随着造船业的纵深发展,开始步入一个以高新技术为目标的快速发展阶段,高技术含量创新产品相继问世,填补了多项国内空白:1992 年在国际上首创采用喷水推进的 1500m³ 耙吸挖泥船,采用 KRUPP "V"型泥舱、单列泥门装卸系统新技术的 2000m³ 耙吸挖泥船,国内首创 1250m³/h 多功能边抛吸盘挖泥船,出口泰国的 800m³ 开体耙吸挖泥船,自航自载 500m³ 双抓斗自航挖泥船,多功能 8m³ 抓斗船,具有水下显示仪的 4m³ 反铲挖泥船,可液压升降斗塔的 150m³/h 链斗挖泥船,时下国内单产量最大的 1750m³/h 绞吸挖泥船,带水下泥泵并采用电轴驱动的 800m³/h 斗轮挖泥船以及相关的配套机具和监控仪表等。这批新研制产品不但品种规模明显增大,技术含量也明显提高,普遍受到用户欢迎。其中部分产品技术性能接近国外水平,且经济实用,多数形成批量生产,如中船 708 研究所设计、中华造船厂建造的 2000m³ 耙吸挖泥船批量建造 6 艘;中船 708 研究所设计、文冲造船厂建造的 900m³ 耙吸挖泥船批量建造 3 艘(以上两型船已明显优于 70 年代由荷兰、日本进口的同型船),成功实现对原有产品的升级换代;中船 708 研究所开发设计、东海船舶修造厂建造的 1250m³/h 吸盘挖泥船,不仅填补了国内空白,还由于社会经济效益明显而赢得后续 3 艘更大功率吸盘挖泥船的续建合同;上海船舶研究设计院设计、武昌造船厂建造的 1750m³/h 大排距绞吸船批量 4 艘;长江船舶设计院设计、东海船舶修造厂建造的多功能 8m³ 抓斗船批量 4 艘(见图 5 – 15)。

图 5 - 15 组图 20 世纪 90 年代开发众多型号技术成熟产品满足国内外要求

在 2001—2004 年前后不足 4 年的时间内，国际首创大型"货改耙"——利用旧货船改造成功 13000m³ 大型耙吸船 3 艘，不仅有力地支持了洋山深水港工程的建设，创造了良好的社会经济效益，还为国内自主研制高效大型耙吸挖泥船作了难得的铺垫。

从 20 世纪 90 年代初到跨入新世纪初年的近 10 年间，国产疏浚装备无论设计技术还是建造水平，无论整体技术形态还是品种型号等方面所呈现出的进步都是建国以来所不曾有过的。

5.3.4.2 改革开放促进对外交流加快产品开发力度

进入 20 世纪 90 年代，随着国家对外开放力度的进一步加大，挖泥船制造业中不少科研院所、船企以及用户纷纷组团跨出国门，进行考察、访问，强化对外技术交流，部分项目上还通过外方咨询或采取联合设计等方式，努力吸取国外先进技术和经验，加快了产品研制进度，在技术引进的同时，还实时引进先进装备，避免了不必要的浪费。

　　诸如 1250m³/h 吸盘挖泥船研制期间于 1991 年对德国 O&K 公司的技术咨询(见图 5 - 16、图 5 - 17),2000m³ 耙吸挖泥船更新设计和技术引进对德国 KF(原 O&K)及荷兰 IHC 公司的考察;大型耙吸船课题研究中对荷兰 IHC 公司的考察;高性能绞吸船及装备研制期间对美国 ELLICOTT 公司的考察等。尤其是在交通部 2000m³ 耙吸船的更新设计中,通过引进 KF 公司泥舱装卸系统新技术,使传统的泥舱泥门设计得以简化,不仅提高了耙吸船的装卸效率,也节省了建造成本。目前国际上倡导的"V"型泥舱和单列泥门设计技术,10 余年前在为长江航道局设计的 6 艘 2000m³ 耙吸船的批量建造中就成功采用,并在其后包括出口缅甸船在内的多型耙吸船上推广应用,产品技术性能明显提高。通过对 ELLICOTT 公司的技术交流和考察,成功开发了我国首艘螺旋切刀挖泥船(小型"泥猫"号)。

图 5 - 16　吸盘挖泥船研制期间 708 所和东海 船厂技术人员前往 O&K 公司咨询(1991 年)　　图 5 - 17　参与交通部航务管理局耙吸船项 目组赴荷兰 IHC 公司技术考察(1994 年)

　　改革开放让我们结束了长期闭锁的局面,在加速研制水平提升的同时,还使科研队伍的技术素质得到进一步提升。

　　5.3.4.3　"百船工程"(一期)运作纪实

　　备受瞩目的"江湖疏浚挖泥船建造项目"(俗称"百船工程")是中共中央、国务院 1998 年 15 号文件确定的防洪治理重点项目。该项目总投资计人民币 68630 万元,由中央(约占 90%)和地方共同投资,委托中国水利投资公司组织实施。该项目于 1999 年底前正式启动,除两艘澳大利亚 Neumann 公司设计的 1364kW 斗轮挖泥船因设计失误而延期外,其余 51 搜挖泥船和全部配套辅助船于 2001 年秋季开始陆续通过试车验收交付使用。我国水利、水电系统疏浚装备技术水平借此得到大幅提升。

　　一期共配置有 3 个类别、14 个型号计 53 艘挖泥船(以中小型绞吸为主):其中国内标 7 个型号(8 个标)计 30 艘,除一型为 350m³/h 斗轮挖泥船外(见图 5 - 18),其余

6个型号均为绞吸挖泥船;国外标5个型号计18艘,除Neumann公司的一型为斗轮船外,其余皆为绞吸挖泥船。这些由国外资深公司设计并提供装备的18艘挖泥船也在国内进行建造招标(见图5-19);仅就这一点而言,使众多国内中小造船企业充满了期待。另有三门峡库区专用清淤船5艘。这批船采用的柴油机大多由河南柴油机厂引进(德国技术)生产,技术性能较好。在由中国水利投资公司(CWI)牵头搭建的这个大舞台上,国内外挖泥船设计的能家好手及众多国内船厂同场竞技,这在我国疏浚界还是头一遭,甚至也是我国造船界的一桩盛事,无疑对振兴装备建设,对产品技术质量的提高,对促进国内外技术交流及缩短同国外先进水平的差距均有裨益,既拉动了内需,锻炼了队伍,还集中检阅了我国疏浚装备制造业的进步。

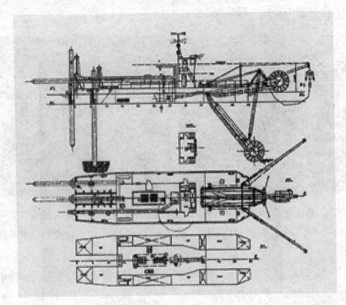

图5-18 708所中标设计、镇江船厂建造的350m³/h斗轮挖泥船(2001年)

图5-19 德国KRUPP中标设计新河船厂建造的CSD650型绞吸船(2001年)

仅以 200m³/h 绞吸式挖泥船为例:在同样挖深 10m,同样生产量 200m³/h,且装机功率相近的前提下,"百船项目"200m³/h 拼装式绞吸挖泥船比 20 世纪 70 年代国内生产的同型船尺度大大减小,前者排水量仅 150t(吃水 1.3m),而后者排水量却达 244t(吃水 1.4m),前者排远为 1500m,后者仅 1000m。从这一简单的数字比较,不难看到我国疏浚装备设计制造技术 20 多年来的进步,用当前较为流行的话来说,挖泥船建造新技术的推广应用导致了资源的大幅节省,符合疏浚业可持续发展的"绿色理念"。政府搭台,企业唱戏,"百船工程"一期运作同时也达到了调动中央和地方两个积极性的作用,不失为一个良好的开端(见表 5-3)。

"百船工程"(一期)的这 53 艘挖泥船将主要用在湖南、湖北、江西、安徽、江苏、辽宁、黑龙江、广东各省及长江水利委员会、黄河水利委员会、淮河水利委员会、海河水利委员会,作业水域覆盖面及受益面都较大,可谓恩泽四方。

计划中的"百船工程"(二期),原本还有大约 50 艘挖泥船(故名"百船工程"),准备待势而起,而且据讯二期的船型规模将大于一期,甚至还包括有中小型耙吸船,然而就在世纪之交的这个几年当中,国际、国内相继发生了许多重大变化,2001 年适逢我国加入"WTO"组织的条款正式生效,对我国疏浚业的市场化运作也是一个不小的推动,外国资本和技术以及民间资本均以巨大的热情投身其间,给国内疏浚市场带来了生机。"百船工程"因之提前功成告退,留下一段"佳话"。

美国 ELLICOTT 公司也曾参与了"百船工程"(一期)国外项目的竞标,或许是水土不服,以往虽有过少量中国销售的业绩,但要说对中国市场的熟悉,显然不如欧洲设备供应商,遗憾出局也在情理之中;另一个"水土不合"的因素就是,ELLICOTT 公司用以投标的图纸及技术文件全部采用的是英制,对中国用户来说,这也是难于接受的,"百船工程"(一期)项目如表 5-3 所列。

表 5-3　"百船工程"(一期)新建挖泥船型号一览表(2002 年)

类别	船型	泥泵流量 /m³/h	泥泵功率/kW	吸/排管径/mm	挖深 /m	批量	设计单位	建造单位
国外标	CSD650 型绞吸挖泥船			700/650	16	4	KRUPP	新河船厂
	Neumann 斗轮挖泥船			482	17.5	2	Neumann	江苏亚太
	B1600(分体) 绞吸挖泥船			550/500	14	5	IHC(荷)	安徽疏浚工程公司
	CZ500 型绞吸挖泥船			500	12	3	DAMEN(荷)	常德达门
	B1600(整体)绞吸船			550/500	14	4	IHC(荷)	东海船厂

（续）

类别	船型	泥泵流量/m³/h	泥泵功率/kW	吸/排管径/mm	挖深/m	批量	设计单位	建造单位
国内标	500m³/h（整体）绞吸船	5000	1148	650/600	13	4	黑龙江水规院	武昌船厂
	350m³/h（整体）绞吸船	3500	855	550/550	12	2	蚌埠工程船设计所	一航局船厂
	350m³/h（分体）绞吸船	3850	870	600/550	12.5	2	黑龙江水规院	江苏水利机械厂
	350m³/h（整体）斗轮船	2000	521	400/420	10	3	708研究所	镇江船厂
	200m³/h（分体）绞吸船	2000	521	450/420	10	3	江苏船舶设计所	益阳船厂
	200m³/h（分体）绞吸船	2000	521	450/420	10	4	江苏船舶设计所	江新船厂
	120m³/h（黄河）绞吸船	1200	261	400	6.5	6	长春机械所/哈工大	川东船厂
	120m³/h（黄河）绞吸船	1200	261	400	6.5	6	长江船舶设计院	益阳船厂
黄河专用	黄河潼关河段清淤射流船型A	2200	403	16km/h	0.5～2	3	708研究所	江海船厂等
	黄河潼关河段清淤射流船型B	1184	240	17km/h		2	广州船院	山东黄河船舶工程
总计	53（艘）							

注：国外标的5个型号计18艘船由各国外公司总包，主要设备亦由国外引进，国内建造

2007年7月由水利部对该项目组织了竣工验收。

"百船工程"适逢千禧之年，承载着人们对20世纪峥嵘岁月的缅怀和对新世纪的无限憧憬。

5.4 新世纪伊始——跨入自主创新做大做强的发展阶段

5.4.1 概述

进入21世纪以来，随着我国国民经济的持续稳定发展，更大规模地促进了沿海港口基础设施，临港工业区以及大型枢纽港深水航道建设工程的发展，如长江口深水航道治理、上海洋山深水港建设工程、河北曹妃甸一期工程、天津滨海开发区建设以及北部湾港口建设和航道拓宽工程等，犹如雨后春笋。据报道，截止2014年，仅上述工程的建设和维护每年将投资100亿元之巨，为我国疏浚市场及疏浚装备制造业带来了勃勃生机，这样的发展机遇千载难逢。

对于我国疏浚业来说，2005年这一年有着非凡的意义：在这一年里，我国首艘具

有自主知识产权的高效大型耙吸挖泥船和装机功率达 14000 余 kW 的高效巨型绞吸挖泥船双双启动,大张旗鼓地开启了国产化进程,而且连续 10 年,取得累累硕果。

5.4.2　国营企业秣兵厉马　耙吸绞吸竞相发展

在世纪更替之时,也正是中国入世谈判进入倒计时的时刻,以四大疏浚公司为首的国际疏浚承包商对我国市场早就翘首以待。此话并非戏言,事实上在随后的几年间,35500m³ "奋威"号和"荷兰女王"号、15900m³ "荷兰王子"号、24000m³ "珠江"号等众多国外"重量级"耙吸挖泥船都先后根据租赁合约参与我国(天津、湛江、连云港等地)大型深水港航道建设而留下了他们的身影(见图 5 - 20、图 5 - 21)。国企如不能加快自身装备现代化建设,随着时间进程,关税壁垒的进一步消融,国内市场受到的冲击必然进一步加大,更多的国内项目都不得不拱手让予他人。何况国内企业同样期待着世界市场去闯一回。所以入世当即,对我国疏浚企业,尤其国营骨干企业来说既是压力山大,也是难得的发展机遇。

图 5 - 20　"荷兰王子"号参与天津港航道建设　　图 5 - 21　"荷兰女王"号参与连云港航道建设

5.4.2.1　圆大型耙吸船"国产化"建造之梦

挖泥船是国际公认的"双高"(高技术、高附加值)产品,进口一艘大型挖泥船价格不菲,通常一艘大型耙吸船造价是同等装载量散货船的 3 ~ 4 倍,更何况国内市场需求量大,当今国内研制能力和早前也不可同日而语,自主发展国内高效大型挖泥船应是刻不容缓。

此间,以中国交通建设集团为龙头的国营骨干疏浚企业(上海、天津、广州三大航道局疏浚公司以及长江航道局)规模宏大的装备建设蓝图正在紧张运筹之中:他们一方面向国外订购部分先进的大型装备:如 2002 年向荷兰 IHC 公司引进 12888m³ 耙吸挖泥船"新海龙"号,同时从韩国转购拥有 IHC 公司设计技术的 3500m³/h 绞吸船"新海豹"号等,同这些先进装备技术做零距离接触。与此同时还积极联合国内挖泥船建设方面的优势力量,以求实的精神倾力打造国产大型装备。在大力推进耙吸挖泥船的自主建设方面,上海航道局疏浚公司可谓用心良苦,从1999年开始就和708所等单位紧密合作,在完成国家下达的多项课题研究基础上,结合本公司既有项目改造成功地将两艘70年代进口的6500m³耙吸挖泥船扩容至9000m³(见图5-22);随后(2001~2004年)又在国际上首次实施大型货改耙获得成功;此举既解决了长江口深水航道建设的紧迫需要,也为大型耙吸船的研制做了必不可少的技术铺垫。与此同时,中船708研究所还与沪东中华造船厂以及著名国际公司VOSTA LMG紧密合作于2004年为国内交付了一艘具有新型设计理念的5800m³耙吸挖泥船"神骅"号(见图5-23),而该船更可以看着是新研制船型"新海虎"号的"雏形"。通过该项目的实践,既检验了前期相关课题研究成果,也在实践中积累了必要的经验。一系列举措均为国内自主建设高效大型耙吸船创造了条件。

图5-22 交通部翁孟勇副部长参加
"航浚9001"号命名剪彩

图5-23 708所同LMG联合设计沪东
中华船厂建造的5800m³耙吸船"神骅"号

2005年8月12日,"新海虎"轮正式签订建造合同,2007年5月26日交赴使用,前后不到两年。该船是按目前国际上先进理念设计、技术性能先进、设备配置优良的新一代高效大型耙吸突破了某些国家的技术封锁,综合技术性能指标接近达到国外先进水平,疏浚设备国产化率达80%,造价较同期进口船便宜30%左右(见图5-24)。

"新海虎"轮在湛江港30万吨航道施工中初试锋芒后,于2008年1月18日远赴巴西里约港,开始了她的"处女"之行。

这以后,仅由中船708研究所参与设计的国产高性能大型耙吸船接踵而至,在仅仅5年时间内,中船708研究所便相继承接了国内各大用户委托设计的11个型号共20艘大型耙吸挖泥船(见表5-4),占国内新建大型耙吸船总数的近70%,诸如:2008年,紧随"新海虎"号问世的巨型耙吸船16888m³"新海凤"号;2009年9000m³"浚海

(a)

(b)

图 5 - 24　国内首艘具有自主知识产权的大型耙吸船"新海虎"号研制成功(2007 年)

(a)码头剪彩盛典;(b)满载试航中。

1"号;2010 年疏浚系统采用全电力变频驱动的 18374m³ "通程"号;2011 年舱容 20000m³ 的"通途"号,该"通途"号不仅创造了舱容、挖深、装载量等耙吸船建造的多个国内第一,而且在设计技术上有了更多、更重大的突破,在国外十分看重的耙吸船的"能效比"(kW/(t×kn))指标方面与此前国内设计的耙吸船有了更为明显的进步,也就是说,同国外先进水平更为接近。使国内大型耙吸挖泥船的自主建设踏上一个新起点。

表 5-4　2005 年以来国内自主建造的大型耙吸挖泥船一览表(截止 2014 年)

序	船名	舱容/m³	船东	设计	建造厂	交船时间
1	长鲸 1	8100	长江航道局	上海瀚顺公司	浙江黄岩吉祥	2005
2	新海虎	13500	上海航道局	708 研究所	广州文冲船厂	2007
3	长鲸 2	10000	长江航道局	708 研究所	南通港闸船厂	2008
4	通旭	13000	天津航道局	708 研究所	广州文冲船厂	2008
5	新海凤	16888	上海航道局	708 研究所	广州文冲船厂	2008
6	浚海 1	9000	广州航道局	708 研究所	广州文冲船厂	2009
7	浚海 2	9000	广州航道局	708 研究所	广州文冲船厂	2009
8	新海牛	10000	上海航道局	708 研究所	广州文冲船厂	2009
9	新海马	10000	上海航道局	708 研究所	广州文冲船厂	2010
10	夏之远	13000	浙江浩驰疏浚公司	上海航盛公司	舟山海天造船厂	2010
11	长鲸 6	13280	武汉航道工程局	708 研究所	南通港闸船厂	2010
12	通程	18000	天津航道局	708 研究所	广州文冲船厂	2010
13	中昌浚 16	13000	中昌船舶公司	中昌船舶公司	舟山海天修造厂	2010
14	通途	20000	天津航道局	708 研究所	广州文冲船厂	2011
15	新海虎 4	11888	上海航道局	708 研究所	广州文冲船厂	2011
16	新海虎 5	11888	上海航道局	708 研究所	广州文冲船厂	2011
17	神华浚 2	11888	上海航道局	708 研究所	广州文冲船厂	2011
18	浚海 5	10288	广州航道局	708 研究所	广州文冲船厂	2012
19	新海虎 9	10000	上海航道局	708 研究所	广州文冲船厂	2012
20	新海虎 8	10000	上海航道局	708 研究所	振华重工	2012
21	浚海 6	10288	广州航道局	708 研究所	广州文冲船厂	2012
22	通恒	11000	天津航道局	708 研究所	招商重工	2012
23	通远	11000	天津航道局	708 研究所	中交博迈克	2012
24	星航盛 2	8000		上海航盛公司	浙江方圆船厂	2012
25	港浚 6	10000	南通华丰疏浚		南通港闸船厂	2013
26	中昌浚 27	17000	中昌船舶公司	中昌船舶公司	舟山蓬莱船舶	2015

注:此表所列未包括在建、进口及改装 8000m³ 以上大型、超大型耙吸挖泥船

　　国内在大型耙吸挖泥船的发展模式上,不仅是坚持"自主创新、做大做强",而且,在充分吸取国外先进经验的同时还特别注重"中国创造",这一点,在天津航道局几型耙吸船的建造过程中体现得更为突出。众所周知,泥泵、耙头等均为耙吸船的核心部件,为了打造更加实用的"中国心脏",而不是简单照搬国外经验,他们坚持自主研发,

并请来清华大学做技术支持,诚邀河海大学、中船重工第十二研究所、石家庄强大泵业集团共同组成联合攻关小组。如今,天航人的努力先后结出了丰硕果实,仅泥泵的研发一项已经申请国家专利 22 项,被授予 15 项。由于这一成果,"通途"号泥泵的的设计建造费用较从国外引进节省了近 60%,而且今后维修换件将更为便利。

本来,此前一段时间就国内开建大型耙吸船的问题一直存在有不同的声响,这原本也不足为怪,一度习惯了使用国外先进装备的国有大型骨干企业,短期内能将大批订单毫不犹豫地转向国内实属不易,如果没有用户的信赖和大力扶持,今天的局面恐怕得要往后推迟若许年! 曾记得,2003 年《中国船舶报》记者桂雪琴曾以《大耙船国产化梦圆何时》为题,用整版篇幅感叹了作为一名专业记者对国内疏浚界这一敏感话题的关切。

这也应了中国的一句俗话:"万事起头难"!

自此,国内自主建造大型耙吸船的梦想终于得以实现,正可谓不信春风唤不回!

表 5 - 4 所列为近 10 年来国内自主建造的大型耙吸挖泥船,由于对民营企业的信息了解不多,这方面的数字统计难免有遗漏,近期在有关船舶网站上仍见有 12000m³、13000m³ 大型耙吸船挂牌交易的信息,因难以查证,故未将其列入表中。可见,最近的这个 10 年当中,仅国内新建 8000m³ 以上大型耙吸船的实际数量不会小于 30 艘,而从 1970 年至 2004 年的 34 年中,国内建造的所有耙吸挖泥船也不过 30 余艘,而泥舱总容积和现今耙吸船相比更是相形见拙了。

目前我国拥有 8000m³ 以上大型、超大型耙吸船(含进口船 4 艘、改装船 7 艘)达 40 艘之多,近 80% 为国内骨干企业拥有(见图 5 - 25)。

5.4.2.2　大型绞吸船建造有如雨后春笋

在大力发展大型耙吸船的同时,国内大中型骨干企业对另一主打船型——绞吸挖泥船的大型化、现代化建设也毫不逊色。同期新建 9000kW 以上大型绞吸船的数量较之耙吸船甚至更有过之。

2006 年,由中船 708 研究所研发设计、南通港闸船厂建造、装机功率 14485kW、可三泵串接作业的国内首艘 3500m³/h 巨型绞吸船"新海鳄"号如期交付用户上海航道局。此后一连多艘由中船 708 研究所设计的大型以上高性能绞吸船相继交付上海航道局、长江航道局等单位。这与 20 年前国内最大绞吸船(如"新广东 3"号)相比,几乎 10 倍于后者。

21 世纪初年伊始,上海交通大学船舶设计研究所在大型以上绞吸船的研发设计方面同样硕果累累。在短短五六年的时间内为全国各地用户开发设计 2500m³/h 以上的大中型绞吸船逾 60 艘之多,2009 年还在 19600kW 巨型自航绞吸船"天鲸"号的研发

图 5 - 25　近 10 年来国内自主建造的万方级以上大型耙吸挖泥船组图

设计上取得重大突破，一举填补国内空白（见图 5 - 26），该船用户为天津航道局。

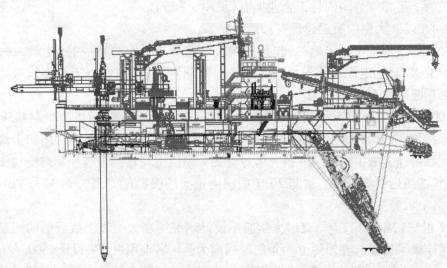

图 5 - 26　上海交大设计研究所设计的 19600kW 自航绞吸船"天鲸"号侧视图

上海交通大学船舶设计研究所投身挖泥船市场始于 21 世纪初年。2002 年开始，该所为上海航道局研发设计 2500m³/h 绞吸船"航绞 2001"号，该船 2004 年在江苏南通港闸船厂制造，于 2005 年投入使用，历经 10 年磨砺，已经从简易到复杂，从粗糙到精细，从非自航到自航，相继开发了多个系列、数十个品种的大、中型绞吸挖泥船（见图 5 – 27）。如今上海交大船舶设计研究所在绞吸挖泥船的设计方面已独具一帜。目前该研究所开发的大中型绞吸船，根据船型特点大致可分为以下 9 个类型供用户选择：

图 5 – 27　组图　近 10 年来国内自行设计建造的 13000kW 以上大型绞吸船剪影

（1）1 台水下泵、1 台舱内泵和 3 缆系统定位的非自航绞吸船，代表船型有："海星"号、"天波"号、"天诚"号等；

（2）1 台水下泵、1 台舱内泵和 3 缆系统与辅钢桩定位非自航绞吸船，代表船型有："海阳"号；

（3）1 台水下泵、两台舱内泵和 3 缆系统定位非自航绞吸船；

（4）1 台水下泵、1 台舱内泵和钢桩台车定位非自航绞吸船，代表船型"海昌"号、"新海鸥"号、"新海燕"号等；

（5）1 台水下泵、两台舱内泵和钢桩台车定位、独立生活楼非自航绞吸船，代表船

型有:"天狮"号、"天牛"号等;

(6) 1台水下泵、两台甲板泵和钢桩台车定位、独立生活楼非自航绞吸船,代表船型有"新海鳄"号;

(7) 1台水下泵、两台舱内泵和钢桩台车定位、电驱非自航绞吸船,代表船型有:"宇大1"号、"天骅"号等;

(8) 1台水下泵、两台舱内泵、钢桩台车和三缆系统定位和甲板行走吊、电驱非自航绞吸船,代表船型有:"天麒"号、"天麟"号等;

(9) 1台水下泵、两台舱内泵和钢桩台车定位自航绞吸船,代表船型有:"天鲸"号。

5.4.3 民营企业异军突起 大船小船百船竞发

进入21世纪以来,疏浚市场的国际、国内环境也为国内民营企业营造了难得的发展机遇,尤其是以江苏、浙江、上海为代表的长三角地区和山东、辽宁地区为代表环渤海湾地区表现十分活跃,其间曾经流传这样一种说法:投资挖泥船建设"挖出的是泥沙,换来的是金子"。他们只要看准了市场需求,就能闻风而动。就整体而言,民营企业多定位在中低端技术含量的中、小型船舶规模中,装船设备(包括泥泵、耙头、绞刀等关键装备)也多立足于国内配套,其产品特点是建造成本低、周期短,性价比适度,因而受到国内疏浚用户欢迎,不少产品型号还博得国外用户的青睐,在近一个时期以来的挖泥船出口项目中,即使像伊拉克6000m³耙吸挖泥船这样技术含量较高的项目,设计虽同中船708研究所签约,而建造依然是相中民营造船企业,毕竟建造费用这一块是大头。民营企业起步虽晚、风头正渐,尤其是在2003—2010年这一特殊年代,表现甚为抢眼。据不完全统计,仅2003—2005年不足3年的时间内,民企所建造/改装的1000m³~11000m³耙吸挖泥船(如11000m³的"华源交通2"号)就不下30艘,事实上这一统计数字难免遗漏,但已超过此前30余年间国内耙吸挖泥船建造数量的总和。2007年由上海宏冠(现航政)船舶设计公司设计、地方船厂建造的两艘4500m³耙吸船以及一艘3500m³/h斗轮船还成功销往印度。大型疏浚船舶的设计建造也不乏来自民营企业的产品,如装船功率达15000kW的巨型绞吸挖泥船"华夏1"号、首艘8000m³大型耙吸挖泥船"长鲸1"号等都来自民营企业,2012年建成,迄今装船功率国内最大的22000kW绞吸挖泥船(用户江苏扬州)也出自民营企业(见表5-5)。

以一艘5000m³国产耙吸挖泥船为例:2007—2008年间,国营大中型船厂的售价在1.5~2亿人民币之间,如2007年文冲船厂建造的"云浚1"号,除了主机采用日本进口外,其余基本国产,船价近1.6亿元,而民营企业售价一般则在1亿元左右(每立方米舱容的价位约 2 万元);又如一艘 3500m³/h 绞吸挖泥船,民营企业的售价大约 1 亿元人民币,尚不及国营厂的 2/3。相当一个时期,船舶销售网站上 4000 ~ 7000m³ 的耙吸挖泥船以及 1000 ~ 3500m³/h 的绞吸挖泥船炙手可热。

　　这里说的只是一般情形,部分民营造船企业或是中外合资企业,或是外资企业,同普通中小船企不在一个层面,他们的产品价位和国营船厂相差无几,但经营手段相对灵活。最近 10 年来,交通部长江航道局的几乎所有重大产品(大型耙吸船、大型绞吸船、高性能全电动吸盘挖泥船等)均由南通港闸船厂承接;而由上海交通大学设计的我国首艘巨型自航绞吸船"天鲸"号也由深圳招商重工建造。

表 5 - 5　2003—2005 年国内民营企业投建耙吸挖泥船统计表

序号	船名	船东	舱容/m³	设计	建造厂	日期(年.月)
1	华沅交通 2	江苏华沅	11000	上海星宇	仪征紫金山	05.4 ~ 05.1
2	长鲸 1	台州顺达	8100	上海瀚顺	黄岩吉祥	03.5 ~ 05.1
3	龙浚 1	舟山六横	7000	上海星宇	舟山六横	05.5 ~
4	—	上海星哗	7000	上海星宇	台州宏冠	05.7 ~
5	华沅交通 1	江苏华沅	6000	上海星宇	仪征紫金山	04.4 ~ 04.9
6	海川浚 1	宁波海川	5000	上海星宇	舟山一海	05.10 ~
7	—	浙江海洋	5000	星宇欣海	舟山	05.9 ~
8	浩驷浚 1	舟山浩驷	4500	星宇欣海	舟山隆泰	04.11 ~ 05.
9		舟山丰宇	4500	星宇欣海	舟山册子	05.2 ~
10	金东海浚 1	汕头金东海	4500	上海星宇	海门汇港	04.8 ~
11	金安达	山东日照金	4500	浙江宏冠	台州宏冠	05.9 ~
12	远洋 1	温岭	4000		温岭松门	04.2 ~ 05.5
13	航发浚 1	天台航发	3500	浙江宏冠	台州宏冠	04.11 ~ 05
14	—	宁波	3500	浙江宏冠	台州宏冠	05.1 ~
15	海航浚 1	舟山	3500	台州振兴	台州汛桥	05.1 ~ 05.10
16	—	舟山	3500	台州振兴	台州汛桥	05.1 ~
17		浙江圣海龙	3280	台州振兴	福建 4807	05.10 ~
18	欣江浚 1	舟山恒兴	3280	舟山欣海	舟山一海	05.6 ~
19	东海浚 1	舟山东海	2500	台州振兴	舟山一海	04.2 ~ 04.1
20	海沿浚 6	舟山海沿	2500	台州振兴	台州汛桥	04.3 ~ 04.1
21	海江浚 2	舟山海江	2500	台州振兴	台州宏冠	04.8 ~ 05.6

（续）

序号	船名	船东	舱容/m³	设计	建造厂	日期(年.月)
22	创业1	上海五泰	2400	上海星宇	舟山台门	03.12~04.
23	海江浚1	舟山海江	2200	台州振兴	台州汛桥	03.5~04.2
24	楚汉3	安徽亿通	2000		安徽	03.9~04.8
25	育旺	上海育海	2000	上海星宇	上海渔轮厂	04.9~05.6
26	—	福建利亚	2000		福建	05.7~
27	娱乐2	澳门娱乐	1500	708所	上海4805	03.2~04.1
28	第二幸福丸	上海隆旺	1100	上海星宇	上海渔轮厂	03.5~04.1
29	—		1000	—	上海4805	03~04.8
30	—		1000		福建	—

注：少数项目栏目内容有欠完整

　　民营力量的参与大大活跃了疏浚装备市场，壮大了我国挖泥船制造业的力量，加快了装备建设的进展，13000m³大型耙吸船"中昌浚16"号、17000m³巨型耙吸船"中昌浚27"号以及22000kW巨型绞吸船"华航浚"号的相继推出，充分显示出民营企业在疏浚装备制造方面的创造力和巨大潜力（见图5-28、图5-29）。

图5-28　民营企业建造大型耙吸船"中昌浚16"号（左）及巨型绞吸船"华航浚"号

图5-29　最新建造的巨型耙吸挖泥船17000m³"中昌浚27"号（左、右）下水（2015年）

5.4.4　世界疏浚大会聚首北京展现中国发展魅力

5.4.4.1　中国疏浚协会的成立

中国疏浚协会(CHINA DREDGING ASSOCIATION,CHIDA)成立于 2001 年 11 月 23 日。协会致力于中国疏浚行业的发展,重视与国际同行间的广泛交流,2002 年 8 月,协会成立伊始,便加入世界疏浚协会联合会,成为东部疏浚协会一员。紧接着, 2003 年 11 月在上海成功举办了"中国第一届国际疏浚技术发展会议和展览会",并 且自此以后每两到 3 年就举办一次国际发展会议,促进了国内外疏浚行业间的业务 交流、友谊和进步(见图 5-30、图 5-31)。

鉴于中国疏浚业短短几年间的快速、稳健发展以及对世界疏浚所做出的贡献, 2007 年,在美国举行的第 18 届世界疏浚大会上,世界疏浚协会联合会轮值主席正式 宣布:第 19 届世界疏浚大会将于 2010 年 9 月由东部疏浚协会主办,中国疏浚协会承 办。这一决定可谓众望所归,也是我国疏浚界人士的一桩盛事!

图 5-30　第四届中国国际疏浚技术发展会议　　　图 5-31　作者在首届发展会议上就国内大型
于重庆召开(2011 年)　　　　　　　　　　　　　　耙吸船的发展前景发表感言(2003 年)

世界疏浚协会联合会(简称 WODA)创建于 1967 年,下设东部、中部和西部 3 个 疏浚协会,我国隶属东部疏浚协会。

5.4.4.2　第 19 届世界疏浚大会的成功举办

中国疏浚协会在接受了承办第 19 届世界疏浚大会的任务后,即刻制定了会议策 划书,为大会的如期举办做了充分准备。

地点:北京国际会议中心。

时间:2010 年 9 月 9 日—12 日为正式会期(学术交流及参观展览会),13 日-14 日为会后考察。

主题:"疏浚使世界更美好"。

内容：由 3 部分组成，即学术交流、展览会和技术考察。除开、闭幕式外，还安排有优秀论文评选、东部疏浚协会董事会等议程。

① 参会人数：共有注册参会代表 457 名，分别来自中国的 280 人，其中中国台湾 4 人、中国香港 1 人；以及荷兰、德国、日本、比利时等 14 个国家的外方代表 177 人。

② 学术交流论文 132 篇，其中大会发言 99 篇、海报交流 33 篇，天津航道局、上海航道局、中船 708 研究所提交论文数量居国内前列。

③ 同期举办了占地面积 1500m² 的《第 19 届世界疏浚展》，与会各国共 45 个单位参展，大会还特设了《中国疏浚记忆》展。

④ 经本届世界疏浚大会技术论文评选委员会评选，共评出特等奖 1 名、一等奖 3 名，其中特等奖获得者为中国的刘瑞祥、倪福生和周泉生先生，论文题目"绞吸挖泥船施工模拟系统的研制"，3 名一等奖分别由日本、荷兰和美国获得。

⑤ 会后在大会安排下，部分代表参观了天津港保税区联控服务中心、太平洋集装箱码头、并考察了曹妃甸长排距疏浚工程。

中国大剧院专场音乐会的美妙乐章则留在每位代表的心田。

通过这次会议让世界更加了解中国，让中国疏浚业更加融入世界（见图 5 – 32、图 5 – 33）。

图 5 – 32　组图 第 19 届世界疏浚大会开幕：陈云理事长（左下）致辞（2010 北京）

图 5-33　技术交流、商会展览、论文评选、考察活动等洋溢会场内外

5.5　我国现有疏浚装备及其产能的基本状况

5.5.1　现有疏浚装备概况

我国现有疏浚装备——各类挖泥船的总数约 1000 艘左右,其中绞吸和斗轮挖泥船接近总数的 2/3,耙吸、吸盘类挖泥船近 150 艘,其余为抓斗、铲斗、链斗等机械类挖泥船,环保类疏浚船起步较晚,目前数量有限。

5.5.1.1　耙吸挖泥船及其增长状况

20 世纪 90 年代末以前,我国拥有耙吸挖泥船(含进口船在内)数量约 50 艘,其中两艘最大舱容 6500m³ 的耙吸船系 1979 年日本进口,船名"航浚 6001"号、"航浚

6002"号。2000 年以来的 15 年间国内新建、改装大小耙吸船约 90 艘,其中 8000m³ 以上的大型耙吸船近 40 艘(含 15000m³ 以上的巨型耙吸船 4 艘,改装船 8 艘,进口船 4 艘,参见表 5-3)。目前除我国以外,国际上拥有 8000m³ 以上大型耙吸船(连同改装、扩容船在内)不超过 70 艘,这在 708 研究所汇编的《大型耙吸挖泥船研究与设计》中有较详尽的记载。国外这些大型以上耙吸船的近 80% 为欧洲四大疏浚公司把持,为各自船队的精干力量,美国仅有 1 艘 9000m³ 级耙吸船。这就是说,经过进入新世纪以来 10 余年的自主创新快速发展,我国迄今拥有的大型以上耙吸挖泥船已足足占据世界总数的 1/3。国内大型以上的耙吸船同样近 80% 为大型国有疏浚公司及相关政府职能机构所掌控。其余分属地方航道局和民营疏浚公司。

国内现有耙吸挖泥船总数约在 140 艘左右。

5.5.1.2　绞吸挖泥船及其增长状况

绞吸挖泥船(含斗轮挖泥船)在国内挖泥船总数中要占到一半以上,接近 2/3 的多数。其中装船功率在 9000~13000kW 的大型绞吸船就有近 50 艘(中国疏浚协会《疏浚技术和设备篇》2012 年),13000kW 以上的巨型绞吸船有将近 20 艘,最大功率绞吸船"华航浚"号于 2012 年建成,总装船功率达 22209kW,船东为扬州华航浚工程有限公司,建造厂为扬州九州船业公司。而"天鲸"号是迄今唯一一艘功率 19600kW 的自航绞吸船。连同 2000 年以来进口的 8527^MP 系列船,我国现有 13000kW 以上巨型绞吸船接近达到 30 艘,这是什么概念? 这意味着在当今世界上,我国拥有 13000kW 以上巨型绞吸挖泥船的比例同样达到世界总数的 1/3。尽管目前在 23000kW 以上超巨型绞吸船上暂无突破,但这一时刻也为时不远了。

耙吸挖泥船和绞吸挖泥船是当今世界疏浚业的主打船型,也是最近 10 余年间国内疏浚界致力发展的船型,其成效可见一斑。也就是说在主要船型装备的发展趋势上国内和国际基本趋于一致,但在发展速度上尤其最近几年来国内的步伐要迅猛得多。这也为中国疏浚企业跨出国门奠定了重要装备基础。

5.5.1.3　其他类型挖泥船状况

除了上述两类主打船型以外,抓斗挖泥船无论在大型疏浚企业还是中小型企业中,仍保有一定的发展空间,近期上海航道局、长江航道局等都曾添有新装备。

铲斗船、链斗船以及深海抛石船等船型方面,目前在国内大型企业中几无发展迹象,这和国外情形略有差别,除链斗船外,欧洲四大公司在反铲船、抛石船方面仍注重装备的更新和发展,尽管这两类船的造价都不菲。这和他们长期包揽大型海外工程作业的性质不无关系。

5.5.2　现有疏浚装备产能及隶属关系

5.5.2.1　现有装备的产能

我国挖泥船的生产能力或年均疏挖泥砂数量,以立方米(m^3)计量,通常也称为"土方量"。不同类型的挖泥船生产效率各不相同,而且即使同一艘船处在不同泥质、不同水域环境、甚至不同熟练程度的船员操作下其产量亦不尽相同。耙吸挖泥船通常按照泥舱容积(m^3)大小或装船功率大小来衡量年生产能力(即"产能"),而绞吸船则按其装船功率来衡量,当然这只是比较粗略的统计。

关于挖泥船的产能,以下有几组数字可供参考,稀有权威发布:

从 20 世纪 80 年代至 90 年代,较普遍的说法是:拥有大约 1000 艘挖泥船(实际包含辅助船),年疏浚能力 3 亿立方米;

2000 年世纪之交前后的一个说法是:拥有大约 600 艘挖泥船,年疏浚能力接近 5 亿立方米;

2006 年,中国疏浚协会有关资料显示,该年度我国疏浚业的标准产能约 6 亿立方米,比 2004 年增长约 80%;

2008 年,我国挖泥船总数约 800 艘,超过美国(2007 年 551 艘),年疏浚能力约 7 亿立方米(亦超过美国),跻身世界疏浚大国前三甲;

2010 年,国际疏浚协会发表的有关 2010 年度统计报告称:中国该年度营业额 29.75 亿欧元,占全球总营业额 102.8 亿欧元的近 30%。普遍认为年均疏浚能力 10 亿立方米,世界第一疏浚大国地位确立。

版本不一,说法不尽相同。事实上自进入 2000 年以来,随着国家经济基础的不断壮大和疏浚市场的持续繁荣,国内挖泥船的生产一度呈井喷式发展。自 2010 年以后挖泥船增速逐渐回落、趋于常态。

近期根据国内有关疏浚公司网站所发布的产能数据,以及中国疏浚协会有关民营产业和国有公司产能比重的论述,综合分析认为:我国目前年疏浚能力应在在 11 亿立方米左右。

5.5.2.2　现有装备的隶属关系

改革开放以前,我国将港口航道治理和农田水利建设分别划归交通系统和水利/水电系统管理,如交通部属下的上海、天津、广州 3 个大的航道局,以及长江航道管理局,部分省市还设有相应的航道局(或处),2005 年又新组建了长江口航道管理局;而有关农田水利、黄/淮河治理方面的业务则划归水利部管辖。改革开放以后,逐渐采取了市场化运作,业务范围日渐扩大,上海、天津、广州 3 个航道局逐改制为中交疏浚股份有限公司下属子公司。

上海、天津、广州3大疏浚公司是我国现有国营骨干企业,他们不但承揽了几乎所有国内大型疏浚工程,其触角还渐渐伸向海外市场,因而,这3大骨干企业不用说拥有迄今国内最现代化的大型疏浚装备:除了拥有"新海龙"号、"万顷沙"号等国际品牌高效耙吸船外,还拥有国内最新研制、最大型、且最先进的挖泥船装备,如20000m³巨型耙吸船"通途"号、巨型自航绞吸挖泥船"天鲸"号、国内首型研制成功、具有自主知识产权的13500m³大型耙吸船"新海虎"号、27m³的大型抓斗船"新海蚌"号、还有正在由荷兰IHC建造、2016年7月投产的21000m³耙吸船"浚洋1"号等。

现今国内3大疏浚公司拥有大中型先进挖泥船装备200余艘,旧有效率低下的产品大多已被更新,船舶数量虽没有明显增加,但装船功率、技术性能以及产能显然翻了不止一倍,加上操作管理上的优势,3大公司实际市场占有率在70%左右。

在长江航道局系统,最近10多年间装备的发展也十分可观。实际上,自20世纪90年代初期以来,在交通部的计划安排下,长江航道局已经更新和新建了数目可观的挖泥船项目:包括13288m³耙吸挖泥船以及3艘性能先进的全电动吸盘挖泥船在内的高性能船舶约40艘。长江航道局所属重庆、宜昌、武汉、南京四个航道分局共有各类挖泥船60余艘。

湖北、江西、安徽、黑龙江以及广东、福建等沿江、沿海省(区)航道局,也拥有一定份额的挖泥船,船队规模不大,具体数字难有掌握,但广东、福建相对其他省区航道部门优势明显,他们拥有2300m³以下的耙吸船,以及中小型绞吸、链斗、抓斗、铲斗和吸盘挖泥船等装备,总数应在100艘以上。

水利部门是拥有挖泥船数量最为庞大的家族,水利系统涉及的地域广大,船型大多为绞吸船、斗轮船,型号偏小,部分绞吸类挖泥船被设计成组装式,以利陆上运输。水利系统鲜有耙吸挖泥船。在世纪之交"百船工程"项目的带动下,水利系统的这支挖泥船队伍,整体实力也得到明显提升,目前拥有的挖泥船数目仍在400艘左右。

我国民营企业起步较晚,但进入21世纪以来发展步伐迅猛,目前在国内具有中等规模的民营疏浚公司已有若干家,地方小型疏浚公司难于胜数,部分从事采砂、采矿类作业。目前民营企业拥有挖泥船的数目不乏200艘。

我国海军原本拥有挖泥船就很少,自1995年订购两艘4m³反铲挖泥船(东海舰队、南海舰队各一艘)之后,亦鲜有新船建造计划。

环保船和环保机具方面,目前我国进入市场的成熟产品甚微,天津航道局等少数单位结合实际应用,已形成局部研究成果。环保船在我国似还处于孕育期,这也说明环保船及其疏浚技术的高风险性质,而且需要从政府层面加大投入。

5.5.3　进口挖泥船和出口挖泥船的基本状况

5.5.3.1　进口挖泥船的基本状况

自从 20 世纪初期以来,由于特殊的历史时代背景,我国一直是挖泥船的进口大国,先后有过两次较大规模的进口:第一次是在 1920—1930 年期间——我国疏浚业初创阶段,第二次是在 1970—1980 年期间——结束了文化大革命动乱、国民经济建设开始步入正常发展的时期。前后两次时间上相差近半个世纪,而后一次挖泥船的进口规模明显盖过前一次。

我国现有约 1000 艘挖泥船中,含进口船 170 艘左右,主要来自荷兰、日本、德国,以及美国、芬兰等国家,从数量上看,进口船占我国现有挖泥船的比例不算大,约17%。和 20 世纪 80 年代的情形相比,当时我国虽然也号称 1000 艘挖泥船,实际挖泥船数字只有 600 艘左右,而当时拥有的进口挖泥船近 150 艘,实际占我国挖泥船总数约 25%,不仅数量上占据的比例明显高于现在,船舶尺度、装船功率以及技术形态等都明显胜过时下的国产装备。当时我国自建耙吸船中最大舱容仅 4500m^3,而且只有 2 艘,而当时进口国外先进 4500m^3 耙吸船就有 10 艘之多,另外还有两艘日本进口的 6500m^3;当时国内最大功率的绞吸船也就是 1470kW(约 350m^3/h),而由 IHC公司进口的超级巨龙 4600 型就有 16 艘,单船功率就有 3400kW;随后由日本进口的绞吸船单船功率甚至超出 10805kW,和国产船显然不在一个级别。即使同样大小的船型,进口船技术优势明显,故实际产能要占到我国总产能的 1/3 左右(见图 5-34 ~图 5-41)。

图 5-34　上航局从荷兰 IHC 公司引进的
4500m^3 耙吸船(1974 年)

图 5-35　上航局从日本三菱公司引进的
4500m^3 耙吸船(1974 年)

图 5-36　天航局从日本引进的 10805kW 绞吸船"津航浚 215"号(1985 年)

图 5-37　广航局从日本三菱公司引进的 6789kW 绞吸船"玉龙"号(1987 年)

图 5-38　天航局从荷兰 IHC 公司引进的 5400m³ 耙吸船"通力"号(1994 年)

图 5-39　上航局从 IHC 公司引进的 12888m³ 耙吸船"新海龙"号(2002 年)

图 5-40　龙湾集团引进 IHC 技术文冲船厂建造的 7823kW 绞吸船"福岷 9"号(2004 年)

图 5-41　广航局从 IHC 公司大连辽南船厂引进的 13671kW 绞吸船"华安龙"号(2011 年)

　　现有 170 艘左右的进口船中,含 1995 年自 IHC 公司进口的海狸 3800/4600 型绞吸船 8 艘(洞庭湖专项整治用),5000m³ 级耙吸船 3 艘,2002 年以来先后自 IHC 进口的万方级耙吸船 4 艘:"新海龙"号、"万顷沙"号、"长江口 01"号、"长江口 02"号(见

表 5-6）；系列大中型海狸绞吸船 7025^{MP}/8527^{MP} 型近 20 艘；从日本买进的 $50m^3$ 二手抓斗船 1 艘、从俄罗斯买进的二手自航链斗船 1 艘以及从韩国买进的二手绞吸船"新海豹"号；另有"百船工程"实施期间引进的中小型绞吸/斗轮船近 20 艘（江河水利疏浚用）。新进口的这批船近 50 艘，其余大约 120 艘则是 20 世纪 70 ~ 80 年代引进的，大多已到了"准退休"期限。

表 5-6　我国 20 世纪 60 年代以来进口耙吸挖泥船船型一览表

序	进口国家	舱容/m³	数量	出厂年代	备注
1	荷兰 IHC	4000	1	1965	首船进口，现已退役
2	荷兰 IHC	4500	4	1974	—
3	荷兰 IHC	1500	10	1975	其中 7 艘为单耙
4	日本石川岛（IHI）	500	4	1976	为长江航道建造
5	荷兰 IHC	2400	1	1991	荷兰技术 用户福建
6	荷兰 IHC	5000～5400	3	1994—1995	上海天津广州各一艘"通力号"装有首吹
7	日本三菱	4500	6	1974—1979	—
8	日本石川岛（IHI）	6500	2	1979	具边抛臂及井耙,2001 年前后均改装
9	荷兰 IHC 新海龙	12888	1	2002	具有首吹
10	荷兰 IHC 通坦	3500	1	2003	单边耙
11	荷兰 IHC 万顷沙	10028	1	2004	2004 年夏秋交船
12	LMG 黄骅	5800	1	2004	联合设计、国内建造
13	长江口 01/02 号	12000	2	2012/2013	用户 长江口航道局
14	粤道浚 1	1400	1	2002	IHC 技术文冲厂建造
15	浚洋 1（在建中）	21028	1	2016	用户 广州航道局
总计	43 艘（近期退役或转手情况不详）				

2002 年以来进口的这 50 艘大、中、小型挖泥船（除 3 艘二手船外）多数为 IHC 产品，整体而言体现了当今国际先进水平，相对于同期国产挖泥船仍具有优势，但差距明显较以往要小。

IHC 正在为之建造、迄今我国泥舱容积最大也是自动化程度最高的巨型耙吸挖泥船"浚洋 1"号，已于 2015 年 12 月 19 日在 IHC 荷兰的 Kinderdijk 船厂下水（见图 5-42）。该型船船东为中交广州航道局，将于 2016 年 7 月建成交付使用。"浚洋

1"号主要船型参数为:

图5-42　广航局引进迄今国内最大耙吸船"浚洋1"号下水瞬间

泥舱容积21028m³,装载能力31500t,总长167.5m,型宽31.0m,疏浚吃水11.0m,满载航速16.3kn,吸管直径2×1.200mm,标准挖深40.0m,加长挖深60.0/90.0m(右耙)。

近来,大型国有骨干企业一个突出的形象就是:以新建国产大型、高技术含量挖泥船为主体来实现船队的现代化建设。进口船在其中所处的位置已经悄悄发生了变化。

5.5.3.2　出口船的基本状况

自从20世纪90年代我国挖泥船制造业步入快速发展阶段以来,国内挖泥船建造速度和高新技术装备的研制能力日渐增强,长期以来挖泥船依赖进口的局面开始发生变化,大规模进口的态势得到扭转,联合设计、或国外提供技术国内建造的模式,也较以往有所增多。

另一个可喜的变化是:在进口规模受到抑制的同时,中国设计制造的挖泥船开始跨出国门:1993年,由中船708研究所设计、中华造船厂建造、国际首例采用喷水推进的1500m³耙吸挖泥船首度出境澳门;1998年,由中船708研究所设计、文冲造船厂建造、采用国产疏浚设备的800m³开体耙吸船首次出口泰国;紧随其后我国又向缅甸交付了澜沧江急流浅水船型挖泥船3艘;向孟加拉国出口M450绞吸船一艘;向越南出口CZ450绞吸船及1500m³/h绞吸挖泥船各一艘。尤其最近10年间,出口船的成交量越来越引人关注,而且民营企业在出口船的交易中表现得更为活跃,其中相当部分民企早前不见经传,诸如交付香港4500m³耙吸船、交付印度4500m³耙吸船和斗轮船、交付荷兰及比利时的海底抛石船等,均为民营企业所为。另据《中国船舶报》2010 年 4 月 29 日报道,浙江方圆造船有限公司同印尼某公司 2010 年 4 月 29 日曾一次签订 50 亿元的意向合同,涉及 2500～5500m³/h 绞吸采(锡)矿船 40 艘之多,创下方圆造船公司接单新纪录。

我国疏浚装备制造业的进步还可以从以下两个方面得到佐证:一向以装备精良而著称的世界四大疏浚公司之一的扬德努集团一再看好我国新河船厂,先后和其签订了包括多艘 3700m³ 开体耙吸船及 3400m³ 全电力驱动耙吸船在内的长期供货合作协议(国外供图),该型船是迄今国内建造的最大开体耙吸船,具有较高技术难度;再一个就是,令国际疏浚界瞩目的巨型耙吸船"HAM318"号的改装扩容工程,2007 年首度由中国中远大连船务公司承接,并于 2008 年 2 月如期交付,改装后的"HAM318"号船舱容达 37500m³,一度成为新的"世界第一耙"。而往常这类大型复杂的改装工程往往由新加坡三巴旺船舶修造厂等著名船企承揽。这表明国产挖泥船的信誉度开始有了实质性提升。

近期挖泥船出口项目中颇为引人瞩目的当属伊拉克的两艘 6000m³ 耙吸船(见图 5-43 左上)。和印度一样,伊拉克(政府采购项目)长期以来是 IHC 公司的传统客

2014年出口伊拉克6000m³姐妹耙吸船

2017年交付荷兰范奥德公司的浅海抛石船

2009年交付Herbosch Kiere公司的自航抓斗船

2011年交付扬德努公司的3400m³耙吸船

2006年交付印度墨卡托的7500m³耙吸船

2008年交付印度的7000m³耙吸挖泥船

图 5-43 组图 近 10 年来我国出口 10 多个国家和地区数十艘疏浚船舶剪影

户,这次伊拉克交通部港务管理局能够转而向中国订购两艘万吨级耙吸船(通常舱容1000m³的耙吸船,其排水量不小于2000吨)实属不易,而耙吸船又是挖泥船中技术最密集的产品。由708研究所设计、浙江增州船舶有限公司建造的这两艘耙吸船已于2014年底顺利交付。

从单一的挖泥船进口大国,到结束长期依赖进口局面、实现挖泥船出口的历史性突破,预示我国挖泥船制造业开启了一个新的征程。据不完全统计,迄今为止我国已出售境外各类挖泥船40余艘(见表5-7)。

表5-7 我国历年设计、建造的部分出口挖泥船一览表(截止2015)

序	船型	装机功率/kW	批量	出口国家/地区	首船交付时间	设计及建造	
1	1500m³ 耙吸船	3280	2	澳门娱乐公司	1993	中船708研究所/中华船厂	
2	800m³ 开体耙吸船	3235	1	泰国港务局	1998	中船708研究所/文冲船厂	
3	300m³ 耙抓两用船	574	1	缅甸水利部	2001	中船708研究所/新河船厂	
4	25m 耙吸边喷船	574	1	缅甸水利部	2001	中船708研究所/新河船厂	
5	1.6m³ 反铲挖泥船	426	1	缅甸水利部	2001	中船708研究所/新河船厂	
6	1500m³/h 绞吸船	3800	1	伊拉克	2002	中船708研究所/越南海防船厂	
7	3700m³ 开体耙吸船	7130	4	比利时 JDN	2006	瑞典 FKAB/新河船厂	
8	CSD8060 绞吸船	3920	2	比利时 JDN	2006	瑞典 FKAB/新河船厂	
9	25m³ 反铲船	1000	1	比利时 JDN	2006	瑞典 FKAB/新河船厂	
10	CZ450 绞吸船	880	1	越南	2000	常德达门有限公司	
11	JX1400 绞吸船	770	1	孟加拉国水利署	2001	蚌埠工程船设计所	安徽疏浚有限公司
12	ESCD450 绞吸船	1000	1	乌兹别克斯坦	2007	蚌埠工程船设计所	安徽疏浚有限公司
13	4500m³ 耙吸船		1	印度	2007	浙江方圆造船有限公司	
14	3500m³/h 斗轮船		1	印度	2007	浙江方圆造船有限公司	
15	3400m³ 耙吸船	4100	2	比利时 扬德努	2011	瑞典 FKAB/新河船厂	
18	3900m³ 耙吸船		1	麦卡疏浚 印度	2005	浙江宏观	
19	7000m³ 耙吸船		1	印度	2007	舟山起凡	
20	7000m³ 耙吸船		1	印度	2008	舟山赵宝	
21	7000m³ 耙吸船		1	厄瓜多尔	2010	舟山海天	
22	5000m³ 耙吸船		1	MARY 印度	2006	浙江舟山赵宝	

（续）

序	船型	装机功率/kW	批量	出口国家/地区	首船交付时间	设计及建造
23	4500m³耙吸船	—	1	爱莎集团 印度	2006	浙江杭长船厂
24	3900m³耙吸船	—	1	墨卡疏浚 印度	2006	浙江宏林船舶公司
25	2500m³/h绞吸船	—	1	印尼	2010	浙江方圆造船有限公司
26	娱乐16号耙吸船	—	1	澳门港务局	2010	广东中山伟航船厂
27	6000m³耙吸船	13800	2	伊拉克	2014	中船708研究所 / 浙江增州造船厂
28	7500m³耙吸船	—	2	Mercator 印度	2007	浙江舟山东鹏船厂
29	4500m³耙吸船 Darya Manthan	—	1	香港 Chellaram Shipping alatd	2007	浙江方圆造船公司
30	"HAM318"号 耙吸船扩容改造	28500	1	荷兰 范奥德公司	2008	中国中远大连船务公司 （改装）
31	自航抓斗船 Albatros	460	1	Herbosch Kiere	2009	山东荣成船舶工业公司
32	深海落管抛石船	—	1	荷兰 范奥德	2011	中国江苏
33	浅海抛石船 BRAVENES	—	1	荷兰 范奥德	2016	江苏太平洋造船集团
34	浅海抛石船	—	2	比利时扬德努	2017	山东 中航威海船业公司
35	2500m³耙吸船 RSA MARINE 1	—	1	印度尼西亚	2015	浙江方圆旗下 厦门鑫海盟
	总　计			42（艘）		

注：自2000年以来，我国民营企业出口业务十分活跃，难有完整统计

5.6　我国主要疏浚公司及挖泥船设计建造厂商

5.6.1　主要疏浚公司简介

我国现有国营大型疏浚公司以及相关政府部门职能机构大多隶属于交通运输部门，其中部分经改制形成为中国交通建设集团股份有限公司（下称中交疏浚集团）下属子公司。民营疏浚公司也在不断壮大之中。

1）中交天津航道局有限公司（www.tjhdj.com/）

中交天津航道局有限公司的前身为创建于1897年的海河工程局，是我国历史上

最早创立的一家专业施工单位,有着近120年的施工经验,现隶属中交疏浚集团。

公司业绩遍布中国沿海30多个港口,以及东南亚、中东、非洲、北欧等10余个国家和地区,先后承揽和实施了天津港30万吨航道疏浚、曹妃甸大型陆域吹填、中新天津生态城污水库治理、港珠澳大桥珠澳口岸人工岛建设、苏丹港疏浚吹填等国内外重大工程。

公司具有港口与航道工程施工总承包特级资质,在册员工3000余人,最近10年来,公司在船队现代化建设方面成就卓然:拥有以20000m³巨型耙吸船"通途"号为首的大中型耙吸船7艘;以19600kW巨型自航绞吸船"天鲸"号为首的大中型绞吸船12艘;同时还拥有一艘自航链斗船和一艘抓斗船,共有疏浚船舶近70艘,总装船功率58×10⁴kW,年疏浚能力逾3亿立方米。

2) 中交上海航道局有限公司(www. cccc - sdc. com/)

中交上海航道局有限公司是具有百年历史的疏浚企业,其前身为1905年创建的浚浦工程总局。公司主营航道疏浚、整治、围堰吹填和航道勘察、设计、测量,兼营船舶修造和疏浚机具、航标制造等业务。具有港口与航道工程施工总承包特级、航道勘察设计甲级、测绘甲级等资质。公司现隶属中交疏浚集团。

上海公司拥有16888m³巨型耙吸船"新海凤"号和"神州第一耙"、13500m³耙吸船"新海虎"号为代表的大中型耙吸船29艘;以14485kW巨型绞吸船"新海鳄"号为首的绞吸船15艘;同时还拥有最新打造的27m³抓斗船"新海蚌"号以及链斗船、吹泥船、吸沙船、大型自航泥驳等,共有疏浚船舶90余艘,总装船功率53×10⁴kW,年疏浚能力近3亿立方米。

3) 中交广州航道局有限公司(www. ccgdc. com/)

中交广州航道局有限公司于2006年10月正式创立,由拥有52年历史的广州航道局整体改制而成,是中交疏浚集团旗下的核心企业之一。公司主要装备有:

以10088m³大型进口耙吸船"万顷沙"号为首的大中型耙吸船8艘(其中9000m³以上大型耙吸船占5艘),以13671kW巨型绞吸船"华泰龙"号、"华安龙"号为首的绞吸船7艘,抓斗船两艘。正在由IHC公司建造、2016年7月交付的21028m³巨型耙吸船("浚洋1"号)、和正在国内建造的19000kW巨型绞吸船的加盟,将有力提升该公司的竞争实力。公司主要疏浚船舶约60艘,总装船功率近30×10⁴kW,年疏浚能力近2亿立方米。公司累计承接国内外大中型疏浚工程100余项,拥有员工总数逾2500人。

过往的业务接触中深切感受到,上海航道局、天津航道局等国内一流疏浚企业,历来十分重视国外疏浚技术及其装备的发展变化,他们都有专业团队从事这方面的研究,每有新船型、新技术,都及时组织翻译,并通过自己的专业刊物如《上海航道科技》等予以传播。作为曾经科研设计院所的一员,感触良多。

4)交通部长江航道局(www. cjhdj. com/)

隶属交通运输部,是长江航道的管理机构。该机构始建于 1906 年,1950 年起归属于交通部长江航务管理局,1957 年正式成立长江航道局,隶属交通运输部。长江航道流经七省二直辖市,其间设有南京、武汉、宜昌、重庆、泸州、宜宾等 6 个区域航道局,航道维护总里程达 2691km,拥有员工总数约 15000 人。

1995 年前后开始,国家加大了对长江航道建设的投资力度,该局在交通部统筹下,在对 1970 年前后引进的一大批进口船型进行更新改造的同时,还实时建造了一批现代技术水平的先进船舶。现今该局拥有 13280m³ 大型耙吸船"长鲸 6"号为首的大、小耙吸船 25 艘,13585kW 巨型绞吸船"长狮"号为首的绞吸船近 20 艘,2000m³/h 以下吸盘挖泥船 4 艘,1600kW 斗轮挖泥船 2 艘,50m³ 以下抓斗船多艘,以及冲砂船、钻爆船、钢耙船、铺排船等大小疏浚船舶逾 60 艘,年疏浚能力接近 1.3 亿立方米,实力紧随上述 3 大疏浚公司之后(见表 5-8)。局属工程队伍不仅积极投身国内及港澳地区疏浚市场,还染指东南亚。表 5-9 汇总了中交上海、天津、广州 3 大疏浚公司和部属长江航道局主要设备(耙吸船和绞吸船)配置及能力。

表 5-8　长江航道局近 20 年间自主建造的各型挖泥船统计表(2015 年)

船型	批量	首船交付时间	设计单位	建造厂	总装机功率/kW
1250m³/h 吸盘挖泥船	1	1993	中船 708 研究所	东海造船厂	3600
1500/2000m³ 耙吸挖泥船	6	1996	中船 708 研究所	中华造船厂	4339
500/900m³ 耙吸挖泥船	3	1999	中船 708 研究所	文冲造船厂	3650
300m³ 首冲耙吸挖泥船	1	2004	中船 708 研究所	中华造船厂	2540
1750m³/h 绞吸挖泥船	4	1999	上海船院	武昌造船厂	5170
8m³ 抓斗挖泥船	4	2000	长江船院	东海造船厂	333
4m³ 抓斗挖泥船	1	2004	长江船院	益阳造船厂	340
1.5m³ 抓斗挖泥船	1	1996	长江船院	益阳造船厂	—
1600kW 斗轮挖泥船	2	2002	中船 708 研究所	武昌造船厂	1740
8100m³ 长鲸 1 号	1	2007	上海瀚顺	浙江吉祥	11830
10000m³ 长鲸 2 号	1	2008	中船 708 研究所	南通港闸	14350

（续）

船型	批量	首船交付时间	设计单位	建造厂	总装机功率/kW
3500m³/h 绞吸船 长狮	1	2008	中船 708 研究所	南通港闸	13585
13280m³ 长鲸 6 号	1	2010	中船 708 研究所	南通港闸	20742
2000m³/h 吸盘 2 号	1	2012	中船 708 研究所	南通港闸	7000
1000m³ 首冲耙吸长鲸 3 号	1	2011	中船 708 研究所	南通港闸	2540
2000m³/h 吸盘 3/4 号	2	2015	中船 708 研究所	南通港闸	7000
合　　计	31				153003

注：表列国产挖泥船主要装备（主机、耙头、泥泵、绞刀、斗轮、抓斗机）系国外引进

表 5-9　国内大型疏浚企业主要装备及年疏浚能力汇总表（2015 年）

序号	单位	疏浚船舶总数	含 耙吸挖泥船			含 绞吸挖泥船		年产能/亿立方米
			艘数	总舱容/m³	总功率/kW	艘数	总功率/kW	
1	上海航道局	92	29	约 220000	约 370000	14	约 155000	约 2.8
2	天津航道局	74	12	96229	140466	23	约 196000	约 3
3	广州航道局	60	13	70797	113300	12	74886	约 1.5
4	长江航道局	60	25	47400	约 92000	17	约 78000	约 1.2
	总计	286	79	434426	715766	66	503886	约 8.5

注：(1) 表中所列部分数据有欠完整，仅供参考；
(2) 中国水利系统疏浚船舶及其年疏浚能力未统计在内。

5）交通部长江口航道管理局

该局前身为长江航道建设有限公司，2005 年在原公司基础上组建而成，负责浏河口至长江入海口段航道的规划、建设、管理及维护。

公司拥有由 IHC 最新引进的 12000m³ 姐妹耙吸船"长江口 01"号、"长江口 02"号，该两型船均设有装驳设备。还拥有绞吸船"青草沙"号、"浏沙河"号等设备。

6）中国港湾工程有限责任公司（CHEC）

该疏浚公司成立于 1980 年，2005 年转制，是我国成立最早的疏浚公司之一。公司核心事业已拓展到海事工程、疏浚吹填、勘测设计等业务领域，规模日渐扩大，已在世界 20 余个国家建有分支机构，其业绩遍及亚、非、南美等数十个国家和地区。

7）湖南百舸疏浚股份有限公司

该公司是在原"湖南省疏浚有限公司"基础上经改制、于 2001 年注册成立的,共有 IHC 进口的 3800 型、1600 型以及"百船工程"江河型绞吸/斗轮疏浚船舶 10 余艘,公司以江河整治为龙头,积极开拓航道、环保、港口等施工市场。

8）中国水电建设集团港航建设有限公司

港航建设有限公司是中国水利水电建设集团公司名下的一家有限责任公司,2007 年成立于天津。公司拥有 IHC 新建的 9029 及 7025 系列绞吸船以及 ELLICOTT 6870S 等设备先进的大中型绞吸船多艘。

9）海南龙湾港疏浚集团有限公司

该公司于 1996 年在海南注册成立,属龙湾港集团旗下的控股子公司,是我国唯一一家具有国家港航施工一级总承包资质的民营企业,2000 年通过 ISO9001 质量认证。装备以进口 IHC"海狸"系列绞吸挖泥船为主,配套船舶 30 余艘,并有滩涂泥浆疏浚设备 200 多套。公司曾与荷兰一家疏浚公司合作参与海南龙湾港护岸吹填、上海市海港新城及半岛工程等多项大型施工项目。

5.6.2　主要疏浚业绩

最近 10 多年来,中交疏浚集团先后在国内疏浚市场上大显身手(见图 5 - 44),相继为国家建设完成一系列关系国计民生的重大工程,主要有:

① 长江口深水航道疏浚工程:航道水深分三期由 8.5m、10m、增至 12.5m,为上海港跃上世界第一大港奠定了重要基础;

② 香港迪斯尼国际主题公园填海工程:系为首个以娱乐、休闲为目的而进行的大规模疏浚与回填项目,填土 0.7 亿立方米;

③ 滇池草海、杭州西湖、南京玄武湖等系列环保疏浚工程;

④ 洋山深水港陆域形成工程:系上海建成国际航运中心的关键所在,期间投入"新海象"号、"新海龙"号等大型耙吸船就有 5 艘之多,截止 2004 年,形成陆域面积达 100 万平方米;

⑤ 曹妃甸围海造地工程:计划到 2020 年,此地将形成 310km 的陆域,系目前世界上单体吹填面积最大的围海造地工程;

⑥ 天津港 25 万吨级深水航道:目标水深 19.5m,可满足 25 万吨级油轮、20 万吨级散货船满载进出港,标志着天津港已成为世界上等级最高的人工深水港;

⑦ 上海南汇"临港新城"——芦潮港填海工程:至 2020 年,该地将建成上海东南地区最具集聚力的中等规模滨海城市。

图 5－44　组图:21 世纪初年以来国内新建数十项特大型疏浚工程部分实绩剪影
（a）世界第一大港上海港新建洋山深水港及其配套工程东海大桥繁荣景象；（b）天津港我国北方最大的
综合性枢纽港口；（c）上海浦东新区"临港新城"规划图；（d）湛江港正迈向 40 万吨级港口新目标。

　　类似规模的疏浚工程还有天津东疆港区吹填工程、汕头新区人居工程、港珠澳跨海大桥(人工岛及隧道)工程等数十项,这类特大型疏浚工程 85% 左右的工程施工量都由中交疏浚集团承揽。

　　从 1981 年起,中交疏浚集团上海公司就开始远赴南美展开了海外作业,30 余年来中交疏浚集团足迹遍及南亚、东南亚、中东、北非等地,未来世界疏浚市场期待着中国军团的更多参与。

5.6.3　中外公司主要疏浚装备实力比较

根据相关疏浚公司网站近期展示的资料数据整理,特将欧洲四大疏浚公司主要疏浚装备(耙吸挖泥船和绞吸挖泥船)同中交疏浚集团的装备汇集于表 5 − 10,以便对照比较。

该表部分数据欠完整,不足以反映全貌,但用于宏观比较、了解变化趋势无碍,况近年来这些数据一直处于动态之中。该表与 2008 年中国疏浚协会提供的同类数据比较,有两个明显的变化:

1) 最近的 7、8 年间四大公司中,以扬德努的发展最为突出:一个是单船规模越做越大,再一个是拥有装备的总量翻番了;

2) 第二个变化是中交疏浚集团的装备建设也发生了重大变化,2008 年中交集团在这 5 家公司中装备总量大体上排在第四,而现在无论是耙吸船还是绞吸船,也不论是船的数量还是泥舱容积、装船功率,均明显超出四大公司之首的扬德努。

然而,正如有关人士所言,就目前实际情形来看,尽管国产挖泥船的技术含量有了提高,但同欧洲先进水平相比差距尤在,从挖掘效率、挖掘效果、单方土的成本、单方土的能耗指标以及绿色疏浚理念等主要方面都能够找到差距所在。早前有资料显示:国际先进水平的挖泥船其生产效率基本上能够发挥出设计产能的 90% 以上,而我国水平最高的挖泥船一般也只能达到设计产能的 70% 左右。现在差距是缩小了,但不会一夜之间消失怡尽。

表 5 − 10　中交疏浚集团同国际四大集团公司主要装备比较表(2015 年)

公司名称	耙吸船配置			绞吸船配置	
	数量/艘	合计泥舱总容积/m³	合计装船总功率/kW	数量/艘	合计装船总功率/kW
扬德努	28	327470	372730	14	192776
德米	23	196063	—	18	143841
范奥德	27	255083	—	26	160731
波斯卡利斯	23	176205	—	12	91544
中交疏浚集团	54	387026	623766	49	425886

5.6.4　主要挖泥船设计建造厂商及科研机构

5.6.4.1　主要科研设计单位

新中国成立以来,历经半个世纪的磨砺,国内业已形成一支由设计院所和大专院校为主要支柱的各型挖泥船的设计和研究力量。

主要设计研究院所有：

中国船舶工业集团公司第708研究所——该所创建于1950年,是中国船舶行业成立最早、规模最大、成果最多的设计研究单位,同时也是船舶设计技术国家工程研究中心的依托单位。中船708研究所在国内最早组建工程船舶设计研究室,自主研发各类挖泥船品种占现有挖泥船品种的一半以上,部分已形成系列。

中国船舶工业集团公司上海船舶研究设计院——成立于1964年,是包括特种工作船在内的国内大型综合性设计研究单位,曾成功地开发多型挖泥船产品。

上海交通大学船舶海洋与建筑工程学院设计研究所——该研究所自2002年以来在国内疏浚市场上展现了强劲的实力,先后为用户提供了数十个品种的大中型绞吸挖泥船,还和VOSTA LMG联合开发了国内首艘功率达19600kW的自航绞吸船;

交通部长江船舶设计研究院——交通系统最大的船舶设计单位;

广州船舶及海洋工程设计研究院——华南地区最大的船舶设计院;

江苏船舶设计研究所有限公司——华东地区有实力的设计院,近年来在各类挖泥船的开发设计方面成效显著,尤其绞吸和斗轮船;

原黑龙江省水规院已并入哈尔滨工程大学船舶学院,是东北地区一支拥有实力和经验的挖泥船设计队伍。

水利部长春机械研究所——始建于1980年,是水利部直属科研机构,是我国以开发水利清淤技术、研制水利专用施工机械为主要方向的科研单位。在小型疏浚机具的开发利用方面不乏实绩。

改革开放以来,上海航政、上海星宇、上海翰顺、江苏泰州华夏、武汉南华等民营船舶设计公司应运而生,在挖泥船的设计业务方面业绩颇丰,并在挖泥船的出口业务上结出硕果。

与挖泥船设计研究方面关系较密切的大专院校有:河海大学常州分校、上海交通大学船舶海洋与建筑工程学院、华中科技大学船舶与海洋工程学院、哈尔滨工程大学船舶工程学院、武汉理工大学等。

5.6.4.2　主要科研机构

主要科研机构有:

河海大学常州分校:该校是水利部部属大学,1999成立了河海大学疏浚教育和研究中心;同时教育部疏浚技术工程研究中心也于2007年10月经教育部正式批准立项建设,依托单位亦为河海大学。该研究中心先后建成大型疏浚泥泵与泥沙输送实验台,水下土壤多功能疏浚实验台等项目,填补了国内空白,同时也培养出一批高素质的疏浚专业技术人才。中心在科研和人才培训方面长期同荷兰 Delft 大学保有密切交往(见图 5 -45)。

图 5 -45　河海大学疏浚教育和研究中心已先后建成多个用于实习和研究的实验台

中交集团疏浚技术重点实验室:该实验室目前已被科学技术部认定为国家第三批重点实验室之一,是国内规模最大、实力最强的综合性疏浚技术研发基地,于 2002 年创立,专业结构涵盖水利、泥沙、港航、岩土、船舶、机械、自动化等多个学科,实验室紧密结合施工实践,先后取得多项技术成果。

5.6.4.3　挖泥船主要建造厂商

我国现有主要挖泥船建造厂商有:

中船集团旗下的广州文冲造船厂、沪东中华造船集团;重工集团旗下的武昌造船厂、天津新河造船厂;以及南通港闸船厂、深圳招商重工、浙江方圆造船有限公司、中远大连川崎船舶公司、大连辽南船厂、益阳中海船舶有限公司、镇江船舶修造厂、安徽疏浚股份有限公司、蚌埠造船厂、东海联华造船厂、浙江宏冠船厂、南京紫金山船厂、江苏道达船舶重工、江苏韩通船舶重工、湖南常德达门船舶有限公司、浙江增州造船有限公司等国营、民营及中外合资企业。

文冲造船厂是一家大型国有造船企业,是中国船舶工业集团公司挖泥船定点建造厂,业已建造"新海虎"号、"通途"号等大型高性能耙吸挖泥船和大中型绞吸挖泥船近 20 艘之多。

而新河造船厂的早期发展和海河工程局不乏渊源,是我国北方工程船、挖泥船的主要生产厂家之一,且挖泥船出口业绩颇丰。

5.6.4.4　挖泥船主要设备配套供应单位

① 中国船舶工业集团公司第 708 研究所——该所在多种型号挖泥船研究设计的

同时,还在相关配套装备的开发研究方面结出累累硕果,该所通过早期设置的实验室进行过多型泥泵、绞刀、抓斗、耙头、链斗、绞车、吊架、溢流筒、泥门、液压闸阀等挖泥机具的开发研究,多数形成系列装船使用。国内首建大型耙吸船"新海虎"号上多项配套设备由该所提供。

② 石家庄强大泵业集团有限责任公司(原石家庄水泵厂)——有着60年泥泵生产的历史,开发有多型船用泥泵、加压泵、高压喷水泵等标准,以及与之相应的系列材料,技术水平国内领先,已为包括"新海虎"号在内的众多挖泥船提供泥泵和泥泵配件。

③ 上海申诚液压气动公司——成立于1994年,是液压元件及成套设备的专业供应商,先后为国内200余艘工程船舶实施配套。

④ 镇江亿华系统集成有限公司——是国内从事船舶自动化控制、系统集成、自主软硬件研发的高科技企业。

⑤ 上海驷博监控技术工程有限公司——是从事船舶自动化设备开发生产的高新技术企业,是国内挖泥船的主要配套厂商之一。

此外还有上海金福机械技术有限公司、上海道姆疏浚设备有限公司、泰州华夏机械制造有限公司、武汉波光检测技术研究所以及江苏太平橡胶股份有限公司等也在挖泥船设备配套供应方面彰显业绩,共同为提高我国挖泥船国产化率做出了贡献。

5.7 国内疏浚装备技术同国外的差距及前景

我国虽然进入了世界疏浚大国行列,但离疏浚强国境界仍有一定距离。要确保遵照中国疏浚协会要求的2020年跨入世界"疏浚强国"这一发展目标,还得一如既往不懈努力。

5.7.1 与先进国家装备技术的主要差距

5.7.1.1 在运行机制方面的差异

(1) 开发设计水平方面——整体上缺少针对市场的前期开发研究,单一设计院所难有经济实力进行中长期研究,技术储备及研究型后备人才不足,这是一个长期困扰的问题;

(2) 挖泥机具及材料的专项研究方面——挖泥船的技术复杂性和先进性更多地体现在挖泥机具及疏浚系统方面,IHC、VOSTA LMG等制造商都特别注重挖泥机具的专项开发研究,专利技术成果就有千项之多而国内在这方面的努力相形之下显得苍白;

(3) 产品标准化和系列化建设——不仅是大大方便用户,也是促进自身品牌发展的重要途径。IHC 公司在 20 世纪 60 年代前后就在小型绞吸船方面形成"海狸"系列,如今更有了大功率的 7025^{MP} 及 8527^{MP} 系列,同时也以"小猎犬"名义推出了小型耙吸船标准。VOSTA LMG 和 ELLICOTT 公司也都形成各自的系列标准;

（4）专业人才培训机制方面,若大一个中国,除了河海大学以外,几乎不再有设置疏浚专业的院校。近年来情况略有改观:上海交大、哈尔滨工程大学、武汉理工大学等已相继开设有挖泥船方面硕士学位课程。大学应该是疏浚专业人才的孵化器,人才高地的建设对疏浚业的持续发展至关重要。在这方面荷兰 Delft 技术大学可为我们提供借鉴:该校几乎设置所有涉及挖泥船设计、制造和维修的专业课程,这也许正是荷兰成其为疏浚王国的关键之一。

（5）很多时候,新的技术成果是在用户(疏浚承包商)的积极配合下获得的,他们长年累月和船打交道,会有许多好的想法和建议,IHC 公司往往在介绍一项创新成果时自豪地谈到这方面的体会。我们设计部门更有必要走出去,与用户建立彼此协作的"联动机制"。笔者有感于在 20000m³ "通途"号泥泵的研制过程中,天津航道局主动邀请清华大学、石家庄水泵厂等单位,强强联合打造"中国心"的非凡之举,拆除围墙,建立"联动机制"必定大有作为。

5.7.1.2 在产品设计上的主要差异

以耙吸挖泥船为例,可以从主要产品性能指标的比较中大致了解到中外产品的差距所在,无论是大型耙吸船还是中小型耙吸船,所反映出来的这种差异都还是比较明显的。IHC 公司在很多场所也直言这种中外差距,甚至通过 PPT 等方式展示中外产品差距、宣传自身的优势。

为了更具体地了解国外大型耙吸船的主要优势以及国产船的不足所在,笔者曾将 2000 年以来(截至 2010 年)国外所建全部 23 艘大型以上耙吸船(仅美国 9200m³ 因数据欠完整未计入)的主要性能参数(平均值),与同期国内已建造的全部 14 艘大型耙吸船做了一个粗略比较(见表 5 - 11),这里仅就比较结果简述如下:

表 5 - 11 2000 年 ~2010 年国内外新建大型耙吸船主要性能参数平均值

项目	国内船平均数据	国外船平均数据	国内国外数值比
(1)	(2)	(3)	(2)/(3)
泥舱容积系数/$C/(L \times B \times D)$	0.329	0.332	0.991
载重量系数/t/Δ	0.662	0.712	0.930
挖深/m	42.1	80.9	0.520
功率因素/kW/m³	1.48	1.105	1.339
推进比功率/kW/(t × kn)	0.0524	0.0332	1.578

（1）船型方面：2000 年以来国外全部 23 艘大型耙吸船中采用"V"型泥舱、单列泥门设计的占了 13 艘，国内几无建树；

（2）同等泥舱容积下，国产船型容积（$L \times B \times D$）普遍高出国外，如"Brabo"号型容积 30568m³，而"神华浚 2"号高出前者 12%，意味着国产船建造中单位舱容的资源耗费大，不利于持续发展；

（3）如上表数据所示，同比国产船载重量偏低 7 个百分点；

（4）相同航速下推进功率数据差异明显，上述"神华浚 2"与 15.3kn 同样航速的国外船相比，推进功率竟高出 27%；

（5）同比，国产大耙船装船功率普遍较高，反映在推进比功率方面，这种差异更显突出，接近高出国外平均值的近 60%。

推进比功率 kW/（t×kW）是近年来国外引入的一个涵盖技术、经济、能效及生态等多个方面的一项综合性指标，以数值越低越先进，故可以看作是新一代大型耙吸船的一个重要指标。2008 年中部疏浚协会（欧洲国家）于比利时召开的"疏浚日"活动中，对发展绿色疏浚、推进可持续发展提出了更高的要求，同时特别推荐了推进比功率这一新理念。并将我国新建大型耙吸船同先进国家产品间的推进比功率列表进行了比较，差异悬殊自不待说。

这只是在大型耙吸船产品设计中所反映出来的部分现象，中小型船上这种差距似乎还要突出，因为此前国内在中、小型耙吸船的设计中普遍都没能采用"复合驱动"。例如，中船 708 研究所在承接某用户 4200m³ 耙吸船设计任务时，曾建议采用"复合驱动"设计技术，但未能获得附议，其原因（据说）是基层用船部门习惯了这种"一机一带"的配置。结果导致装船柴油机 10 台/11 台、装船功率累计 10000kW，推进比功率几近高出国外同型船近 1 倍。这是 2004 年前后的事，当时国外同等规模耙吸船上已普遍采用"复合驱动"，装船功率最多 6000kW。我国产品怎能不被国外诟病？

知不足而后进！事实上，我国在 2011 年交付的迄今最大耙吸船 20000m³"通途"号上，针对上述问题已经有了较大的改进。有差距并不可怕，就怕看不到差距。

5.7.2　我国疏浚装备的前景展望

毋庸置言，我国挖泥船设计制造业同国外先进水平相比还有相当一段差距，主要体现在核心设计技术和关键装备技术的掌握方面。尽管近 10 余年间我国挖泥船制造业取得了长足的发展和进步，要在设计、建造、管理以及可持续发展理念等方面全面达到欧洲国家目前的水平，也许还得 10 年到 15 年的时间。

但这并不影响我国提前闯入世界疏浚强国行列，因为两者含义并不完全等同。

按中国疏浚协会制定的发展规划,我国应在 2020 年进入世界疏浚强国之列,但如果根据国际疏浚公司协会公布的 2010 年度统计报告,我国当年的营业额已占据全球总额的近 30%,已是理所当然的"老大"了,也就是说我国已提前进入了世界疏浚强国(仅营业额而言),何况我国早已是世界第一造船大国、第一港口大国、第一航运大国,在挖泥船制造业方面我们也已经是第一生产大国了。按最近 10 年来大型挖泥船的宏观统计数据看,我国的拥有量都已接近世界总量的 30%。

欧洲作为世界疏浚业的策源地,100 多年来,依仗其工业、经济、科技、以及疏浚装备制造业发展的优势地位,欧洲疏浚公司得以长期把持世界疏浚市场、久盛而不衰。而我国疏浚企业看似占据世界疏浚市场总量的近 30%(当属不易)。实际上这个业绩 主要是在我们国内和家门口取得的,真正国际市场(开放部分)的那个近 60% 份额中,目前我们还较难撼动,因为别人的实力和经验仍强过我们。

我国正处于一个极其难得的发展时机,我国经济总量已跃升为世界第二,科学技术的发展也日益走上世界前列,航天、航空、造船等相关行业相继取得瞩目的进步,我们事实上已是世界上能够建造具有自主知识产权、高技术、高附加值大型耙吸挖泥船的少数几个国家之一,相信无需太长时间,我国疏浚装备制造业定当进入世界强国之列。而强大、精良的疏浚装备才是占领世界市场的基石。

5.8　疏浚业的明天

世界疏浚业已逾百年,100 多年来疏浚业在服务人类社会的同时,自身也逐年壮大。20 世纪 90 年代以来,在新的疏浚理念驱使下,世界疏浚业以更大的深度和广度参与到经济建设和人类生活的诸多方面来,疏浚对人类社会及经济的发展愈来愈显得重要,疏浚业对全球经济的影响,远远大于其对直接就业或工业营业额的影响。

如今疏浚市场与海上运输、能源开发、人口城市化、气候变化、旅游及交通业的发展密切相关。上述因素已形成强劲的驱动力,为疏浚业提供了良好的发展前景。

5.8.1　国际市场前景

在国际疏浚市场领域,亚洲继续领跑。

世界疏浚市场的"黄金十年"起始于 20 世纪 90 年代的东亚、东南亚,由香港、澳门直到新加坡,大型填海工程接连不断;21 世纪初阿联酋开建世界上最大的人工岛——棕榈岛、世界岛等系列工程,延续了这一盛世,国际承包商乐此不疲。

中东疏浚市场的序幕徐徐拉起,规模之大,史无前例。波斯湾沿岸国家几乎在悄无声息中就建成了一条阿拉伯运河,当前正在建设和即将建设的大型填海工程项目就有 1400 个,迪拜水城、迪拜滨水滩、集装箱码头等,总投资近 7000 亿美元。

上述工程的大部分被国际四大疏浚公司斩获,因为这些工程不仅工期紧,工程难度也超乎寻常,而四大公司不仅有着精良的大型海上装备,一流的施工技术,更具备丰富的管理经验,包括船队的维修补给。一个时期以来,中东地区已成为世界上最大的疏浚市场,四大公司年度营业额的几近 60% 来自中东市场。近年来,以扬德努集团为首的四大疏浚公司不惜重金、大举扩充装备建设,主要也是为了更加稳固地占据这些市场,扬德努在耙吸船和绞吸船上的投资比例双双超过了 40%。

四大公司近期针对中东市场的挖泥船扩充呈现如下特点:

(1)耙吸船泥舱容积的进一步大型化,3 万立方米以上巨型耙吸船猛增 7 艘之多(5 艘新建、2 艘改装),且挖深、航速等要素相应增大,单方土能耗大幅下降;

(2)同期绞吸船亦向着大型化、自航化发展,应对岩石能力增强;

(3)泥泵、绞刀等关键机具功率更强大,材料耐磨性能更好,而且绞刀换齿更加快捷;

(4)普遍安装有数据采集系统(SCADA),操作更具智能化;

(5)可持续发展理念在船队建设中始终占据主导地位。

自 2000 年以来,中国和澳大利亚市场同样显示出惊人的增长,以 2010 年为例,中国市场实际营业额已占据全球近 1/3,所以说,"亚洲领跑世界疏浚市场"此话不假。

日本的土地稀缺是路人皆知的。据悉,日本的战略规划是:将要在 200 年的期限内,建造 700 个人工岛,这意味着,届时日本的国土面积将要扩大 1 倍。工程之巨可想而知。

就欧洲疏浚市场而言,也已从 2000 年的 8 亿欧元增加到 2010 年的 18.5 亿欧元,增长 1.3 倍。与此同时欧洲各大港口的建设也加快了步伐:欧洲港区面积最大的法国勒阿弗尔港在 6 年内新建了 15 个 19.5m 的深水泊位;荷兰鹿特丹港也斥资 28 亿欧元进行填海工程以增加港区面积及产能,并于 2012 年完成。由于近一个时期以来,中国各大港口均以崭新面貌参与航运市场竞争,2013 年世界 10 大集装箱港排名中,中国已雄据 7 席,而且上海港更坐上头把交椅。这对欧洲传统大港来说不无压力,设备的更新改造是必然之路。

新世纪以来非洲市场也呈现快速发展态势,2010 年的营业额竟高出 2009 年 36%。

这一时期全球疏浚市场整体而言呈快速稳定的增长之势,2000—2010 年的 10 年间,全球营业额增长了近 3 倍。

欧洲四大疏浚公司依靠其不断扩充的精良装备长期把持世界疏浚市场(开放部分)60%的份额。

近期国际疏浚市场还有一个吸人眼球的大型项目便是尼加拉瓜运河开挖工程。前两年巴拿马运河与苏伊士运河扩建工程尚未结束,关于兴建尼加拉瓜运河的传闻已不绝于耳,而且和中国不无牵连,因为该项目最终由一家在香港注册的中国公司信威集团中标。又因为该项目毗邻巴拿马运河,横贯尼加拉瓜,沟通两洋(太平洋和大西洋),一时间成为敏感话题。该运河全长 276 公里,相当于巴拿马运河的 3 倍,建成后的尼加拉瓜大运河将可通行 25000 标准箱(TEU)的集装箱轮和 32 万载重吨的巨型油轮,有力提升全球海运效率。总投资 500 亿美元,工期为 5 年。无疑该项工程将成为国际疏浚界、航运界一个新的热点,中国(疏浚)军团能否假此机会一显身手也将成为悬念(见图 5-46)。

图 5-46　规划中的尼加拉瓜运河地理位置图

5.8.2　国内市场前景

自 2000 年以来,随着我国经济实力的快速增长,各项关系到国计民生的重大建设项目纷纷提上日程,类似已介绍到的长江口深水航道疏浚、曹妃甸围海造地工程等国家特大型项目就有数十项之多。

仅就城镇化建设来说,随着农村人口的城镇化和城乡一体化,对全球、对中国都将是一个巨大的压力,尤其对我国东南沿海地区而言,面临的压力更大,然而对于我国疏浚业来说,却也孕育着更多的发展机遇。

1) 打造汕头"东方威尼斯"

广东汕头是我国著名的侨乡,海外华侨多达 1000 多万。汕头也是我国第一批对外开放的经济特区,其人口密度多达每平方公里 2611 人,人均耕地却只有 0.16 亩,是广东省仅次于深圳和东莞的人口密集区,土地问题一直是制约汕头可持续发展的重大瓶颈。计划中的汕头东海岸新城项目结合河口治理,规划总面积 24 km²,围海造地面积 20km²。项目的实施,可带动产业人口 20 万,容纳居住人口 30 万,从而有效缓解汕头人多地少、城市发展空间狭小的矛盾,同时又能有效发挥汕头的区位优势。该"东方威尼斯"城 2011 年开始启动。

2)中国自贸区——珠海横琴新区建设稳步推进

珠海横琴岛毗邻港澳,但土地面积仅 28km²。2009 年国务院正式批准实施《横琴总体发展规划》:计划将其建设成联通港澳、区域共建的"开放岛"……横琴开发正式上升为国家重要战略,新区面积达 106km²,仅填海面积就达 30km²(见图 5 - 47)。

图 5 - 47　横琴南部规划填海面积达 30km² 的建设蓝图

3)广州南沙滨海新城浮出水面

南沙新区是继上海浦东新区等 5 个新区之后,跻身业经国务院批准的第 6 个国家级新区。按规划该区将建设成为粤港澳优质生活圈、新型城市化典范。南沙滨海新城仅是规划中的广州市两个新城区之一。

4)港珠澳大桥工程

该工程是正在实施中的又一个特大型工程项目,该大桥跨海 35km,其中约 6.75km 为海底隧道,约 29km 桥梁。为了实现桥隧转换,还特别修建了两座人工岛,各自长 1000m,宽 100m,充当桥隧"转换站"。大桥还将配备 3 个口岸,为此,港、珠、澳 3 地分别需要填海约 91.1 公顷①、109.5 公顷、52.9 公顷,连同两个桥隧转换岛共需建造 5 个人工岛,投资约 300 亿元。工程之艰巨举世无双,尤其隧道建设难度之

---

① 1 公顷 = 10000 平方米。

大,考验着中国疏浚人的胆识和智慧。该工程2016年如期交付使用(见图5-48)。

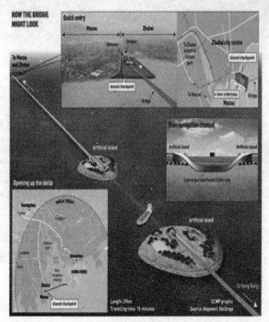

图5-48　港珠澳大桥工程示意图

5)世界最大花型人工度假岛——海花岛工程项目

海花岛位于海南省的儋州市,因该处的平面形态恰似盛开于海面的三朵鲜花,故谓之海花岛。项目将集大众娱乐、美食文化、商务交流、休闲度假等为一体,精心打造世界最大的休闲度假岛(见图5-49A/B"海花岛"效果图)。据悉该项工程规模是迪拜棕榈岛项目的3倍,仅国际顶级设计大师就汇聚600位。如今海花岛项目不仅是儋州市的一号工程,也被海南省政府确定为一号工程。海花岛项目填海、输砂工程量之大自不待说,对国内外疏浚企业来说尤其值得期待。

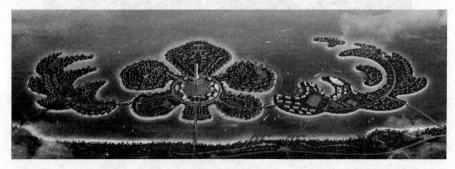

图5-49A　建设中的世界最大花型人工度假岛——海花岛工程项目"效果图"

图 5 - 49B　世界最大人工度假岛——海花岛工程项目"效果图"

6）筑岛固疆——打造祖国南大门不沉的航母。

长期与水和土打交道、默默奉献的挖泥船,不想今日竟也被誉为国之重器,以褒扬它在巩固国防方面做出的特殊贡献!仅两年不到的时间,永暑礁已悄然升格为永暑岛,拥有 3000m 起降跑道、成为众人称道的"永不沉没的航母"(见图 5 - 50)。据悉,这样初具规模的航母基地,在我国的南海已经有了 6 个。当真"朋友来了有好酒!"

图 5 - 50　今日永暑岛初展容姿魅力四射

无论从国际环境、还是国内环境来看,疏浚业无疑将会成为未来拉动社会、经济发展的加速器和驱动器。

国人为之骄傲,作为疏浚界的一员老兵,理当为此感到自豪。

5.8.3　疏浚业的明天更加美好

在交通部发布的全国沿海港口布局规划中,我国对外开放的格局从"珠三角"、"长三角"的率先突破,向沿海整体开放转变,形成"两湾两角"的新格局,即:形成长三角和珠三角"两角"、渤海湾和北部湾"两湾"的格局。继长江口深水航道、湛江30万吨航道之后,营口港扩建工程、广州南沙港建设工程还将一个个提上日程。这些布局和规划给我国疏浚业同样展示了美好的前景。

我国海岸线虽长,海港很多,但能停靠巨型海轮的却不多,随着经济、对外贸易的进一步增长,以及"邮轮经济"的伴随而来,对疏浚业来讲这也是一块不小的蛋糕。

实现"一带一路"的愿景,中外疏浚业还可以有更多的作为和更多的合作机遇。

从世界第一疏浚大国跨入世界疏浚强国,或许只是一步之遥,要实现这一步的跨越同样不会轻松。

"工欲善其事,必先利其器。"

打造新一代智能化疏浚装备,迎接市场挑战当是不二选择。

疏浚业已经融入我们生活的方方面面,为了疏浚业的明天,冀望更多年轻的朋友走近疏浚、关爱疏浚、为发展我国新一代更加精良的疏浚装备做出奉献!

疏浚业的明天会更加美好!

附录 缩略语

ACP（Autoridad del Canal de Panama）巴拿马运河管理局

AD（Aggeregate Dredger）骨料疏浚船

AD（Auger Dredger）螺旋切刀挖泥船

ALD（Air Lift Dredger）气力泵挖泥船/气力泵清淤机

AT（Appropriate Technology）适宜技术

ATB（Aticulated Tug & Barge）安太堡（绞接式拖驳）

BD（Backhoe Dredger）反铲挖泥船

BLD（Backet Ladder Dredger）链斗挖泥船

BWSD（Bucket Wheel Suction Dredger）斗轮挖泥船

CBV（Conical Bottom Valve）锥阀泥门

CHIDA（China Dredging Association）中国疏浚协会

CSD（Cutter Suction Dredger）绞吸式挖泥船

DB（Dredger Barge）泥驳

DDS（Drilling Demolition Ship）钻孔爆破船

DD（Dipper Dredger）正铲挖泥船

DD（Dustpan Dredger）吸盘挖泥船

DE（Dredging Equipment）疏浚装备

DP/DT 动态定位和动态跟踪

DPC（Dredging and Port Construction）《疏浚与港口建设》

DUME（Double – use main engines）主机"一拖二"

ED（Environmental Dredger）环保挖泥船

FPV（Fall Pipe Vessel）落管（卸石）船

GD（Gold Dredger）采金船

GD（Grab Dredger）抓斗挖泥船

HD（Hydraulic Dredger）水力式挖泥船

IADC（International Association of Dredging Contractors）国际疏浚承包商联合会

IMC（Integrated Monitoring and Control System）集成监控和控制系统

JWD（Jackup Walking Dredger）自升步进式挖泥船

MD(Mechanical Dredger)机械式挖泥船

MD(Mining Dredger)采矿船

P&D(Ports and Dredging)《港口与疏浚》

RRB(Rock Rreaking Brage)碎石船

ROV(Remotely Operated Vehicle)遥控潜水器

SCADA(Supervisory Control and Data Acquisition) 监控及数据采集(系统)

SD(Suction Dredge)直吸式挖泥船

SHB(Split Hopper Barge)开体驳

SSD(Semi‑Submersible Dredger)半潜式挖泥船

SSDV(Side Stone Dump Vessel)侧卸式抛石船

STSHD(Split Trailer Suction Hopper Dredger)开体耙吸挖泥船

TUME(Triple‑Use Main Engines)主机"一拖三"

TSHD(Trailer Suction Hopper Dredger)耙吸式挖泥船

UWCWD(Under Water Cutting Wheel Dredger)水下刀轮挖泥船

USACE(US Army Corps of Engineers)美国陆军工程兵部队

WID(Water Injection Dredger)喷水疏浚船

WV (Work Vessel)作业船

WODA(World Organisation of Dredging Association)世界疏浚
协会联合会

CEDA(Central Dredging Association) 中部疏浚协会

EADA(Eastern Dredging Association)东部疏浚协会

WEDA(the Western Dredging Association)西部疏浚协会

参 考 文 献

[1] 挖泥船翻译小组. 挖泥船(译自1963年荷兰造船及轮机工程丛书第6卷)[M]. 北京:人民交通出版社,1973.

[2] 日本工程船舶设计标准编订委员会. 工程船设计基准[M]. 北京:国防工业出版社,1977.

[3] Thomas M. Turner. Fundamentals of Hydraulic Dredging[M]. Amer Society of Civil Engineers 1984.

[4] Ir. W. J. Vlasblom. Designing Dredging Equipment[M],2003.

[5] Vinton C. Bossert,P. E. 100 YEARS OF DUSTPAN DREDGING ON THE MISSISSIPPI RIVER[R],2014.

[6] 上海航道局. 上海航道局局史[M]. 上海:文汇出版社,1988.

[7] 天津航道局. 天津航道局局史[M]. 北京:人民交通出版社,2000.

[8] 中国疏浚协会. 中国疏浚业发展战略研究[R],2012.

[9] 费龙、张太佶、刘厚恕. 大型耙吸挖泥船研究与设计[C]. 中国船舶工业集团公司第七O八研究所,2008.

[10] 费龙、刘厚恕、张太佶. 巨型耙吸挖泥船资料汇编[C]. 中国船舶工业集团公司第七O八研究所,2013.

[11] W. D. Faiway dredger[J]. DPC. 1998,2.

[12] KRUPP. Alexander Von Humbolds by Joachim pflug[J]. HANSA,1999,1.

[13] Nile River launch boosts jumbo roster[J]. DPC. 1999. 10.

[14] VASCO DA GAMA:the largest – ever suction dredger[J]. Significant Ships. 2000.

[15] Ballast Nedam's jumbotrailer "Rotterdam"[J]. Ports and Dredging. 2001 (155).

[16] HAM318:40,560dwt suction dredger[J]. Ports and Dredging. 2001 (155).

[17] Robbyto Vidal. 疏浚业中超大型耙吸挖泥船的崛起[J]. 毛志醴译,林风校,Terra et Aqua Issue. #83 June 2001.

[18] Dragheads-May gears practical experience[J]. Ports and Dredging. 2002 (157).

[19] Multi deployable trailer Uilenspiegel. Ports and Dredging. 2003 (159)21. Cees De Keizer. 船桥技术一体化—定位及
跟踪. Ports and Dredging. (中文版)2003. 1.

[20] 东亚建设工业株式会社. 16500 m³ トレーリニケサクツヨソ浚渫船[海舟]. 作业船. 2003 第264号.

[21] A. deJager. A success story originating from ship research[J]. Ports and Dredging. 2007 (167).

[22] Robby de Backer. 世界最大耙吸船"CRISTOBAL OLON"的技术特点[J]. 李廷跃译. 中国疏浚. 创刊号,1010.

[23] CONGO RIVER a Smart Dredger[J]. Ports and Dredging. IHC Merwede,Sum. 2011 E 178.

[24] 唐亚雄. 国外挖泥船发展水平与动向[J]. 武汉理工大学学报. 1981(1).

[25] 刘厚恕. 走向21世纪的中国挖泥船[J]. 工程船舶文集(第一集),2000.

[26] 张太佶、王忠贤、王忠复等. 国外大型耙吸挖泥船资料调研报告[R]. 上海市科技发展基. 金项目——大型耙
吸挖泥船研究. 2000.

[27] 刘厚恕. 我国挖泥船期待迈大步上水平[N]. 中国船舶报. 2000,12,15.

[28] 黄继昌、刘厚恕. 百船工程前期运作纪实及水利清淤工程船舶型展望[J]. 船舶. 2001,2.

[29] 林风. 国外疏浚设备和疏浚技术发展动态[J]. 工程船舶文集(第二集),2002.

[30] 周健、费龙、王忠贤等. 大型"货改耙"12000 m³ 耙吸挖泥船改装设计[J]. 船舶. 2002(6).

[31] 李言锋、李孔光. 150/30 型气动泵环保疏浚工程船设计探讨[J]. 工程船舶文集(第二集),2002.

[32] 刘厚恕. 耙吸挖泥船在我国的发展及大型化展望[C]. 中国第一届国际疏浚技术发展会议及展览会(上海).
2003,11.

[33] 郭晓洁、陈源华、刘厚恕. 从更新进口1500 m³ 耙吸挖泥船的技术形态看国产挖泥船的技术进步[J]. 船舶.

2003(2).

[34] 倪福生. 国外疏浚设备发展综述[J]. 河海大学常州分校学报. 2004(1).

[35] 陈德林、钱善波、金涛，等. 绿色造船在 13500m³ 挖泥船上的应用[J]. 广东造船，2007,3

[36] 何炎平、谭家华. 大型自航绞吸挖泥船的发展和有关问题的思考[J]. 中外船舶科技. 2008(2).

[37] 刘厚恕. 国外大型耙吸挖泥船发展研究[C]. 大型耙吸挖泥船研究与设计(船型开发专集). 2008.

[38] 费龙、纪凯、杨青，等. 被誉为神州第一挖的"新海虎"号耙吸挖泥船[C]. 大型耙吸挖泥. 船研究与设计. 2008.

[39] 沈志平、程峰、胡敏芝，等. "长鲸2"号大型耙吸挖泥船开发设计[J]. 船舶，2008,5.

[40] 朱涤、吴斐文. 耙吸挖泥船全电动电力推进船型方案之探讨[J]. 船舶，2008,5.

[41] 何炎平、冯长华、顾敏童，等. "天津"号大型自航绞吸式挖泥船[J]. 船舶工程，2009,5.

[42] 于再红、刘厚恕. 国内外中小型耙吸挖泥船动力配置综述[J]. 上海造船，2010,3.

[43] 韩明、张超、沈志平，等. 我国高效大型耙吸挖泥船自主研制历程回顾[R]. 第 19 届世界疏浚大会，北京，2010,9.

[44] 郭德威、刘厚恕. 步入快速发展中的中国挖泥船[J]. 工作船，2010,10.

[45] 刘厚恕、郭德威. 建造中的亚洲巨无霸——马来西亚 34000m³ 耙吸挖泥船[J]. 船舶，2011,4.

[46] 王振琅、曾湛. 大型耙吸挖泥船装舱系统设计研究[J]. 上海造船，2012,1.

[47] 纪凯、刘厚恕. CHARLES DARWIN 号巨型耙吸船设计特点解析[J]. 船舶工程，2012,3.

[48] 王丽华、林风. "五大因素"驱动疏浚业可持续发展[N] 交通建设报，2012,10,18.

[49] 杨尊伟、林风、费龙，等. 无泥舱双体耙吸挖泥船组合疏浚系统方案探讨[R]. 第 20 届世界疏浚大会，布鲁塞尔，2013,6.

[50] 仲伟东、费龙、刘厚恕. 20000m³ 耙吸挖泥船"通途"的研发设计[J]. 船舶工程，2013,4.

[51] 叶浩、纪凯. 38000m³ 耙吸挖泥船线形设计优化研究[J]. 船舶，2014,3.

[52] 刘厚恕、戴菁. 耙吸挖泥船全电力驱动发展趋势[J]. 船舶，2015,3.